「銃後史」をあるく

加納実紀代
Kanou Mikiyo

インパクト出版会

「銃後史」をあるく

目次

1章　わたしのヒロシマ

2章 「銃後史」をあるく……059

4章 リブをひらく

1章

わたしのヒロシマ

首のある死体と首のない死体

ある年の一二月五日を、指折り数えるようにして待ったことがある。といっても、期待に満ちて、ではない。恐れと緊張に息をひそめて、一日一日と近づくその日を見つめていたというべきか。

その理由を、うまく説明することはむずかしい。とにかくその日は、上の娘の五歳と二〇日目の日であった。そしてかつて、わたしの五歳と二〇日目の日は、わたしにとって〈絶対的〉ともいうべき日であった。

その日、わたしの目の前で、見慣れた風景が崩壊し、見慣れた人びと――その中にはわたしの父も入っている――が消失した。わたしの記憶の最底部には、そのときの違和感が澱のように沈んでいる。

――夏の朝、一点の雲なく晴れ渡った空の一画に、一瞬、あるべきはずのない太陽がカッと燃えると、庭先の黒い板塀が、スローモーション映画のようにふわーと視界いっぱいに迫ってくる。そして……。そのとき轟いたであろう爆発音も崩壊の物音も、人びとの悲鳴も記憶にない。ただ憶えているのは、もうもうたる砂煙のなかにみた崩壊の図である。それはやけに白々と、まるで絵本のなかのさかさ絵の世界のように、現実感を失ってみえた。いまでも、突然世界が逆転したような、足元が浮き上るような、そのときの異和感がよみがえってくる。

わたしの五歳と二〇日目の日は、こんなふうに始まったのだった。その日、一九四五年八月六日は、わたしにとって〈絶対的な日〉であると同時に、人類史上はじめて、人間に対して核兵器が使用された日として世界的な意味を持つ。しかしわたしが娘の五歳と二〇日目の日にこだわったのは、人類史上の特別な日としてではなく、わたしの「八月六日」を、他ならぬわが娘に、他ならぬその五歳と二〇日目の日に、なんとか伝えたいと願ったからだった。

しかし結局、わたしは、一二月五日をなすすべもなく見送った。娘にとって、一生に一度しかない五歳と二〇日目の日が、たんに昨日に続く今日として日常の流れのなかに没し去るのを、この上なく口惜しく思いつつ、しかしそのときのわたしには、娘に語りかけるべきどんな言葉も持ち合わせてはいなかったのだ。

もちろん、何枚かのヒロシマの写真を見せて、その惨禍についてやさしく語ってやることはできたろう。しかしそれは、わたしの「八月六日」、わたしの「ヒロシマ」ではない。

わたしの「八月六日」、五歳と二〇日目の女の子がみた「ヒロシマ」は——

朝——一発の尖光がもたらした崩壊の世界から、わたしがどうやって抜け出したかは記憶にない。わたしのスフの黄色いワンピースには、肩から胸にかけて点々と血がついていたが、どこも痛くはなかった。避難場所の神社の境内には、倒れた家からはい出した人々が呆然とした顔を集め、先ほどの恐怖を語り合っていたが、いったい何が起こったのやら、大人たちにもまるでわかってはいなかった。原爆などというものについて、何の知識も与えられていない庶民には、この事態をもたらしたものが、焼夷弾とはちがうようだということしかわからなかったのだ。

突然、「お母ちゃん、お母ちゃん」という少女の泣声。「ミチコ、ミチコかい」というお母さんの悲鳴のような声がなければ、その泣声の主が、いつも遊んでくれた裏のミチコちゃんだとは、到底わからなかったろう。ふくれ上がった顔は、あちこち皮がむけてぶら下り、まるですれ合って皮がむけたじゃがいものようだった。その頬のあたりに、緑あざやかな葉っぱが一枚はりついていたが、あれはアカシアの葉だったろうか。

午後――わたしたちは、練兵場の山の生い茂る夏草のなかに身をひそめていた。草かげから見下ろす市内には、あちこちに黒煙があがり、ときどき風に巻き上げられた紙の燃えかすが、バラバラと頭上に降りかかる。わたしのまわりには、「みず、みず」というか細い声がひしめき、ときどき「水をやっちゃいかん、じき死んでしまうぞ」という怒声がとんだ。

夜――神社の境内の石だたみの上にふとんを敷き、焼け残った家から持ち出した蚊帳を木の間に張りめぐらして、その中で寝た。薄いふとんを通して、石の固さとともに、真夏の陽射しと火に焼かれた石の熱さが、じわじわと背中に伝わってくる。蚊帳をすかして、赤々と燃える夜空がみえ、生臭い夜風があたりを包んでいた。

わたしの五歳と二〇日目の日は、こうして暮れたのだった。

しかし、これがわたしの「八月六日」のすべてではない。五歳と二〇日目の女の子にとっての「ヒロシマ」は――。この異常な一日を、わたしはもはや、何の異和感もなく受け入れていたのだった。

崩壊の世界に感じた一瞬の異和感のあと、見慣れた街並が瓦礫と化し、見慣れた大人や子どもが異様な姿でうめき、死んでいくのを、わたしはすでに何の異和感もなく見つめていた。

ミチコちゃんは三日目の朝、目も鼻もない茶褐色のボールのような顔になって死んだ。しかし、その死の枕辺で母親たちが、水に浸した羽根で口とおぼしきあたりをなでるのを熱心に見つめていたわたしには、遊び友だちの死に対する悲しみはなかった。それどころか、この「死」に覆われた異常な世界から、この女の子は、ひそかな楽しみを発見していたのである。

八月六日に続く何日か、罹災者救援のオニギリが配られたが、それをもらいに行くのはわたしの役目だった。その途中、まだくすぶり続けている焼跡には、黒焦げの死体がゴロゴロ転がっていた。しかしそれらの死体は、首がつながっている限り、わたしに何の恐怖も抱かせなかった。ただ首のない死体をみたときだけ、あわてて目をそらし、あるいはぎゅっと目をつぶって、急いでそこを通り過ぎるのだった。

とはいっても、ただ怖かったわけではない。それはわたしにとって、一種の遊びでもあったといえる。首のない死体に出会うか出会わないか、一個も出会わなければ二重マル、五個以上出会ったらペケ、というふうに……。二重マルを求めてこの女の子は、黒焦げ死体の間をピョンピョン跳んで歩いたのだ。

五歳になったばかりの小さな女の子が、黒焦げ死体のゴロゴロするなかを、ただ首がつながっているかどうかにだけ関心を集中して歩く、しかもそれを一種のゲームにする——。このこと自体の悲惨さは、いうまでもない。しかしある意味では、これは子どもの健全さを示しているともいえるだろう。

小さな子どもというものは、どんな悲惨な状況のなかでも、自分なりの遊び、自分なりのオモチャを発見する。そこに瓦礫しかないならば、瓦礫は即ち彼女のオモチャである。そこに死体しかないならば、死体こそが彼女の遊びの対象である――。大人が勝手にはじめた戦争は数多くの子どもの生命を無惨に奪い去ったが、しかし、生き残った子どもたちの「遊び心」までは奪い去ることはできなかった、ということか。

戦争による子どもの悲惨な状況が語られるとき、人類史上におけるヒロシマの意味が声高に叫ばれるとき、わたしのなかにかすかな異和感がうごめくのは、たぶん、このかつての自分の「遊び心」を扱いかねているせいだろう。娘の五歳と二〇日目の日にこだわったのも、おそらく同じ理由による。

バカげたこだわりは、さっさと捨て去るがよい。「遊び心」があろうとなかろうと、戦火のなかの子どもは悲惨であり、いつの時代も子どもは戦争の最大の被害者である。生き残った子どもである親たちは、いま、わが子たちの上に戦争の悲惨をもたらさないために最大の力を尽くすべきだし、また、身をもって体験した戦争の悲惨さを、子どもたちの胸にしっかりと刻みつける努力を怠ってはならない。

しかし、そのとき見落としてならないのは、子どもが生来もっている「遊び心」である。子どもの「遊び心」を無視したマジメ一方の平和教育や、戦争体験のおしつけは、おそらくあまり意味を持たない。

子どもの「遊び心」は、子どもの主体性の輝きである。だとすれば、この「遊び心」を、生命あるものに向かっていきいきと発揮させることこそが、最大の平和教育であるともいえる。育ちゆく自らの全存在をかけて他の生命と戯れ、格闘した子どもは、ことさらな平和教育がなくとも、殺し合いである戦争の悲惨さと愚かしさを、みずからの力で発見していくのではなかろうか。

とはいっても、いま世の中は、子どもの「遊び心」圧殺の方向にひたすら急いでいる。わたしたち大人は、キナ臭さを強めつつある世の中にノン！の声をあげるとともに、この子どもの「遊び心」圧殺の構造を、なんとか切り拓いていくべきであろう。

（『自立と平和』五号、一九八〇年八月六日）

〈八月六日〉とカネヘン景気

これは、押しかけ女房ならぬ押しかけ原稿である。おこがましくもわたしのほうから、この欄に書かせて下さいとお願いした。横山貞子さんの「10歳のとき」(『はなかみ通信』其の十二通)を拝読してのことである。

横山さんの一〇歳(数え)は一九四〇年、「皇紀二千六百年」だという。わたしはこの年に生まれた。だから名前に「紀」がついたと母から聞いた。「実」は父の名前、女の子は結婚すると姓が変わるから。それに紀元二千六百年の「紀」に君が代の「代」——。イヤハヤなんとも、家父長制と天皇制まみれの名前ではある。

戦争中の歴史を勉強するようになってから、ふと思いついて小学校の同窓会名簿をひっくりかえしてみた。まあ、いるはいるは、同級生には紀子に紀美子、紀代江、ズバリ紀元という名の男の子もいる。山中恒さんの本によれば、この年はカラスの鳴かない日はあっても、キンシカガヤクニッポンノ……という「紀元二千六百年」の歌が聞こえない日はなかったというから、親たちが手っとりばやく、生まれた子どもに紀のつく名前をつけたのも無理はない。

そうか。横山さんはこの年に一〇歳でいらしたのか。そう思ったら、それから一〇年後のじぶんの一〇歳をふりかえってみたくなった。

わが家の「八時二〇分」

横山さんの一〇歳とわたしの一〇歳の間には、日本の歴史上特記すべき大事件がある。いうまでもなく敗戦である。これによって日本社会は大きく変化した。それはとりわけ女性たちには好感をもって受けとめられている。二〇年ほど前、敗戦時に一〇歳以上だった日本女性一一六〇人にアンケート調査したら、おおかたが「負けてよかった」という。もしあのまま日本が勝っていたら、天皇制や軍国主義はますますはびこり、男は威張りかえり……というわけだ。

しかし母にしてみれば、当時はとてもそんなふうには思えなかったろう。わたしは朝鮮で生まれたが、敗戦の年の八月にはわが家は広島に住んでいた。おかげで人類初の原爆を浴び、父は死亡し家は瓦礫となった。敗戦間際に「未亡人」となった母は、小学校三年の兄と五歳になったばかりのわたしを連れ、実家に近い香川県の善通寺に移った。わたしはそこで高校卒業まですごした。

善通寺は弘法大師の生誕地。わたしたちは「おだいっさん（お大師さん）」とよんでいたが、四国八十八カ所の札所の大きなお寺がある。春秋には境内に市がたち、ものがなしいサーカスのジンタやのぞきからくりのバチの音がひびいた。学校帰り、こっそりのぞき穴に眼をつけてみたら、なかはまさに身の毛もよだつ血の池地獄。しばらくは悪夢にうなされた。

その一方、善通寺は軍都でもあった。戦前は陸軍第十一師団がおかれ、お寺のすぐそばに巨大なコンクリートの兵舎が建ち並んでいた。戦後それらの兵舎は、住むところのない引揚者や戦災者の住宅となっていたが、わたしが一〇歳になった一九五〇年、朝鮮戦争勃発、再軍備という流れのなかで一部はふたたび兵舎となった。当初は警察予備隊といったが、町の商店街は軍都の再来を夢みて歓迎、さっそく応募した失業軍人は、やっと安定した生活ができると喜んでいた。

十一師団付属の広大な練兵場は、戦後、生活手段のない人びとに農地として開放された。わが家もその一画を確保したが、母に農業経験があるわけではない。遠い親戚に鍬など農具を分けてもらい、近所の人の助けでようやく開墾した。しかしあとは母子三人でやるよりない。毅然たる「戦争未亡人」を気負う母は、会社勤めと開墾農家の二足のワラジでがむしゃらに働き、子どもたちを叱咤して、夏はサツマイモ、冬は小麦をつくった。

三〇年ほど前になるか、小学校一年の夏休みの絵日記がでてきた。そこには来る日もくる日も「きょうもおにいさまとはたけへいきました」と、たどたどしい字で書いてある。なんとかわいそうな子ども時代だったかと涙が出た。

夏休み、会社づとめの母は、毎日出かける前に

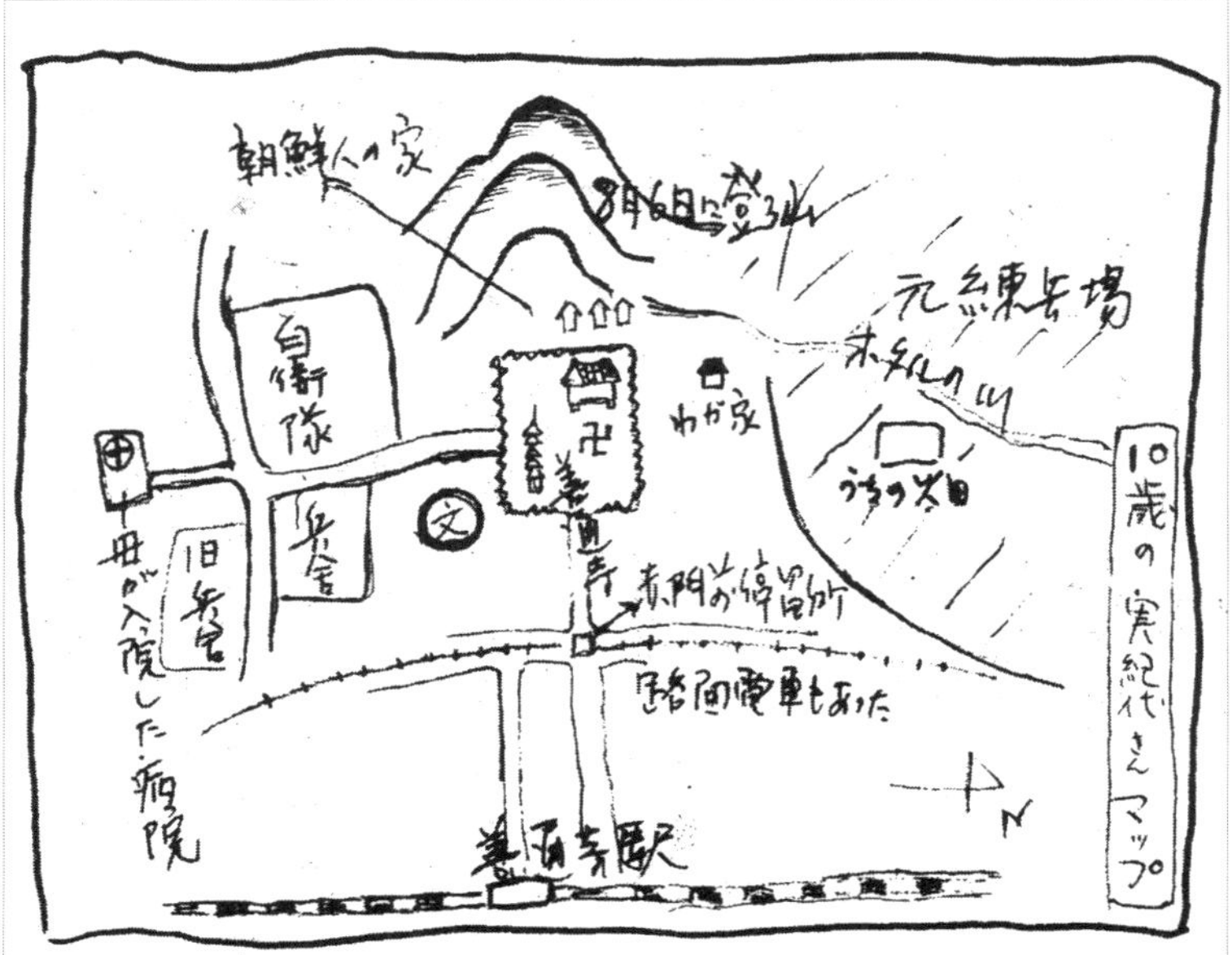

とれない。

その日の仕事をわたしと兄に厳命するのだ。サツマイモのツルの先を摘んだりツル上げをしたり、といった軽作業だが、なんせ真夏である。生い茂った畑に入ると、照りつける太陽と草いきれでたちまち汗まみれになる。サツマイモのツルからはねばっこい白い汁がでて、乾くと手に黒くこびりついてとれない。

サツマイモの作業がないときは草抜きや石拾いである。明治以来練兵場として踏み固められた土地は、固いうえに石だらけ。せいぜい一反程度の広さだったのだろうが、やってもやっても終わらない。果てしない広さに思えた。

しかし、たのしいこともたくさんあった。初夏、会社から帰った母と一緒に畑に水やりに行くと、ホタルがとびかって道案内してくれた。当時はサマータイム（夏時間）が実施されていたから、日暮れまでにはたっぷり時間があった。そのぶん二足のワラジをはく母は、過労を重ねていただろう。

秋、収穫したサツマイモの番をするためにひとり畑に残っていると、降るような星がわたしをつつんだ。夜露の降りたサツマイモは背につめたく、魂が星空に吸い込まれるようだった。

なかでも八月六日は、たのしい日だった。この日はうんと朝早く起きて、大きなおにぎりをつくる。巻ずし用のノリを丸ごと一枚、その上にあつあつの白いご飯をのせ、真ん中に梅干しをおく。わたしの頭ほどもあるおにぎりと水筒を入れたリュックを背負って、ちかくの山に登る。二時間ほどきつい登りがつづいたあと、かつては山伏の修行場だったという鎖場をよじ登ると頂上である。

汗を拭いて一息ついたころ、母の腕時計がそろそろ八時二〇分をさす。10、9、8、7……0、母の合図で西の方に向かって手を合わせる。

広島の原爆投下は「八月六日午前八時一五分」とされているが、わが家ではずっと八時二〇分が

「そのとき」だった。広島の家の柱時計がその時間で止まっていたためだ。黙祷が終わると、朝日を照り返す瀬戸内海をみながらおにぎりにぱくつく。そのおいしいこと！

この段階では、八月六日はたんなる父の命日だった。そして子どものわたしには、山のてっぺんで大きなおにぎりを食べるたのしい日だった。それにこの日は畑仕事から解放される！　ヒロシマの〈人類史的意味〉などは思いもよらなかったし、自分が〈被爆者〉であることも知らなかった。わたしに隠していたわけではなく、きっと母にもわかっていなかったのだろう。

病床で「鐘の鳴る丘」

こうした貧しいけれど母子三人、羽を寄せ合うような生活が暗転したのが一九五〇年、わたしが一〇歳になって三か月目だった。

まず、わたしが病気で休学した。一〇月の秋祭りが終わって、わたしは扁桃腺をはらして高熱を出した。そのあと、わたしには自覚症状はなかったが、久しぶりに訪ねてきた祖母がわたしの顔をみるなり、早く医者に連れて行った方がいいと母にいった。かなりむくんでいたらしい。

当時母は、朝六時前に家を出て、県庁所在地の高松にある大学に通っていた。その前年、つとめていた製紙会社が倒産、現金収入を失った母はツテを求めて小学校の代用教員になった。なんと、いきなりわたしが通っている小学校の「先生」になったのだ。しかしすぐに戦争中の教員不足対策としてつくられた代用教員制度は廃止され、教員を続けるためには大学の臨時教員養成科に通って資格を取らなければならなくなった。三〇歳を過ぎての遠距離通学に母は疲労困憊、わたしの異変に気づく余裕を失っていたのだろう。

検査の結果、わたしは腎臓病と診断され、塩分・タンパク質は厳禁、自宅で安静するよう言い渡された。休学は半年におよんだが、その間、昼間はたいてい一人だった。この病気は痛くも苦しくもないだけにかえって怖い、じっと寝てないと死んでしまうと脅かされ、わたしはおとなしくふとんのなかでラジオを聞いて過ごした。

いちばんの楽しみは、戦災孤児をテーマにした菊田一夫の連続ドラマ「鐘の鳴る丘」だった。ドラマには、姿を見せずに孤児たちを援助する「かすみ夫人」という、日本版「足長おじさん」が登場した。わたしはいたく感激し、見舞いに来た友だちをさそって姿なき慈善団体「かすみグループ」を結成した。そして人知れず善行を施しては、感謝される自分を思い描いた。

一九五一年の春先になって、今度は母が発病した。それもかなり進行した結核で、すでに肺に大きな空洞が出来ているという。手伝いに駆けつけてくれた祖母は、母もわたしも名前が悪い、すぐに変えた方がいいという。夫の死、子どもの病気、さらに今度は本人が重病という不幸つづきの娘一家を案じて、姓名判断をしてくれたのだ。その結果、わたしは光（みつ）、母は昌（まさ）と、名前を変えることになった。たしかに両方ともお日さまいっぱいの明るい名前ではある。

たぶんこのころには、母や祖母には〈被爆者〉についての情報が入っていたのではないだろうか。腎臓や結核との関係がいわれたとは思えないが、以前からわたしの貧血が気になっていたと、あとになって母から聞いた。小学校の朝礼で教師として前にたつと、生徒たちのなかでわたしの顔は紙のように白く、すぐに見分けられたという。

母は町はずれの山の麓の隔離病院に入院し、手術をうけることになった。肋骨九本を切断する大手術で、当時の技術では生死も危ぶまれたそうだ。母が退院して自宅療養となったのは三年後、わたしが中学生になってからである。

「あのときストレプトマイシンが発売されなかったら、生きていなかった」と母はいう。ストレプトマイシンとはそのころ開発された結核治療薬で、卓効があるかわりに聴力に影響を与える。母ものちに片耳の聴力を失った。

鉄クズひろいの〈善行少女〉

改名のおかげだろうか、わたしは春の訪れとともに快方に向かい、五一年四月、五年生の一学期から復学することができた。このときから名前は光となり、友だちのあいだでは「みっちゃん」「おみつ」と呼ばれた。せっかく天皇制まみれの名前から解放されたというのに、わたしは不満だった、光は安っぽくて女中みたいだと思ったのだ。中学まではそれで通したが、高校受験にあたって戸籍名でなければといわれ、ふたたび「実紀代」にもどってしまった。

復学したわたしがまずとりくんだのは、「かすみグループ」の実体化である。休学中に結成したとはいうものの、それはわたしのアタマのなかだけの、まさにかすみのような存在にすぎない。それを実体あるものにするためには、具体的な目標と行動がなければならない。

まず手始めに、五月の母の日に、入院中の母を慰めるためにプレゼントをすることにした。壮大な善行団体の立ち上げ事業としてはいかにも公私混同だが、だれも文句は言わなかった。しかしプレゼントを買うお金はどうする？　そのとき、だれかが言った。

「鉄クズひろて、くずやにもっていったらええカネになるで」

ふーん、なるほど。みんないっせいに地面をキョロキョロさがしはじめる。折れくぎ、トタンの切れっ端、馬の蹄鉄のかけら……等々、けっこう落ちているものだ。以後一ヵ月ほど、グループの面々は鉄クズひろいに余念がなかった。アカという真鍮は値が高いと聞いたが、これはなかなか落ちていなかった。

最終的にどのくらいのお金になったのだろうか。とにかく母だけでなく、母と同室の患者さん全員に和菓子を買って、まだ百円以上の余りがでた。その後学校で寄付集めがあったとき、他の子が一円、二円とささやかな寄付をしているのに「かすみグループ」一同はぽんと百円札を出し、みんなの度肝を抜いた。いい気分だった。

母の日のプレゼントには、早く病気が治って幸せになりますように、という思いを込めて、四つ葉のクローバー入りの手紙も添えられた。このクローバーさがしも大変だった。四つ葉のクローバーなんて、そう簡単に見つかるものではない。鉄クズひろいよりむずかしかったが、みんなよく協力してくれた。当時の子どもは塾通いもなく、けっこうヒマだったのだろう。

しかし母の日当日、病院にプレゼントをもって行ったのは、結局わたしともうひとり、ミサちゃんという女の子だけだった。あとの四人はなんだかんだ言って、逃げてしまった。きっと「うつるから、行ったらいかん」と親に止められたのだろう。重症の結核患者の隔離病院は町のひとびとには鬼門だった。その近くを通るときは、みんな顔をそむけ、息をつめて大急ぎで通りすぎるのだ。

それだけに、ミサちゃんがつきあってくれたのは嬉しかった。

しかし善行というものは、なかなかむずかしい。する方もされる方も照れる。もちろんプレゼントをもらった母も他の患者さんたちも、口々にお礼を言い、喜んではくれた。しかしどこかちぐはぐだった。二人の善行少女をもてあましているふうも感じられた。
帰り道、ミサちゃんとわたしは言葉少なだった。

〈善行〉の裏につづく朝鮮戦争

さて、それから三〇年あまりたって、わたしは「かすみグループ」ならぬ「女たちの現在を問う会」の仲間たちとともに、この時代を見直してみた。その成果は、『朝鮮戦争・逆コースのなかの女たち』、『日本独立と女たち』(ともにインパクト出版会)などにまとめてきたが、その過程でわたしは、顔から火がでるような恥ずかしい思いをした。「かすみグループ」の〈善行〉が、朝鮮戦争によるカネヘン景気によるものであったことを知ったからだ。

朝鮮戦争による特需が、日本の戦後復興の契機になったことはよく知られている。とりわけ軍需生産に必要な金属関係は大繁盛、カネヘン景気といわれた。そのなかで、庶民のあいだでは鉄クズひろいがさかんに行われたらしい。わたしたちの聞き取りによると、東京・大田区の工場街では、近所総出でドブさらいをして鉄クズをひろい集めたという。「かすみグループ」の一人が、「ええカネになる」と鉄クズひろいを提案したのは、大人たちのそうした話を聞きかじっていたからだろう。

その一方、わたしたちは在日朝鮮・韓国人からも、朝鮮戦争当時の記憶を聞いた。そこからは、わたしの思いもよらなかった光景が浮かび上がってきた。話を聞いたのは約一〇人、当時住んでいた場所も年齢もバラバラな在日女性だったが、ほぼ全員が朝鮮半島に向かう米軍機に故郷のひとびとを想い、無事を祈ったという。当時小学生で東京・品川区に住んでいた女性は、雪の降る日に六年生の子に連れられて相模原の米軍飛行場まで行き、フェンスの外から駐機している飛行機に向かって、思い切り石を投げたという。

「石が当たって飛行機が故障したら、すこしでも同胞が殺されるのを止められると思って」。

当時大阪・東淀川の縫製工場で働いていた女性は、こんな話を聞かせてくれた。——五、六軒さきに日本人の若夫婦が経営している工場があり、米軍が使用する「親子爆弾」をつくって大もうけしていた。そのうち奥さんが子どもを産んだが、「障害児」ですぐに死んでしまった。そうしたら在日のひとたちは、「親子爆弾なんかつくるからや、朝鮮民族ののろいや」と言い合ったという。

「かすみグループ」が拾い集めた鉄クズも、朝鮮半島のひとびとを傷つけるために使われたのだろうか？　その真偽はともかく、わたしたちの〈善行〉の裏に張りついていたそうした〈痛み〉について、それまでまったく思いもよらなかったことにショックを受けた。

思い起こしてみれば、善通寺にも朝鮮人はいた。おだいっさんの裏山の麓には、彼らの住む掘建て小屋が何軒か建っていた。山の畑に行くとき、わたしはそばを通らねばならなかったが、怖くて、いつも駆け足になってしまったものだ。彼らは、旧兵舎の引揚者住宅にも入れなかったのだろうか。ひょっとすれば、いったんは帰国したものの南北分断をめぐる混乱で、日本に逆流してきたひとたちだったかもしれない。彼らのなかに、鉄クズ拾いの善行少女たちを、唾をはきかけたい思いでみていたひとはいなかったろうか。

いずれにしろ、「紀元二千六百年」に朝鮮半島に生まれたわたしが一〇歳のころ、日本は、かつての植民地責任もとらないまま、ふたたび朝鮮のひとびとの、いうならば血を吸って敗戦の苦境から脱却、その後の「経済大国」への契機をひらいたということだ。それは、戦後の〈民主改革〉に「逆コース」の風が吹き、再軍備に日米安保条約締結と、現在の「軍事大国」への基礎がおかれた時代でもあった。

（『はなかみ通信』其の十四通　二〇〇五年七月）

被害者責任

「そういえば、山に避難しとったときになあ……」

もう一〇年以上前になるか、被爆当時の広島の話をしていたとき、母がいいだした。

山に避難したことはわたしも覚えている。当時わたしたちは爆心から二キロ弱という二葉の里に住んでいたが、倒れた家からなんとかはいだして山に逃げた。五歳になったばかりのわたしは大人用のゴムのスリッパを引きずり引きずり、道中えらく苦労したものだ。

山からは黒煙をふきあげて燃える広島駅がみえた。焼け焦げた紙片がバラバラと降ってきた。あちこちで「みず、みず」というかぼそい声が聞こえ、「水をやっちゃいかん、じき死んでしまうぞ」という怒声が飛んでいた。

しかし母の話は、思いもよらないものだった。山でいっしょになった老婦人が、嫁の悪口を言いつづけていたというのだ。「髪も焦げて無うなっとったけん、すぐ死んだかもしれん」と母はいう。人類初の原爆による絶対的惨禍と「嫁の悪口」という日常性の落差に、わたしは絶句した。

しかし、わかるような気もした。絶対的惨禍の当事者であればあるだけ、惨禍などとは無縁の日常性にしがみつく。母がヤカンのフタに固執したのもそれだったのではないだろうか。

焼失はまぬがれたものの、わが家は天井は抜け畳は波打ち、台所は崩壊した。その瓦礫に埋もれてヤカンのフタが見つからない。父が勤め先で焼死したことが確認されたばかりだった。母は毎日死に物狂いで瓦礫を掘り返し、「ヤカンのフタがみつかるよう、お父様にお祈りしなさい」とわたしに命じた。祈るべきことはほかに山ほどあったろうに。

首のない死体への、わたしのこだわりもそうだったのだろうか。被爆後の何日か、焼跡を通ってオニギリをもらいにいった。焼跡は果てもなく広がってみえたが、いたるところに黒焦げ死体があった。ちっとも怖くなかった。ただ首のない死体はこわかった。目をそむけ、一散に駆けぬけたが、やがてそれは〈ゲーム〉になった。首のない死体にいくつ出会うか、一個も出会わなかったら二重マル、五個以上出会ったらバツ、というふうに……。

そのあともずっとそうだったような気がする。わたしが母と広島についてまともに話し合ったのは、その十余年前がはじめてだった。話したくない、直視したくない……。その上に生意気ざかりになると、被害体験としての戦争体験にウンザリもして、わたしは広島から目をそむけた。そのなかで、絶後の記録ともいうべき母の手紙をなくしてしまった。

高校三年のとき、被爆直後に母が出した手紙を祖母からもらった。それは突然夫に死なれ、幼いこどもとともに惨禍のなかにのこされた二八歳の女の絶叫だった。一読すると早々にわたしは手紙をしまい込み、以後取り出してみることはなかった。机の底からそれがたえずわたしに呼びかけているのを感じていたが、そのうち、たびかさなる転居のなかで消えてしまった。

戦後五〇年の今年、アメリカでは原爆の惨禍の展示が中止に追い込まれた。それどころか、先日、あの戦争の日本の死者は何人かと尋ねて、「さあ、三〇〇〇人くらい…」という答えに呆然とした。

学生ではない、四〇すぎの女性である。

「被害者責任」という言葉があるそうだ。被害者は被害の体験をきちんとつたえる責任があるということだ。わたしはその責任を放棄していたのだろうか。

（『いしゅたる』一六号、一九九五年一二月）

書評

ヒロシマをひらく――〈迂回〉を経ての継承

平井和子『「ヒロシマ以後」の広島に生まれて』ひろしま女性学研究所、二〇〇七年
東琢磨『ヒロシマ独立論』青土社、二〇〇七年

戦争体験の「風化」がいわれて久しいが、この夏は「戦後六二年」というハンパな年にもかかわらず、メディアの〈八月もの〉には見るべきものが多かった。とくに戦後世代の中から、戦争体験を引き受け直すといった動きが出てきたのは画期的なことだ。「戦後六二年」という歳月は、戦後世代がある〈迂回〉を経て、戦争体験〈継承〉を発酵熟成させるために必要不可欠な時間だったのかもしれない。ともに「二〇〇七年八月六日」を発行日とする二冊の〈ヒロシマもの〉、平井和子『「ヒロシマ以後」の広島に生まれて』（以後『以後』と略）と東琢磨『ヒロシマ独立論』（以後『独立論』と略）を読んでそう思った。

『以後』の著者平井はタイトル通り「ヒロシマ以後」の一九五五年、東はさらに一〇年後の一九六四年、広島に生まれ、広島で育っている。しかしともに一〇代で広島を離れ、現在平井は静岡県在住、東はつい最近まで東京暮らしだった。

この距離は、ヒロシマとの心理的距離でもあったようだ。とくに平井は、「広島市中島町一〇六」というまさに爆心地を本籍とし、親族に被爆者がいるにもかかわらず、ヒロシマから逃げていたという。幼いころ原爆資料館の展示にショックを受け、拒絶反応をおこしたためである。

その平井がヒロシマに向き合うようになったのは一九八〇年代後半、「軍都広島」の〈加害〉も

合わせてヒロシマが語られるようになってからだという。女性史研究者としてオーラルヒストリーに取り組んでいた平井は、里帰りを利用して被爆女性を訪ね、聞き取りをした。『以後』にはその成果が収録されているが、そこには被差別部落や在日女性への視点が光っている。差別される被爆者の中にも、民族や性によるさらなる差別があるのだ。平井はそれを「複合差別」という。

そうしたオーラルヒストリーが、二〇年後の今年、『以後』に収録されて日の目を見たのは、広島で出版活動を続ける女性編集者との出会いによる。出版不況の現在、「ヒロシマ」と「女性」をキーワードに、地方で出版活動を続ける苦労は並大抵ではあるまいが、その編集者のアンテナに、揺るぎないジェンダー視点で発信を続ける平井の生活レポートがキャッチされたのだ。「女性史・「ジェンダー」…ときどき犬」なる副題のとおり、この本には苛酷な被爆体験の一方で、愛犬との散歩や季節の移ろいがみずみずしい筆致で記されている。そして同じ目線で女性史の方法論や「夫婦別姓」「男女共同参画」が語られている。〈いま・ここ〉における肩肘張らないジェンダー平等こそが、平井にとってのヒロシマの継承なのだ。

この本の最後には、「日本の若者は殺さない」と題する新聞記事が取り上げられている。若者の凶悪犯罪増加がいわれるが、記事によれば日本の若者の殺人率は先進国の中で最低。その要因として平井は、六〇年間戦争をせず、平和愛好的子ども文化が根付いていることを挙げる。たしかにこの本に登場する男たちは、娘のパートナー「よっしー」はじめ、みんな非マッチョ的でいたって優しい。それがさわやかな読後感とともに、読者に希望を与えてくれる。

しかし異論もないわけではない。自分の幼児体験から平井は、被爆写真等を使っての平和教育を子どもの感受性無視、安易な被爆者利用と批判する。「15年にも及ぶ戦争や原爆投下までの道筋、なぜ広島がその対象になったのか」を丁寧に教えるプロセス抜きでは、「子どもはショックを受けるだけで、次世代への継承にはなりえない」というのだ。

この批判に聞くべきものはある。しかしじつはわたしは、一瞬身体が熱くなるような怒りを覚えた。わたしは五歳と二〇日目に広島で被爆した。「15年にも及ぶ戦争や原爆投下までの道筋云々」について、何も知らぬまま、いきなりピカにさらされたのだ。目の前で死んでいった近所のかっちゃんやミチコちゃんもそうだった。ヒロシマだけでなく、戦争で死んだ多くの子どもたち、女たちもそうだったろう。

死んだ彼らは、ショックだからといって拒否することなどできなかった。それが戦争というものだ。戦争の継承とはそうした不条理を含めてのものであるべきだろう。中学教科書の「従軍慰安婦」記述削除問題に見られるように、「子どもの発達段階」をいう議論はたいていの場合、排除と隠蔽につながる。

〈継承〉とは、たんに過去を〈過去〉として記憶に刻み、「二度と繰り返しません」と誓うことではない。イラクに、パレスチナに、現在も至るところにヒロシマはあり、ヒロシマの子どもがいる。そうした現在のヒロシマへの想像力を養うこと、そして世の中には理解を絶することがあり、その前でたじろがない姿勢を育てていくこと──。東の『独立論』にはそうしたひらかれた継承につながるものがある。

東は音楽批評の分野で国境を越えた活動をしてきた。とりわけサルサなどラテンアメリカのマイノリティ音楽に詳しい。二〇〇四年に出した『おんなうた』(インパクト出版会)からはフェミニズムへのたしかな姿勢も感じられる。その東が三〇代後半になってヒロシマに向き合い、その継承のために文字通り広島に回帰した。この『独立論』はいうまでもなく「琉球独立論」が下敷きになっている。巻末には川満信一の「琉球共和社会憲法C私（試）案」にならったかのような「憲法私試案」も付されている。

なぜヒロシマ独立論なのか。広島にはシンボル化された「国際平和都市」としてだけでない生々しい記憶の交錯があると東はいう。時間軸をたどれば、近代における軍都の形成があり、そのあげくの被爆があり、「国際平和都市」としての発展がある。それらは継起的に出現するのではなく、現在の広島に折り重なっている。最近呉にできた戦艦大和を記念する大和ミュージアムの入場者数は、広島平和資料館のそれを抜いたという。そして岩国の米軍基地、呉の海上自衛隊に隣接する。「国際平和都市」広島は「軍都」をはらんでいるのだ。

かつて海外移民を輩出した広島には、日系の逆流を含めて外国人出稼ぎ者が多い。そうした中でペルー人による女児殺害がおこると、ただちに「安全」の名のもとに排除的な危機管理がまかりとおる。憲法違反ともいうべき暴走族追放条例を全国に先駆けて制定し、教育の場では平和学習の一方で、校内暴力が多発、国旗国歌法制定に帰結した校長の自殺も起こった。こうした問題は、他者にひらかれているべき「国際平和都市」を、「平和国家日本」のアリバイづくりのために、国家に囲い込んだせいだと東は見る。

「広島は、死者と生者、二種類の他者に凝視され試されている都市だ」と東はいう。死者はいうまでもないが、生者である「他者」とは、世界中からやってくる平和運動家、観光客、出稼ぎ労働者等々である。その二種類の「他者」は分断されているが、じつはそうではない。ヒロシマ以後、世界中の人間は潜在的「ヒロシマの子」となった。一瞬における大量の死とその後に続く苦しみ。それを「科学技術的に政治的に可能にしてしまったことが、世界にとってすさまじい重さとなってのしかかっている」。その重さを受け止めているのは「国」や「国民」ではなく、「人々」なのだ。

「そのような重さを担ったシンボルが傲慢な「日本」に利用されるぐらいなら「独立」した方がいい」。

もちろんその「独立」は理念的なものである。「領土」はさしあたり広島平和公園という極小の空間、ヒロシマの死者以外に住民はいない。この独立空間はあらゆる不安と恐怖、欲望を扇動する国家からの「避難都市」、「国家を問い直す空間」としてある。巻末の「独立宣言及び憲法私試案」前文には、「これは、実在する空間を利用しての、実在しない（非／反）国家に向けての宣言である」とある。平井の「複合差別」への視点は、これに共鳴するだろう。

いずれにしろ、自らにとって切実な生の軌跡を迂回することなしに、戦争体験の〈継承〉はありえないことを、この二冊の〈ヒロシマもの〉は示しているように思える。

（『インパクション』一六〇号、二〇〇七年一一月）

付記　本稿の平井批判について、平井は「わたしにとってのヒロシマ——〈継承し直し〉のために」（『戦争と性』二七号、二〇〇八年四月）で、広島の「平和教育」の歴史を辿りつつ応答、教えられるところ多かった。

3・11を心に刻んで

アカクヤケタダレタ　ニンゲンノ死体ノキメウナリズム
スベテアツタコトカ　アリエタコトナノカ
パツト剥ギトツテシマツタ　アトノセカイ

（原民喜「夏の花」『日本の原爆文学1』ほるぷ出版、一九八三年）

＊　＊　＊

原民喜とちがってわたしの広島の死者たちは真黒焦げのデクノボー。五歳になったばかりのわたしはそのゴロゴロする中を歩いたが、ただ首があるかないかだけが気になった。真っ黒けのデクノボーは平気だったが、首がないのは怖かったのだ。

しかし「パツト剥ギトツテシマツタ　アトノセカイ」はわたしの原風景でもある。3・11のあと、まず思い浮かんだのはこの一節だった。類似性によってではない。逆にあまりの違いに記憶の底から浮かび上がったらしい。いのちも暮らしも根こそぎ「剥ギトツテシマツタ」のは同じでも、3・11後の世界には、おびただしいモノの集積があった。自動車、洗濯機、テレビ、冷蔵庫……。3・11前までは便利で快適な暮らしを支えていたモノたちが、そのかたちを保ったまま折り重なり、積み上げられていた。

広島にはそんなものはなかった。焼かれてしまったからではない。もともとなかったのだ。そこから始まったわたしの暮らしも、いまや電気がなければ厄介なゴミにすぎない電気製品にとりまかれている。そしてそれらがなければ一日も暮らせないと思ってしまっている。だとすれば「唯一の被爆国」の被爆者であるわたしも、この地震列島の海岸にたつ五十余基もの原発と無縁ではない。

原発導入の基点は一九五三年、アイゼンハワー米大統領の「Atoms for Peace（原子力の平和利用）」演説だが、この年は日本の「電化元年」でもあった。

テレビ放映が開始され、家庭電化製品が相次いで売り出された。テレビ、冷蔵庫、洗濯機が「三種の神器」ともてはやされ、六〇年代後半には約九割の家庭に普及している。原発は、そうした電化生活を基盤に、日本社会に浸透していったのだ。

おかげで私たちは、冬暖かく夏涼しい、便利で快適な生活を手に入れることができた。しかしそれが地域独占企業から配給される電力に依存している限り、その都合によって大きく左右される。3・11はそのことを如実に示した。

七〇年前、「パット剥ギトツテシマツタ　アトノセカイ」は広島だけでなく、日本全体がそうだったともいえる。それは日本近代の「富国強兵」路線の帰結だった。敗戦はそれを問い直す絶好の機会だったが、戦後日本は「平和国家」を標榜しながら、その延長線上を突っ走った。挙げ句の果てが3・11である。

戦後七〇年の今年、いまいちど「パット剥ギトツテシマツタ　アトノセカイ」に立ちもどり、戦後を歩き直したいと痛切に思う。

（岩波ブックレットNo.９２０『３・11を心に刻んで２０１５』、二〇一五年三月）

立つ瀬がない
——被害／加害の二重性を超える

はじめに

みなさん、こんにちは。加納実紀代と申します。わたしの話は「立つ瀬がない」という変なタイトルで、どんな話なのかと思われるかもしれません。わたしは七〇年前、広島で被爆したいわゆる「被爆者」です。いま七五歳を過ぎて、広島でこういう場を与えていただいた機会に自分の人生を振りかえってみたら、「なんか立つ瀬がない人生だったな」と。この「立つ瀬がない」というのは、日本語でふつう使われているのとちょっと違います。沖合いから必死に泳いで、ようやく岸にたどり着いたと思って足をおろしたら、足元の砂がズルズルっと崩れて立てない、文字通りに立つ瀬がないということです。

それは、サブタイトルの「被害／加害の二重性」に関わっています。わたし自身は被爆者として被害者といえますが、しかしそれだけで自分の立場を固定できない。韓国やマレーシアに行ったとき、原爆のおかげで植民地支配や過酷な日本の占領から解放されたという声を聞きました。被爆者としてはそれは容認できませんが、近代における日本の加害性を思うと、無理もないと思います。

わたしのそういうアンビバレンスというか、立つ瀬がない状況をひらく上で、ジェンダーはある意味をもつのではないか。以前からそう思ってきたので、このジェンダー・フォーラムは大変ありがたいことです。二年もの準備を重ねて開催にこぎつけてくださった主催者の方々に心から感謝しております。最近わたしは、七〇年たっても「被害／加害の二重性」を解消できない要因のひとつに、ジェンダー化された原爆表象の、無意識への働きかけがあるのではないかと考えるようになりました。今日の報告はスライドで画像を見ながらお聞きいただければ、と思います。

一　積極的平和主義と力による抑止

いまわたしがいちばん怒っているのは、安倍首相の「積極的平和主義」です。これについては午前中の報告でも出ました。わたしがこの言葉を知ったのは、二〇一五年九月の安保関連法成立以後ですが、安倍首相はすでにその二年前の一三年一〇月、アメリカのハドソン研究所での演説で、日本を「Proactive Contributor to Peace」たらしめるとぶち上げていたようです。直訳すれば「先取り的な平和への貢献者」ということでしょうか。そして以来Proactive Contribution to Peaceの日本語訳として「積極的平和主義」を掲げ、国家安全保障会議の創設（一三年一二月）、武器輸出三原則見直し（一四年四月）、集団的自衛権行使容認（一四年七月）、安保関連法成立（一五年九月）、防衛装備庁発足（一五年一〇月）と、着々と戦争のできる国家づくりを進めてきたわけです。

安倍首相の言う「積極的平和主義」とは、結局は力による抑止ということです。力による抑止といった場合、わたしがすぐ思い浮かべるのは、最大の力による抑止としての核兵器です。この切手をみてください（図1）。これは発行されなかったので、実際には流通していませんが、アメリカが、一九九五年に発売しようとした戦後五〇年の記念切手です。広島原爆のきのこ雲の写真の下に、「Atomic bombs hasten the end of war」「原子爆弾は戦争終結を早めた」という、アメリカのいわゆる原爆神話が掲げられています。この切手を発売しようとした九五年には、アメリカでは、ご存知のようにスミソニアン博物館の原爆被害の展示に猛然と反対が起こり、結局中止に追い込まれたということがありました。この切手に関しては、平岡敬広島市長（当時）などが抗議して、発売中止になったと聞いております。ともかく安倍首相のいう「積極的平和主義」は、先制攻撃も辞さない力による抑止・平定であり、この切手の発想につながるものだと思います。

　にもかかわらず、いま内閣官房のホームページには「積極的平和主義」としてこういうポスターが載っております（図2）。この写真は、笑顔の女性自衛官が、派遣先で現地の少女に折鶴の折り方を教えているところです。少女の顔はどう見てもアングロサクソンとかではなく、シリアとかイラクとか、イスラム圏の少女ではないでしょうか。少女が着ているのはディズニーのバンビのTシャツです。これで「日米共同」を表象しているのでしょう。安倍首相の言う「一億総活躍」とか「女性が輝く」にも当てはまる

図1
1995年、米、発売中止の戦後50年記念切手

図2
内閣官房のホームページに載っているポスターの一部

表象ではないかと思います。

二　「大東亜共栄圏」表象が隠蔽したもの

それだけではありません。わたしがこのポスターにショックを受けたのは、この表紙との類似性です。こちらは七〇年以上前、まさにアジア太平洋戦争最中の政府刊行物『写真週報』（一九四二年七月二二日号）の表紙です（図3）。『写真週報』というのは内閣情報局が出していた週刊のグラフ雑誌で、一般国民の戦争動員に力を発揮しました。当時の日本はアジア太平洋戦争をアジア解放のための「聖なる戦争」とし、「大東亜共栄圏」をアピールしていました。『写真週報』の表紙はそれを表象するものです。

当時は日本軍の中に女性はいないので、軍属としての従軍看護師とマレー人少女です。表紙説明によると、現地の子どもに日本のお話を聞かせて欲しいとせがまれているところだそうです。この写真のコンセプトは、現在の内閣官房による「積極的平和主義」の表象と全く同じと言っていいでしょう。

この女性と子どもの和気藹々たる表象は、じつは戦争の実態を隠蔽するものでした。アジア太平洋戦争開戦は一九四一年一二月八日、日本によるハワイの真珠湾奇襲攻撃とされていますが、高嶋伸欣（地理学者・歴史研究家）によれば、じつは真珠湾攻撃の一時間一五分前に日本軍はマレー半島のタイ国境、コタバルに上陸

図3
政府刊行物『写真週報』
（1942年7月22日号表紙）

しています。

そしてマレー半島を破竹の勢いで南下して、四二年二月一五日に南端のシンガポールを占領する。シンガポールは大英帝国のアジア支配の拠点ですから、そこを占領したということで、国を挙げて大喜びしました。その五ヵ月後に出たこの『写真週報』は、マレー半島が日本軍に平定されて、現地住民と和気藹々、平和そのものであることを表わしています。

しかし実情は、マレー半島南下とシンガポール占領後、日本軍は凄まじい住民虐殺を行っています。その中心になったのが、広島第五師団第十一連隊でした。マレー半島というのは、今もそうですけども多民族地域で、中国系の住民も非常に多かった。日本は一九三一年から中国東北部を侵略し、三七年からは中国と全面戦争をやっておりますから、中国系住民のなかには抗日的な人も当然いたでしょう。日本軍は中国系住民は抗日勢力だというので虐殺したわけです。わたしは十年以上前、クアラルンプールからシンガポールまでバスで南下しましたが、いたるところに虐殺された住民の骨が埋まっていました。

シンガポールでは、リュウカンという中国系漫画家による『チョプスィ　シンガポールの日本兵たち』という本が出ていて、中原道子（東南アジア史）によって翻訳されています。(1) 日本軍の残虐性がわかりやすく描かれており、その中には赤ん坊をボールのように投げ上げて、落ちてくるところを銃剣で刺している絵もあります。こうした赤ん坊刺殺の表象は中国でも流布されていて、日本軍の残虐性を示す一種のステレオタイプですが、シンガポールでは今も絵本として流通しているわけです。

シンガポールのセントーサ島には戦争博物館があります。そこには、日本による三年半の占領下、人びとがどんなに大変な思いをしたか、ジオラマというのか、等身大の人形を使って展示されていて、日本人として気持ちのいいものではありません。そして展示の最後が広島の原爆です。最後に大きな壁一面を使って、きのこ雲と廃墟になった広島の写真が掲げられています。それが表しているのは、苦痛に満ちた日本占領は原爆投下によって終わった、解放されたということです。こうした認識はシンガポールに限りません。中国にしても韓国にしても、原爆のおかげで植民地支配から解放された、占領から解放されたという声は当然あるわけで、戦後七〇年たっても解消できないままです。『写真週報』のマレー人少女との和気藹々たる表紙は、そうした虐殺とそれに対する現地の人びとの怨嗟を隠蔽するものに他なりません。そして現在、「積極的平和主義」のポスターがそれと瓜二つといっていいほど似ているのは、まさにその本質を示しているといえるでしょう。

それにしても、七〇年以上たってフェミニズムの進展は著しいはずなのに、同じような表象が使われる。それはデザイナーの感覚が古いのか、それとも殺戮をこととする戦争の隠蔽には、女子どもによる再生産表象が有効ということでしょうか。

三　ヒロシマは「身から出た錆」か?——原爆被害の特殊性

わたしは大岡昇平の『俘虜記』(一九四八年)が、数ある戦争記録のなかでも一番だと思っているのですが、そのなかに原爆投下について書かれています。大岡は三五歳で一兵卒として戦場に送られ、フィリピンで俘虜になる。しかしインテリで英語もできるので、俘虜収容所の米軍士官と親しくなって情報をもらったりしています。そのなかで、八月七日には広島に原爆が落ちたことを知ります。米軍向けの新聞『Stars and Stripes』にATOMICという文字を見て、新しい人類の文明が拓けたと一瞬うれしくなった、でもすぐに、それを浴びた広島の人たちがどうなったかと思ってぞっとしたとありますす。そのあとに、しかしよく考えてみれば、として次のように書かれています。

戦争の悲惨は、人間が不本意ながら死なねばならぬという一事に尽き、その死に方は問題ではない。／しかも、その人間は多く戦時、或は国家が戦争準備中、喜んで恩恵を受けていたものであり、正しく言えば、すべて身から出た錆なのである。／広島市民とても私と同じ身から出た錆で死ぬのである。兵士となって以来、私はすべて自分と同じ原因によって死ぬ人間に同情を失っている。

「広島市民とても私と同じ身から出た錆で死ぬのである」とは、広島市民にとっては非常に過酷な言葉です。でもこれも真理だと思います。その死に方殺され方が、例えばこん棒で殴られようが包丁で刺されようが、はたまた原爆で死のうが、死は死である。死んだ人にとっては同じだというのはその通りだと思います。

しかし一方で、わたしは原爆被害の特殊性を考えます。原爆の威力には熱線・爆風・放射能の三種類がある。それによる殺戮・破壊力は、瞬間性・無差別性・根絶性・全面性・持続拡大性をもつといわれています。「パット剥ギトッテシマッタ　アトノセカイ」、これは作家・原民喜の『夏の花』（一九四七年）にある詩の一節です。この前に「アカクヤケタダレタ　ニンゲンノ死体ノキメウナリズム　スベテアッタコトカ　アリエタコトナノカ」とあって、「パット剥ギトッテシマッタ　アトノセカイ」とつづきます。これはどうしてもカタカナでないといけない。まさに原爆被害の瞬間性・無差別性・根絶性・全面性を表す言葉だと思います。

それから『木の葉のように焼かれて』（一九六四年）というのは名越操の手記のタイトルですが、これはその後、新日本婦人の会の被爆体験集のタイトルとして何冊も出されました。また、「紙切れみたいに燃えたわたし」という詩の一節もあります。元はトルコの詩人ナジム・ヒクメットが広島で死んだ女の子を想って一九五〇年代に書いた「死んだ女の子」という詩の一節です。当時も歌になって労音などの文化運動のなかで歌われましたが、今年（二〇一五年）になって、奄美出身の歌手・元ちとせがリメイクしてCDを出しました。そのなかに「紙切れみたいに燃えたわたし」という言葉があります。

人間という生き物は、武器をもったり悪知恵を働かせたりして他の動物を殺しまくっていますが、徒手空拳だったら無力でひ弱な存在です。原爆という究極の暴力に比べれば、人間存在は「紙切れ」や「木の葉」ぐらいの意味しかない。「木の葉のように焼かれて」、「紙切れみたいに燃えた」という言葉は、核というもののもつ実存的意味を表しているとわたしには思えます。

最近、作家の半藤一利が東京大空襲の体験を語っていました(2)。その中で彼は、子どもを連れた母親が炎に追われ、「炭俵のように」燃え上がったと言っています。東京大空襲と原爆による被害はどう違うのか？　違わないではないかという意見があります。わたしも共感するところがあるのですが、やはり人間存在を「紙切れ」とするか「炭俵」とするかの違いは大きいのではないか。たまたま見つけた例で大げさな、と思われるかもしれませんが、極限状況の中で浮かび上がるこうした表現の違いは無視するべきではない。核と人類は共存できないということは、こうした表象レベルからも言えるのではないでしょうか。

四　「原爆の子の像」と「広島復興大博覧会」

しかしいま述べたことは、原爆の投下直後の主として爆風・熱線による被害です。しかし原爆の特殊性には、いうまでもなく放射能という恐ろしい問題があります。「積極的平和主義」の政府ポスターをもう一度見てください。さっきは戦中の『写真週報』との類似性についていいましたが、わたしが衝撃を受けた理由はもう一つあります。折鶴が使われているということです。

折り鶴というのは、まさにヒロシマが生み出した平和の象徴です。「鶴は千年」と言われるように長寿だというので、病気回復を願って千羽鶴を折る風習は江戸時代からあったそうです。しかし「平和」に結び付けられるようになったのはヒロシマからです。

その元は一九五五年に一二歳で亡くなった佐々木禎子です。彼女は二歳で被爆し、一〇年後に白血病を発症、回復への悲願をこめて千羽鶴を折ったがついに叶わなかった。その死をクラスメイトが悼んで、「原爆の子の像」を建てようと募金活動をし、一九五八年五月五日、こどもの日に平和公園のなかに折り鶴を掲げた「原爆の子の像」が建ったわけです。ご覧になった方もたくさんいらっしゃるでしょう。

これは像ができた直後の写真（図４）です。わたしはとってもいい写真だと思います。この写真は映画『ヒロシマ・モナムール』[3]の主演女優エマニュエル・リヴァが撮ったものです。女優さ

図４
エマニュエル・リヴァ（フランス人女優）によって写された「原爆の子の像」
（エマニュエル・リヴァ『HIROSHIMA1958』2008より）

んというのは写真を撮られる存在ですが、リヴァは女優として撮られるだけでなく、カメラをもって広島の街に出て、子どもたちや河の風景を撮っています。その写真集が最近『HIROSHIMA 1958』と題して出版され、西川祐子さんに送っていただきました(4)。

これはそのなかの一枚です。わたしは八月六日に広島に来ることが多いので、いつも「原爆の子の像」の周りは人がいっぱい、山のような千羽鶴に囲まれています。でもこの写真では閑散としていて、子どもを抱いた近所の女性が散歩に来ているという感じですね。こういう日常的な「原爆の子の像」をみるのは珍しい。

しかしじつはわたしは、「原爆の子の像」に疑問を持っています。この像が建てられた一九五八年の四月から五月にかけて、広島では「広島復興大博覧会」が開かれています。そのポスターがこれです(図5)。なんともジェンダー化されたポスターですね。博覧会には目玉が二つありました。ポスターに描かれていますが、一つは広島城の再建です。広島城は原爆で崩壊したわけですが、この年再建され、復興をアピールします。広島城というのは単なる歴史的建造物ではなく、近代においては陸軍の第五師団が置かれ、日清戦争時には大本営が置かれました。軍事的拠点だったわけです。

もう一つの目玉は、原爆資料館を会場とする「原子力の平和利用」展です。原爆資料館は被爆一〇周年を期して一九五五年に作られ、原爆被害の実相を示す等身大の人形とか、焼けた瓦だとかが展示されていました。その原爆資料館で「原子力の平和利用」、つまり原発推進の展示会が開かれたわけです。

「原子力の平和利用」展は、二年前の一九五六年にもアメリカの

図5
広島復興大博覧会ポスター

資金で全国二〇ヵ所で開かれていて、広島でも開催されました。そのときも原爆資料館を会場として、原爆の悲惨な資料を全部撤去して、代わりに「平和利用」をするとこんなに輝かしい未来が拓けるという展示をやっています。

それから二年経って、今度は広島市の主催で復興大博覧会のなかで大々的にやったわけです。このときは原爆資料を一部残して、それとの対比で「平和利用」の輝かしい未来を見せました。四月一日から五月二〇日まで、一ヵ月半ちょっとの間に九二万の市民が入場したそうです。呉の大和ミュージアムの入場者が一年間に九〇万、一〇年で一〇〇〇万ということでした。それからいうと、一ヵ月半ちょっとで九二万というのはすごい人気だったことになります。

ついでに申し上げれば、わたしが「原子力の平和利用」を女性が積極的に受け入れたとしているという見方があるようですが、それはちょっと違います。女性たちは、たしかに電化生活の宣伝に乗せられました。当時の家事労働は洗濯ひとつとっても大変な重労働ですから、アメリカのように電化すればどんなに楽になるか、電気洗濯機があればどれほどいいだろうと女性たちは思います。結果的に見れば、その思いは原発推進を支えるものになりましたが、一方で女性たちのあいだには、広島・長崎の体験から原子力に対する恐怖もありました。

日本の原発導入は一九五四年三月に始まりますが、それと同時にビキニ事件(5)を契機にした原水爆禁止運動が盛り上がります。原発導入と原水禁運動は同時進行したわけです。原水禁運動の担い手は女性たちでした。それに対して「原子力の平和利用」、原発推進は経済政策であり、担い手は政治家や産業界の男性です。ここには平和運動は女性、経済発展は男性というジェンダー分業がみられます。

当時、高度経済成長のなかで、男は外で生産労働、女性はうちで再生産労働という性別分業家族、いわゆる近代家族が普遍化します。経済発展と平和運動のジェンダー分業は、そうした家庭における分業の社会版といえるでしょう。その相互補完性は「平和国家日本」の経済大国化を支えたのではないでしょうか。

それはともかく、「原爆の子の像」の除幕は一九五八年五月五日、まさに復興大博覧会の最中です。しかも平和公園の原爆資料館のすぐ向こうに建ったわけですから、復興大博覧会の一部として包摂されかねない。この博覧会は広島にとって大きな節目となったのではないでしょうか。広島城の再建は戦前との連続性を示すものであり、原爆資料館の「原子力平和利用」展は、未来の経済発展への志向を示しています。そして「原爆の子の像」は、空に向かって鶴を掲げた少女の像を頂上に建てることによって、戦争被害を昇華したのではないでしょうか。

今回のフォーラム開催の中心であるひろしま女性学研究所の創立者・故中村隆子は当時、新進気鋭の詩人でした。中村が五五年に出した詩集『夏に昏れる』には、日本には珍しくみじんも湿っぽさのない、磨き抜かれた言葉が集積されています。その中村は、「つるに寄す」と題して「原爆の子の像」の詩を書いています[6]。二行目の「永遠にゆくてをさがしている」には、たんなる「平和バンザイ」ではない、ある疑念もこめられているように感じます。

つるに寄す

中村隆子

はるかの空を　見あげながら

永遠にゆくてをさがしている
小さなとり――
祈りと　かなしみの
はこびてよ
やさしい　つばさを
陽に　かざして
空の青さに　かたむいたヨット
はてしない出発の　よそおいに
ふさわしく
今日も　夏雲の流れは
静かだ

微風《びふう》にさわぐ植樹林
かげりやすい夏の花々
めぐる　季節に
とりのこされて
かなしみを　映す
水の　いくすじ――
だが

このまちの　空に　きこえる
熄《や》むことのない
あのはばたきに
今日も人々は　思い出す
空に　たくした
ねがいの　かずかず
逝った人への
約束などを

五　原爆表象の女性化――原爆乙女からサダコへ

原爆表象の女性化については、すでに米山リサさん、高雄きくえさん、マヤ・トデスキーニさんが指摘しておられます。わたしはそうしたお仕事に学びつつ、原爆表象の女性化にはサダコを契機にして二段階あると思っています。

原爆報道がドッと出てくるのは、一九五二年の日本独立以後ですが、生きている原爆表象としてまずメディアに登場したのは、「原爆一号」としてケロイドの背中をさらして被害を訴えた吉川清です。しかしすぐ「原爆乙女」にとって代わられる。中国新聞にはすでに四七年から「原爆乙女」という言葉がでているということですが、全国的になるのは、五二年五月、広島を訪れた作家・真杉静枝が若い女性の顔のケロイドに衝撃を受け、東京に招待して整形手術を施す運動を起こして以後でしょう。この読売新聞の記事にあるように（図6）、最初は「原爆娘」という言葉も使われましたが、やがて「原爆乙女」に統一されていく。この「乙女」には「処女」という含意もあるでしょう。

つまり未婚の女の顔に傷があっては結婚できない、かわいそう。だから整形手術というわけです。そこには女の幸福は結婚という強固なジェンダーがあります。五五年には二五人の「原爆乙女」が渡米して治療を受けることになり、以後「原爆乙女」といえば、渡米治療した女性を指すようになります。

「原爆乙女」には当時から「なぜ未婚の女性だけなのか」、「女性を晒し者にするな」といった批判がありました。ビキニ事件による反米感情もあったでしょう。彼女たちの渡米は五五年五月、佐々木禎子の死はその年の一〇月です。そして「原爆乙女」にかわって、原爆被害の表象になっていきました。それは「無辜なる被爆者」の形成といえるでしょう。

「原爆乙女」の多くは被爆時女学校低学年で、建物疎開に動員されていた。それに対して禎子はたった二歳だったわけですから、全く戦争に対しては無垢なるもの、罪なきものです。また「原爆乙女」はケロイドという、あえていえば「穢れ」が目に見えるかたちですが、白血病というのは、言葉からして真っ白で透き通るようなイメージを持っています。

しかもそれに「千羽鶴」の物語がくっつく。これにもいろんなバージョンがあって、六四四羽折ったところで力尽きたという話もあれば、すでに一三〇〇を超えていたという話もあります。この物語

図6
治療のため上京した「原爆乙女」を報道する読売新聞（1952年6月）

の喚起力によって、全国から千羽鶴が寄せられるようになりますが、それには「原爆の子の像」建造運動を取り上げた映画『千羽鶴』[7]や雑誌『少女』での呼びかけ[8]など、メディアの力があったようです。そのなかで折り鶴は、病気回復への願いを離れて、平和のシンボル、戦争犠牲者への哀悼のシンボルになっていきます。

サダコの「千羽鶴」は、ナショナリズムを喚起したのではないでしょうか。「千羽鶴」は日本の伝統文化であり、それをみんなで折ることで日本国民のあいだに共同性の物語がつむぎ出される。被害者ナショナリズムというか、被爆ナショナリズム、ナショナル・アイデンティティとしての「唯一の被爆国」が無意識に刷り込まれることになったのではないでしょうか。

六　大衆文化の中の〈無辜なる被爆者〉

そしてサダコのあと、ポピュラーカルチャーのなかに原爆症による死が登場するようになります。まず一九五七年の東映東京作品『純愛物語』[9]では、被爆した少女が不良生活から足を洗い、愛に目覚めたところで白血病を発症して死んでゆきます。死のシーンで、白蝋のような少女の顔にタラタラと赤い鼻血が糸を引く。これは以後、原爆表象の一つのパターンとなります。

それは白土三平の漫画『消え行く少女』[10]にも踏襲されています。白土三平というと『忍者武芸帳』が有名ですが、初期には原爆物も書いている。主人公の雪子は広島で被爆した原爆孤児で、苦難の放浪の末に白血病で死んでゆきます。主人公の雪子という名前や『消え行く少女』というタイトルは、いかにも無垢なる少女の被害者性を表しています。

一九六〇年代に入ると、『その夜は忘れない』[11]、『愛と死の記録』[12]といった映像の中で、美女たちが死んでいきます。ただ、『その夜は忘れない』の若尾文子は原爆症ですが、『愛と死の記録』では、白血病で死ぬのは吉永小百合ではなくて渡哲也です。大衆文化の中では原爆症で死ぬのは圧倒的に女ですが、実際には男性の方がたくさん死んでいます。佐々木禎子が死んだ一九五五年には、中国新聞によると広島で一八人が原爆症で亡くなっていて、禎子の死は一四番目。男のほうが多い。しかし禎子だけが突出して象徴化されていきました。

この『愛と死の記録』は、渡哲也といういかにも健康そうな俳優演じる青年が白血病で死ぬ。じゃあなんで映画になったかというと、吉永小百合演じる恋人が後追い自殺をする。それによって物語が成立しています。青年は四歳で被爆し、長じて白血病になったが回復、レコード店に務める女性と出会って愛し合い、婚約しました。しかし再発して死亡する。そして女性が後追い自殺をするわけです。これは大江健三郎の『ヒロシマ・ノート』（岩波新書）に書かれている実話に基づいています。

大江は女性の自殺について、「被爆した青年の運命に参加し、…青年に対してとりうる全責任を果たした」、「国家の欺瞞への…致命的な反撃」と評価しています。それは違うという感じで、わたしはずっと『ヒロシマ・ノート』に批判的でした。

さて、白血病で死ぬ女は七〇年代の映像には見当たらないようですが、八〇年代に入って、『夢千代日記』[13]がテレビで放映されます。これはＮＨＫの連続ドラマとして一九八一～八四年の四年間、断続的に毎週放映されました。吉永小百合演ずる芸者夢千代は胎内被曝で三〇歳過ぎて白血病を発症、愛する男と命の火を掻き立てるような一夜を過ごして死ぬ、という設定です。

八九年には井伏鱒二原作の『黒い雨』（一九六六年）が映画化されました。ここでは黒い雨を浴びた姪の矢須子がなかなか結婚できないまま原爆症を発症します。いずれもサダコ以来の無辜なる被爆者の死といえるでしょう。

それは二〇〇〇年に入って、こうの史代のマンガ『夕凪の街、桜の国』にもつらぬかれています。声高にではなく透明な悲しみを訴えたものとして評価され、アニメや実写映画にもなりました。透明な悲しみという点では、石内都の写真集『ひろしま』もそうです。

しかしここで私は、また「立つ瀬がない」というかアンビバレンスに陥ります。というのは、私自身もこうの史代や石内の作品に胸をつかれ、とても好きなのです。しかし一方で、受け入れやすくしないでよ！という思いもあります。一〇分前まで一緒に遊んでいたかっちゃんは、原爆で焼けただれて死にました。わたしを可愛がってくれた女学生のミチコちゃんは、もうパンパンに膨れ上がってわたしの眼の前で息を引き取っていきました。そういうドロドロと、無残な…、そういう現実を直視しないでどうするんだ、と。

数年前、平井和子さんがご著書(14)のなかで、子どもが拒絶反応を起こすような原爆表象を批判なさった。それに対してわたしは、一瞬身内が震えるような怒りを覚えました。もちろん平井さんが言われることはわかります。悲惨なものをこれでもか、と見せつけるような原爆表象にはわたしにも批判がある。その一方で、いきなり原爆がふってきて、拒絶反応どころか、わけもわからず焼けただれて死んでしまった人たちがいる。その無残な姿から目を背けず、せめて見てください、見たからといってあなたたちは死ぬわけではないでしょう。そんな思いがあります。

被爆体験継承の困難がいわれるなかで、どんどん原爆表象が口当たりのいいものになっていく、それにはちょっと待ってと言いたい。じゃあどうすればいいのか？ここでもわたしは立つ瀬がない状況です。

七　世界に羽ばたく千羽鶴

さきほど、サダコの千羽鶴は日本国民の被爆ナショナリズムを喚起したといいました。しかし千羽鶴は、国境を越えて世界に羽ばたいています。それにはK・ブルックナー[15]、エレノア・コア[16]によるサダコ物語の出版が大きい。その結果、カナダのシアトルには折り鶴を掲げたサダコ像が建てられ、アメリカの原爆を開発したロスアラモスでは、子どもたちによる原爆の子の姉妹像建設運動が起こりました。それぞれに非常に感動的な物語がともなっています。その結果、広島の原爆の子の像には、海外からも千羽鶴が多数寄せられています。毎年国内外から寄せられる千羽鶴は一〇トンといいます。

しかしアジアからはどうでしょうか。NHK広島が出した『サダコ』[17]には、一九八九～九八年の一〇年間に海外から寄せられた折り鶴の件数が表になっています（表1）。これを見ると、圧倒的にアメリカ、オーストラリア、カナダ、ニュージーランドという英語圏であって、アジアから

	'89	'90	'91	'92	'93	'94	'95	'96	'97	'98
アメリカ	17	20	22	10	9	39	56	39	43	23
オーストラリア	3	5	2	4	5	3	13	8	13	17
カナダ	2	3	10	4	4	12	18	11	8	9
ニュージーランド	3		2	1	1	3	4	2	2	1
デンマーク				1			1			
ロシア			1			1			1	3
イギリス	3					2	2	1		1
スイス	1									
イタリア						1	6	10	10	8
オランダ							1			
スウェーデン							2	1	1	
ドイツ							1	2	1	1
マレーシア							1			
フランス							1			
ノルウェー							2			
ハンガリー							1	1		
タイ								1		
クロアチア								1		
アルゼンチン								1		
アイルランド									1	1
イスラエル									1	
ブラジル									2	3
フィンランド									1	
香港								1		
合計	**29**	**28**	**37**	**20**	**19**	**61**	**109**	**79**	**84**	**67**

表1
海外から原爆資料館に送られた折り鶴の件数

はタイ、マレーシアが一件ずつと非常に少ない。それはサダコストーリーや千羽鶴が「無辜なる被害者」を象徴するものだからでしょう。

二一世紀に入って、サダコの千羽鶴はこれまでとは違う広がり方をしているように思います。三年前、私はニューヨークのトリビュートセンター、つまり九・一一のメモリアルセンターに行きました。まだその時は仮設でしたが、驚いたことにサダコが折った折鶴が入っていました。あとで知ったのですが、二〇〇七年に佐々木禎子の兄がサダコレガシーというＮＰＯを設立して、サダコが折った折鶴を五大陸に贈呈する運動を展開しています。トリビュートセンターの折鶴はその一環でした。テロという「新しい戦争」の犠牲者への哀悼というわけでしょう。

九・一一の犠牲者は一般市民ということで、まだしもサダコとのつながりはいえますが、気が付いてみれば、いまや千羽鶴は靖国神社や、あろうことかＡ級戦犯を祀った熱海の興亜観音にも捧げられています。彼らも戦争の殉難者というわけです。こうなるともう千羽鶴は、戦争責任問題も非戦の願いもぐちゃぐちゃに溶かし込むものとなってしまっています。そのあげくが、最初に見ていただいた「積極的平和主義」の女性自衛官が折る折り鶴というわけでしょうか。

八 「積極的平和」をめざして

わたしが「積極的平和主義」にこだわったもう一つの理由は、ヨハン・ガルトゥングが提唱する「積極的平和 Positive Peace」と非常に紛らわしい名称で、しかもその意味するところはかけ離れている、どころか真逆だからでもあります。わたしは三〇年前にガルトゥングの「構造的暴力」という概念を知って、「平和国家」とされる日本の戦後に埋め込まれている加害性をあぶりだす上で、有効な概念だと思ってきました。構造的暴力とは、差別・貧困・売買春など社会構造による人間性の冒涜・陵辱をいいますが、ガルトゥングは戦争などの直接的暴力だけでなく、そうした構造的暴力もない状態を「積極的平和」としています。そして武力による抑止に反対しています。

二〇一五年八月、ガルトゥングは日本に来て各地で講演しました。わたしの印象に残っているのは、「日本人は憲法九条を安眠枕にしている」という言葉です。集団的自衛権まで容認され、九条がどんどん骨抜きになっているなかで、それでも条文として守る意味はあると思いますが、いまの空洞化状況は、憲法九条に平和をあずけて安眠をむさぼっていたせいではないのか、という思いがあります。

やはりしんどくても、「平和国家日本」に埋め込まれた構造的暴力、たとえば沖縄の基地問題や「慰安婦」問題、女性差別や民族差別、格差社会等に向き合っていくことから、アメリカの核の傘の下の平和、沖縄に基地負担をおしつけての平和を問い直していくことが必要ではないでしょうか。なかでも原発問題は「構造的暴力」の最たるものだと思います。それは地方と都市、それから被爆労働の下請け化といった、差別構造の上にしか建てられないものだからです。

おわりに

『広島第二県女二年西組』を書かれた関千枝子さんが、今年（二〇一五年）『ヒロシマの少年少女たち』(18)という本を出されました。広島では被爆時、建物疎開の整理などに勤労動員をされた結果、一三、一四歳の少年少女の死亡が非常に多い。関さんが学校ごとに動員数と死亡者数を調べてみると、かなりギャップがある。そのギャップはつまり生存者がいることを示していると読めるわけですが、被災場所等を考えるとそんなに生存者がいるはずはない。関さんが一生懸命調べて発見したのは、結局、朝鮮籍の子どもたちが数えられていないということです。原爆犠牲者から排除されているわけです。

やはり今年出された堀川恵子さんの『原爆供養塔』(19)も同じ問題を提起しています。原爆供養塔のなかには誰も引き取り手がいない遺骨が多数収められていますが、遺骨についている小さなメモを丁寧に調べたら、朝鮮名前の人たちがかなりいることが判明しました。その人たちは犠牲者の中に入れられていない。毎年八月六日に慰霊碑の中の原爆の死者名簿が改められ、式典で二四万、二五万とかいわれますが、そのなかには朝鮮の方たちは入っていないんです。堀川さんは、せめて二五万なりといったときに「朝鮮の人は除く」という一行を入れるべきだと提言しています。

韓国在住被爆者や在日被爆者への差別問題だけでなく、死者に対しても七〇年間、差別をそのままにしてきた、そしてそのことに気づきもしなかった「わたし」は、いったい何なんだとあらためて思ったことでした。

注

(1) めこん、一九九〇年。
(2)「歴史のリアリズム」『世界』二〇一五年一〇月号。
(3) 邦題「二四時間の情事」。監督:アラン・レネ、主演:エマニュエル・リヴァ/岡田英次、一九五九年。

（4）インスクリプト、二〇〇八年。
（5）一九五四年三月一日、ビキニ環礁におけるアメリカの水爆実験で日本の漁船が被曝した事件。
（6）『中国新聞』一九五八年八月五日。
（7）監督：木村荘十二、共同映画社、一九五八年。
（8）『中国新聞』一九五七年一二月一九日「めぃ福祈る折ヅル一〇万羽　全国のお友達から　原爆死の禎子ちゃんへ」。
（9）監督：今井正、主演：江原真二郎／中原ひとみ、東映東京、一九五七年。
（10）日本漫画社、一九五九年。
（11）監督：吉村公三郎、主演：若尾文子／田宮二郎、大映、一九六二年。
（12）監督：蔵原惟繕、主演：吉永小百合／渡哲也、日活、一九六六年。
（13）脚本：早坂暁、監督：浦山桐郎、東映配給、一九八五年。
（14）『「ヒロシマ以後」の広島に生まれて』ひろしま女性学研究所、二〇〇七年。
（15）一九六一年、オーストリア。
（16）一九七七年、カナダ。
（17）NHK広島放送局「核・平和」プロジェクト『サダコ』日本放送出版協会、二〇〇〇年。
（18）関千枝子『ヒロシマの少年少女たち——原爆、靖国、朝鮮半島出身者』彩流社、二〇一五年。
（19）堀川惠子『原爆供養塔——忘れられた遺骨の七〇年』文藝春秋、二〇一五年。

（本稿は二〇一五年一二月、広島で開かれたジェンダー・フォーラムでの報告をまとめたものだが、他の報告者への言及部分は削除した。）

（『被爆70年　ジェンダー・フォーラム「全記録」』ひろしま女性学研究所、二〇一六年一一月）

2章

「銃後史」をあるく

勝ち戦と女の加害性

「あんな美しい活動はなかった」。――まるで祈るように胸の前で手を合わせ、しみじみとKさんは言う。戦争中の国防婦人会の活動についてである。Kさんはいま、七六歳、空襲で家を焼かれ、二人の息子を戦死させている。そのKさんが、出征兵士が通るときけば、何をおいても見送りにかけつけ、真夜中の二時、会員の主婦二〇〇人がうちそろい、粛々として「武運長久」を祈願した戦時下の日々を、美しい、というのである。

これはKさんだけではない。もう戦争はコリゴリ、ということばの一方で、あのころは生きがいがあった、と語る六〇代以上の女性は多い。

なぜ惨禍が美しい

あの惨禍をもたらした戦争の日々を、美しい、と言い、生きがいがあったと言う。これはいったい、どういうことなのか。

当時の新聞、雑誌を読みあされば、なるほど戦争は美しい。勝つか負けるか、生か死か。その二者択一の単純明快さは美しい。そして、ひたむきな顔、きびきびした態度、一糸乱れぬ統制――。一九三一（昭和六年）年九月、「満州」に戦火が上がり、「非常時」が呼号されるようになると、うちつづく恐慌のなかで展望を見失っていた民衆が、徐々にこうした〈美しさ〉にひかれていくのが、みてとれる。女たちについてもそれは同様であった。

東京の女学生の「結婚観」をきくアンケートで、未来の夫の職業として「軍人への志望者が激増」と新聞に報じられたのは、一九三三年一月である。この間まで、野暮で非文化的とみえた軍服は、いまや女たちの眼に、凛々しくカッコいいものとうつりはじめたのである。これに前後して、母親たちも、娘を軍人に嫁がせることを願い、息子のエリートコースとして、陸軍士官学校・海軍兵学校に熱い眼差しをそそぎはじめる。

このひといろの軍服に身を包めば、むずかしげな理屈をこねまわしていたマルクスボーイも、エロ・グロ・ナンセンスにうつつをぬかしていた放蕩息子も、すべて美しい「皇軍兵士」となる。しかも彼らは「御国」のために、私たちのために、生命をまとに戦ってくれるのである――。自らを叱咤激励して女たちは、出征兵士の見送りや慰問袋作りに精を出し始める。

しかも、「連戦連勝」である。三一年、広大な「満州」を支配下におさめた日本は、やがて中国本土にも兵を進め、三七年南京、三八年徐州、武漢三鎮と、中国の要都を陥落させる。四一年一二月太平洋戦争に入ってもしばらくは、マニラ、シンガポール、ラングーンと、破竹の勢いで進撃する。こうした皇軍の「連戦連勝」に、どれほど国内は沸きたったことか。世界地図が飛ぶように売れ、母親たちは、幼い子どもの手を取って、「皇軍」の進撃のあとをたどらせた。

熱狂に涙も消える

もちろんそのかげには、夫や息子をなくした女たちの涙が流されつづけている。しかし、それも、この熱狂を醒ますことはない。戦死した男への思いが痛切であればあるほど、その死を光輝あるものにすべく、最後の勝利に向かって、女たちは自らを鞭打ったのだった――。

あの戦争の日々を、あらためてたどりなおしてみると、生き生きとした女たちの姿が浮かび上がってくる。Kさんの言葉が、なるほどとうなづかれる。

女は、戦争のたんなる被害者ではない、とつくづくと思う。そして、これまでの戦争体験の伝えられ方が、いかに一面的なものであったかを思わざるを得ない。空襲、疎開、飢餓、そして沖縄やヒロシマ。これらは、戦争体験というよりは、敗戦体験というべきではないのか。あの戦争は結局敗戦に終わったが、まもなく五〇周年を迎える「満州事変」を起点にとるならば、〈勝ちいくさ〉の時期の方がずっと長かった。日本人は、女たちも含めて、この〈勝ちいくさ〉体験、つまりは〈侵略〉体験を、大なり小なり共有している。

しかし、女もあの戦略戦争の加担者であったと、過去の女たちに批判の刃を向けたとたん、その同じ刃で、わたしの〈現在〉が刺し貫かれるのを感じる。

いまや日本は、経済大国である。日本人は、経済戦争の〈戦勝国民〉である。〈戦勝国民〉としてのわたしたちは、ふんだんにエネルギーを消費し、熱帯産の珍果を日常的に味わい、そして東南アジアの女たちの手によって縫われた既製服を、タダみたいな値で使い捨てている。これらは、いま、世界各地で果敢に戦っている男たちの〈戦果〉であろう。そうした〈戦士〉のために、女たちは、つとめ励み、わが子を次代の優秀な戦士たらしめるべく、エリート校にかりたてている――。

大国維持のあがき

個々についてみれば、まじめに一生懸命に生きているだけなのに、だからこそどうしようもなく〈加害性〉を身にまとってしまう〈戦勝国民〉としてのわたしたち。それは、「御国」のためにひたすらつとめ励み、それが即ち侵略戦争の加担であった過去の女たちに、二重うつしになる。

だからこそ、わたしはかつての戦争における〈女の加害性〉を直視すべきだと思っている。昨年あたりからの急速な「右傾化」をみれば、今年一九八一年はひょっとすれば、〈戦後三六年〉ではなくて、〈戦前×年〉ではないのか、という恐怖にとらえられる。このあらたな〈戦前状況〉は、かげりのみえた経済大国を維持するためのあがきと無縁ではあるまい。

だとすれば、これまでの〈反戦〉の論理――悲惨な敗戦体験の強調の上に成り立っていた〈反戦〉の論理では、もはやこの状況に対決できないのではないか。この夏、女たちの間からこれまでになく〈女も加害者〉といった声が聞かれたのは、その思いがあるからではないか。〈戦勝国民〉のあらたな〈戦前状況〉に対決するためには、かつての〈勝ちいくさ〉体験と敗戦体験を二つながら視野におさめ、その〈被害〉と〈加害〉の二重性のよって来るゆえんを、底深く掘り返さねばならない。〈女も加害者〉論は、そのための第一歩だと、わたしは思っている。

（『朝日新聞』一九八一年九月一四日）

小泉郁子と「帝国のフェミニズム」

一　いま、なぜ小泉郁子か

小泉郁子(1)（一八九二―一九六四）は、忘れられたフェミニストである。

一九三〇年、八年間のアメリカ留学から帰国した小泉郁子は、青山学院女子専門部教授として教鞭をとるかたわら、国際的視野を持つフェミニストとして日本の論壇で活躍した。教育関係の雑誌のほか『婦選』にも筆を執り、『婦女新聞』『聯合婦人』には毎号のようにコラムを書いている。一九三一年一〇月には『男女共学論』、三三年五月『明日の女性教育』、三五年五月『女性は動く』と、あいついで三冊の著書も刊行した。

さらに、三三年四月からは『東京日日新聞』（『毎日新聞』の前身）の身の上相談欄の回答も担当している。当時大新聞の身の上相談は、女性読者獲得のための売り物となっており、各紙競って回答者に有名評論家を登用した。この時期の『東京日日新聞』の回答者には神近市子、高良とみなど戦後世代にも名を知られた

写真１
小泉郁子

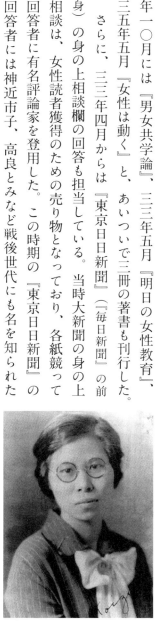

フェミニストが名をつらねている。郁子は、彼女たちと肩を並べる存在と見なされていたわけだ。

しかし神近・高良らに比べ、日本のフェミニズム史における小泉郁子の影はまことに薄い。最近ようやく桜美林大学教授榑松かほるによって『小泉郁子の研究』[2]が刊行され、その生涯が精緻に跡づけられたが、まだまだ一般には知られていない。

そのいちばんの理由は、郁子のフェミニストとしての活躍が一九三〇年代前半の五年間という短い期間だったことにある。一九三五年夏、郁子は周囲の反対を押し切って中国・北京にわたり、貧しい中国の少女のための学校、崇貞女学園を経営する清水安三と結婚した。そして以後一九四五年までの一〇年間、北京で夫とともに学校経営にたずさわった。

戦後、日本に引き揚げてからも、その延長線上に草深い相模野に桜美林学園を創設、神近、高良、市川房枝などかつてのフェミニスト仲間が国政に進出して華々しく活動しているのをよそに、黙々と小さな私立学校の経営につとめた。一九六四年六月、過労がたたって脳溢血で倒れ、七一歳で世を去った。

なぜ、小泉郁子は、その輝かしいキャリアを捨て、周囲の猛反対を押し切ってまで中国にわたったのか。

どうやらそこには、「キリスト教」が関わっている。郁子は、一九一五年、植村正久牧師より洗礼を受けたキリスト者だった。そして彼女が結婚した清水安三は、一九一七年、キリスト教伝道のため中国に渡り、「北京の聖者」「愛の建設者」と呼ばれた人物である。郁子のキリスト者としての生きる姿勢が、そうした安三に共鳴したのはまちがいない。彼女は論壇知識人であるよりは、自らの生き方におけるキリスト教人道主義を選んだのだろう。そうした小泉郁子の生き方は、ふかい感動を誘う。

しかし、時代状況ということがある。日本と中国との関係、という問題もある。小泉郁子が中国に渡った一九三五年、日本国内では「非常時」が呼号され、中国大陸への日本の勢力扶植は勢いを増していた。そして二年後の三七年七月の盧溝橋事件をきっかけに、日中全面戦争が始まる。郁子の住む北京はたちまち日本軍に占領され、四五年の日本敗戦まで、日本の支配下にあった。

つまり、郁子の北京での活動は、客観的にみれば、強者・日本の力を背景になされていたことになる。

また、郁子は「日支親善」につよい使命感をいだいていた。日中全面戦争開始直前には、東京聯合婦人会の依頼で蒋介石夫人・宋美齢と会見、「日支親善」をうったえている。しかしそれは、日本の「善意」について中国側に「理解」を求めるという発想にもとづくものだった。

さらに、もちろんフェミニストである小泉郁子は、中国女性の「向上」と「発展」を願っていた。北京での学園経営の目的はそこにあった。そのために日本語を教え、優秀な中国人少女を日本に留学させた。そこに「進んだ日本・遅れた中国」の構図はなかったろうか。

最近、「従軍慰安婦」問題をきっかけに「帝国のフェミニズム」が問題になっている。戦前の日本のフェミニズムが「植民地宗主国＝帝国」のまなざしを体していたこと、その結果日本の植民地下の女性たちの辛苦に無自覚であったこと、それどころか率先荷担した場合もあったこと――への批判である。

わたしはこの批判を共有する。そしてそれは戦前のフェミニズムだけでなく、戦後も続いたと、自己批判をこめて考えている。韓国の元「慰安婦」女性が名乗りを上げるまで、日本のフェミニズムがこの問題を究明できなかったのはそのためだ。

遅ればせながら、ここで小泉郁子の中国での活動を「帝国のフェミニズム」の観点から検討し、そこからの脱却の方向性を探りたいとおもう。

それはけっして過去のことではない。「戦争の世紀・二〇世紀」が終わったとき、だれもが平和な二一世紀を願った。しかし民族紛争やアメリカのいう「新しい戦争」のなかで、とりわけ貧しい国の女性や子どもが深刻な被害にさらされている。そうした人びとに、厳しい状況のなかで救いの手をさしのべているのは、国家や国連よりもＮＧＯである。

そこで働く人びとの真摯さ、善意は疑いえない。しかし真摯であればあるほど、善意であればあるだけ、「与えるもの・与えられるもの」、あるいは「進んだ国・遅れた国」の構図を再生産してしまうこともないとはいえない。この小論が、そうした現在的な問題を考える上でも、あるきっかけになれば、と願う。

以下、二節で小泉郁子の中国に渡る以前の軌跡をたどり、三～五節では三〇年代の著作を中心に彼女の思想を検討する。中国での活動、およびその意義については六、七節で検証する。

二　生い立ちと人間形成――松江・東京・アメリカ

▼生い立ち

小泉郁子（戸籍名イク）は、一八九二（明治二五）年九月一三日、父小泉有本、母キンの第六子として島根県八束郡津田村に生まれた。ちなみに、日本の著名なフェミニスト何人かの生年を見れば、平塚らいてう一八八六年、山川菊栄九〇年、市川房枝九三年となっており、ほぼ同世代といえる。

父有本は郁子誕生当時、隠岐の郵便局長をしていて滅多に家におらず、舅姑に子沢山の家庭は母キンによってきりまわされていた。三歳のとき、弟が生まれたためか、郁子は漁村に里子に出された。幼い身で労働にあけくれる四年間を過ごしたという。九九年生家にもどり、尋常小学校に入学。

郁子によれば、父は漢籍から英語にまで通じたインテリであり、子どもたちの教育にも熱心だった。子どもたちも父の期待によく応えたが、とりわけ長姉のチヨは優秀で、松江高等女学校卒業後東京の女子高等師範学校（女高師）に進学した。卒業後松江高等女学校の教師になったが、結核で死去。郁子はこの姉を誇りにし、姉の遺志をつごうと松江高等女学校から女子高等師範学校に進んだ。一九一一年四月のことである。

▼フェミニズムへの目覚め

平塚らいてうが『青鞜』を創刊したのは一九一一年、郁子が女高師に入った年の九月だった。その翌一二年四〜五月ごろ、郁子は校内のサークルで『青鞜』の話を聞いた。郁子がフェミニズムに目覚めたのはそれがきっかけだという。

女高師卒業後、長崎県立高等女学校教諭を経て、一八年、明石女子師範学校に地歴科教論として赴任。すでにフェミニストであった郁子は、大阪で開催された婦人会関西連合大会に出席し、積極的に発言している(3)。二二年春、郁子は明石女子師範学校を突然退職して上京した。学内で起こった師弟間の恋愛事件で教師として自信を失ったこともあったようだが、基本的にはこうしたフェミニスト的姿勢が、師範の教育方針と合わなかったのだろう。

上京した郁子は女子高等師範学校の研究科に身を置く一方、東京帝国大学の聴講生となった。そして五月一五日には、新婦人協会主催の「治安警察法第五条二項修正政談演説会」に参加、会場から「妾は極めて弱い労働者の一人である」と発言を求め、女性参加者の少なさと弥次気分の男性に「私共の進まうとする参政権の問題は前途遼遠である。此の多い聴衆の内に我々の同性は何人居るか」と涙声を絞ったという。(4)

▼救世軍に出会い、アメリカへ

郁子が植村正久牧師により洗礼をうけたのは、卒業直前の一五年三月のことだった。しかし決定的な転機は救世軍との出会いである。二二年六月、山室軍平の説教に衝撃を受けた郁子は、その年秋、山室の援助で渡米し救世軍士官学校に入隊、大尉に任命された。しかし二四年には除隊して、オベリン大学神学部に入学している。救世軍の男性中心の軍隊的あり方が合わなかったのだろうか。

オベリン大学は一八三三年の創立以来男女共学を実施し、黒人の入学を認めたのもアメリカで最初だった。東大の聴講生として差別に泣かされた郁子は、ここで「初めて遭うべきものに遭った心地がして嬉し泣きに泣いた」。そしてこの喜びを日本の女性にも分かつために「暇さへあれば図書館に入つて共学に関する文献を渉り、或ひは各学校を訪問してその実況を観察し、又屡々識者の門を叩いて共学の是非を談じたのであった(5)」。

オベリン大学には、郁子に半年遅れてのちに夫となる清水安三も留学してきた。ここでの出会いがなければ、郁子の結婚・中国行きはなかったろうから、その意味でもオベリンは、郁子にとって決定的な意味を持った。戦後郁子が安三とともに創立した桜美林大学は、オベリンに漢字を当てたものである。

郁子は持ち前の生真面目さで猛烈に勉強した。その甲斐あって、二七年の卒業にあたっては最優秀学生としてスピーチを行ない、スカラシップを授与された。

その奨学金でさらにミシガン大学大学院にすすみ、教育学の勉強に専念する。二九年六月、修士号取得。ドクターコースに進んだ。

三〇年四月、八年ぶりに郁子は帰国した。しかしそれは「故郷に錦を飾る」ためではなく、ドクター論文のテーマ、「日本の女子教育に及ぼせるアメリカの影響」の資料収集・調査のためだった。ところが資料収集は思うように進まず、経済的に追いつめられた郁子は職を求めて奔走。その過程で、アメリカの学位が日本では何の意味もないことを痛感させられる。

郁子はアメリカにもどることをあきらめ、東京女子大学校の安井哲の尽力で青山学院女子専門部で教鞭をとることになった。そのかたわら、女性論壇で活躍するようになったのは最初に書いたとおりである。

三　小泉郁子のフェミニズム

▼フェミニズムとの出会い

郁子のフェミニズムとの出会いは、一九一二年、女高師二年の春ごろ、『青鞜』について話を聞いたことによる。戦後書いた自伝には、「二年の一学期、女高師には「文科会」という文科の学生運動が産ぶ声を上げた。初めての講演会は奥むめを平塚雷鳥女史等によるブリュー・ストッキングのP・

Rみたいなものであった」と書かれている。[6]

しかし奥むめをは『青鞜』には関わっていない。先にふれたように郁子は、二二年五月一五日の新婦人協会主催「治安警察法第五条二項修正政談演説会」に参加している。ここで聞いた奥むめをの講演と記憶が混在しているのではないか。

三三年の『聯合婦人』には、『青鞜』との出会いについてこんなふうに書いている。

「お茶の水で上級生の一人――当時では一寸女高師タイプをはずれたハイカラの学生が、文科学術談話会の席上、我々に――入学仕立ての田舎丸出しでかしこまつた我々に、新らしく生れたブリユ・スタッキングの披露をした」[7]。先進的な先輩から話を聞いたということだ。

郁子にとって『青鞜』との出会いは、衝撃的なものであった。自叙伝では、それを「生涯の革命」と語っている。

彼女はそこから「人形の家」のノラの叫び、「女となる前に人間となれ」を聞いた。それに衝撃を受けた郁子は、それまで熱心にやっていた料理、裁縫、洗濯などの〈女の役割〉を一切拒否、夏の帰省にあたっては行李いっぱいの汚れ物を持ち帰り、「私は勉強が忙しいのでとても洗濯や縫い物をしている暇がないから、九月始めに帰京するまでに、これを洗つて詰めかえて下さい」と宣言して、母親をあきれさせたという[8]。何事にも徹底してたちむかう郁子らしいエピソードである。

▼自由恋愛と性意識

しかし『青鞜』の女たちの「自由恋愛」には抵抗があったようだ。平塚らいてうの「若い燕」の話を聞いたとき「思わずぞっとして身を縮めると同時に、一途にその人々の群を白眼視してしまった」

とある。[9] また三〇年後の自叙伝でも、「もっとも「若いつばめ」には共感どころか、嫌悪さえ感じた」と書いている。[10]

明石女子師範学校教諭時代の二〇年、エレン・ケイの思想に共感しながら、その「自由恋愛―自由結婚―自由離婚と云ふ事に対して悉く賛成することは出来ない」と、校友会誌に書いている。[11]

郁子は、性に関しては保守的で、一夫一婦の婚姻制度の遵守者だったようだ。おそらくそれにはキリスト教が関わっている。三二年、女性の側からの結婚解消（鳥潟静子事件）がマスコミで大きな問題になったが、郁子はその女性を批判して、「真面目な結婚愛には、徹底的な破綻は来るものではないと信じてゐる。（略）キリスト教はイエスの性的純潔観に於いて、まさに人類文化の最高峰を指示してゐるとも思われる」と書いている。[12]

コロンタイズムにかぶれた社会主義運動の中の女性や一部の先端的モガはべつにして、一夫一婦制度支持は当時のフェミニストに共通している。婚姻制度否定や〈性の解放〉がフェミニズムの柱になるのは、一九七〇年代の第二波フェミニズム以後のことである。

したがってとうぜん郁子は、娼婦に対して手厳しい。三三年六月二三日、それまで「籠の鳥」だった娼婦に外出の自由が認められたが、デパートや電車の中で見かけるそうした女性に対して、郁子は「不愉快といふ一語に尽きる」と言い放っている。「その結髪と化粧と服装のけばけばしさは今日のいわゆる非常時の情景にふさわしいものでは断然ない。その態度の因循さ、落ちつきのなさ、それで一面人を食つたような顔つきが、同性ながら――気の毒な彼女乍らむつとする」。[13]

郁子もまた、彼女たちを「醜業婦」「賤業婦」と呼んだ廃娼運動家たちのまなざしを、共有していたということだろう。

▼フェミニズムとは何か

では、郁子の目指すフェミニズムとはいったいどんなものだったか。管見のかぎり、郁子は三〇年代前半の著作のなかで「フェミニズム」という言葉を二、三回使っている。しかし圧倒的に多いのは「婦人運動」である。

「婦人運動」とは何か。三番目の著書『女性は動く』で、郁子は「婦人運動の究極目的」は、「従来の伝統的男女観を基調とする社会のあらゆる不合理的習性及び法律を革正し」、さらに進んで「新しく男女両性の人格的協調による新文化―新社会の建設」でなければならないという[14]。

その究極の理想を達成するためには、「女性の独立性及び男女間の機会均等の獲得」がなければならない。「何となれば、二つの異れる人格観の協調という事は単なる迎合でもなければ、安価な妥協でもない。まして一方の権威による他方の征服服従といった関係のものではない」からである。

にもかかわらず、今日の社会では、男女の間の独立性が認められず、「女性が常に男性の付属物、未完成者、未成年者、無能力者として取り扱われている」。したがって女性の独立が必要だが、それには、「人格的独立」、「経済的独立」、「法律的独立」の三つがある。

「人格的独立」とは、「あらゆる問題に対して、独自の見解と批判的態度とを持し、他人に頼らず、自ら自己の生活を律してゆく事である[15]」。

「経済的独立」に関しては、郁子は女性の忍従の要因を経済的無能力にあるとし、それは女性の本然ではなくて、歴史における「経済機構、社会組織の変化に伴う男女生活の分業」の結果にすぎないとする。

「法律的独立」は、いうまでもなく女性の法的無権利状態の撤廃である。そのためにも女性参政権はぜひとも獲得されなければならないという。

第二波フェミニズムにおいては、「女性の自立」の三要素として、精神的自立・経済的自立・生活的自立がいわれた。五〇年前に郁子が掲げた三点のうち二点は共通している。また、郁子が女性の経済的無能力の原因としてあげた「男女生活の分業」は、第二波フェミニズムのキーワードの一つ、「性別役割分担」とイコールである。この点では郁子は、五〇年後を先取りしていたことになる。

▼平等とジェンダー

こうした女性の独立の上に築かれる男女の「平等」とは、どういうものなのか。郁子は持論である男女共学論を展開するにあたって、次のようにいう。

平等とは「単なる無差別器械的平等と同一義ではない」。そして「男女に対して徹頭徹尾平等の取り扱いをなすものと思惟するは全く共学に対する認識不足と云はねばならぬ」。また、こうも言う。「今ここで私がいう平等均等は機械的平等均等を意味するものでない。婦人の本質的、個性的能力、傾向、趣味をその人として十二分に発揮するの機会を男子と平等に与ふることである。必ずしも同種類、同性質の活動といふ意味ではない。男は男として、女は女として各自その最善を尽くしうべき機会を均等にあたふることである(16)」。

こうした発言を見ると、郁子は男女の本質的差異を認めたうえで、「結果の平等」ではなく「機会の均等」を求めていたように思える。しかし性差本質主義に対しては、「宿命的女性観を排す」として断固否定している。

「心理学的実験の結果を徴しても男女の本然の性格的相違といふものを明確に示すことは出来ない。又、たとひ女らしさとか男らしさとか云ふ標準が掲げられてあつてもその大部分は習慣とか訓練とかに因るもので先天的と云はんより、むしろ後天的、環境的のものだといはなければならない」[17]。

これはまさに、性差の社会構築性をいうジェンダー論である。もちろん女性には月経、妊娠出産という「先天的生理的条件」があるが、郁子によればそれも決定的なものではない。

「産児調節法の発見は妊娠といふ不可避的な婦人の運命に一大展開をもたらさうとしてゐる。（略）受胎の事実なくして人間の生成といふ様な事実が可能となつた暁には女性は大部分今日の所謂女性の特性本質といふべきものからくる特殊の責任と義務から解放されることにならぬとも限らない」[18]。

驚くべき先見性である。こうした科学技術の進歩の先を見通した「婦人運動」論は、当時の他のフェミニストにはないものだ。

こうしたジェンダー観をもちながら、まずは教育における男女の「機会均等」を確保するというのが郁子の基本戦略だったのだろう。それは高等教育の門が女性に閉ざされているなかで、郁子自身が味わった苦い体験からも発している。

「私の共学論は大正十一年私が東京帝国大学文学部の聴講生として過した数月間に芽生えた。当時聴講生としての我々の身分は純然たる居候のそれであり、我々に許された事の凡ては、辛うじて教室の一隅に、座を占めて断続窮りない講義のノートをとる事であつた」[19]。

▼新「女性よ家庭に帰れ」

しかし、男女間に本質的性差はないというジェンダー観を持ちながら、その一方で男女を「平等に取扱う」ことを「機械的平等」として否定するのはなぜなのか。

一つには当時の反動的な時代状況への配慮ということがあったろう。しかしそれ以上に大きいのは、女性の役割への期待だった。郁子は「男性に属する理性、暴力ではなくて、女性に属する理想と愛の力」、社会を浄化する「女性の力」を信じていた。[20]「男女同権の主張者は、女も男と同様に軍事の教練を受けなければならぬと頑張る。（略）同権といふ事が人格的の問題でなくて、すべての社会活動に於ける男女差別の撤廃といふ事になれば、世は滅びる」[21]。

女性が、この汚辱に満ちた男性社会にまったく「平等に」参加することになれば、世界は滅びる――。郁子はこう考えていた。ここには、二一世紀はじめの現在、「男女共同参画社会」と「軍隊内男女平等」をめぐるフェミニストの議論に通じるものがある。

郁子の「女性の力」への期待は、三〇年代の世界的大不況のなかで社会不安が高まるにつれ強まった。「男女の協調」を「婦人運動」の究極の目的として強調する背景にもそれがある。

当時、不況のなかで娘の身売りや親子心中が多発する一方で、エロ・グロ・ナンセンスがもてはやされ、若い世代の間に自殺がブームになっていた。三三年には、伊豆大島の三原山火口への投身自殺が相次ぎ、この年一年で約一〇〇〇人が飛び込んでいる。当時『東京日日新聞』の身の上相談を担当していた郁子は、こうした不安の時代の気流を敏感に受けとめていた。

しかも血なまぐさいテロが相次ぎ、五・一五事件など「昭和維新」をかかげる青年将校のクーデターも頻発する。危機感を持った郁子は、青年将校の向こうを張って、女性たちにフェミニズムの「第二維新」を呼びかける。『青鞜』による自我の覚醒がフェミニズムの「第一維新」だとすれば、いま必要なのは「一面明瞭なる自我意識を持つと同時に、更にこれを社会我にまで発展せしめたる愛他的社会協調主義」への「第二維新」だというのだ。

それは具体的には、「女性よ家庭に帰れ」ということになる。しかし郁子は、保守派のいうそれとは違うと力説している。「吾々は新しく『女性よ家庭に帰れ』といふ。しかしそは単なる保守的逃避論ではない。何となれば吾々は決して社会をすてて家庭に帰れとは云はぬからである。十二分に社会を認識し、而もなほ家庭の重要性を知る女性、真に人生の問題、社会の問題を理解し喜んで人の子のために生命を捨つる女性を、母性を吾々は要求してゐるのである(22)」。

▼母性擁護と母性主義批判

したがって、当時フェミニストの間でも高唱されるようになっていた「母性中心主義」は厳しく批判している。「さうした母性中心主義は、婦人思想家の、或は実際運動家達の現在に於ける一種の逃避《エスケープ》であり、偽装《カムフラージ》であるかの様にさへも見える(23)」。

ここでいう「婦人思想家」は、おそらく高群逸枝だろう。郁子と高群は『婦女新聞』の常連筆者として互いにその思想的動向は知っていたはずだし、この時期高群はアナキストとしての先鋭な活動を退いて「森の家」にこもり、のちに『母系制の研究』に結実する日本古代史研究に取り組んでいた。そして市川房枝ら「実際運動家達」も、三四年あたりから女性参政権獲得運動から母性保護法制定やゴミ処理場問題に比重を移していた。その傾向はますます強まり、結局三六年一月から雑誌『婦選』は『女性展望』と誌名を変更する。これに対してすでに北京にあった郁子は、次のような批判を書き送っている。

「最近もつとも遺憾に思つたことは雑誌『婦選』が改題されたことである。「女性展望」もとより悪くない。しかし、折角、苦闘十年、あれで天下に名を成した雑誌婦選が、婦人界の大通りから消え去つた事は遺憾に耐へない。（略）婦人の手になる唯一の政治雑誌として飽くまで深く掘り下げて行き、堂々街頭に陣を張つて欲しかつたのである」[24]。

郁子の母性主義批判は、ファシズム台頭によってさらに強まった。

「ヒットラーのドイツではファシズムが規定する方針により、婦人は社会から台所へ追ひ込まれつつあります。（略）ドイツばかりではない、同じくファッショのイタリーでも同様ですし、止めどなく深刻の度を加へる恐慌は、これまで自由を誇つてきたフランス、英国、アメリカなどに於てさへ、男子を駆つて、『婦人よ家庭に帰れ』と叫ばしめています。（略）婦人職業の男子の利己的立場からする無暗な排斥などは社会を反動化し、人類の進歩を逆行せしめる危険があるのではないかと思ひます」[25]。

つまり郁子は、一方で新しく「女性よ家庭に帰れ」と叫び、その一方でナチスの「女性よ家庭に帰れ」を批判する。また、共産主義運動に走ったり厭世自殺したりする「脱線子弟」を正道に戻すうえで母親の役割を評価しながら[26]、他のフェミニストの母性主義を批判する。これは非常にわかりにくい。郁子のいう母性は、子どもに対する盲目的愛ではなくて、「理解と信頼」、知的な母性というわけだが、そこの腑分けはむずかしい。

三四年になると彼女の文章には、婦人運動に対するいらだちと批判の色が強くなる。「婦人運動が振はない。日本と云はず、世界全体として、婦人の運動が行き詰まつてゐるといふ事は万人の実感であり、誤らざる批判である。（略）婦人運動は、今や、全く鈍角化して了つて、その何処にも先鋭な閃きを見せて居るものがない」[27]。

▼フェミニズムの再生とキリスト教

その「鈍角化せる婦人運動」を、どうすれば先鋭化することができるか。郁子は必死に考察をめぐらす。そこで改めてクローズアップされたのが、キリスト教である。

それには三四年八月、ハワイで開かれた汎太平洋婦人会議に、ガントレット恒子らとともに日本代表として出席したことが関わっている。

この会議は環太平洋諸国の平和親善を目的として、汎太平洋協議会の主催で二八年第一回、三〇年第二回と積み重ねられてきたものだが、郁子が参加した第三回は新たに設立された汎太平洋婦人協会により、多岐にわたる女性問題と平和問題が話し合われた。参加国は日本（朝鮮を含む）、中国、インド、オーストラリア、ニュージーランド、フィジー、カナダ、アメリカ合衆国、フィリピン、ハワイ、英領マレーという被植民地国を含めた一一ヵ国である。

三作目の著書『女性は動く』は、当初その報告のために書き出されたが、途中から日本の若い女性に国際的なフェミニズムを伝えることによって女性運動の活性化を図りたいと思うようになった。「行き詰まった世界を動かすもの、行き悩んだ人類の文化を新たにする使命」は女性にある。「我が国の若き女性をしてこの偉大なる使命に目醒めしむる一手段として、私は世界の女性の動きを彼らの前に展開しやうと思ひ立つたのである(28)」。

そのために郁子は、世界の女性運動の歴史について猛勉強をした。そこであらためて発見したのが、フェミニズムにとってのキ

写真2
汎太平洋婦人会議の日本代表たち。
後列右より小泉郁子、加藤タカ、河内イネ、通訳、ガントレット恒子、前列右より中村はつ、松代まつの

リスト教の意義である。

郁子によれば、これまで世界のフェミニズムが関わった運動は、奴隷売買禁止、禁酒、婦人参政権獲得、平和促進の四つである。これらの運動をさまざまな困難のなかで続け、成果を勝ちとることができたのは「信仰の武器」があったからだ。婦人運動の先覚者の伝記を読んで分かったことは、「殆どすべて申し合わせた様にクリスチャンであつたことである[29]」。

これは郁子が読んだ伝記が欧米フェミニストのものであったということにすぎない。彼女もそれは自覚していて、「私は勿論キリスト教が唯一の宗教だとも思わなければ従つて全てがキリスト教でなければならぬといふ様な偏狭な考えも持つていない」とつけ加えている。しかし汎太平洋婦人会議参加をきっかけに、郁子は日本のフェミニズム再生の方向を国際的な運動に見いだしていた。そのとき〈普遍宗教〉としてのキリスト教が、あらためて輝かしいものに見え始めたのはたしかだろう。

このとき郁子のもとには、すでに清水安三からの求婚の手紙が届いていた。彼女が視察と講演をかねて、北京の安三を訪ねる旅に出発したのはこのすぐあとのことだった。

しかし、郁子の中国行きを検討する前に、そのキリスト教信仰について見ておかねばならない。

四　キリスト教との出会い

▼水の洗礼・火の洗礼

郁子のキリスト教との出会いは、松江の少女時代にさかのぼる。高等小学校二年、一二歳のとき同級生に誘われて日本聖公会松江基督教会の日曜学校に通いはじめたのだ。「さんび歌を歌ったり、カードを頂いたりするのが何よりの喜びだった」と自伝にあるが、二〇世紀はじめの地方の少女にとって、日曜学校は西洋文化との出会いの場であったろう。

しかし内省的で生真面目な郁子は、「文字通りに聖書の言葉、キリストの教えを実行しようとした」。貧しい同級生の女の子に自分の着物を内緒で渡したり、母にせがんで道路工事の労働者に自分のおやつをあげたりしたこともあったという[30]。

女学校時代、それから女高師に入ってからも、聖公会の礼拝に参加していたようだが、洗礼を受けたのは、一九一五年一月二八日、東京女子高等師範学校卒業の二ヵ月前である。洗礼者は富士見教会の植村正久牧師、級友六人と集団受洗である。

この間の事情を自叙伝では、イギリス帰りの英語教師にあこがれ、「先生が日曜日に富士見町教会（植村正久牧師）に出席されるので、求道者の数名がまたそのお供をして終に卒業直前集団で受洗した」とやや突き放した書き方をしている[31]。

しかし、のちに郁子を中国に赴かせることになる上で重要なのは、救世軍との出会いである。一九二二年四月、明石女子師範学校を辞めて上京した郁子は、東京帝国大学の聴講生となったが、差別的な大学のシステムに鬱々とした日々を送っていた。

六月中旬の日曜日、郁子はたまたま郷里からでてきた父の友人に、救世軍本営に連れられて行った。そこで山室軍平の説教を聞いた郁子は「大鉄槌で頭をガーンと殴られた」ような衝撃を受けた。その日の説教は「コリント前書」一三章、パウロの「愛」についての言葉だった。

「たとひ我もろもろの国人の言および御使の言葉を語るとも、愛なくば鳴る鐘や響く鐃鈸の如し。たとひ我予言する能力あり、又すべての奥義とすべての知識とに達し、また山を移すほどの大いなる信仰ありとも、愛なくば数ふるに足らず。たとひ我わが財産をことごとく施し、またわが体を焼かるる為に付すとも、愛なくば我に益なし。愛は寛容にして妬まず、愛は誇らず、高ぶらず、非礼を行わず己の利を求めず……」

この日、さらに郁子は救世軍の施設にも案内され、奉仕活動を実践する信者たちの姿を見た。彼女は「またもや深い感動の虜となって涙を禁ずることが出来なかった。（略）そして悟った。私が見いだそうとする女性の指針を、私は社会学や心理学ではなく、聖書の中に見いだすべきであると」(32)。

のちに郁子は、救世軍との出会いを、植村正久牧師による「水の洗礼」に対して「火の洗礼」と称している。彼女が求めていたのは、魂を燃やすような「実行的基督教」だったということだ。

▼創造的人生哲学としての宗教

アメリカ留学後、救世軍との直接的な関係は切れたが、実践的な信仰への志向は郁子の生きる姿勢の基本となった。そして学問や女子教育にも、それは貫かれるべきだと考えるようになった。

それはなにもキリスト教に限らない。生きる上で、宗教の必要性を郁子は信じて疑わなかった。帰国後発表した文章のなかで、そのことはくりかえし述べられている。郁子が論壇で活躍した三〇年代前半、世界恐慌の関係もあり、知識人や学生の世界ではマルクス主義が支持されていた。そこにある宗教否定に対して、郁子は必死の抵抗を試みている。

「マルクスの徒は、宗教は不完全なる社会、不平等なる社会の産物に過ぎず、今日の社会組織が変革せられ、階級的経済的平等が実現せらるる暁に、宗教の必要と職能とは消滅するであらうといふ。然し我々は、よし経済的平等が実現されても、なおやまぬ人間の心の喘ぎを感ずる事は無かろうか？

社会組織の欠陥のみでなく、もっと根本的に、多面的に、人間そのものの不完全さが無限に完全を求めてやまぬ所に、宗教の永遠的存在性が基礎づけらるるのではなからうか？[33]」。

しかし郁子がいう宗教は、個人の「安心立命」をもとめる既成宗教ではない。「看よ、我々の社会は今底知れぬ不安に閉ざされている。職を求めて得ざる者は云はずもがな、職を持てる者も不慮に加へられる馘首の斧にふるへねばならぬ。人を見れば泥棒と思ひ、自動車の運転手は強盗を覚悟し、汽車に乗れば敏感に箱師のトリックに備へなければならぬ」。こうした「前代未聞の恐怖時代」において、「現代人は所謂既成宗教によって救はれ得るものであらうか」と問いかけ、「私は現代をリードする宗教は必ずや社会的福音を強調するものでなければならぬと思ふ。社会的福音とは社会人相互の絶対的尊敬、友愛、信頼、奉仕によつて救はるる信仰であり、ここに我々の求むる真の平安があり恐怖が影をひそめるのである[34]」。

また、宗教の本質について次のようにいう。

「より強きもの、より美しいもの、より善きものへと、我々の生活を――我々の世界を進展させやうとする憧憬は止むに止まれぬ人間の願ひである。さうした願ひを実現しやうとする努力こそが、とりも直さず宗教であり、宗教を産み出す源泉である[35]」。

こうした郁子の宗教観は、二冊目の著書『明日の女性教育』のなかに「創造的人生哲学」として、より精緻にまとめられている。その書き出しはこうだ。

「曽つて読んだ書物の中に次の様な話があつた。ある一人の旅人が旅の途上、とある石工場に辿りついた。沢山の石工がコン〱、コン〱、コツ〱、コツ〱と槌や鑿の音忙しく立ち働いて居る。件の旅人はつか〱と一人の石工の側によつて、『貴兄は一体何をしているのか』と尋ねた。『己れか？　己れや石を割つて居るんだ』と呻吟く様に彼は答へた。次の石工は同じ、旅人の質問に対して、『我輩は日給七弗五十仙で働いて居る』と答へた。旅人がさらに第三の石工に囁いた時、彼は寧ろ意外な答を受け取った。即ち、『私や、カセドラルを建てて居る』といふのであった」。

郁子によれば、「これは近代的基督教の比喩である」。第一の石工にとって石を割ることはただただ機械的なルーティン・ワーク以外の何ものでもない。第二の石工にとっては金稼ぎの手段であり、「その金で買える物質的享楽」である。

しかし第三の石工はちがう。「彼は割る石の奥に打ち下ろすハムマーの彼方に夢がある。幻がある。理想がある。遠く、高く、青空に描く大理石のカセドラル――奇しくも創造された神の殿堂が彼を招く。（略）彼の人生は、来る日も来る日も、単調無意味な機械的労働ではない。毎日毎日が新しく築かれてゆく創造の過程である」。

こうした「創造的人生」こそが人間の生きる意味であり、それに向かって日々生成発展する、その過程が即ち郁子の考える宗教なのだった。そしてこうした意味での宗教は、とりわけ女子教育に必要だと、郁子はいう。

「女性の生活は、――それが家庭婦人であると、職業婦人であるとを問わず――ややもすれば単調なる機械的繰り返しとなりがちである。

婦人は保守的で平和を愛好する――かく一般的に評価されたる婦人の長所は同時に短所でなければならぬ。静的、惰性的生活――そこに創造発展変化の欠如は確に、婦人の欠点である」。

だから女子教育に宗教教育が必要なのだと、郁子は考えていた。これからの女性は、「創造的人生観、或は宇宙観」、「人生の全景的見渡し」を持たねばならない。「明日の女性に必須かくべからざるものは彼女の行為を指導し方向づける確乎たる哲学宗教を把握することである」[36]。

さらに、先に見たように汎太平洋婦人会議をきっかけに、郁子はフェミニズムにとってのキリスト教の意義を確信した。

「現在に於ける国際的婦人運動の発達促進に与つて最も力ありし宗教は基督教であることは何人も否む事は出来ない」。それだけでなく、キリスト教そのものが男女平等を原則とする点で、フェミニズムと共通性を持つという。「イエスによつて啓示された神は人間の男女に対する一視同仁の神であり、救はるべき価値に於て男女は全く平等であることを実証したのであつた。あらゆる婦人運動の基調には人格の平等性、人種の平等性が最も権威ある原理原則として掲げられてある」[37]。

キリスト教の女性差別が問題化されるようになったのは、第二波フェミニズム以後のことだった。郁子にとって、キリスト教はフェミニズムと何の矛盾もないどころか、拠り所とすべきものであった。

五　天皇制・ナショナリズム・植民地支配

▼天皇制認識

だとすれば郁子は、天皇制やナショナリズムをどう考えていたのだろうか。

天皇制は明らかに人間平等に反するものであり、日本ナショナリズムの柱であった。キリスト教の意義を国際性、人間平等性にみる郁子にとっては認めがたいものであるはずだ。しかし、三〇年代の著作のなかに天皇制批判はもちろんみあたらない。逆に褒め讃えるような発言さえある。

「我々は（略）かの明治天皇によつて宣せられた五箇条の御誓文を以て、真に新日本建設の根本精神として力説し来つたものである[38]」。

また、家族制度を批判するにあたって、郁子はその長所と短所をそれぞれ列挙しているが、長所六項目の最初の二項は、「祖先崇拝の観念及び習俗により民族、国家社会、家庭の結合力を増す」、「忠、孝、愛国の精神を養ふ」である。そして「我が国体の精華たる家族的国家主義、それがもたらす忠孝一本、君民一徳の理想に立脚する時、我々はその長所として挙げたる最初の二項については完全に共鳴して余す所なきものである」と書いている[39]。

しかしこれらの発言をもって、ただちに郁子を天皇主義者と決めつけることはできない。この文章ではそうした「長所」を挙げながら、結局家族制度を否定しているのだ。当時の厳しい状況のなかで、現状批判的な提起をする場合、一種のお守りとしてあえて天皇崇拝的言辞を弄する場合もあり得る。

郁子の本音の天皇制認識はどうだったのだろうか。それを検討するために、いちおう言論の自由が保障された戦後における発言を見てみよう。一九五五年八月、桜美林学園誌『復活の丘』が発刊されたが、郁子はほぼ月刊で発刊されるそれに毎号のように筆を執っている[40]。六一年一一月からは「自叙伝　教えつつ学びつつ」を連載している。その中に直接天皇制に言及したものはない。ただいくつか関連した発言はある。

「今年は「天皇誕生日」—四月二九日—終戦前までの天長節が各地で論議に上った。戦前通りの形式軍国調で宮城遙拝したり、分列行進—閲兵式めいた行事をした学校長もあるというので、新聞にも仰々しく何段抜きかで掲載されたが、結局大した世論—議論を構成するほどにはならなかった様である[41]」。

「太平洋戦争は我が光輝ある三千年の歴史をズタズタにした。（略）為政者は井戸の蛙で、神託の優越権をふりまわし、国民は目隠しされたままで非人道的絶対権に追いまくられていたが、自他共に敢えてこれを怪しむ者がなかった。（略）

新日本教育のスローガンは、1　平和国民の育成、2　文化国家の育成、であるが、こうした幟じるしは神武詔勅にも、教育勅語にも見られなかった[42]」。

「我が光輝ある三千年の歴史」とは、戦前そのままの表現だが、とにかく戦前の絶対的天皇制への批判は感じられる。

一方、夫、清水安三が戦後書いた『桜美林物語』には、手放しの天皇礼賛がある。日米関係悪化にともないミッションスクールは閉鎖に追い込まれるが、北京の崇貞学園もあわや、というとき、天皇から下賜金が伝達され、おかげで延命することが出来たというのだ。

「私は今でも忘れえぬ。朝陽門外からモーニングに身を固めて三輪車に乗り、東四牌楼大街を走る時に、熱い熱い涙が拭えども拭えども、両頬に流れたことを。（略）私はこの度の御下賜金によってすっかり水に流され、いまや大手を振って北京日本人村を闊歩しうることになったのであった。（略）崇貞学園の上を覆っている暗雲を、払いのけて下さるお方は本当に、天皇陛下の他にはなかった[43]」。

郁子は戦後、下賜金受領についてはふれていない。榑松かほるの『小泉郁子の研究』一四八頁には、裾模様で下賜金を受け取る郁子の写真が載っているが、彼女自身は内心複雑な思いだったのかもしれない。

▼ナショナリズムと植民地支配

また郁子はナショナリストであった。三〇年代初め、何度か郁子は「偏狭なる国家主義」やファシズムを批判する一方、留学中ミシガン大学で出会った植民地下アジアの学生たちの民族意識を好意的に紹介している。

「私が特に印度婦人の涙を見て打たれたのは曾つて我々のクラブで、国民が起立してそれぞれ自国の歌を歌つた時であつた。彼等には歌ふべき歌が無かつたからである。然し私は、彼等がさうした憂愁から解放される日の近きを信じて疑はぬ者である(44)」。

「彼女は優しい気質を持つた愛国家であつた。一夕我々のクラブで土耳古の国家改良問題に就いて話した彼女の語る言々句々に、我々は明瞭に新進土耳古婦人の意気を読む事が出来たのであつた(45)」。

そして郁子は、誇らかに「日本」を語る。「フィリッピン人、印度人等は日本人及日本国民の絶対的崇拝者である。（略）極東に於ける唯一の世界的国民として、独立の体面と威力とを立派に保持してゐる日本は、彼等にとつて光明であり、憧れの的である(46)」。

日本の「独立の体面と威力」には植民地支配が含まれているのだが、インドやトルコ女性の民族意識を評価することとの間に矛盾は感じなかったようだ。したがって、三一年九月一八日の柳条湖事件をきっかけにした日本の「満洲」侵略に対する批判的言及はまったくない。

さらに三二年から三三年にかけて、ハウスキーパー問題や「転向」など共産党員の「堕落」がマスコミで頻々と伝えられるが、それに関連した郁子の文章にはナショナリズム色がでてくる。外国にいても日本を忘れない日本人を評価して、次のようにいう。

「それは同時に故国を忘れ得ぬ家族的日本国民に共通な性状である。この性状こそは、或は一面に、我が国民をして大殖民たることを妨げしめてゐるかもしれないが、然も同時にそれがロシヤの如き大革命の惨劇より我が国民を救ひ、我が国家を救ふ力ともなつてゐる事は否み難いのである。共産党の残党は今日決して掃蕩し尽されたとは考へられない。（略）私は、女性反逆者の凡てがこの一大家族国家の母の懐の中に涙と共に帰り来るべきを信じて疑はぬものである[47]」。

「家族国家」とはつまり天皇制国家である。また「大殖民たることを妨げしめている」という言葉からは、植民地支配への積極的姿勢すら感じられる。

極めつきは、ハワイの汎太平洋婦人会議に出席した朝鮮女性についての発言である。

「汎太平洋婦人会議に朝鮮の女性が二人来て居りましたが、この人々が事々に攪乱的な態度で自己本位の主張をする。たとへば酒の問題を討論してゐる時に、皆さん一寸お待ち下さい。（略）そもそも根本問題とは何ぞや、民族の独立を尊重することである。我々独立なき者を助けないで何の国際会議ぞと云ふ[48]」。

この二人の朝鮮女性には、かつて郁子が評価したインドやトルコの女性以上にたしかな民族意識が感じられる。しかしこのときの郁子にとっては単なる「攪乱」分子なのだ。これは三五年六月二一日、その夏アメリカで開かれる日米学生会議に出席する女子学生との座談会での発言だが、その直前に郁子は、中国視察・講演をかねて北京の清水安三を訪ねている。この旅行は彼女のナショナリズムを高めたようだ。

とくに日本の傀儡国家「満洲国」での見聞は、郁子の愛国心を喚起した。満洲へ、満洲へと向かう日本人の多さは、すなわち植民地化の進行であったが、郁子はこんなことを書いている。「単身うら若い女性や、いたいけな子供づれの奥さん方が、朗らかに勇んで、奉天は愚か、遠く西比利亜までも出かけて行かれる勇敢さと、その背景にある我が国運の隆昌とを目のあたり賭（ママ）て、私は涙ぐましい感激に浸った[49]」。

奉天（現・瀋陽）で、日露戦争の戦死者をまつった表忠塔を訪ねた郁子は、自らの中に鬱勃たる愛国心を発見する。「絶対無我の祖国愛に殉じた同胞、父祖の偉霊の前に、激しく叱咤される自己を感じて、我知らず戦いたが、同時に胸底半ば眠つてゐたものが、むくむくと醒めて動くのを感じた。それは所謂愛国心と名づくる以外の何者でもない。私は今日の青年子女を、一度は此処に連れ来る事が大きな教育ではないかと思った[50]」。

これらの発言は、当局を欺くためにあえて吐いた奴隷の言葉ではなく、本音そのものだったろう。郁子はフェミニストでありキリスト者であり、さらに断固たるナショナリストとして、中国での新生活を始めることになる。

六　中国へ

▼清水安三との結婚

郁子の北京[51]での生活は、一九三五年七月上旬に始まった。中国旅行から東京に帰ってきたのが五月一九日だったから、あわただしい再出発である。その間、五月二六日婚約発表、六月四日、白木屋ホールで『女性は動く』出版記念をかねて婚約祝賀会。これには女性運動家、教育界の中堅たち一二〇余人が集まったが、せっかくの名声を捨てての結婚・北京行きに反対も多かった。翻意の説得に彼女の自宅まで押しかけた女高師の先輩もいた。

しかし郁子の気持ちは、旅行前からすでに決まっていたといってよい。北京で崇貞学園を営む清水安三からの求婚の手紙が届いたのは、郁子が汎太平洋婦人会議出席で日本を留守にしていた三四年九月だった。

安三は郁子より一歳年上の一八九一年生まれ。滋賀県出身。中学生のとき近江兄弟社の創立者で建築家でもあるウィリアム・メレル・ヴォーリスに出会ってキリスト者になった。同志社大学神学部卒業後、一九一七年、日本組合派教会から派遣されて宣教師として中国に渡る。一九年の華北干ばつによる飢謹救援活動をきっかけに、北京・朝陽門外に貧しい中国人少女を集め、崇貞工読女学校を開校。その名の通り経済的自立のために刺繍などの技術習得と読み書きを教える学校だった。授業料は無料。安三は妻美穂とともに学校経営に腐心していたが、美穂は積年の苦労がたたり、三三年、三八歳で世を去った。あとに一二歳を頭に三人の子どもが残された。窮地におちいった安三は、かつてオベリン留学中知り合った郁子に白羽の矢を立て、求婚の手紙を出した。もちろん郁子の日本での名声は知っており、学校経営への利用という計算も働いていたようだ。

求婚の手紙がふるっている。知っている数多い女性のなかで「貴女が最も高い教養の婦女にて有之候。（略）お互ひに已に年老ひぬれば、蝶よ菫よとはしやぐ訳に行き申さざらむも、中年者には中年者の表現といふものも有之候はむ故に、暇を作りて手紙の取り遣り致し度候[52]」。

じつは郁子は、汎太平洋婦人会議で中国代表の反日意識に触れる体験をしていた。次年度会長にガントレット恒子が決まったことに対して、中国代表が強硬に反対したのだ。彼女らの反日的態度に苦慮していたところに、安三からの手紙を読むことになった。安三の中国での活動はその融和に役立つと思えた。

決定的な引き金は、一一月中旬の青山学院女子部創立六〇周年記念式典だった。そこで郁子は、生徒たちによる学校創立から現在までのページェントをみて感動、その足で安三に電報を打ったという。

「フツツカナルモノナレド　モ　カミユケトメイジ　タマフガ　ユエニ　キカヲタスケ　トオトキゴシメイヲトモニハタシモオサン　イクコ」。

これには安三の方が面食らって、「デ　ンシャス　ゴ　ハツピ　ヨウマテ　アトフミ」と返電、一度北京に来て崇貞学園を見てから決めるよう提案した。三五年春の中国旅行はその結果である。

創業の苦労をこそ望んでいた郁子にとって、学校が小さいことや安三が無冠であることは何ら障害ではなかった。また、安三と結婚することは三人の子どもの継母となることだったが、そこにもためらいはなかったろう。担当していた『東京日日新聞』身の上相談「アスク・アス」の回答で、郁子は繰り返し子どもにとって母親の必要性を述べている。彼女は有言実行の人であったし、教育者としての自信もあったろう。そしてなによりも、日中関係が険しさを増すなか、「日支親善」の最前線に立つことへの気負いがあったはずだ。郁子にとって、安三とともに中国で生きることは神の召命だった。

そのとき郁子、四一歳、安三は四三歳だった。入籍は三六年二月一三日、結婚式は六月一日、天津の教会で挙げている。しかし三五年の秋ごろから、すでに原稿は清水姓で書いている。

▼「日支親善」への努力

郁子はアメリカ留学中、同じ留学生の中国女性に接する機会があった。郁子によれば、彼女たちは意気軒昂で民族意識に燃え、「ちょいちょい合体して日本人の反感を挑発したりした事もあつた」が、「新興国民としての支那婦人の活動、今や実に目醒しい。（略）彼等の意気と自信と精力は我々をして時に歩を譲らしむる事がある。私は他国人乍ら女性の名によって彼等の前途を祝福して止まぬものである」と、郁子はフェミニストとして好意的にみていた(53)。

しかし中国で暮らすとなると話は別である。彼らの意気軒昂たる民族意識は日本が唱える侵略を前提にした「日支親善」に敵対し、場合によっては郁子たちの存在そのものを脅かす。当時日本は、「満洲」のみならず華北をも中国から分離して日本の支配下に収める華北分離工作を進めていた。とうぜん日本に対する中国民衆の憤激は高まる。とくに北京の学生たちは「抗日救国」を掲げて立ち上がった。

その中には多数の女子学生もいた。郁子は彼女たちについて、「今日の支那の大中女学生の傾向は、数年前共産党の跳梁した頃のインテリ女性のそれに似通つてゐる。彼等は資本主義を罵倒し、国民党のスローガンを高唱しつつ、愛国者を気取つてゐる[54]」ときびしく批判している。

そのなかで郁子は、「日支親善」につとめ、戦争回避のために彼女なりの努力をしている。三五年一二月、殷汝耕夫人にインタビューしたのもその一つだった。殷汝耕夫人とは、一一月に通州に成立した冀東防共自治委員会委員長、殷汝耕の妻、民慧である。彼女は日本人で、夫の殷汝耕も早稲田大学出身の親日派だった。

インタビューは「殷汝耕夫人と語る」と題して『東京朝日新聞』一二月一五日付けに大きく掲載された。そこで郁子はインタビューの意図を次のように書いている。「夫人が日本人であられる事は、一面、国際結婚を主張する私にとつて、特に昨今の如き政治的社会的情勢にあつては少からず興味を唆らることであつた。かうした際に夫人を訪ね、その心境を叩くと同時に、一片のおねぎらひの言葉を呈する事は、女性として、日本人として、蓋し当然の義務だとも考へられた」。

冀東防共自治委員会は、華北侵略の突破口を開くために日本がつくったカイライ政権だった。それに好意的な記事をマスコミで発表するとなると、郁子の立場性は自ずから明らかになる。このあとも郁子は、著名な文学者胡適を安三とともに訪ねて戦争回避を訴えるが、もちろん好意的な対応は得られない。

さらに郁子は、日中開戦の直前、三七年三月に蒋介石夫人宋美麗を南京に訪ね、インタビューしている。これは東京聯合婦人会と『婦人公論』の委嘱によるもので、郁子の会見記は「西安事変後初めて蒋介石夫人に会ふ」と題して、宋美麗の手記とともに『婦人公論』三七年五月号に掲載された。

タイトルにある「西安事変」とは、日本軍によってかつて父張作霖を爆殺された張学良が、前年三六年一二月、督戦に訪れた蒋介石を西安で逮捕監禁、共産党との内戦停止を迫った事件である。このとき宋美麗は飛行機で西安に乗り込み、交渉のすえ夫救出に成功した。その決死的行動は世界的な話題になったが、歴史的にみればこの事件は第二次国共合作、抗日統一戦線結成の契機となっている。

郁子の宋美麗との会見の目的は、「真の両国親善と平和を、婦人同志《ママ》の正しい理解と好意の手によつて、固く固く結んで行きたい」ということだったが、西安事変の立役者・宋美麗に「両国親善」を期待するのはそもそも無理というものだった。郁子はアメリカ留学時代のつてを辿って、ともかく会見にこぎつけたが、『婦人公論』掲載の宋美麗の手記には、病床の母の祈りにかこつけて抗日姿勢が語られている。

「それは、満洲の方にだん〳〵日本の勢力が伸び始めてきた頃の

写真3
『婦人公論』1937年5月号

事である。その頃、母は長い病床にあつた。

ある日のこと、私は制し切れぬ私の感情に駆られて泣き出した。そして私は言つた。

「母さん、あなたは、祈ることに非常な力を持つて居られる。あなたは何故、神が、地震か何かを以て、日本人を殲滅して了つて下さる様に祈りませんか」と。

之を聞いた母は、暫く顔を背けていたが、やがて毅然として云つた。

「あなたは人間として、限りある生命を持つた人間として、ふさわしからぬことを為さうとして、神に祈つたり、また祈つて貰つたりしやうと思つてはならぬ。それはむしろ神の全能を侮辱するものである」と。

この一言に私は深く首をうなだれた。（略）それ以来、私は、日本のため、日本人のために祈ることが出来る様になつた。私は、日本のすべてが、或いは日本人のすべてが悪いなどとも、決して考へなくなつた。日本にも、例へば賀川氏の如き方が、沢山居られるに違ひないことを信ずる」。

この手記のタイトルは「日本のために祈る」である。ここには日本の侵略への怒りと、しかしそれを超えて「敵のために」祈るキリスト者としての信念が披瀝されている。郁子は「この度の会見が婦人による両国親善のために、決して無駄ではなかつた事を深く信ずる」として、「お互いに侮らず、諂はず、疑はず只々一筋に誠心誠意を以て、相敬し、相愛し相信じ、お互いの幸福のために、思ひを致し、力を尽さねばならぬ」という。しかし宋美麗のがわからすると、まず日本が侵略を止めない限り、お互いの「誠心誠意」はありえないことになろう。

▼日中開戦

郁子の努力もむなしく、三七年七月七日、北京郊外盧溝橋で、ついに日中両軍の衝突が起こった。当初は本格的な戦争に発展するかどうか状況は流動的、郁子たちは殷々たる砲声を聞きながら戒厳令下の北京城内に息を潜めていたが、一四日、一番下の息子を連れて旅順に避難する。それは郁子には不本意なことだったが、「母親」役を強制する安二に逆らうことは出来なかった。これについて郁子は、「女なるが故に家庭婦人なるが故に、悲哀がしみじみと口惜しく胸元に込みあげてきた(55)」と書いている。

したがって八月に入り、鉄道開通を知ると矢も楯もたまらず、子どもたちに因果を含め、単身北京に向かう。そのときの決意を、婦女新聞社長福島四郎につぎのように書き送っている。

「私は初から避難者と称せられる事に非常な恥と責とを感じてゐます。私共の仕事の性質上、又予ての主張の上からしても、苟も難を避けるといふ様な事は、私の良心の許さぬ所であります。勿論殊更危きに近づいて犬死をするといふやうな愚を致したくはないのですが、私としては飽くまで、彼の地に止って難に処するの道を講じつつ、寧ろさうした時機に於てこそ、愈々我々の誠意のあるところを披瀝したいといふのが心一杯でございます(56)」。

中国人に変装し、日本軍による爆撃の跡をたどる決死行だった。天津では、「一歩外に出ると、そこ、ここに爆破された大小の建物が無惨な廃墟を曝してゐる。同じ棟続きで、中間にあるたつた一軒の日本人の家を残して、両側が完全に破壊されてあるなど、日本軍の爆撃の正確さが驚嘆される」。そして「あそこの廃墟の中には、今でもまだ、死体が沢山ある。この辺の道の色の黒さは、流血のにじんだのだ。仏租界にある国際橋の下を流るる運河の中には、少し佇んで見てゐると、まだ死骸が浮いてくる。ステーションから街々にかけて嘔吐を催す様な異様な悪臭は死人の臭ひだ」等々、「見るもの、聞くもの、感ずるものが、心胆を寒うするもの計りだ」。爆撃で完全に破壊された私立の名門校南開大学の跡地を見て、郁子は「半世紀にわたる苦心経営が一瞬にして灰燼に帰した事を思ふて泣いた[57]」。

こうした苦労の末辿りついた北京だったが、郁子の顔を見た安三は烈火の如く怒った。母性愛のない女は東京へ帰れ、とまで言った。後に郁子はこのときの安三の対応を「言語同断な罵詈雑言」としつつその子煩悩ぶりを紹介している[58]。

結局郁子はすぐに旅順に引き返し、北京が安定するのを一日千秋の思いで待つことになる。「安定」とは、日本の完全占領ということだった。そのためには保定陥落が必要と聞いていた郁子は、九月一五日、「保定爆撃」の報に雀躍する。「今朝は（十五日）早くも固安の占領と共に保定爆撃の快報が投げ込まれた。（略）全く皇軍の神速自在な活動には、もとより皇軍の威力を信ずる我々乍ら今更の如く驚嘆せざるを得ない。この分なら、我々の北平帰還も程遠からずと、覚えず心が勇み身が躍る[59]」。ここには「皇軍」爆撃下の保定の人びとの苦難への認識は全くない。

一二月、首都南京がついに陥落した。旅順にあった郁子はその報を喜び、九ヵ月前南京でインタビューした宋美麗に思いをはせる。そして「蒋夫妻が真のクリスチャンである限り、人口の過剰に悩む日本の立場を理解し、大陸に於ける日本との提携」を目指すべきだとし、北京に帰るにあたっての決意を語る。「私は心身を挺して両国民の幸福のために、我が建国の大理想実現の為に働かう。廃墟の中から、焦土の下から屹度々々人間同志《ママ》の真情の花を咲かせて見やう[60]」。

▼崇貞学園の発展

その決意実現の柱は、もちろん崇貞学園である。郁子は、三五年七月に崇貞学園長に就任した当初から積極的に学園拡大をはかっていた。新しく隣接地七〇〇〇坪を購入し、講堂を持つ二階建ての新校舎を建てた。安三の伝記を書いた上泉秀信によれば、「別棟の理化学教室がこれに付随した。古ぼけた旧校舎が塗り替えられた。昨日の村塾が、今日は朝陽門外に唯一の近代的美を誇るやうな建物と、面目を一新したのである(61)」。

三六年一〇月一七日、新校舎の落成式が行われた。この日の感激を郁子は、次のように書いている。

「この日天いよいよ高く晴れ、和やかな秋陽を浴びてそびえ立つ新校舎、旧校舎、ともに花の如く、玉の如く匂やかに仰がれた。竿頭高く掲げられた校旗は、青天白日旗と日章旗に挟まれ、へんぽんとして微風に舞ひ、けふの慶びにたぐふが如くであつた(62)」。

学校紹介によれば、当時は小学校（六年制）二クラス、初級中学（三年制）一クラスからなっていた。専任教員は郁子夫妻を入れて七名、他に講師が三名いた。授業料は無料、ただし雑費として一学期小学校二〇銭、中学校一元。創立以来一七年間で卒業生は五〇〇余名（中途退学者を入れると一〇〇〇名以上）。うち日本への留学が四名となっていた(63)。

以後も拡大は続いた。とくに日本の占領が確立した三八年以後は急ピッチですすみ、三八年だけで家政館、寄宿舎、図書館、体

写真４
❶崇貞学園の図書館　❷崇貞学園のチャペル

育館を建設し、小学部三教室増設を計画している。その結果生徒数は、三八年四月に小学部一二三名、中等部三五名だったのが年度末には小学部二一〇名、中等部五二名と増加した。九月には共学の実施に踏み切り、小学部に男子生徒三〇名を入学させた。それに伴い、正式の校名をそれまでの「崇貞女子学園」から「崇貞学園」に変更した。共学論者としての郁子の学校経営にかける夢は、着々と実行に移されていったわけだ。三八年四月には、中国人少女四人を日本に留学させている。

三九年には、日本人少女のための中等学校、崇貞日本女子中等学校を設立した。[64] 北京が支配下に入って以来、日本人の流入はすさまじく、三七年七月段階ではわずか一七人だった小学生が一年間で一五〇〇人にふえたという。[65] 崇貞日本女子中等学校はそうした日本人子どもの教育機関として設立されたが、結果として日本の植民地下の朝鮮人少女を多数受け入れることになった。[66] ここで、貧しい中国人少女の自立のための学校、という崇貞学園の性格は大きく変わったことになる。

それにしても、そのための資金はどうやって集めたのだろうか。崇貞学園の資金は設立以来募金と生徒たちがつくった刺繍やアップリケの売り上げでまかなわれていた。それは郁子が責任者になってからも続けられている。三六年、三八年、四〇年と郁子は帰国し、資金集めに奔走している。

これには日本のフェミニストたちも協力した。たとえば長谷川時雨を中心とする女性文学者の会の機関誌『輝ク』三八年四月号には、崇貞文庫設立のための寄付金募集が載っている。崇貞学園から中国人少女たちが日本に留学するにあたっては、中野鷺宮に寮が用意された。そこに文庫をつくり学習に必要な辞書、参考書、日本文化研究書などを備えようというのだ。郁子の活動は「日支親善」の最前線にたつものとして、日本のフェミニストに評価されていたわけだ。

しかしそうした個人からの募金だけで、急ピッチの学校増設費用がまかなえるはずはない。企業からの大口寄付[67]や、いまでいうＯＤＡ資金も多額に流れ込んでいる。三五年、五八三円五〇銭だった外務省文化事業部補助金は、三六年九五五円、三七年五〇〇〇円（他に体育館建設助成金として二〇〇〇円）、三八年五〇〇〇円と急増。[68]先に見たように天皇の下賜金二〇〇〇円もあった。崇貞学園は日本の対中国国策の中に位置づけられていたということだ。

▼教育的宣撫事業

その傍ら郁子は、三八年五月、北京中日婦人親和会を組織して日中女性の親善につとめた。設立を伝える郁子の文章によれば、会員は日中半々で約一〇〇人。いわゆる名流婦人である。第一回会合は日本大使館で開かれており、国策としての日中女性の親善だったことは明らかだ。[69]

しかし郁子は、軍主導による宣撫活動には一定の批判を持っていたようだ。三八年二月、内閣情報部によって創刊された国策宣伝雑誌『写真週報』二一号（三八年七月六日号）には「北京婦女宣撫班」の活動が写真入りで大きく報じられている。そこにはこんなことが書かれている。

「思へば支那の民衆は、永い間国民政府の圧制と支那軍閥の搾取に堪へ忍んできたものである。内乱の度毎に親兄弟を戦場に奪はれ、略奪、放火等の暴虐の限りがつくされる。（略）過去幾度かの戦争の経験から軍隊の略奪、暴行を覚悟したであらう支那民衆は今事変にはあまりにも異つた姿を見た。暴虐に代るに、温かい憐れみと慈しみと救いの手であつた。（略）「日本軍は無辜の民衆を敵とするものではない。我々を解放するために戦つているのだ。救世主だ」との叫びがどこからともなく人々の心からこみ上げるやうに上がつて来た」。

北京婦女宣撫班の中心は「女将軍」と呼ばれ、当時北京の日本軍特務機関政治部に所属していた中島成子である。彼女は山下奉文中将とのコネを背景に物資を集め、貧しい中国民衆に食料などを配布するといった活動を展開していた。

これに対して郁子は、「矢鱈に品物を施して宣撫活動と思っている人もあるが、物をやるにも、犬に与へる様にしてはならない。小さいものは小さいなりに尊敬し、我に対する感謝と信頼を起こすやうにしなければならない。また物には限りがあるので生産的教育を施し、生活の道を講じてやり、ただ物を貰ふ癖をなくして、独立的な生活を教へることである」。それを郁子は「教育的宣撫事業」という[70]。それこそが真の宣撫事業であり、そのためにこそ崇貞学園があると郁子は考えていた。

三九年一月、安三の斡旋で北京天橋に土地五〇〇坪を確保し、医療施設愛隣館が開設された。ここには池永英子医師、鳥海道子主事という二人の女性が常駐し、貧しい中国人に無料の医療活動を行ったほか、井戸を掘ったりして中国民衆の生活向上に努めた。これは日本の宣撫活動の一環であり、館長は安三。郁子も積極的に関わっている。その増築資金の一環として興亜院から一万二〇〇〇〇円が支給されたときには、「声を上げて泣かんばかり」に感激している[71]。

七　小泉郁子と「帝国のフェミニズム」

▼敗戦・引き揚げ

一九四五年八月一五日、日本は敗北した。その結果郁子は、三五年以来心血を注いで築き上げた崇貞学園、およびその他中国でのいっさいの実績を失うことになった。四五年一一月、北京市政府教育局によって学園は接収、私有財産も没収され、郁子と安三は四六年三月、日本に引き揚げる。

郁子は引き揚げに反対だった。敗戦の五日後、日本への引き揚げを決意した安三に対して、彼女は断固反対した。安三によれば、「アンタは日本にお帰りなさい。わたしは朝陽門外から天国へ行くからといって譲らなかったという[72]。それだけ彼女は中国での一〇年間の活動に自信を持ち、やりがいを感じていたということだ。安三はそうした郁子について、やや皮肉な見方をしていた。

「清水郁子は実に幸福であつて、今は、一人で崇貞学園を切り廻はしてゐる。青山女学院にいたら、さぞ、西洋人のミッショナリーに実権を握られて、何一つとして、イニシアチブに働けず、鬱々として気を腐らせてゐたらうし、東京の婦人会に在つても、古豪が死なぬ限りは何一つとして、思ひ切つてやつてゆくことは、まだ〳〵出来やう筈がない。ところが北京に居れば、国際婦人会に出ては、二九個国の婦人たちの仲間へ日本女性を代表して顔出し出来るし、天橋にセッツルメントができれば、それも思ふがままに、牛耳られるし、日支婦人の間の橋渡をするとすれば、日支婦女親和会を組織することもできるのだ。東京あたりで、日本の女ばかりが寄り合つて喋つてゐるのとは意義が違ふではないか[73]」。

それが可能だったのは、郁子が支配者日本の一員だったからだ。徒手空拳で中国に飛び込み、三〇年近く揺れ動く中国近代を体験してきた安三とちがって、郁子の中国での一〇年は支配者日本の庇護のもとにあった。そのことに彼女がじゅうぶん自覚的であったとは思えない。中国の人びとが彼女をどう見ていたかについても、認識していたとはいえない。安三は引き揚げを拒否する郁子を「甘いシナ認識」と批判している[74]。

▼帝国のフェミニズム

中国での一〇年間、郁子はいくつ身体があっても足りないぐらい粉骨努力した。しかし、三八年三月から一年余り崇貞学園で働いた池田鮮によれば、あるとき郁子はこんなことを言ったという。「私は日本のために働いている。それが廻りまわって支那の為になるかも知れないと思っている」。それに対して安三は、「わしは支那のためや、それが廻りまわって日本の為になるかも知れん」といった。[75]

郁子の中国を見るまなざしは、水平とは言いがたい。「元来支那の民族性は退廃的で、日本の向上的な新鮮な精神によらなければ救われない民族です」[76]。郁子にとってそうした中国民衆はいらだちのタネだった。「支那に来てから、丁度正味一年になるが、私はまだ思つた程支那が好きにならぬ。棲みよくもならぬ。（略）朝から晩まで支那人に接してゐると溜息が凝つて癪気になる」[77]。「もつともつと支那人により近く接して行かなければ」[78]と、郁子は必死の努力をしたようだ。しかし愛隣館主事として身近に接した池田（旧姓鳥海）道子によれば、郁子はまわりに非常に厳しかったという。彼女の口癖は「どうかしている」だった。「それはそれは頭もおよろしくて、何でもおできになる方ですから、出来ないのが信じられないのでしょう」と池田道子はいう。また郁子は、中国語は話せなかった。北京中日婦人親和会などで中国女性と接するときは英語で話していたという。つまり英語を話せる層、留学経験のあるような「名流婦人」との付き合いが中心だったということだ。[79]

こうした中国認識は、もちろん郁子だけのものではない。中野に誕生した崇貞学園の留学生寮を訪ねた若林つやは、中国人少女たちについてつぎのように書いている。「最早どうにもならない血液の古さといふことを思つた。古い血液は上昇しやうとする心に停滞と忍従を強ひ、人間としての責任と良心をすら放擲させやうとするのであらうか」[80]。ここにある優越のまなざしは当時の多くの日本人に共通するものだった。

しかし郁子の場合、日本人としての優越感だけでなく、「キリスト教」との関わりもある。郁子にとって、中国で働くことは神の召命だった。そして神は、四節で見たように、絶えざる向上発展を目指す「創造的人生」にこそある。それはマックス・ウェーバーの言うプロテスタンティズムの倫理とイコールであり、資本主義を生み出した勤勉の精神につながる。(81) それを絶対的価値として中国民衆に適用すれば、「遅れた」「停滞した」、郁子にとって「どうかしている」としか思えない事態が多々起こるのは当然だろう。

三節で見たように、郁子は自他ともに許すフェミニストであった。そのフェミニズムは、場合によっては五〇年後の第二波フェミニズムを先取りするような先進性をもっていた。しかしどうやら彼女のフェミニズムは、「帝国のフェミニズム」だったといわざるを得ない。

それはフェミニズム再生の道を国際主義とキリスト教に求めたことと関わりがある。一九三〇年代後半の閉塞状況のなかで、日本のフェミニストの多くは母性主義に活路を求め、「日本回帰」を遂げた。そのなかで郁子はひとり国際主義にフェミニズム再生の道を見出し、その柱としてキリスト教を位置づけた。しかしファシズムに急傾斜する当時の日本で、それを実現できる展望はない。そこに降ってきたのが北京崇貞学園だったということだろう。しかし三節でみたように、郁子が感動した国際的女性運動は、あくまで欧米の白人中産階級フェミニストによるものだった。まさに「帝国のフェミニズム」そのものだったことになる。

そのことは、ほぼ同じころ中国人と結婚し中国に渡った長谷川テルと比較してみるとよくわかる。テルも日本の閉塞状況からの脱出の道を国際主義に求めた。しかしその国際主義はプロレタリアエスペラント運動であり、その中国での活動はつねに抗日中国民衆とともにあった。その中で日本軍兵士に不戦を呼びかけるラジオ放送をし、「嬌声売国奴」と日本の新聞に書き立てられもした(82)。日本の軍事力を背景に「日支親善」の名士としてもてはやされた郁子とは大ちがいである。

もちろん「普遍宗教」としてのキリスト教の非普遍性、フェミニズムの多様性についての認識を、当時の小泉郁子に求めるのは酷というものだろう。しかしそれにしても、国際派の郁子が一九三七年一二月、南京占領後に起こった日本軍による虐殺・レイプを知らなかったはずはない。一九四〇年、安三はハワイの日系新聞に南京レイプ問題について書き、憲兵の追及を受けている(83)。しかし郁子の書き残したものの中には、それについての言及は今のところ見当たらない。『復活の丘』連載の自叙伝が書き続けられていれば、当然触れられたと思うが、その急死によって女高師卒業直後までの記述で終ってしまった。郁子のためにも残念でならない。

しかし、とはいうものの、結果よければすべてよし、ということがある。郁子の中国を見る視線がどうあれ、結果的に中国の少女たちの解放・自立に役だったとすれば、それはそれで意味があったといえる。読み書きや自活のための技術は、生きるための基礎的手段である。崇貞学園によって、初めてその機会を得た中国人少女も多かったに違いない。

その一方、崇貞学園の関係者ということで、日本敗戦後迫害にあった中国女性もいた。学園で二〇余年も教師として働いた羅俊英は郁子たちが日本に引き揚げたあと「日奸《ママ》」として逮捕された。人民中国成立後釈放されたが骨と皮の姿で、すぐに死んだという(84)。

頑丈なコンクリート造りの崇貞学園の校舎は、そのまま女子中学として使われた。その点では郁子の学校拡大、たえざる発展は無駄ではなかったことになる。

＊この稿を書くにあたって、博松かほる桜美林大学教授には、資料のご教示その他ひとかたならぬお世話になりました。また池田鮮・道子夫妻には貴重なお話を聞かせていただきました。お礼を申し上げます。

注

（1）一九三六年、四二歳で清水安三と結婚・入籍したため、以後の戸籍名は清水。しかし彼女のフェミニストとしての活動は小泉姓でなされており、清水姓での活動もその延長線上にあると思うので、ここでは小泉姓を使用する。
（2）二〇〇〇年一二月、「桜美林大学国際研究所研究シリーズ4」として学文社から刊行された。
（3）『大阪朝日新聞』一九二〇年一〇月二六日付けによれば、郁子は第二回婦人会関西連合大会に明石婦人会代表として出席し、「婦人の革新運動を健全に指導する機関誌の発行」を提案。翌二一年の第三回大会にも参加し、「国際的観念を注入するために女学校開放を」と提案している（同二一年一〇月三一日付けによる）。
（4）『中央新聞』一九二三年五月一六日。
（5）「男女共学運動」『聯合婦人』五二号、一九三三年一一月。
（6）「自叙伝　教えつつ学びつつ」『復活の丘』六五号、一九六二年一二月。
（7）「女性よ、第二維新へ！」『聯合婦人』四六号、一九三三年四月。
（8）注（6）に同じ。
（9）注（7）に同じ。
（10）注（6）に同じ。
（11）「エレン・ケイの思想より」『心の玉』三五、一九二〇年一二月（博松かほる『小泉郁子の研究』資料編一九一ページより引用）。
（12）『明日の女性教育』一八八ページ。
（13）「感想二題」『聯合婦人』四九号、一九三三年七月。

(14)『女性は動く』六ページ。
(15)『男女共学論』一二ページ。
(16)『女性は動く』一一ページ。
(17)『明日の女性教育』二八ページ。
(18)同三五頁。
(19)「男女共学運動」『聯合婦人』五二号、一九三三年一一月。
(20)「女教師諸君に訴ふ」『聯合婦人』二四号、一九三一年四月。
(21)「滞米雑感4」『婦女新聞』一九三〇年七月一三日。
(22)注（7）に同じ。
(23)「鈍角化せる婦人運動」『女性は動く』二三一ページ。
(24)「手を翳し見る日本の面影」『聯合婦人』七七号、一九三六年三月。
(25)「女子教育の危機に善処」『婦女新聞』一七七六号、一九三四年六月二四日。
(26)「脱線子弟の問題」『聯合婦人』四五号、一九三三年三月。
(27)「鈍角化せる婦人運動」『女性は動く』二一九ページ。
(28)『女性は動く』序文
(29)「女性よ未だし!!」『聯合婦人』六六号、一九三五年年三月。
(30)「自叙伝　教えつつ学びつつ」『復活の丘』六二号、一九六二年六月。
(31)「自叙伝　教えつつ学びつつ」『復活の丘』六五号、一九六二年一二月。
(32)「私の入信記録」『復活の丘』六九号、一九六三年一二月。
(33)「女人小言」『婦女新聞』一五八七号、一九三〇年一一月九日。
(34)「社会的不安と信仰」『聯合婦人』三四号、一九三二年四月。
(35)「宗教的態度を求む」『聯合婦人』四四号、一九三三年二月。
(36)『明日の女性教育』五二—六〇ページ。
(37)『女性は動く』四頁。
(38)「女教師諸君に訴ふ」『聯合婦人』二四号、一九三二年四月。
(39)『明日の女性教育』一六九ページ。
(40)一九五九年の三三号、三五号には書いていない。

(41)「日本の民主化と実庭教育」『復活の丘』一〇号、一九五六年五月。
(42)「国際的人物の育成」「復活の丘」一九号。
(43)清水安三『桜美林物語』桜美林学園、一九六四年、二六〇ページ。一九七五年に出した『北京清譚』では、この日を「昭和十一年十一月三日」としている。しかしそれだと、ミッションスクール閉鎖の話と合わなくなる。榑松かほるは『桜蔭会報』一九四二年二月号によって下賜金伝達日を四二年としている。二度も下賜されるとは考えにくいので、四二年が正しいと思われる。
(44)「女性展望3　印度の国粋婦人」『婦女新聞』一五九九号、一九三一年二月一日。
(45)「女性展望4　醒むるパシャ婦人」同一六〇一号、一九三一年二月一五日。
(46)「社会心を理解せよ」同一五六六号、一九三〇年六月一五日。
(47)「客死せる二大国際人」『聯合婦人』五三号、一九三三年一二月。
(48)「日米学生会議派遣女学生代表招待会」『婦女新聞』一八二八号、一九三五年六月二〇日。
(49)「満州へ志す人々」同一八二六号、一九三五年六月六日。
(50)「表忠塔」同一八三二号、一九三五年七月一一日。
(51)清朝滅亡後、中国の首都は南京に移ったため、郁子が移住した当時の北京は「北平」と呼ばれていた。一九三七年一二月、日本による臨時政府樹立後、「北京」にもどる。
(52)『朝陽門外』朝日新聞社、一九三九年、三三四ページ。
(53)「解放の纏足婦人」『婦女新聞』一五九六号、一九三一年一月一一日。
(54)「北支の女性を語る」同一八五五号、一九三六年一月一日。
(55)「平津線激戦直前の南下」同一九三九号、一九三七年八月八日。
(56)「帰りなむ、いざ！　思ひは馳する北平の空」同一九四〇号、一九三七年八月一五日。
(57)「再び現地へ急行」同一九四二号、一九三七年八月二九日。
(58)「清水安三論」『姑娘の父母』改造社、一九三九年。
(59)「北支の戦局を憶ふ」『婦女新聞』一九四六号、一九三七年九月二六日。
(60)「南京の落城と蒋氏の没落」同一九五九号、一九三七年一二月二六日。
(61)上泉秀信『愛の建設者』北星堂、一九三九年四月、三八七ページ。
(62)『支那之友』一九三六年一〇月、注(61)より重引。
(63)「崇貞学園一覧」『支那之友』特別号、一九三六年一〇月。

（64）一九四三年、正式認可され、崇貞高等女学校となる。
（65）「北京片々」『聯合婦人』一九三八年八月。
（66）榑松『小泉郁子の研究』一四九ページ。
（67）『桜美林物語』には、崇貞学園のスポンサーとして、万年社社長高木貞衛、倉敷紡績社長大原孫三郎、最後の関東軍司令官喜多大将等の名前がある。
（68）李紅衛お茶の水大学大学院平成九年度修士論文「清水安三研究——戦前北京における活動を中心に」七七頁。榑松『小泉郁子の研究』より重引。
（69）北京中日婦人親和会誕生」『婦女新聞』一九八七号、一九三八年七月一〇日。
（70）「新興支那に於ける婦人の宣撫活動」同一九九〇号、一九三八年七月三一日。
（71）「北京だより」『婦人平和協会会報』一九四〇年七月。
（72）清水安三『桜美林物語』二七四ページ。
（73）清水安三『朝陽門外』三六五～六ページ。
（74）注（72）に同じ。
（75）池田鮮『曇り日の虹　上海日本人ＹＭＣＡ　40年史』教文館、一九九五年、三一七ページ。
（76）注（65）に同じ。
（77）「どうしたら支那が好きになれるか？」『婦女新聞』一九三七年二月二三日。
（78）「事変後一周年を迎えて」『婦女新聞』一九八九号、一九三八年七月二四日。
（79）二〇〇〇年一二月二八日、池田鮮・道子夫妻からの聞き取り。
（80）若林つや「崇貞学寮のお友達へ」『輝ク』一九三八年六月。
（81）マックス・ウェーバー『プロテスタンティズムの倫理と資本主義の精神』岩波文庫。
（82）「嬌声売国奴の正体はこれ」『都新聞』一九三八年一一月一日。加納実紀代「長谷川テル——矛盾を生き抜いたエスペランティスト」（『女たちの〈銃後〉増補新版、インパクト出版会所収）参照。
（83）「支那事変問答」『日布時事』一九四〇年一月二一日。『清水安三遺稿集　石ころの生涯』一九五～一九七ページより重引。
（84）清水安三『桜美林物語』三〇七ページ。

（『女性キリスト者と戦争』富坂キリスト教センター編、行路社、二〇〇二年一二月）

プラクティカルなファシズム
——自力更正運動下の『家の光』がもたらしたもの

不可視の一〇〇万雑誌

ＪＲ総武線の市ヶ谷駅から、堀を隔てて「家の光会館」なるビルが見える。農家向け月刊誌『家の光』の版元、家の光協会のビルである。わたしがここの資料室に通い詰めたのはもう二〇年以上も前のことだが、建物の内部は薄暗く、日本農業の衰退を象徴するかのようだった。

まして現在、日本農業はまさに気息奄々、そもそも雑誌はまだ健在なのだろうか。念のためインタネットのホームページを開いてみた。驚いたことに健在も健在、「月刊誌としては日本一の発行部数で、月平均約一〇〇万部です」とある。一九九九年一月号の筆者には、朝丘雪路、宮迫千鶴、大桃美代子、田原総一朗など有名人がズラリ並んでいる。廃刊を心配するなどよけいなお世話、一〇〇万部はオーバーにしろ、わたしに見えないところでしっかり根を張っていたのだ。

考えてみれば、『家の光』が見えないのは今に始まったことではない。もちろん都市住民にとってということで、農家育ちには神棚や御真影同様、日常ありふれた〈風景〉だったという。それは一九三〇年代初め、『家の光』が急速に部数をのばし、一九三五（昭和一〇）年についに一〇〇万部を突破した結果であり、当時においてはそれは一種の〈事件〉といってよかった。社史『家の光の四十年』（一九六八年）は「空前絶後といっていい奇跡的な成功」としている。

しかし、当時だれもそれを問題にしなかったし、その後も文化史や現代史の課題として取り上げられることは少ない(1)。その理由としては『家の光』が一般商業誌ではなく、産業組合の機関誌として直販されたこと、農村向け大衆雑誌であることから都市の知識人に無視されたことがあげられるだろう。それかあらぬか、『家の光』には有名作家が連載の筆をとっているが、その作品が全集や年譜から脱落していることがけっこうある。

『家の光』が一〇〇万部を突破した一九三五年といえば、日本はすでに広大な「満州」を支配下におさめ、さらに侵略拡大を画策していた。その結果国際連盟を脱退して孤立を深め、国内には「非常時」の声がこだましていた。そしてこの年初めの「天皇機関説事件」を契機に「国体明徴」運動が盛り上がり、翌年には2・26事件が起こる。天皇制ファシズムへと急カーブが切られたわけだ。

こうした時期に『家の光』は、ひっそりと、〈風景〉になるまでに農村に根づいていったことになる。そのことと日本のファシズムへの急傾斜には、ある相関関係があるように思える。一九三〇年代との類似性がいわれるいま、『家の光』一〇〇万部突破という〈事件〉の意味を、あらためて考えてみたい。

産業組合と『家の光』の創刊

『家の光』は一九二五（大正一四）年五月、産業組合中央会の機関誌として創刊された。産業組合とは現在の農協の前身で、成立は一九〇〇（明治三三）年、産業組合法の成立による。当時少壮の農林官僚としてその成立に関わった柳田国男は、産業組合をつぎのように定義している。

「我産業組合法に於て産業組合と称するは、多数の人が申合わせて、各自の生活状態を改良発達せしめんが為に、一金銭の預入及貸付、二生産物の売却、三物品の買入並びに四器具の使用を目的として、設立したる社団法人をいふ」(2)。つまり、一から四にあげられた、主として流通にかかわる部門を共同化することによって、商品経済の浸透のなかで疲弊する中小農民の生活を「改良発達」させようというのだ。

これだけ聞くと社会主義を彷彿させる。じじつ産業組合法案をめぐる貴族院での審議中、「社会主義的組織を日本に現出する目的にあらずや」といった疑問がでている。しかし話は逆だった。「社会主義を蒔くという御考えでございましたが、こちらの目的は寧ろそういうものは早く起らぬ方になろうと思っております」という藤田政府委員の答弁にあるように、これによって農村の社会主義化を防ぎ、徴税・徴兵の重要基盤として農村を安定させるのが目的だった(3)。柳田の意図も、「自営労働者」を保護することによって「賃役労働者」、つまりプロレタリアートの増加を防ぐことにあった(4)。積極的に推進したのは品川弥次郎、平田東助といった山県藩閥系官僚である。

第一次大戦後、戦後不況のなかで社会主義運動が急速に盛り上がり、「農村安定」の必要性はますます高まった。一九二一年、産業組合法第四次改正により組合事業の拡大がはかられた。さらに二五年、農林省に産業組合課が新設され、産業組合振興刷新運動が開始される。そのなかで、産業組合（以下、産組）中央会初代会頭平田東助にかわって二代目会頭に就任した志村源太郎は、実務派千石與太郎を主事に迎えて官製団体からの脱皮をめざした。そのために産組普及の手段として創刊されたのが『家の光』である。

この時期は大衆情報化時代の幕開けだった。二二年四月『週刊朝日』『サンデー毎日』創刊、二三年一月『文藝春秋』創刊、二五年一月『キング』（講談社）創刊と雑誌の創刊相次ぎ、二五年三月には愛宕山からラジオ放送も始まっている。こうしたなかで『家の光』は、農村向け「通俗家庭雑誌」として創刊された。ここでいう「通俗」は現在の意味とはややちがって、当時盛んにいわれた「通俗教育」（社会教育）と同様の意味合いだろう。

発刊にあたって出された「通俗家庭雑誌『家の光』創刊趣意書」は、「実生活を基礎とし、共存同栄の精神によりて、産業発達、国民生活の改善を計るをもつて目的とする趣味と実益に富んだもので、主人主婦はもちろんのこと、青年子女、老人子どもにも安心して読ませることができる」ことを「特徴」として掲げている。

モデルは、「家族全員が読める、おもしろくて為になる雑誌」をモットーに創刊、七四万部を売りつくしたという『キング』である。しかし表紙は圧倒的に女性だし、女性対象記事が多いので、『キング』よりは一九一七年創刊の『主婦之友』の農村版の感がある。創刊号の部数は二万五〇〇〇、実売は二万部。[5]

経済更生運動と「奇跡」の一〇〇万部達成

創刊からの三年は部数は低迷し、一時は廃刊寸前にまで追い込まれた。それが急激に部数を延ばしたのは三〇年代初めの大恐慌のなかだった。三〇年一月号の四万七〇〇〇部が翌三一年五月号では一二万部、三二年四月号では約二〇万部と急増している。

三三年からはさらに驚くべき急成長をとげた。三三年一月号、二九万四八〇〇部、四月号、三四万六六三七部、一二月号はなんと五一万八二九七部、三四年はさらに急増し、一二月号は七七万八六六九部に達した。そして三五年七月号でついに一〇〇万部を突破したというわけだ（グラフ参照）。まさに「奇跡」ともいうべき急成長である。

いったいなにがこの「奇跡」を可能にしたのか。『家の光の四十年』によればその原因は六つある（要約して引用）。

1、『家の光』の普及運動が「産組拡充五か年計画」の一環として進められた。

2、普及運動が計画的に進められた。

3、誌面が充実して農家の好みに適合した。

4、農村恐慌や「満州事変」、5・15事件など大事件続発の時代的背景が情報を求めさせた。

5、農林省の経済更生運動と編集方針との一致。

6、『家の光』の定価が安価であった。

たしかに、1、2にあげられた普及運動の成果は大きい。三三

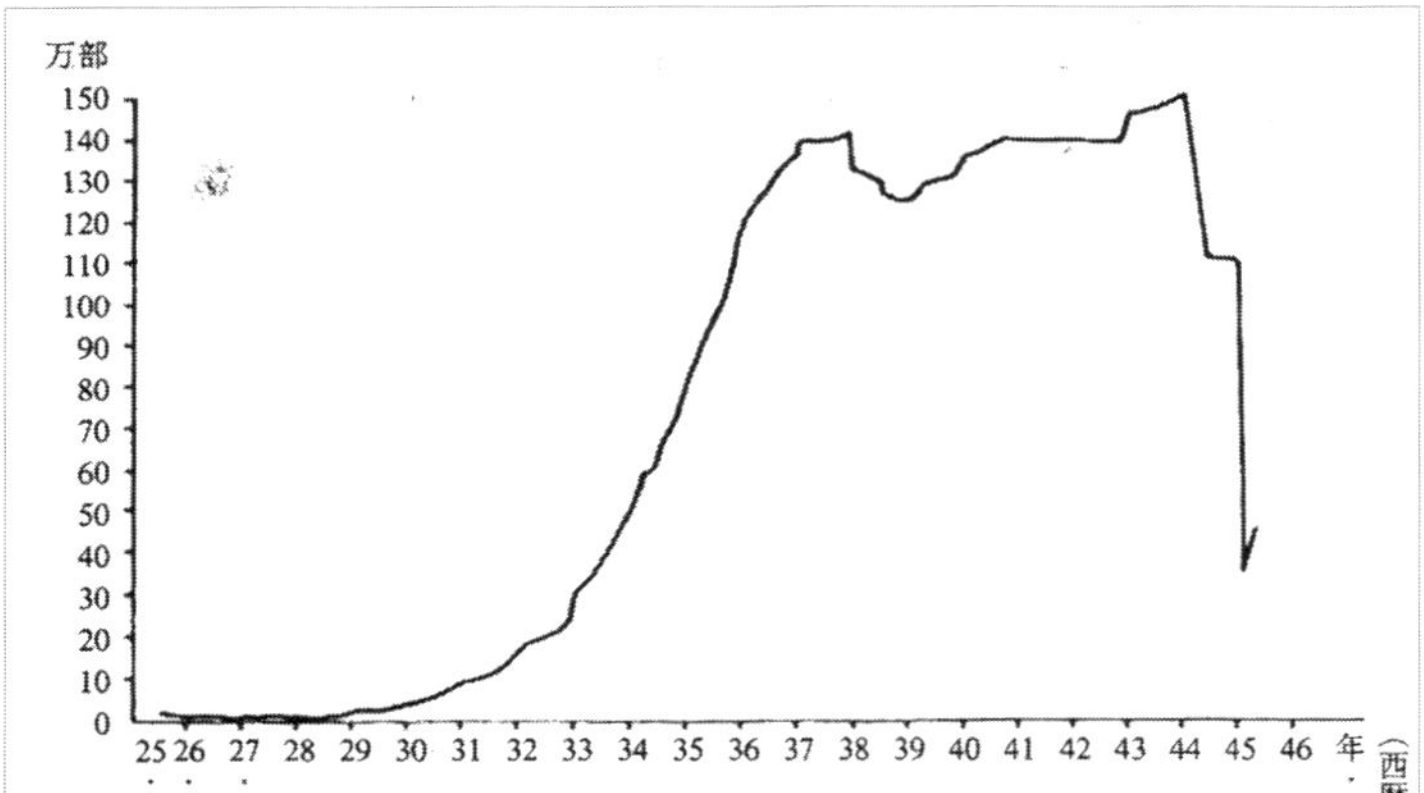

図1

『家の光』部数の変遷

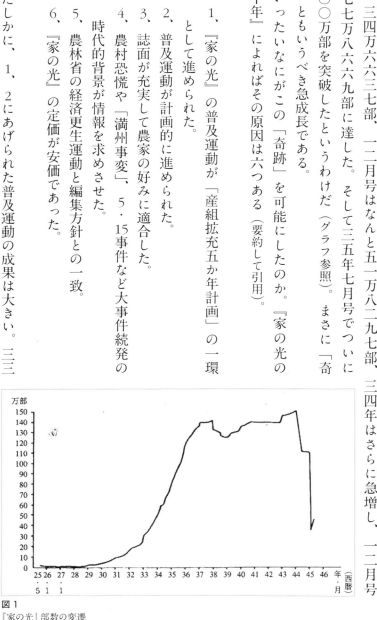

年一月、五年間で全国すべての農村に産組を設立し、全農民を結集することを目的に「産組拡充五か年計画」が開始され、その一環として「『家の光』百万部普及計画」が設定された。その実施にあたっては、全国都道府県から町村にまで三万六〇〇〇人（三四年度は四万二〇七三人）の普及委員を設置し、助成金、交付金を支給するほか、講演会の開催、宣伝映画の上映、ポスター、チラシ、絵葉書、メダルといった宣伝グッズの配布などカネに糸目をつけない活動を行なった。「一種の至上命令のような迫力をもって、中央会の仕事として進められた」という。(6)

こうした活動が功を奏したことはたしかだ。しかしなぜそれほど資金が潤沢だったのかを考えるとき、4の時代背景、5の経済更生運動との関係が浮かび上がる。

「昭和」は金融恐慌で幕開けしたが、世界恐慌（二九年一〇月）の波及によって「昭和恐慌」と呼ばれる大不況に陥った。とりわけ農村は一戸あたり約一〇〇〇円の負債をかかえるという破産状態に追い込まれ、養蚕県の長野や東北では欠食児童や娘の身売り、親子心中など悲惨な事件があいついでいる。

三二年五月、こうした農村の苦境に対する政府の無策を理由に5・15事件が起こったが、その直後に招集された第六二臨時議会には、一六県三万二〇〇〇人の署名をたずさえた自治農民協議会の代表はじめ、農村救済を求める陳情が相次いだ。その結果、八月下旬から九月にかけて「救農議会」と銘打って第六三臨時議会が開かれたが、具体策としては救農土木事業のほかみるべきものはなく、農村の不況脱出策は主として農民の自力更生に待つとされた。

九月、農林省は経済更生部を新設し、「農産漁村経済更生に関する訓令」を発した。曰く、「農村部落に於ける固有の美風たる隣保共助の精神を活用」し、「紊りに理想に走らず、性急に流れず、（略）

堅実適切なる計画の樹立実行」をなしうる「中心人物」を得て、「精神強化運動の連絡協議を密にし、官民一致大に自奮更生の民風を興起」すべし——。

当時の農林省経済更生部長・小平権一は自力更生運動について、「精神更生」が「農林省のみならず、政府全体を通じて、基本的な考えでありました」と戦後語っている。[7]「精神更生」とは、「村民全体が一緒になって村の自力更生をやるという精神」の作興である。つまり、農村恐慌の中で激化していた地主・小作の対立解消が主眼だったということだ。

その中で農民一人一人の勤勉と節約、創意工夫による自給生活が求められたが、農村経済立て直しの中心とされたのは産組だった。金融・購買・販売・生産の四事業を兼営する産組に全国五六〇万の農家を加入させ、相互扶助による経済再建をめざそうというのだ。小平経済更生部長は「産業組合のない農村は、レールのない地上を走る汽車の如きものです」とまで言う。[8]とうぜん産組には、農林省から多額の交付金が支給された。三三年一月から始まった「産組拡充五か年計画」、その一環としての「『家の光』百万部普及計画」が「一種の至上命令のような迫力をもって」カネに糸目をつけず実施できたのはそのためである。

「おもしろくて為になる」雑誌

しかしどれほどカネを使って普及運動を展開しても、雑誌がおもしろくなければ読まれない。『家の光の四十年』が一〇〇万部達成の理由の第三にあげたように、誌面の充実も大きかった。「『キング』は一家全員で読むことを標榜した雑誌だが、農業記事や家庭向きの実用記事がない。婦人雑誌はあったが、ほとんどの雑誌が都会の家庭向きにできていて、農家生活には合わない。農村を対象にした農業雑誌はあっても、これには読物や家庭記事のようなものがない」。『家の光』だけが農家の好みに合った雑誌だったというわけだ。

そうした誌面づくりの中心になったのが、[9] 元国民新聞記者梅山一郎である。彼は山高しげりや奥むめおと親交があり、女性問題にも理解があったが、二九年に『家の光』編集主任に迎えられてからは徹底して「おもしろくて為になる雑誌」づくりをめざした。読者対象は初等教育終了程度の農村大衆、それも男性よりは女・子どもを焦点とした。わかりにくい文章は、どんな大家のものであっても片っ端から書き直したので、抗議を申し込まれることも再三あった。文章はもちろん総ルビだが、耳で聞いてわかることをモットーに、一九三六年には漢字制限・送りがな・かなづかい統一のために『家の光用語の基準と用例』（四六判一一六ページ）まで作成している。二九年一一月号から、巻頭に篤農家の苦心談、偉人の出世美談などを絵物語にした二色オフセットのページを置いたが、三一年九月の「満州事変」以後はここに「銃後美談」「出征美談」が頻出する。

三〇年一月号から絵入りの投稿欄「我が家の実験」を新設した。これは農家の主婦による生活の工夫を集めたもので、「木炭の得な用い方」「西瓜の皮で化粧水」といった細々とした投稿が載っている。三一年からはさらに投稿欄「農業経営合理化実話」「我が家の自給生活」が設けられた。これらは読者の参加意欲を促すとともに、身近な「自力更生」の実例として時局の要請にかなうものだった。

娯楽読物にも力を注いだ。二九年あたりから毎号読切りの映画物語（映画のストーリー紹介）に、連載として講談、小説三、四篇というのが定型になる。すべて挿絵つきで、岩田専太郎、蕗谷虹児など人気画家を登場させている。連載小説には「時代小説」「現代小説」「家庭小説」、それに「探偵小説」や「冒険小説」の短期連載もある。[10]

三二年から吉川英治、直木三十五ら人気作家が「時代小説」連載の筆をとり、『家の光』の売物となった。[11]「現代小説」の筆者にも人気作家が登場している。三二年九月号から三三年一二月号まで山中峯太郎が「世の波越えて」を、三四年一月から三五年一二月号まで賀川豊彦が「乳と蜜の流るゝ郷」を、三五年一月から九月号まで菊池寛が「希望の空」[12]を連載し、そのあとをうけて三六年一二月号まで三上於菟吉が「地平線の彼方」を連載した。そして三上と競作のかたちで三六年一月から三七年九月まで、鶴見祐輔が「大望」を連載している。

図2
1933年6月号（表紙=多田北鳥）

「乳と蜜の流るゝ郷」

そのなかで読者の熱狂的な支持を受けたのは、賀川豊彦の「乳と蜜の流るゝ郷」である。最初一年間の連載予定だったが、読者の要望によって二年間に延長されたという。『家の光』一〇〇万部達成はこの小説のおかげだといわれている。[13]

著者賀川は、自伝小説『死線を越えて』[14]が大ベストセラーになったとはいえ、職業作家ではない。『死線を越えて』の人気も、作品としての魅力というよりは、肺結核で死を覚悟したキリスト者の青年が捨身で「貧民窟」に住みこみ献身するという素材の鮮烈さが受けたのだろう。背景に「大正」期の宗教書ブームをみる見解もある。[15]

賀川の全集編者・武藤富男によれば、改造社社長山本実彦は、最初この作品を雑誌『改造』に連載した。これに対して「作家の方面からは非難があった」が山本は耳を貸さず、改造社初の単行本として五〇〇〇部発行したところたちまち売り切れ、一年間でなんと二一〇版、約一四〇万部に達した。『太陽を射るもの』『壁の声きく時』を含めた三部作の合計は四〇〇万部と推定されている。[16]もっとも瀬沼茂樹は、上・中・下各二〇〇版、三巻の合計は約六〇万部としている。[17]それでも「大正」期最大のベストセラーではあった。

大衆的な支持と文壇的悪評（無視）ということでいえば、「乳と蜜の流るゝ郷」もそうだった。武藤によれば、賀川の小説は「意識小説」「目的小説」であり、「芸術としての文学というよりは、或る目的を意図してものされた教訓書あるいは指導書」という。[18]「乳と蜜の流るゝ郷」もそうで、『家の光』編集部は「小説の形を以て産業組合思想をもっとも平易に解説せん」[19]がために賀川に白羽の矢を立てたという。

この時期賀川は、相互扶助組織としての産組に「神の国」実現の希望をかけていた。一九〇九年、キリスト者として神戸の「貧民窟」に入り、「貧民」の魂救済をめざしたものの、社会改良なくして救済はあり得ないことを痛感し、労働運動の第一線に立つ。しかし川崎造船争議の敗北後限界を感じ、農民運動に転じる。一九二二年、杉山元治郎らとともに日本農民組合を結成し、機関誌『土地と自由』を創刊。しかし階級闘争主義の先鋭化に違和感をもち、結局たどり着いたのが協同組合主義、つまり都市における消費組合と農村における産業組合だった。[20]「乳と蜜の流るゝ郷」は、こうした賀川の思想的軌跡の集大成といえる。

ストーリーは単純といえば単純、福島県の貧農の次男に生まれた主人公・田中東助が遍歴の中で産組の意義に目覚め、さまざまな困難をこえて故郷の村に産組を設立し、理想郷を建設するというもの。

東助は疲弊する故郷の村を救うため兄を頼って信州上田に行ったが、そこで産組を知り、村を救うにはこれしかないと確信する。もっと産組について学びたいと東京に出て、「プロレタリア万歳！」を叫ぶ高円寺の消費組合、中野の医療組合、江東の中ノ郷質庫信用組合、産業組合中央会などを訪ね歩く。彼は高円寺では「理屈の多い消費組合だなあ」とうんざりし、産業組合中央会の「純白の七層建築で、日本銀行を凌ぐやうな壮観」にうたれる。「何しろ、二億円からの金を廻してゐるんですからね。中金の隠れた勢力は大きいもんですよ。将来日本を救ふ人は、まったくこの建築物の中から出て来るでせうね」と、しっかり産組宣伝をしている。

しかしただの宣伝小説がそれほど読まれるはずはない。大衆小説としての仕掛けももちろんある。とりわけドラマティックなのは東助と恋人榎本鈴子の関係だ。鈴子は信州上田で春駒と名乗って芸者をしていたが、東助に出会って一目惚れ、二人は結婚の約束をする。しかしその後鈴子は与太者に拉致され、玉の井に売り飛ばされる。

東京に出た東助は、ある日「どこかの若奥様」か「事務所に働いてゐる職業婦人」のような美しい女性に出会う。なんとそれは、堅気になって助産婦の勉強にはげんでいる鈴子だった。二人はこんな会話を交わして愛を再確認する。

図 3
1934 年 2 月号の誌面

「東助さん、こんな落ちぶれてしまつた私を、まだ、あなたは思つてゐて下さいますか？」

東助は、彼女の手を握つて言った。

「僕は男だよ。一旦約束した以上、その女の上にどんな不幸が起こらうと、僕は約束を変へやしないよ。たとへ、君が死骸になつて帰らうと、君は僕の妻だ。」

さういふと鈴子は、東助の手を押戴いて、彼の腕を机の上に置き、その上に彼女の顔を伏せてしまつた。

「（略）ああ嬉しい！　ぢゃあ、あなたは、私の罪悪をみんな許して下さるんですね。」

「ああ許すとも許すとも。君の肉体がけがれてゐても君の魂はけがれてゐやしないよ。僕はそれを知つてゐる。」


やがて二人は産組づくりの理想に燃えて、東助の故郷で結婚式をあげる。しかし結婚式の夜、東助に思いを寄せる女子青年団幹部孝子の自殺未遂があり、その過程で鈴子の「汚れた」前身が村人に明らかになる。鈴子は梅毒で子供も産めないことを恥じて身を退こうとするが東助にとめられ、性関係のない「魂の伴侶」となる。

さらに過酷な運命が鈴子を襲う。村に伝染病がはやり、その介護に無理を重ねたあげく失明してしまうのだ。東助も政敵の陰謀で獄につながれる。

しかし最後はやっぱりハッピーエンドだ。マラリヤの治療のおかげで鈴子の目は再び見えるようになり、医療組合によって新たに開設された結核療養所の無給看護婦として働くことになる。産業組合も軌道に乗った。疲弊した村には養鶏、乳山羊、ウサギ、クルミなどの立体農業（多角農業）が導入され、「乳と蜜の流るゝ郷」が現出する。最後は「共存同栄、我らの理想……」という組合行進曲で締めくくられている。

都市と農村の対立の図式

「乳と蜜の流るゝ郷」は筋の運びは荒っぽいし、さきに引いた部分にみられるように文体は大時代的、とりわけ女性の描き方にはヘキエキさせられる。石川弘義は『死線を越えて』の文体について、「ある種の気恥ずかしさを感じさせる」[21]と書いているが、この作品についてもそれは言える。

しかしいまの目からすれば、気恥ずかしいのは同時期に連載されていたプロの作家も同様だ。そのなかで「乳と蜜の流るゝ郷」がとりわけ人気を得たのはなぜだろうか。

『家の光』連載の山中峯太郎「世の波越えて」、菊池寛「希望の空」、三上於菟吉「地平線の彼方」、鶴見祐輔の「大望」には共通のパターンがある。農村に生まれ育った純朴な青年男女が不況の農村を背景に都会に流出し、荒波にもまれたあげく〈農村回帰〉をとげる。〈純朴な農村〉と〈虚飾の都市〉という対立の図式である。

山中の「世の波越えて」はその図式にピタリ当てはまる。東京に出た主人公のおシゲはその美貌を買われて女優になるが、男たちの欲望に翻弄されたあげく故郷に帰る。小説の最後はこう結ばれる。「家を離れて四年、おシゲが東京で経験してきたことは、荒れすさんでいる世の波だつた」。

しかし三五年以後連載の「希望の空」、「地平線の彼方」、「大望」では、同じように都会を呪詛し〈農村回帰〉を志向しても、帰るべき農村は故郷の村ではない。「希望の空」では、東京に憧れ家出した漁村の娘お珠は、「貞操」の危機を越えて苦学する男と結婚する。ここでは水商売ではなく堅気の「結婚」が回帰すべき大地のメタファーになっている。つまり、故郷の村にはもはや彼女たちを受け入れる余裕はないということだ。

「地平線の彼方」では村を捨てて東京に出奔した青年団幹部・春田新太郎が、「都会には何があるか。失業だ。そして罪悪の淵がその傍にある」と都会に絶望したあげく、恋人の藤沼秋子とともに「満州」へ渡る。

鶴見の「大望」はさらにスケールが大きい。話は、小田原の在に育った幼馴染みの古々呂廣太郎、光明寺求、人野美智子の三人の成長と三角関係を軸に展開されるが、中心は没落自作農の息子、古々呂廣太郎である。彼は父の死後中学を中退し、単身アメリカに渡る。そして思いがけず油田を掘り当て一〇〇〇万長者になるが、思いはつねに日本にある。移民国家アメリカの隆盛をみるにつけ、「自分の国を抜け出して隅々まで移住していくだけの勇気がなくては、とても世界的の大国民になれないなあ」とせせこましい日本にいらだつ。

そんな廣太郎のもとに愛する美智子の苦境が伝えられる。彼女を救うために帰国した彼は、あらためて日本の良さを確認する。なぜアメリカ人は闘争的・非妥協的なのか。それはアメリカが「国境民族」、国内に国境をかかえた多民族国家であるからだ。それに対して鎖国で安楽をむさぼった日本人は和やかで家族的だ。その良さを実感しつつ、しかしこれからは日本人もアメリカのように国境をこえて「膨脹日本」「大日本建設の道に突進しなければならない」。自分の人生はそのためにあると廣太郎は考える。

最終回の三七年九月号で、彼はニュー・ギニアに行く決意を語る。そして「日本よ！　御身の顔を南に向けよ！　それが僕の、新日本に贈りたい言葉なのだ」と叫ぶ。

ここでは農村と都市の対立は、日本とアメリカの対立に置き換えられ、そのぶんナショナリズムが際立っている。そして回帰すべき大地は故郷でもなく「満州」でもなく、ニュー・ギニアなのだ。

この時期、すでに島田啓三「冒険ダン吉」[22]の南方路線はあったが、大人向けでこれほどあからさまな「南進論」はめずらしいのではないか。「国境民族」論を含め、大東亜共栄圏の先取りといえる。目録によれば、鶴見祐輔は三五年に講談社から『膨脹の日本・新英雄論』を出している。「大望」はその延長線上の作品だと思われるが、この時期に娘和子と息子俊輔をアメリカ留学させているところを見ると、アメリカに対する評価は本音なのだろう。鶴見俊輔によれば、「私の親父は大正時代の自由主義なんで、いいことを言っていたんだ。張作霖爆殺（一九二八年）には明らかに反対していた。それが満州事変（一九三一年）のころから変わってくるんです」。そして最後は「大政翼賛会になっちゃった」[23]。「大望」連載のころはもうすっかり出来上がっていたということか。

『家の光』一〇〇万部達成とプラグマティズム

それはともかく、山中・菊池・三上・鶴見の作品にみられる農村と都市の対立の図式は、賀川の「乳と蜜の流る丶郷」にはない。農村にも人をだます悪い奴がいるし、都会にも貧しさの中で助け合い真摯に生きる人びとがいる。観念的な都会呪詛や農村賛美はいっさいみられない。そして彼の描く理想郷は、遠い「満州」や、ましてニュー・ギニアなんぞという海の彼方ではなく、いまわが住む村にこそ築きあげようというのだ。その意味ではまったく非侵略的だ。

それもただ理念を語るのではない。そのための具体策を主人公の行動によって示してゆく。読者は東助とともにさまざまな組合を訪ねてその特徴と問題点を知り、篤農を訪ねては米と桑中心ではない多角農業の具体策を教えられる。クルミ、鯉、ウサギ、山羊乳によるチーズづくり、ホームスパンなど、それは多種にのぼる。万民共栄の理想郷づくりにかける熱意とともに、それを合理的に着実に実現していくこうした主人公の姿にこそ、読者の共感は集まったのだろう。

それは『家の光』の基本姿勢でもあった。当時、農村恐慌を背景に農本主義が強まっていたが、権藤成郷、橘孝三郎といった急進的農本主義者は一度も『家の光』には登場していない。創刊以来の常連筆者である山崎延吉は農本主義者として知られるが、彼の農本主義について安達生恒は、「農民の生産や生活の具体的問題に即して彼らを守り、向上させ、その基盤である村落共同体秩序の維持を主張したものであり、その問題の解き方も非常にプラクティカルなものであった」とする。[24] そして、それが日中戦争開始以前における『家の光』の基本姿勢だったという。

『家の光』の実用記事を精緻に分析した板垣邦子も、「『家の光』は、まさにプラクティカルなところにこそ特質がある」という。その「プラクティカルな」面には、『家の光』＝反都市という見方とはぎゃくに、「町に出て食べる御馳走を家庭で作る練習」（三四年九月号）としてえびフライ、ビーフステーキの作り方があったり、早くからジャム、シロップなどモダンな食物が登場していることを指摘する。[25]「都市のモダニズムを農村向けに翻案して伝達する」のが『家の光』の役割であり、「プラクティカルな面を追及したときに部数が飛躍的に伸張した」とみる。[26]

つまり安達も板垣も、『家の光』一〇〇万部達成はイデオロギーやロマンチシズムではなく、プラグマティズムによるとするわけだ。したがって日本のファシズム形成にはとくに関係はないと安達は言う。

安達は、一九三〇年代における日本のファシズム化を、農村恐慌―自力更生運動―農本主義の台頭―ファシズム化という流れでとらえた上で、権藤・橘らの観念的農本主義は「軍国主義ファシズムの形成に積極的に参与した」が、プラクティカルな「産業組合農本主義」の『家の光』は、農民ファシズム化の「素地を用意した」だけで「それ以上のものではなかった」とする。[27]

板垣は、自力更生運動から農本主義の台頭、ファシズム化という図式自体を否定する。農民は「貧しさや因習からの解放を願い、『文明』『文化生活』『現代生活』を求め」ていたのであり、「観念的な農本主義は現実の農村生活においてはイリュージョンでしかな」い。経済更生運動における産組拡充は、右翼的農民運動を促すよりは「経済効率的な事業体」を農村にはりめぐらし、「政治的無関心と経済主義へと傾斜させた」と推論する。[28]

プラグマティズムというファシズム

たしかにそれはいえる。さきにみたように「乳と蜜の流るゝ郷」の圧倒的人気は、農民の生活向上への願いに具体的に答えたことによるといえる。『家の光』一〇〇万部達成がプラグマティズムによることはまちがいない。しかし、だからファシズム形成と無関係といえるだろうか。

板垣のいう「政治的無関心と経済主義への傾斜」は、安達のいう農民ファシズム化の「素地」であると同時に、それ自体ファシズムであるというべきだろう。ファシズムを皇道派的非合理性・情動性としてだけ考えるべきではない。統制・計画・合理性―これがファシズムの柱であることは、ナチのホロコーストの「合理性」をみてもわかる。

わたしはかつて女性を中心に長野県の自力更生運動を検討した結果、農民の切実な願いであった「経済更生」は失敗したが、政府の意図にあった農民の「精神更生」は成功したと考えている。しかしその「精神更生」の成功は観念的な農本主義によってではなく、上からの階級対立の緩和と戦争による。(29)

経済更生部長小平権一が、「経済更生運動がはじまってから小作争議をやめろという指令を出したり、小作争議をやめなければ、経済更生助成金や低利資金を出さないということにしました」と語っているように、(30)自力更生運動はあからさまな利益誘導による小作争議の切崩しでもあった。その結果として地主・小作の対立は〈緩和〉され、村は一見「隣保共助の美風」へと「精神更生」した。

そのなかで広がるのは経済主義への傾斜と政治的アパシーである。そして経済主義へ傾斜した農民は、すすんで侵略戦争をうけいれる。

どんなに刻苦勉励し、産組拡充につとめても、たいていの場合、賀川豊彦えがく「乳と蜜の流る、郷」を故郷の村に実現することはできなかった。そのとき農民の前にぶらさげられたのが、「満州へ行くと二十町歩の大地主になれる」というニンジンである。経済主義に傾斜した農民にとってこんなオイシイ話はない。

また戦争は、国内にも軍需景気をもたらした。輸出不振で生糸滞貨に苦しんでいた長野県では、「生糸の県内消費と就職難緩和」をはかるため三四年から生糸を原料とする軍需工場設立運動を展開する。(31)農村の経済更生は自力更生運動によってではなく侵略戦争によって可能になったかのようだった。

賀川豊彦が三九年一〜一二月に『家の光』に再び連載した長編小説「銀河系統」は、「乳と蜜の流るゝ郷」の無残な敗北を示している。

主人公小野徳一は、一家を救うために電車の保線工夫となって懸命に働き、村の更生につくす。しかし満州移民の宣伝劇を見ると、ふっと「俺も満州へ行かうかなあ。（略）日本内地のやうな狭いところで、窮屈な思いをして苦しむ必要はないや。それよりか東亜の大陸に雄飛して、のびのびした生活をした方がどんなに人間らしいかしれない…」と思う(32)。

それでも産業組合による乗合自動車組合を設立し、事務長として努力する。しかし詐欺横領の冤罪で獄につながれ、釈放されたときにはすでに組合は消滅していた。最後は刑余者のための施設に働き口をみつけるが、「乳と蜜の流るゝ郷」の輝かしいハッピーエンドとの落差はあまりに大きい。

天皇制ナショナリズムの鼓吹

それは日中全面戦争による総動員体制という時代のしからしむるところである。しかしその時代の招来に「乳と蜜の流るゝ郷」がまったく無関係だとはいえない。さきにみたように、この小説は非侵略的であり、戦争とは直接的には関係ない。しかし天皇制ナショナリズムとの癒着はうかがえる。主人公の東助と鈴子は、故郷の村で虚飾を排した産業組合式結婚式をあげるが、そこでは組合歌や聖書の朗読とともに戊申詔書が「拝読」され、君が代が二唱されている。

戊申詔書とは一九〇八（明治四一）年、日露戦後の資本主義化のなかで経済の指導精神として出されたものだが、そこにある「宜シク上下心ヲ一ニシ、忠実業ニ服シ勤倹産ヲ治メ」はまさに産業組合の中心理念である。産組中央会の設立趣意書には、「本会は、戊申詔書並に教育勅語の聖旨を奉戴し、産業組合の精神に基き、国民の徳風を養成し…」と書かれている。[33]

『家の光』が急成長する三〇年代前半の誌面には、「農閑期に新収入をあげる副業苦心談」（一九三三年一二月号）、「生活の能率を高める法」（三四年五月号）、「有畜農業の役割を語る座談会」（三五年九月号）といったプラクティカルな記事の一方で、折口信夫「日本の民族精神と神道」（三三年二月号）、清浦奎吾「明治天皇の御鴻徳を偲び奉る」（三三年一一月号）、「国体明徴物語」（三五年一一月臨時増刊）など、天皇制ナショナリズム鼓吹記事もしっかりある。「国体明徴物語」は二色刷りの絵物語で、神武建国、楠正成の忠義、明治天皇の「大御心」などが褒めたたえられている。

軍国主義もある。「世界を震撼させた爆弾三勇士の死」（三二年四月号）、「銃後美談　出征を励ます覚悟の自殺」（同五月号）では「御国のため」の死が賛美され、「銀翼を血に染めた飛行将士武勇伝」（三三年六月号）、「日本の軍人精神を語る座談会」（同一〇月号）では中国侵略における日本軍の勇敢さが称えられる。

『家の光』一〇〇万部突破の要因がプラクティカルな誌面づくりにあったことはたしかだが、急増する読者は同時にこうした天皇制ナショナリズムや軍国主義をも吸収したのだ。

そして毎号「我らの主張」として巻頭言を書いている千石與太郎産組中央会副会頭は、三七年七月の日中開戦にあたって、「皇国のために挙国一致せよ」と農民に呼びかけた（三七年九月号）。かれは「産業組合主義」を掲げた革新的ヒューマニストとして評価されているが、[34]日中開戦の原因を次のようにいう。

「満洲国の独立以後、支那はさかんに反満抗日を標榜して、我が国に対する国民の敵愾心を扇動し、

（略）その結果として支那国民の自負心は増長し、（略）今回の北支事変は、ひつきょうするに支那軍隊の皇軍にたいする軽侮行為の現れであつて…」。そして、「糧食、馬糧を初めとして、農産漁村において生産するところの軍需用品は、わが系統的組織網を利用して、必要に応じ敏速円滑に供給するべく準備を整へ、組合自己の利害を超越して、軍国の急に応ずるの活動をなすべきである」という。ここで、村の経済更生のための産業組合は、侵略戦争の銃後を守るものとなったのだ。

その意味では、「乳と蜜の流るゝ郷」のあとに「満州」に新天地を求める「海の彼方」、ついで南進論の「大望」という『家の光』の連載小説は、心憎いばかりに時代を象徴している。

注

（1）『家の光』についてのまとまった研究書は、板垣邦子『昭和戦前・戦中期の農村生活―雑誌『家の光』にみる―』（三嶺書房　一九九二年）だけではないか。これはタイトルにあるように、『家の光』の誌面を通して戦前戦中の農村生活を探るもので、雑誌と時代のかかわりを検証するのが主眼ではない。

それに対して安達生恒「『家の光』の歴史―ある農本主義とその媒体」（『思想の科学』一九六〇年六月号）、「自力更生運動下の「家の光」」（『季刊現代史』2、一九七三年五月）は、一九三〇年代における日本のファシズム化と『家の光』の関係を問題にしている。山野晴雄・成田龍一「民衆文化とナショナリズム」（『講座日本歴史』9、東京大学出版会、一九八五年）も、一九二〇年代における「新しいナショナリズム」と『家の光』の関係に触れている。

（2）柳田国男『最新産業組合通解』一九〇二年、『柳田国男集』二八巻、筑摩書房による。

（3）山本秋『日本生活協同組合運動史』日本評論社、一九八二年、七四ページ。

（4）柳田　前出「自序」。

（5）部数等の数字は『家の光の四十年』、『家の光六十年史』による。以下同じ。
（6）『家の光の四十年』六一ページ。
（7）安藤良雄編著『昭和経済史への証言』上、毎日新聞社、一九六五年。
（8）小平権一「農村の経済更生は産業組合で」『家の光』三三年一月号。
（9）板垣　前出　四七〜四八ページ。
（10）三〇年前後の『家の光』の「探偵小説」には甲賀三郎「隠れた手」（二九年五月〜一二月号）、「臨終の告白」（三二年五〜七月号）、「冒険小説」には池田宣政「孤島の家庭」（三三年七、九、一〇月号）などがある。
（11）吉川英治は三二年八月号から一二月号まで「恩讐三羽雁」、直木三十五は三三年一月号から五月号まで「金毛織数奇事件」を連載。「金毛織数奇事件」は改造社版『直木三十五全集』第二〇巻に収録されているが、吉川英治の「恩讐三羽雁」は全五四巻の全集に見当たらない。
（12）戦前の中央公論社版全集、最近高松市菊池寛記念館がまとめた全二四巻の全集には収録されていない。
（13）安達生恒・嵐山光三郎「「家の光」の発行部数は百二十万部」『丸谷才一と16人の世紀末ジャーナリズム批判』青土社、一九九〇年。
（14）一九二〇年、改造社刊行。二一年刊行の中巻『太陽を射るもの』、二四年刊行の下巻『壁の声きく時』を含めた三部作。
（15）石川弘義「知識人と民衆のすれちがいを形象化する『死線を越えて』」石川弘義・尾崎秀樹『出版広告の歴史』出版ニュース社、一九八九年。
（16）武藤富男『賀川豊彦全集』キリスト新聞社、第一七巻解説。
（17）瀬沼茂樹『本の百年史　ベストセラーの今昔』出版ニュース社、一九六五年。
（18）注（16）に同じ。
（19）『家の光発行年報』昭和八年版。
（20）隅谷三喜男『賀川豊彦』岩波書店、一九九五年ほかによる。
（21）注（15）に同じ。
（22）『少年倶楽部』一九三三年〜三九年連載。
（23）鶴見俊輔『期待と回顧　上』五二ページ、晶文社、一九九七年。

(24)安達「自力更生運動下の「家の光」」前出。
(25)注(1)にあげた山野晴雄・成田龍一「民衆文化とナショナリズム」では、『家の光』の内容について、「洋裁や洋食に関する記事はなく都市生活への志向は排除、モダニズムを斥け」とある。
(26)板垣 前出「まえがき」。
(27)注(24)に同じ。
(28)板垣 前出二八九ページ。
(29)加納「〈自力更生運動〉のなかの女たち」『銃後史ノート』復刊1号、一九八一年。
(30)注(8)に同じ。
(31)『信濃毎日新聞』一九三四年一月二〇日。
(32)『家の光』一九三九年四月号。
(33)山本秋 前出「産業組合中央会趣旨書摘要」第一項、八〇ページによる。
(34)石見尚はその著『産業の昭和社会史6、農協』(日本経済評論社、一九八六年)で、千石與太郎を「小作農をも人間として扱うヒューマニストであり、地主支配ではない農村をつくる革新的考えの持ち主であった」としている(八〇ページ)。雨宮昭一は、三〇年代における社会再編の担い手として、陸軍皇道派や観念右翼らの「反動派」、陸軍統制派・革新官僚らによる「国防国家派」、近衛文麿周辺や産業組合運動家の「社会国民主義派」、既成政党・財界主流による「自由主義派」の四つの潮流をあげている。千石與太郎はとうぜん「社会国民主義派」に属するはずだが、それについて「イデオロギーとして協同主義を有し総力戦体制の形成と展開を通して、自覚的、意図的に、日本社会の平等化、近代化、合理化を図ろう」としたとしている(「既成勢力の自己革新とグライヒシャルトング」『総力戦と現代化』柏書房、一九九五年)。

(『文学史を読みかえる3 〈転向〉の明暗』インパクト出版会、一九九九年五月)

「大東亜共栄圏」の女たち
――『写真週報』に見るジェンダー

写真という権力装置

〈見る／見られる〉。ここには権力関係がある。〈書く／書かれる〉、〈描く／描かれる〉も同様だ。そしてそれは、これまでのところおおむねジェンダー関係にかさなる。強者としての男が見、書き、描き、弱者である女は見られ、書かれ、描かれる。

写真の場合はもっとそれが強い。現在でも圧倒的に撮るのは男で、撮られるのは女。プロの女性写真家は、女性作家や女性画家よりもかなり少ない。とりわけ日本ではそうである。

まして戦前、カメラをもつのは男だった。一九二〇年代から都市ではアマチュア写真ブームが起こったが、女はもっぱら撮られる側だった。三〇年代に起こった「新興写真」「前衛写真」などの写真芸術運動のなかに女性の名前は見あたらない。[1] その背景にはおそらく、機械操作の訓練機会と経済力におけるジェンダーの問題がある。

もちろん、女が〈撮られる〉存在であったことは、必ずしもその受動性、没主体性をだけ意味するものではない。〈主体的〉に撮られることを選び、自らの写真によって自己確認する、あるいは他人に〈見られる〉ことに快感を覚える女たちも多かったろう。しかし、戦争宣伝の材料として使われるとなると、どうだろうか。

一九三〇年代後半、戦争の拡大とともにフィルムや資材の供給を制限され、アマチュア写真は息の根を止められる。かわって登場したのが戦争宣伝のための報道写真である。名取洋之助の「日本工房」、山名文夫を会長とする「報道技術研究会」など活発な活動を展開する。しかしなんといっても戦争宣伝写真報道の中心は、一九三八年二月、内閣情報部により創刊された『写真週報』である。用紙不足等により他の雑誌がぞくぞく廃刊に追い込まれていくなかで、敗戦間際までほぼ毎週、A４判のグラビア雑誌として刊行されている。(2)

そこにはおびただしい女の姿がある。撮ったのはもちろん男、しかも特権的な男である。彼らは「大日本帝国」を背負って、その眼差しを体して〈女〉を見、写真に撮った。戦争拡大にともなって、それは「大東亜共栄圏」の各地に広がった。『写真週報』の誌面には、日本だけでなく中国や東南アジアの女たちの姿が数多くとどめられている。

彼女たちは日本軍という権力装置のもとで、カメラという権力装置にとらえられ、『写真週報』という権力装置の誌面を飾った。そして「大東亜共栄圏」という権力装置を維持・拡大するために使われたのだ。

「大日本帝国」は彼女たちをどう見たのか。そこで何が報道されたのか。そして、報道することによってぎゃくに隠蔽されたものは何だったのか。旧「大東亜共栄圏」の各地の女たちから日本軍による性暴力告発の声が上がっているいま、それについてかんがえてみたい。

そのまえに、『写真週報』について概説しておく。

戦争プロパガンダと『写真週報』

プロパガンダという発想が日本政府に根付いたのは、「満州事変」から2・26事件にいたる時期である。この時期、日本の情報統制政策はひとつの転機を迎えた。取締り中心の〈消極的〉情報統制から〈積極的〉プロパガンダ路線への転換である。三四年一〇月陸軍省がだした『国防の本義と其強化の提唱』、通称『陸軍パンフ』は、その転換にかかわりがある。そこでは総力戦の要素として、武力戦・経済戦・外交戦と並んで思想宣伝戦の重要性が強調されていた。「思想宣伝戦は刃に血塗らずして対手を圧倒し、国家を崩壊し、敵軍を壊滅せしむる戦争方式である。」

そして第一次世界大戦におけるドイツの敗北は英仏の宣伝に圧倒されたためであり、「満州事変」に対する国際的非難は「我が宣伝の拙劣なりし為」という。もちろん国内的な「精神統制すなわち思想戦」も重視される。「正義の維持遂行に対する熱烈なる意識と、必勝の信念」をもった国民づくりである。そのために、内川芳美のことばをかりれば、マスメディアの「同調造出装置化」がはかられた。(3) 日中戦争開戦以後、この延長線上に多くの文学者が「従軍作家」として前線に動員されていくことになる。(4)

『陸軍パンフ』ではそのための中枢機関として「宣伝省又は情報局のごとき国家機関」の設置が提起されていたが、三六年六月、その具体化として内閣に情報委員会が設置された。それは翌三七年、内閣情報部となり、四〇年には情報局に格上げされる。そこから国家のプロパガンダ・メディアとして発刊されたのが『週報』（一九三六年一〇月一四日創刊）であり、『写真週報』（三八年二月一六日創刊）だった。

『写真週報』発刊は、「情報局ノ組織ト機能」によれば「カメラを通じて国策をわかりやすく国民に知らせようという趣旨」による。

「週報が官報に次ぐ政府の発表機関的要素を多分に有するのに引き換へ、写真週報は多分に国民啓発的要素を持ち、且つ直接に大衆に喰い入らうとするものである点は、大きな相違点である。写真といふ大衆に親しみやすく、また感情を引きつけやすい宣伝媒体を武器に、文字と相まつて国策をわかりやすく理解させ、時局常識を植えつけることを主眼に置いている。」[5]

「上意下達」的な『週報』に対して、『写真週報』はより〈内発的〉同調を引き出すことを目的としたわけだ。「創刊の言葉」は高らかに「写真報国」をうたっている。

「最近文章報国、音楽報国などといふ言葉があります。これらと同じ意味に於て写真報国といふことが当然考えられるべきです。（略）

私等は写真による啓発宣伝の極めて強力なるを想ひ、写真関係のものが、官庁も民間も、作家団体も個人の工房もあらゆるものが動員されて、カメラに依りレンズを通じて対外、対内の啓発宣伝に資し、写真報国の実が挙ることを希望してやまぬ次第です。」

（創刊号、三八年二月一六日）

写真撮影は財団法人写真協会に委嘱したが、テーマによっては地方庁や地方新聞社、陸軍情報部、満州国通信社、台湾総督府な

写真１
創刊号（1938年2月26日）

どの写真を使っている。表紙写真は名のあるプロ写真家のものもけっこうある。創刊号は木村伊兵衛による「愛国行進曲」をうたう少年少女の写真である（写真1）。

読者からの写真募集もおこなっている。その募集の言葉がすさまじい。

「映画を宣伝戦の機関銃とするならば、写真は短刀よく人の心に直入する銃剣でもあり、何十万何百万と印刷されて散布される毒瓦斯でもある。」（二号「写真募集規定」）

写真は、映画のように大量同報性はないが、じっくり時間をかけて無意識に働きかける、ということだろうか。

部数については、さきの「情報局ノ組織ト機能」によれば、四一年三月段階で『週報』六〇万に対して『写真週報』は約二〇万、「グラフ誌で最も多いアサヒ・グラフでも数万にすぎないといはれるから、写真週報が断然東洋一」という。「大東亜戦争」開戦にともなってさらに部数は伸び、四二年四月一日発行の二一四号巻末には次のように書かれている。

「最近情報局又は内閣印刷局へ週報、写真週報の購読を直接申込まれる向きが多くなりましたが、用紙その他の関係で現在のところ希望に添へない実情にあります。毎週、週報百数万、写真週報三〇万余を配布しておりますから、新規購読の方は最寄りの官報販売所又は取次店にご相談下さい。なほ一冊の写真週報でも、なるべく多くの人に利用されるようにして下さい。」（「購読申込について」傍点引用者）

四一年七月の「読者調査」によれば、一冊の『写真週報』の読者数は平均一〇・六人。発行部数三〇万に対して三〇〇万余の読者がいることになる。櫻本富雄『文化人たちの大東亜戦争』には、「真偽のほどは不明であるが、『写真週報は一五〇万部発行したといわれている」とある。読者の男女別は男六二%、女三八%。読者の学歴は小学校卒業程度が六一・八%を占め、高等専門学校以上は七・八%にすぎない[6]。

表紙にみるジェンダー

表紙は雑誌の顔といわれる。そこにはふつう雑誌の性格や読者にアピールしたいことが象徴的にあらわれている。『写真週報』の一号から三七四・三七五合併号までの表紙を眺めて、すぐ気がつくのは人物写真の多さである。全三七〇冊のうち二九〇冊、率にすれば七八%が人物写真である。大衆の〈内発的〉同調を促すには人物の方が有効ということだろう。

その人物には歴然たるジェンダーがある。表1にみられるように男女がともに写っている例は、傷痍軍人に看護婦や妻らしい女性が配される例や子ども、街頭スナップ的なものにわずかにみられるだけで、たいていは男の写真、女の写真にはっきり分かれている[7]。

その男女比は、戦争宣伝メディアである以上とうぜん男性優位である。日本人についてみれば、男を一〇〇とした場合、女は一九三八年四七、三九年八〇、四〇年六三、四一年五六、四二年一

年		1938	1939	1940	1941	1942	1943	1944	1945	計
全冊数		45	51	52	53	51	50	49	19	370
女性	日本女性	8	10	10	7	3	6	13	6	63
	日本母と子		2	1	2		1			5
	アジア女性	2	4	3	1	1	1	1		13
	ヨーロッパ女性	1	1	2	1					5
	日本とアジア女性		1	1		1				3
	日独伊			1.						1
	計	11	18	18	11	4	8	24	6	(90)
男性	日本男性	15	15	16	16	29	23	26	10	150
	日本父と子	2								2
	アジア男性	1	3	3	3	4	8	1		23
	ヨーロッパ男性		2	1		1	1			6
	日独伊				1					1
	計	18	20	20	20	34	32	27	10	(182)
	日本女性指数（男＝100）	47	80	63	56	10	30	50	60	45
男女・こども	日本人こども	1			2	2		1	1	7
	日本人男女	1	1		1	1	2			5
	アジア男女		1	2	1		2			6

（人物計290）

表1
『写真週報』表紙人物男女別数

〇、四三年三〇、四四年五〇、四五年六〇という割合になる。戦線が膠着していた三九、四〇年は女性が表紙に登場することが多く、「大東亜戦争」開戦によって一気に戦線拡大した四二年は男が圧倒的、そして敗色とともに女の登場が増えるというわけだ。

写真のコンセプトにも大きな変化がある。表1にみられるように、三八年の場合日本女性の表紙は八回ある。そのうち〈はたらく女〉は漁村の娘、市民農園の少女、赤十字看護婦の三回にすぎない。それが三九年は母子を含めて一二回のうち七回が〈はたらく女〉である。しかしその労働は一次産業中心（表2参照）。それに対して四四年は一三回のうち一二回が〈はたらく女〉であり、しかも圧倒的に工場労働が多い。

男性写真のコンセプトも、戦争拡大とともに変化している。三八年段階では帰還した父が赤ん坊を抱き上げて笑っている姿や談笑する兵士たちのなごやかな写真がある。それが三九年になると表紙の男から笑顔は消え、四四年秋からは悲壮な決意をみなぎらせた特攻隊員の写真が大半をしめる。

男女のコンセプトの違いをみるために、女性度がもっとも高い三九年の表紙の内容を男女別に検討してみた（表2）。〈男は前線・女は銃後〉のジェンダー役割がはっきり見えるが、この段階

女性		男性		男女	
かっぽう着の母と子	51	戦車隊	48	傷痍軍人と看護婦	24
黒潮の香（漁村の娘）	52	雪の練兵	55		
白衣の天使とひな祭	54	雪上演習	57		
健康優良児審査会（母と子）	63	幼年学校生徒	58		
聖火伝達の使者（女優）	66	故斉藤大使の葬列	62		
女学生の勤労奉仕	74	東京帝大生	67		
女性工員のハイキング	76	十銭貯金部隊	69		
草取りする若妻	79	北洋の漁夫	78		
北京郊外の日本娘	89	陸軍航空士官学校	81		
りんごを食べる女性	91	起床ラッパ	83		
りんご摘みとり	94	新南群島の正覚坊	85		
みかん摘みの乙女	96	江南野を行く勇士	86		
		内火艇の学帽部隊	88		
		明治神宮国民体育大会	90		
		満蒙開拓少年義勇軍	93		

表2
1939年『写真週報』表紙の日本人男女別コンセプト（数字は号数）

の〈銃後の女〉の役割は、「生めよ・殖やせよ」と「食糧増産」であることがわかる。

全巻を通じて、表紙写真の女たちに固有名詞はない。例外は六六号（三九年五月二四日）の振袖姿の女性と二一六号の中国女性である。表紙解説によると、六六号の女性は四〇年に予定されていた東京オリンピックの「聖火伝達の使者」に選ばれた女優・月本英子。二一六号の方は中華映画女優・利麗華と表紙説明にある。それ以外は「乙女」とか「少女」とよばれ、固有名詞はない。男の場合、近衛・米内・東条ら総理大臣や軍人の山下奉文・阿部信行ら、固有名詞をもった存在が何人も表紙に取り上げられているのとは大きな違いである。

佐久間りかは、明治初めに出まわった江藤新平・西郷隆盛らの英雄写真と芸者の美人写真を比較し、「被写体が名士・英雄であるとき、その肖像はその人物がいかに重要であるかを見る者に改めて認識させる効果を持つ」が、美人写真の場合はイメージが消費されるだけとしている。(8) それは『写真週報』の表紙の場合にもあてはまる。固有名詞を持つ女性がイメージを売る女優だけ、というのは、明治初めより女性蔑視はつよいというべきかもしれない。

〈ほほえむ女〉——中国女性

「大東亜共栄圏」の人びとは、『写真週報』表紙ではどのようにとらえられているだろうか。それをみたのが表3である。

ここにもあきらかにジェンダーがある。女性が登場するのは一六回だが、うち八回は中国女性で（満州・内蒙古を入れると一〇回）、しかも三九、四〇年に集中している。東南アジアの女性は、二三〇号（四二年七月二二日）の日本人看護婦といっしょに写っているジョホールバルのマレー人少女、二六八号（四三年四月二一日）の振袖姿のマレー人とインド人の女の子（写真2）、三五〇号（四四年一二月六日）の北ボルネオ女性の三回だけである。

それに対して男は、「大東亜戦争」開始以後、とりわけ大東亜会議が開かれた四三年に集中している。そして日本の場合と同様に、女性が「姑娘」とか「マライ娘」、「インド娘」であるのに、男たちの多くはタイのピブン首相、ビルマのバーモ長官、チャンドラ・ボースなど名のあるアジアのリーダーたちである。「アジア解放の聖戦」をアピールするためであるのはいうまでもない。

では三九、四〇年に集中している中国女性たちは、何をアピールしているのか。『写真週報』が創刊された一九三八年二月といえば、前年一二月の「南京陥落」から二ヵ月。「南京虐殺事件」研究の第一人者笠原十九司は、事件終息を中支那派遣軍の工作により南京に中華民国維新政府が樹立

	女性		男性		男女・群衆	
1938	盛装の内蒙古女性	20	盛装した台湾蛮社の頭目	41		
	満州国大使のお嬢さん	31				
1939	鳩笛を持つ北京の少女	46	カナカの青年	59	農作業中の中国家族	72
	北京での日本と中国の娘	47	日満技術工養成所の少年	64		
	南京中山陵の姑娘	56	日本で修行中の支那僧	70		
	廈門の姑娘	73				
	半島にひらめく日の丸	80				
1940	日本人形を持つ小姐	109	南京の卵売り少年	98	愛路列車に群がる中国人	118
	北京郊外の姑娘	115	王精衛	107	在京支那小学生	123
	鶏林号と内鮮二少女	131	麦を運ぶ半島少年	124		
	ハノイの花売娘	134				
1941	中国の元旦風景	149	新国民政府初代大使	156	日満華三国学生	196
			満州協和会少年団員	157		
			満州国務大臣・張景恵	185		
1942	中華映画女優	216	タイ・ピブン首相	226		
	ジョホールの日本人看護婦		インド砲兵隊	234		
	とマライ少女	230	中国軍の猛訓練	248		
			昭南原住民の訓練	250		
1943	振袖姿のマライ娘とインド娘	248	凧揚げする中国少年	254	昭南の人々	258
			ビルマ防衛軍兵士	259	マニラの感激	263
			バーモ・ビルマ長官	265	昭南のこども	281
			フィリピン、ホルヘ・バルガス長官	272		
			オンサン　ビルマ国防相	286		
			ラウレル　フィリピン大統領	295		
			チャンドラ・ボース	298		
1944	北ボルネオの女性	350	チャンドラ・ボース	309		

表3
『写真週報』表紙にみる「大東亜共栄圏」のジェンダー（数字は号数）

された三八年三月二八日としている[9]。だとすれば『写真週報』は事件の最中に創刊されたことになる。

しかしもちろんそれについての写真はない。三七年九月、陸軍省が出した規定には「左ニ列記スルモノハ掲載ヲ許可セス」としてつぎのような項目がある。

12　我軍ニ不利ナル記事写真
13　支那兵又ハ支那人逮捕尋問等ノ記事写真中虐待ノ感ヲ与フル虞アルモノ
14　惨虐ナル写真但シ支那兵又ハ支那人ノ惨虐性ニ関スル記事ハ差支ナシ[10]」

この規定は以後生き続けるので、南京事件に限らず「我軍ニ不利ナル記事写真」や「惨虐ナル写真」が『写真週報』に載ることはない。

それでいえば五号（三八年三月九日）の「文壇従軍写真展」はおもしろい。さきに『写真週報』の写真は〈男の眼〉といったが、この記事にはじつは女性によって撮影された（と考えられる）写真が載っている。タイトルにあるように、西条八十・木村毅・大宅壮一など一六人の「文壇人」が撮ったという写真をコメント付きで並べたものだが、そのなかに吉屋信子・林芙美子・山岸多嘉子[11]・鈴木紀子[12]の写真がある。

情報部がペン部隊として正式に作家たちを駆り出したのは三八年八月、吉屋・林もその一員としての従軍するが、この『写真週報』五号には吉屋は『主婦之友』、林は『東京日日新聞』から、山岸は

写真 2
マライ娘とインド娘の振袖姿　268 号
（43 年 4 月 21 日）

『婦人公論』の特派員として従軍したおりの写真を提供したものだろう。「大場鎮風景」と題する林の写真は無惨な瓦礫の街だが、あとはおおむね〈平和回復〉をアピールするものだ。なかでも鈴木は病院船の甲板で看護婦に爪を切ってもらう傷痍軍人ののどかな姿をとらえている。

しかしこのときの旅の見聞を書いた『輝ク』の鈴木の文章は凄惨である。

「くづれた煉瓦の下に藍衣の支那人の××××××××残って、ころがつてゐた。真昼だといふのに、一人影はなく町全体ひつそりして、私たちの靴音が不気味に響くだけである。ある四ツ辻へ出た時、一匹の野犬が何かを引きずつて来るのを見たが、犬の方で私たちを見るとすぐ逃げ出してしまつた。喰はえて引きずつて来たのは支那人の骸骨で不思議にも手も足もついてゐる小学校の標本室にある骨格の標本と変りはなかつた。道を歩き乍ら注意して下を見ると、点々と血痕のあとが黒いしみになつて、どこまでもつづいてゐる。(13)」

上海戦が終わって一ヵ月以上経っている時期だが、まだこんな状況だったのだ。それは新聞社の「不許可写真」をみてもあきらかだ。(14) 以後も徐州、武漢、広東と、日本軍の向かうところつねに血なまぐさい死体がある。

しかしもちろんそれらは『写真週報』からはみえない。ぎゃくに〈平和回復〉を喜ぶ姿ばかりがつたえられる。創刊号では「慶祝中国更生」の横断幕、ひるがえる五色旗である。五色旗とは、三七年一二月一四日、つまり「南京陥落」の翌日、北京に日本のカイライとして建てられた中華民国臨時政府の旗である。それが日の丸と交叉してへんぽんとひるがえっている。

そして女性である。日の丸が〈占領〉の表象なら女は〈平定〉の表象といえる。表紙にかぎらず『写真週報』の誌面には数多くの中国女性の姿がある。彼女たちは「姑娘」と呼ばれ、たいてい笑顔を見せている。「姑娘」というのは当時日本の男たちが好んで使った呼称だが、エロチックな異国情緒を喚起するものだったようだ。

三〇号（三八年九月七日）の「占領地ところどころ」ではチャイナドレスに日傘の三人の「姑娘」が笑顔を見せ（写真3）、五七号（三九年三月二二日）の「水ぬるむ蘇州の春」、七〇号（同七月五日）「鉄路・バスは伸びる」でも女性たちは美しくほほ笑んでいる（写真4）。一一五号（四〇年五月八日）の表紙は北京郊外で撮られたと説明にあるが、花の中の女性は美しい。

なぜ彼女たちは笑顔なのか。同じ「大東亜共栄圏」でも、男たちは少年以外は笑わない。同じ女性でも、日本の〈はたらく女〉は笑わない（写真5）。なぜ中国女性は笑うのか。

「南京虐殺」は「レイプ・オブ・南京」でもあった。『写真週報』創刊は、日本兵による強姦対策として従軍慰安婦制度が定着拡大していく時期に重なる。不許可写真の中には、三八年一月に上海に開設された軍直営慰安所の内部写真や、性病検診に向かう朝鮮女性の姿もある。ことさら中国女性に笑顔が多いのは、それらを隠蔽するためにほかなるまい。結果として彼女

写真 3
「占領地ところどころ」30 号（38 年 9 月 7 日）

写真 4
「鉄路・バスは延びる」70 号（39 年 7 月 5 日）。
キャプションには以下のようにある。
「中支には昨年 11 月華中都市公共汽車公司が設立され、上海、南京等八都市にバスが開通した。
支那で汽車といふのは自動車のこと。車站（停留所）にバスを待つ姑娘も、
日本式にカバンを前にさげてサーヴィスする姑娘のバスガールもにこやかに新支那を點綴する。

たちは〈清く正しい皇軍〉の表象として使われているのだ。二一号（三八年七月六日）にはこんなことが書かれている。

「思へば支那の民衆は、永い間国民政府の圧制と支那軍閥の搾取に堪へ忍んできたものである。内乱の度毎に親兄弟を戦場に奪はれ、略奪、放火等の暴虐の限りがつくされる。（略）過去幾度かの戦争の経験から軍隊の略奪、暴行を覚悟したであらう支那民衆は今事変にはあまりにも異つた姿を見た。入場する皇軍から与へられたものは、暴虐に代るに、温い憐みと慈みと救ひの手であつた。（略）『日本軍は無辜の民衆を敵とするものではない。我々を解放するために戦つているのだ。救世主だ』との叫びがどこからともなく人々の心からこみ上げるやうに上つて来た」（「北京婦女宣撫班」）。

五六号（同三月一五日）表紙は「南京郊外中山陵」を背景にほほえむ女性の写真だが、その横にはなんと「日本の懐に抱かれて」と書かれている（写真6）。

写真 5
333 号（44 年 8 月 9 日）

写真 6
56 号（39 年 3 月 15 日）

〈ささげる女〉〈ひらかれる女〉——朝鮮と満州

朝鮮女性が表紙に登場するのは二回だけである。八〇号（三九年八月二〇日）でチマチョゴリの女性が日の丸を手に笑顔を見せ（写真7）、一三一号（四〇年八月二八日）では少女が日本人少女とともに汽車の前に立っている。いずれも「内鮮一体」をアピールするものだが、誌面にはもっと具体的に「皇国臣民」として立ち働く朝鮮女性の姿がある。それは一言でいえば、〈ささげる女〉である。

八〇号「内鮮挙つて日の丸のもと」ではチマチョゴリの女性が慰問袋を作成、献納するために荷車で運んでおり（写真8）、一二七号（同七月二二日）では国防婦人会のたすきを掛けた「半島婦人」が軍に献納した飛行機「愛国四六五号朝燕」を見上げている。二一四号（四二年四月一日）には「半島婦人も金属回収に大童」と題する写真が載っている。

そして四三年八月の徴兵令施行により、ついに大事な息子までささげることになる。二一四号（四三年八月一一日）には徴兵された息子のために千人針を求める母の姿がある。しかし多くの娘たちが「慰安婦」として「大東亜共栄圏」のすみずみにまで連れられていたことは、もちろん『写真週報』からは見えない。

「満州」の女性は表紙には三一号（三八年九月一四日）の一回しか登場しない。しかし誌面にはけっこう取り上げられている。彼女たちは「ひらかれる満州」の表象として〈近代化〉イメージを付

写真8
80号（39年8月30日）、
「慰問袋を送ろう。今日も亦明日も——私たちの手で」

写真7
80号（39年8月30日）
「内朝挙つて日の丸のもと」

与されている。八二号（三九年九月一三日）の「近代満州娘」ではタイピストやデパートガールとして働いており、一五八号（四一年三月五日）「建国の娘たち」では看護婦や歯科医まで登場する（写真9）。そこにはこんなことが書かれている。

「纏足や耳輪の娘、自分の運命に屈して黙つて売られて行く女性、そんな古い姿の女性はもう殆ど見当りません。

満州国は建国と同時に今迄の女性の無理解な束縛から女性を解放すること、女性にも正しい教育を授けることに努力してきましたので、婦人たちも自分たちの立場を自覚しまた将来に希望も持ち、生活態度にも職業にも目覚ましい転向ぶりを示すようになつたのです。」

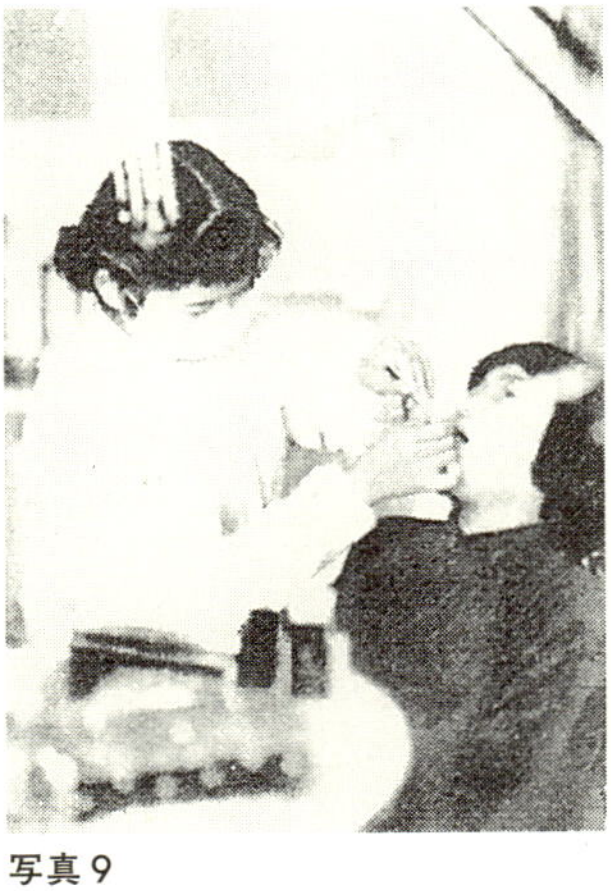

写真9
「建国の娘たち」158号（41年3月5日）

〈学ぶ女〉——解放と開発

「大東亜戦争」開戦後、『写真週報』には東南アジアの写真が圧倒的に増える。ここでも日の丸で〈占領〉して〈女〉で〈平定〉するというパターンがみえるが、中国とちがうのは日の丸が日本軍よりも現地住民の手に握られていることだ。日本軍は〈占領軍〉ではなく、植民地支配からの〈解放軍〉だったからだ。

二一八号（四二年四月二九日）の「黒い手で振る赤い日の丸」では、インドネシア・パレンバンの子どもたちが陸軍記念日（三月一〇日）を祝して日の丸行列をし、二二三号（同六月三日）ではシンガポールにおける「天長節」祝賀の日の丸行進が長蛇の列となってつづく（写真10）。二一八号の文章はこうだ。

「三月九日、蘭印軍が全面的に降伏してから早くも二か月近くなつた。（略）何といふ明るさであらう。この間まで居丈高になつて彼等を見下した米英蘭人たちの天地では最早ないのである。彼等は強いしかもやさしい日本の兵隊さんたちを迎へた。彼等は日本人を兄として慣れ親しんだ。」

これはあながちウソではない。シンガポールでは占領直後に日本軍による五〇〇〇人といわれる中国系住民の虐殺があったので事情は違うが、インドネシア・フィリピン・ビルマなどでは日本軍は〈解放軍〉として歓迎され、住民は友好的だった。すくなくとも初期の段階ではそうだ。

したがって女性は、中国大陸でのように虐殺を隠蔽するための〈ほほえむ女〉である必要はない。ここで目立つのは〈学ぶ女〉、とりわけ日本語を〈学ぶ女〉である。

南方各地に文化人を派遣して日本語普及につとめたことは川村湊『海を渡った日本語』（青土社、一九九四年）にくわしい。四二年九月には「南方派遣日本語教育要員養成所」を開設し、三か月の訓練ののちフィリピンへ一五〇〇人、ビルマに二〇〇〇人ほどが派遣されたという。このなかには女性もいる。

写真 10
「佳節を寿ぐ」223号（42年6月3日）。
右は「ブラス・バサ街広場には全市三千余の国民学校生が集まり、日章旗を振りふり市内を練り歩いた。」

こうした日本側の姿勢に、ある段階までは現地もよくこたえたようだ。『写真週報』にも日本語学習風景が何度も取り上げられているが、女性の姿が多い。二三〇号（四二年七月二二日）「ニッポンゴで埋め尽す」には「昭南日本語学園」の門をくぐる娘たちの姿が（写真11）、二三七号（同九月九日）「日本語講習会は超満員」では熱心に日本語を学ぶマニラの若い女性たちの姿がある。二四七号（同一一月一八日）「サイゴンの日語講習」では、日本語教科書を前にしたベトナム女性に日本女性が教えている（写真12）。日本語だけでなく、ジョホールバルの家政女学校では少女たちがラジオ体操をし、ミシン掛けを習っている（二八一号、四三年七月二一日）。

こうした〈学ぶ女〉は、「満州」同様に〈ひらかれる〉〈開発〉の表象である。日本は欧米帝国主義国の愚民政策と搾取からアジアを解放し、女性にまで教育を施しているというわけだ。ことさら日本語教育がアピールされるのは、欧米への劣等感の裏返しだろう。欧米の植民地支配から〈解放〉されて「アイウエオ」を〈学ぶ女〉は、「明治」以来欧米の言語・文化輸入に四苦八苦して

写真 11（上・下）
「ニッポンゴで埋め尽くす」 230 号（42 年 7 月 22 日）

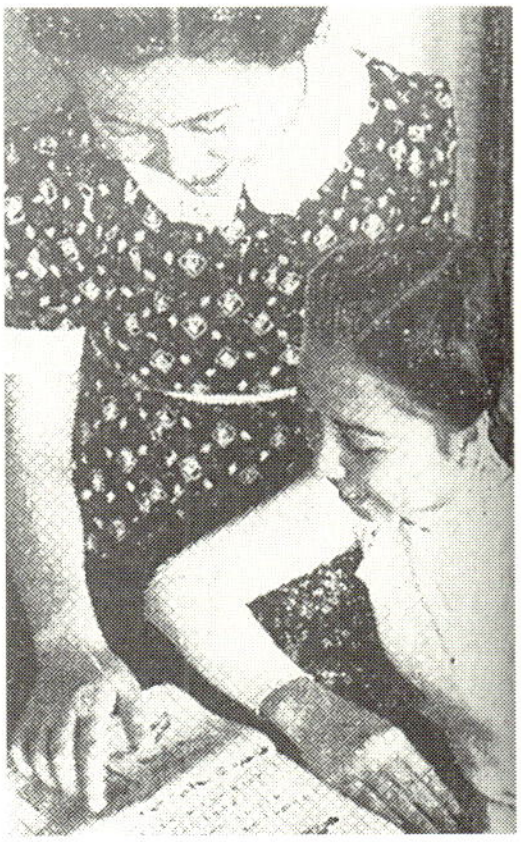

写真 12
「サイゴンの日本語講習」
247 号（42 年 11 月 18 日）

きた日本国民の劣等感を解消する。

したがって日本女性が誌面に登場する場合、彼女たちはすべて〈指導する女〉である。仕事は教師と看護師。教師が〈指導する女〉であるのはもちろんだが、看護師の場合も指導者である。二二四号（四二年六月一〇日）では、サイゴンの陸軍病院で「約一〇人の安南娘」が日本人看護師の下で働いていることが紹介され（写真13）、二三三号（同八月二一日）では、マニラで日本人看護師の指導の下に約二〇〇人のフィリピン女性が「簡単な注射から兵隊さんの身の回りの世話など一日立ち働いてゐる」という。その能力は日本人看護師にくらべてかなり劣り、「安南娘」の場合「仕事の能率は五人かかつても日本人の看護師さん一人に及びません」（前出、二二四号）。

写真 13
「安南娘とわが戦傷兵士」224 号（42 年 6 月 10 日）

＊

〈ほほえむ女〉、〈ささげる女〉、〈ひらかれる女〉、〈学ぶ女〉――。彼女たちは、ジェンダーと民族の二重の権力構造のなかで『写真週報』という権力装置にとらえられた。そして日本を「盟主」とする「大東亜共栄圏」をアピールするために使われた。

その「大東亜共栄圏」では、中国にかぎらず日本軍兵士による性暴力が日常茶飯事だったことはさまざまな資料や証言であきらかになっている。その対策として膨大な数の「慰安婦」が朝鮮半島や日本国内から送り出されたこともわかっている。『写真週報』でインパール作戦に従軍する兵士を見れば、彼らのその後の悲運をおもっていたましい。しかし一方、アメリカ公文書館から発見されたビルマ国境で「玉砕」した朝鮮人慰安婦の死体写真をみると、絶句してしまう。よくもよくもこんな山奥にまで「慰安婦」を連れていったものだ。[15]

『写真週報』に集積された「大東亜共栄圏」の女たちは、それらを隠蔽する役割を担わされたといえる。日本の銃後の女たちの多くが前線の男たちの性暴力を知らず、「聖戦」を信じていたということは、その隠蔽がかなり成功したということだろう。日本占領下のアジアの女たちは性暴力の被害者でありながら、さらにそれを隠蔽するという二重の被害を強いられたのだ。そして『写真週報』という権力装置における美しい笑顔ゆえに、解放後彼女たちが「親日派」「漢奸」として同胞の冷たい眼差しに刺されることがなかったかどうかも気になるところだ。あるいはひょっとすれば彼女たちは日本女性による扮装だったのかもしれない。山口淑子が「李香蘭」として「姑娘」を表象したように。

いずれにしろ日本の女たちは、特権的な存在である。彼女たちは〈はたらく女〉〈指導する女〉として表象されているが、これはジェンダーが規定する〈女性性〉を超える。〈はたらく〉、それも工場ではたらくことは男の役割であり、〈指導する〉ももちろんそうだ。『写真週報』のなかで日本の女は〈男性性〉を付与され、そのぶん〈女性性〉は他のアジア諸国の女に転嫁されている。とりわけ〈ほほえむ女〉中国女性は、〈女性性〉の権化といえる。それだけ中国民衆の抵抗が熾烈・果敢であったということだろう。

しかし日本の女もまた、戦時体制という権力装置にとらえられ、その布陣にしたがって一翼を担わされたにすぎないと言えばいいえる。

『写真週報』からは、はからずもジェンダーと民族のおりなす権力構造がよくみえる。

注

（1）飯沢耕太郎「写真―アマチュアとジャーナリズム」『昭和文化1925〜1945』勁草書房、一九八七年。

（2）国会図書館には四五年七月一一日発刊の三七四・三七五号合併号まで所蔵。事実上これで廃刊のようだ。合併号が五回あるので七年五か月間に三七〇冊出たことになる。四四年四月五日発行の三一五号から四五年三月二八日の三六五号の一年間はA3判の大判になっている。ページ数は通常二〇〜二四ページ、A3判のときは八ページ。

（3）内川芳美『現代史資料』40「マス・メディア統制 1」解説、みすず書房、一九七三年。

（4）高崎隆治『戦時下文学の周辺』（風媒社、一九八一年）、櫻本富雄『文化人たちの大東亜戦争』（青木書店、一九九三年）によれば、一九三八年九月、中国戦線へ尾崎士郎、横光利一、佐藤春夫、林芙美子ら二二人、「大東亜戦争」開戦後南方へは、マレー方面へ井伏鱒二、神保光太郎ら一一人、ビルマ方面へ高見順、清水幾太郎ら八人、ジャワ・ボルネオ方面へ阿部知二、大宅壮一ら一〇人、フィリピン方面へ火野葦平、三木清ら六人が派遣されている。

（5）内閣情報局「情報局ノ組織ト機能」一九四一年四月『現代史資料』41「マス・メディア統制 2」みすず書房、一九七五年。

（6）「写真週報 一冊を何人で読むでせう『読者調査』の結果」『写真週報』一九三号 四一年一一月五日。

（7）男女の判断は最終ページの表紙の説明、および視覚的〈常識〉にしたがった。

（8）佐久間「写真と女性―新しい視角メディアの登場『見る／見られる』自分の出現」『女と男の時空』V 藤原書店、一九九五年。

(9)『南京事件』岩波新書、一九九七年、二一四ページ。
(10)「新聞掲載事項拒否判定要領」陸軍省報道検閲係　三七年九月九日。
(11)五・一五事件を起こした青年将校の一人、山岸大尉の姉。一九三七年五月、単身満州旅行に旅立ち、七月、盧溝橋事件が起こると華北の日本軍に従って従軍、『婦人公論』にルポを送った。三八年八月、それをまとめて『婦人従軍記』を中央公論社から刊行。『写真週報』九八号（四〇年一月一〇日）「浦東の楊先生」によれば、三八年末、楊嘉香と中国名を名乗って上海に「中国婦女協進会」を開設した。
(12)櫻本富雄氏の御教示によると、鈴木は一九〇九年生まれ。帝国女子専門学校卒業後東宝に入社した劇作家。
(13)鈴木「南市の薔薇―上海帰報」『輝ク』五九号　三八年二月一七日。
(14)『不許可写真』1、2　毎日新聞社、一九九七年。
(15)浅野豊美「雲南・ビルマ最前線における慰安婦達」『慰安婦問題調査報告』一九九九年。

（『文学史を読みかえる4　戦時下の文学』インパクト出版会、二〇〇〇年二月）

殉国と黒髪

――「サイパン玉砕」神話の背景

南洋桜のもとで

五月下旬、島には真っ赤な南洋桜が咲きほこっていた。二月に来たときは見かけなかったと思ったら、四月ごろから咲き始めるという。

「日本人はこの南洋桜をみて、故郷の春を偲んだものです」

バスの隣席の女性が教えてくれる。しかしあまりにも真っ赤で、桜のイメージからはほど遠い。英語名はフレーム・ツリー（火炎樹）。これならわかる。しかし七〇年前の歴史をおもうと、どうしても血の色に見えてしまう。

七〇年前、このサイパン島（米自治領・北マリアナ諸島）は「玉砕の島」だった。一九四四年六月中旬から七月にかけて、圧倒的な米軍の攻撃により日本軍四万三〇〇〇人、非戦闘員である在留邦人一万二〇〇〇人が死んだ。ほかにチャモロなど原住民の犠牲九〇〇余、連行されてきた朝鮮人の死者数百人という。米軍も三五〇〇人ちかくが戦死している。伊豆大島の二倍ほどの小さな島で、六万人もの人びとが一ヵ月足らずの間に死んだのだ。文字どおり島は血に染まったといっても過言ではないだろう。南洋桜の盛りは六月というから、きっとそのときも咲いていたにちがいない。

それから七〇年目の今年二〇一四年五月下旬、わたしは沖縄からの慰霊団に参加してサイパン、テニアンを訪れた。テニアンは隣にあるもっと小さな島で、サイパンにつづいて「玉砕の島」となり、陸海軍人八〇〇〇余、在留邦人三五〇〇余人が死んでいる。二つの島の日本の民間人犠牲は一万五五〇〇余人、最も多かったのは沖縄出身者だった。

日本とサイパンとの関わりは、ちょうど一〇〇年前の一九一四年一〇月、第一次世界大戦に参戦した日本がドイツ領サイパンを無血占領したことに始まる。このとき上陸した日本の水兵がパンパンと手を叩いて女を求めたことから、「パンパン」の語が生まれたという（神崎清『売春』現代史出版会、一九七四年）。だとすればサイパンと日本の関わりは、性暴力から始まったことになる。一九一九年、サイパン等の南洋群島は国連の委任統治領となり、二二年には南洋庁がおかれて実質日本の植民地となった。以来日本からの移民が増えたが、「北の満鉄、南の興発」といわれた南洋興発（株）による精糖業が盛んになり、サトウキビ栽培に経験ある沖縄県人が積極的に導入された。一九三七年段階で、サイパン在住日本人四万二五〇〇余の六割以上は沖縄出身者だったという。その結果、「サイパン玉砕」で大きな被害を出すことになったのだ。

そうした経緯から、一九六八年以来毎年沖縄から慰霊団が島をおとずれていた。最近は遺族の高齢化により参加者が減っていたが、今年は七〇年の節目ということで約九〇人。八六歳を最高齢として七〇歳以上が大半を占める。そのおおかたは島で生まれ育ち、七〇年前の「玉砕」で家族を亡くしながら、からくも生き延びた人びとである。

じつはわたしはこの三ヵ月前の二月にもサイパン、テニアンを訪ねていた。そのときはテニアンが目的だった。わたしは広島の被爆者だが、原爆を積んだB29エノラゲイは、一九四五年八月六日未明、テニアンの飛行場から広島に向けて飛び立ったのだ。その地に立ってみたいと思った。しかしテニアンへの直行便はなく、サイパンから小さなセスナ機で行くしかない。

そのときのわたしにとってサイパンは、テニアンへの経由地にすぎなかった。もちろんサイパンが住民をまきこんでの「玉砕の島」であり、バンザイクリフ、スーサイドクリフ（自殺岬）と呼ばれる断崖があることは知っていた。そして住民の犠牲には沖縄出身者が多いことも聞いてはいた。しかしそれがずしりと胸に迫ったのは、スーサイドクリフに立ってその高さを実感し、下にある慰霊碑「おきなわの塔」に手を合わせてのちである。そのうえ犠牲になった人びとのふるさと沖縄は、翌四五年三月下旬からの鉄の暴風といわれるすさまじい米軍の攻撃で大きな犠牲を出している。沖縄は二度も「玉砕」させられたのだ。

しかし「サイパン玉砕」はつくられた神話ではないのか？　帰国後、当時の資料などを調べるなかでそう思った。そして翌年の「沖縄玉砕」にはその神話が関わっているのではないか？　そんな思いから慰霊団に参加したのだが、道中「玉砕」体験者から話をきくなかで、その思いはつよまった。

「玉砕」神話の誕生

「玉砕」とは北斉書元景安伝の「大丈夫寧可玉砕何能瓦全」（瓦として全うするより玉として砕けた方がよい）からとられたことばで、「全滅」の美的言い換えである。その背後には「生キテ虜囚ノ辱ヲ受ケズ」の戦陣訓がある。最初に公式発表で使われたのは一九四三年五月のアッツ島陥落だった。

その後、マキン、タラワ、クェゼリンとつづいたが、「サイパン玉砕」ははじめて住民をまきこんでのものであり、戦局にとって決定的意味を持った。

四二年六月のミッドウェー海戦以来じりじりと敗退を重ねるなかで、四三年九月、大本営は死守すべき絶対国防圏を定めた。サイパンはその要だった。四四年六月一一日、そのサイパンに米軍の攻撃が開始された。六月一三日、昭和天皇は「万が一にもサイパンを失うようなことになれば、東京大空襲もしばしばあることになるから、ぜひとも確保せねばならない」として、聯合艦隊を救援に派遣する「あ号作戦」を発動、「国家の隆替に係わる重大な作戦であるので、日本海海戦の如き戦果を挙げてほしい」と嶋田軍令部総長を激励した（『昭和天皇発言記録集成』下巻、芙蓉書房出版、二〇〇三年）。しかし六月一五日、米軍は海岸の防衛線を突破して上陸、聯合艦隊は一九、二〇日のマリアナ沖海戦で大敗し、戦闘力を失った。二四日、「あ号作戦」は中止、サイパンは見捨てられる。以後サイパンの日本軍は、「一〇〇匹の猫が一匹の子ねずみを食い殺すような」（平櫛孝『サイパン肉弾戦』光人社、一九七九年）米軍の猛攻にさらされることになる。

日本軍は内陸に司令部をうつして血みどろの抵抗を続けたが、ついに七月六日、かつて真珠湾攻撃でならした南雲忠一中将は「「サイパン」島ノ皇軍将兵ニ告グ」なる最後の訓示を発し、陸軍の斎藤中将らとともに自決した。訓示には以下のことばがある。「今米軍ニ一撃ヲ加へ、太平洋ノ防波堤トシテ「サイパン」ニ骨ヲ埋メントス。戦陣訓ニ曰ク、「生キテ虜囚ノ辱ヲ受ケズ」、「勇躍全力ヲ尽シ、従容トシテ悠久ノ大義ニ生クルコトヲ悦ビトスベシ」ト。」

捕虜になるよりは死ね、という玉砕命令である。七日早暁、残存日本軍は総攻撃を敢行、以後通信は絶えた。七月九日、米軍の最高司令官レイモンド・スプルーアン大将はサイパン占領を宣言。東條首相は責任を取って詰め腹を切らされ、二二日小磯内閣が発足する。
しかしサイパン陥落を国民が知ったのは、総攻撃から一〇日も過ぎた七月一八日である。その日午後五時、ラジオは荘重な「海ゆかば」の曲をながし、アナウンサーの悲痛な声がサイパン全滅の大本営発表をつたえた。翌一九日の新聞には大見出しがおどった。

サイパンの我部隊／全員壮烈な戦死／在留邦人も概ね運命を共に（朝日新聞）

サイパン将兵全員戦死す／戦ひ得る在留邦人も運命を共に（読売報知新聞）

ここにみられるように、大本営発表では「玉砕」の語は使われていないが、一般には「サイパン玉砕」として流布することになる。七月一九日づけ政府刊行物『週報』、『写真週報』は、大木敦夫作詞・山田耕筰作曲「サイパン殉国の歌」を譜面つきで載せた。

一、哭け、怒れ、奮へよ、撃てよ／夕映えの　茜の雲や／血に咽ぶ　サイパンの島／皇国を死して護ると／将兵ら　玉と砕けぬ
二、哭け、怒れ、讃えよ、ほめよ／皇軍に力併せて／同胞は　よくぞ起ちにき／勇ましや　老いも若きも／義に燃えて　国に殉じぬ

この歌は二二日の読売報知新聞にも楽譜つきで載っている。二四日からはラジオで全国放送された

らしい。

しかし慰霊団の存在が示すように、そもそもサイパンの日本人は全滅したわけではない。たしかに犠牲は大きかったが、アメリカ海兵隊の資料によれば、八月下旬までに米軍キャンプに収容された日本人は、約一〇〇〇人の将兵をふくめ一万四二四人、朝鮮人一三〇〇人。将兵のなかには自ら投降して生き延びた兵士もいる（山内武夫『怯兵記　サイパン投降兵の手記』大月書店、一九八四年など）。「玉砕」した兵士たちも、その多くはすすんで「殉国」したわけではない。「生キテ虜囚ノ辱ヲ受ケズ」の戦陣訓により捕虜になることを禁じられ、自殺攻撃に追い込まれたのだ。

まして非戦闘員はそうである。たしかに慰霊団の人びとが語る「玉砕」の様相はすさまじい。米軍に殺されるよりはと、自ら乳飲み子を絞め殺した姉の話、米軍の砲撃により、隣にいた弟と妹が顔半分吹き飛ばされて死んだ話、死のうとして海に入ったものの浮いてしまって死ねなかった話、米軍の投降呼びかけに、子どもは殺さないからという母の言葉で壕を出て、ふとふりかえったら母と祖母が互いに刺しちがえ、首から鮮血をほとばしらせていた話……。そうした凄惨な話を、人びとはまるでおとぎ話を語るかのようにとつとつと話す。

そこでみえてくるのは、自ら死を選んだ人びとももけっして大和魂や愛国心によるものではないということだ。米軍に捕虜になったら女性はおもちゃにされ、男は戦車でひき殺されるといった恐怖を叩き込まれていたせいだと人びとはいう。それは米軍の調査でも明らかだ。一九四五年はじめ、米軍はサイパンの収容所において民間人五〇〇人にたいして意識調査をしているが、投降をためらった理由としては米軍の拷問への恐怖が七割以上を占めている（林博史「資料紹介　サイパンで米軍に保護された日本民間人の意識分析」）。沖縄の「集団自決」についても同様の証言は多い。にもかかわらず当時のメディアは自発的「殉国」として誉めたたえ、美談に仕立て上げた。

殉国美談と黒髪の女

さきの「サイパン殉国の歌」には三番に「大和撫子　くれなひに　咲きて匂ひぬ」と女性が歌いこまれているが、やがて「殉国」美談の中心は「婦女子」となる。「玉砕」報道からちょうど一ヵ月後の八月一九日、朝日新聞は一面トップにこんな大見出しを掲げた。

「壮絶・サイパン同胞の最期／岩上、大日章旗の前／従容、婦女子も自決／世界驚かす愛国の精華」

この記事は「ストックホルム渡邊特派員発」とあり、中立国スエーデン駐在の朝日の特派員がアメリカの週刊誌タイムのロバート・シャーロッドの記事を紹介したものだ。シャーロッドはタイムの特派員としてサイパンに従軍したが、そこで見聞した日本人、とりわけ非戦闘員の〈死〉の様相を具体例をあげて生々しく報告した。

マッピ山という断崖の上から飛び降りたり海に

朝日新聞

壮絶・サイパン同胞の最期

岩上、大日章旗の前

従容、婦女子も自決

世界驚かす愛國の精華

遙に宮城を拝して

少年を抱き勇士の死

悠然、黒髪を梳けづる

降伏より死を

米軍、パリに四十

図 1
『朝日新聞』1944 年 8 月 19 日

入ったりして自殺する数百人の男や女、子どもたち。白いブラウスにカーキ色のズボンをはいて黒髪を水に漂わせている女性の溺死体、日本兵の首に腕をしっかり巻きつけて死んでいる四、五歳の幼児。岩の上に大きな日の丸を広げて手榴弾で自決する五〇人ぐらいの集団……。

なかでも大見出しにある「従容、婦女子も自決」は、「悠然、黒髪を櫛けづる」という小見出しのもとに「海兵は女達が岩の上に悠然と立って長い髪を櫛けずるのをみてびっくりした」、「息を殺してみつめているとやがて日本の女達は互いに手に手を取り合って静に水中深くはいって行った」とある。

こうしたおびただしい非戦闘員の〈死〉をシャーロッドの文章によって紹介したあと、渡邊記者は書いている。「この表現の底にある厳粛、悲痛にして高貴なものが、われわれの胸を激流のやうに浸してくる、それは米兵にとって未知の驚異であり、恐怖であったかもしれない、（略）彼等にはそれが「死」として把握されたのにとどまる、われわれにとってそれは断じて「死」ではない、「生」である、同胞の心魂に宿り、一億倍となってふき出すいのちである」。

しかしこの朝日の記事をタイムの原文とつきあわせてみると、「厳粛、悲痛にして高貴」な死にするために操作が加えられていることがわかる。タイムには、まさに胎児が出かかっている裸の妊婦の屍体や、日本兵に撃たれて傷つき、岩の上に血を滴らせながら三人の子どもを日本兵の射程外に連れ去った母親の話がある。しかし朝日にはない。また原文では、米海兵隊が珊瑚礁の上に七人の日本兵を見つけて近づくと、そのなかの一人の将校が部下の首を切り落とし、四個の首が海に転がり落ちたとある。その部分は朝日では、「七名のうち六名の日本人は珊瑚礁の上で自決を遂げ」と改ざんされている。また岩上から三人の子どもを海に投げ、その後自分も飛び込んだ父親は、三人の子どもを抱きかかえて飛び込んだとなっている。

翌二〇日、さらに朝日は「燃えろ　怒れ　復仇へ／銘記せよ　サイパン同胞の最期」と題して三人の談話を掲載。ひとりは東大史料編纂所の高柳光寿。「偉大な民族の血潮　時到れば光発す　戦史彩る女性の殉死」の見出しのもと、夫柴田勝家とともに死を選んだ「お市の方」など歴史上の殉死女性を取り上げている。もう一人は作家岩田豊雄（獅子文六）。「かくてこそ強し　日本の真姿」の見出しで、「我々はここで同胞の従容たる自決を悲しむと同時にその死によって日本人の強さといふものをはっきり呼び覚ましてくれた」とある。

最後は女子挺身隊員の「この死、無駄にせじ」というコメント。「なんと申し上げてよいのでせうかもう胸が一杯です。戦ひに戦ひ抜いた最後に直面した「死」に対してさへ日本の女はかうも強く美しく生抜けるのだといふことを知ってハッキリ腹が決まったやうな気がします」。

燃えろ　怒れ　復仇へ
銘記せよ　サイパン同胞の最期
我身ヲ以テ太平洋ノ防波堤タラン
この血文字に吾ら続かん

図2
『朝日新聞』1944年8月20日

紙面の上部には、サイパンの洞窟司令部入口に掲げられた「我身ヲ以テ太平洋ノ防波堤タラン」の横断幕の写真と、「この血文字に吾ら続かん」という文字のもと、中島飛行機工場で働く女性たちの写真が載っている。シャーロッドの記事は、国内の女性たちをきびしく叱咤するものとなった。

朝日に一日遅れて読売報知新聞も、この日一面トップにシャーロッドの記事を取り上げている。大見出しは「サイパン同胞かく自決せり　悲壮絶す！　敵従軍記者の筆に偲ぶ実相」。あとの見出しには「兵士自決の模範示す／婦女は黒髪梳って死出の化粧」とあり、ここでも「黒髪」がクローズアップされている。白いブラウスにカーキ色のズボンをはいた女性の溺死体は「丈なす黒髪を波のまにまに打ち流している」と粉飾されている。原文は「one woman in khaki trousers and a white polka-dot blouse, with her black hair streaming in the water」。ブラウスは白ではなく、水玉模様のようだ。

歌人の斎藤瀏と歴史家平泉澄のコメントが載っているが、ともに「婦女子」を誉めたたえている。斎藤瀏は「昭和の大葉子」「日本婦人の誇りよ」と讃え、平泉澄は「一部の浮薄な女子の様子をみて日本の婦女子の昔の姿が失はれたと考へ嘆く人も多かったが、このサイパンの婦女子がいざの秋に臨んでの強さを誠に遺憾なく発揮してくれたのをみてまことに感動に堪へない」という。斎藤の発言にある「大葉子」は日本書紀に登場する女性である。

歌人今井邦子は「サイパン同胞に捧ぐ」と題する歌五首を寄稿。そのなかには「黒髪を梳りをへて女らは海を目がけてをのれ散りける」と黒髪をよんだものがある。

それに煽られたかのように朝日新聞は、さらに八月二三日、詩人高村光太郎、作家林芙美子、歌人中河幹子を登場させている。三人に共通するのは「黒髪を櫛けずる女性」である。高村はそれを「日本精神の純粋無比な伝統」「古代の穢れなき心」とし、「かかる古代の心を堅持している唯一のわれわれ民族こそ、いわゆる文明によって低下した世界の野卑な生活を救ふのである」という。「近代の超克」論に通じる文章である。

林の文章では、岩頭で髪を櫛けずって入水したのは「白いブラウスにオレンジ色のスカートをはいた女性」になっている。八月一九日の記事の「白いブラウスにカーキ色のズボンをはき黒髪を水に漂はせた」溺死女性と合体させてしまったらしい。うっかりミスかもしれないが、「カーキ色のズボン」ではなく「オレンジ色のスカート」の女性が黒髪を梳るとなれば、その女性性はいちだんと鮮烈になる。そして「サイパンで散った同胞女性の愛国の血を、いまこそ私達はパッと体ぢゅうに浴びたのだ」として、「私達は私達のいま立っている国を全力を挙げて守り抜かねばならない」と決意を新たにしている。

　中河幹子は「神州不滅」として五首の短歌を寄せている。そのなかには、「み民なる高き誇りに死にゆきて青史にも永久ににほふ黒髪」、「岩の上にいまわの髪を梳きし友まなかひにして日々戦はん」と「黒髪」をよんだものが二首ある。サイパン玉砕神話は黒髪をキーワードとして女性化され、「死の美学」を流布することになったのだ。

藤田嗣治の「サイパン玉砕」図

　それを視覚化したのは藤田嗣治である。よく知られているように、藤田はパリの画壇で成功し、「世界のフジタ」として帰国したあと、積極的に戦争画を描いた。なかでも「アッツ島玉砕」は迫真の筆で凄絶な「玉砕」の様子を描き出し、「地獄の怨霊さえ寒からしめる絵」（菊畑茂久馬『フジタよ眠れ――絵描きと戦争』葦書房、一九七八年）といわれる。展示された絵の前には賽銭箱がおかれ、祈りを捧げる人がたえなかったという。

　その藤田が最後に描いた戦争画が「サイパン島同胞臣節を全うす」だった。縦一・八一メートル、横三・六二メートルという巨大

図3
藤田嗣治『サイパン島同胞臣節を全うす」中央部

なもので、疎開先の藤野で描き上げ、四五年四月一一日から三〇日まで、東京・上野の都美術館で開かれた陸軍美術展で展示された。戦後アメリカに持ち去られ、一九七〇年、「無期限貸与」というかたちで返還されたという。わたしは画集やネットで見るだけだが、「玉砕」シーンが生々しく描かれ、その迫力に息をのむ。

横長の画面に四〇人ほどの群像が描かれているが、男性は画面左端の銃を構えた兵士や右下に銃を口にくわえて足で引き金を引こうとしている男性など七、八人、大半は女性と子どもである。ドラクロワの「キオス島の虐殺」にならったといわれる三角構図の頂点には竹槍を手にした女性が立っているが、あとはすでに息絶えて倒れ臥す女性や短刀をかまえる女性、赤ん坊に最後の乳を与える母親たち……。そして画面の中央には黒髪を梳る三人の女性が描かれている。右端は断崖絶壁で、黒髪をなびかせいままさに飛び降りようとしている女性が三、四人。もんどりうって落下している女性がひとり。

一見してわたしはシャーロッドの記事を思い浮かべたが、この絵がそこから題材をとったことは専門家も指摘している（田中比佐夫『朝日美術館テーマ編1　戦争と絵画』朝日新聞社、一九九六年ほか）。だとすれば追いつめられた女性たちの悲惨な死は、藤田にとっては創作意欲をかき立ててやまない一種の〈美〉、というよりはエロスを感じさせるものだったのだろう。菊畑茂久馬は「藤田が殺戮のあとの景色を屍姦した」と書いている（菊畑前出）。「屍姦」とはまたすさまじいことばである。

この絵については専門家のあいだで意見がわかれている。かたや戦争の悲惨を表現したものとし、かたや戦意高揚を目的に死を美化したとする。足立弘はこうした対立を止揚するものとして〈表現のリアリズム〉を提起する。「藤田が語ろうとしたのは「死の美化」でもなく「戦争の悲惨」でもない。在留邦人の「殉死」そのものであり、付されたタイトルのとおり「臣節を全う」する人々のリアルな姿なのである」(「藤田嗣治の戦争記録画に関する考察」『芸術学研究』2、二〇〇八年)。しかし「殉死」、「臣節を全うす」は価値中立的なことばではない。ナショナリズムと天皇崇拝のイデオロギーまみれ、「死の美化」そのものである。鳥飼行博がブログでいうように、この絵が「日本軍民玉砕を表現した殉教画であるとすれば、それは軍部の意図を十分に反映した戦争協力画に仕上がったということである。」

若桑みどりはジェンダーの視点からつぎのようにいう。「画家の意図はともかくとして、この主題には戦争の悲惨さと聖戦イデオロギー、人命軽視の旧軍隊の戦場訓「生きて虜囚の辱めを受けず」が、最終的には非戦闘員である女子供に凝縮するありさまが描かれていることはたしかだ。戦争の政策においてもその経過においても、まったく発言権を与えられていない女性たちは、それにもかかわらずその失敗だけは完全に引き受けさせられる。」(『戦争がつくる女性像』筑摩書房、一九九五年)

沖縄戦――戦う黒髪の女へ

この藤田の絵の黒髪の女たちを沖縄女性とする見方がある。奥間政作は、藤田が三八年の沖縄ゆきで書いた詩などをひきつつ、つぎのようにいう。「画面中央に描かれた女性や画面右側の祈る女性の「長き黒髪」や画中の「薄衣の女子等」、そして「乳も脛も銅に染め」た彼女らの色調などは藤田が描き、詠んだ沖縄女性の特徴と見事に一致する」(「「特攻」と「玉砕」―沖縄戦と藤田嗣治をめぐる考察」『近代画説』18、二〇〇九年)。そしてこの絵が展示されたのが、熾烈な沖縄戦さなかの四五年四月であることから、サイパンに題材をとりながらも沖縄戦の表象として「黒髪豊かな沖縄の女性とその勇ましさをも画面に描き込んだ」とする。

この見方の当否は素人のわたしにはわからない。しかし沖縄戦当時の新聞には「サイパン玉砕」の黒髪の女性を沖縄女性とする見方がある。沖縄への米軍の攻撃は、四五年三月二三日の慶良間諸島から始まり、二六、二七日には渡嘉敷・座間味で「集団自決」が起こっている。その直後の三月二九日、読売報知新聞には「戦場琉球　黒髪梳り女も戦ふ」として、「サイパンに玉砕した女たちが岩頭に髪を梳り入水したと聞いて私の脳裏にはすぐあの沖縄の女たちだと直感された」という沖縄出身の貴族院議員・伊江朝助の談話が載っている。

四月五日にも「銃とる尚武の沖縄婦人」の見出しで、やはり沖縄出身の陸軍報道部員が「かつてサイパンにおいて邦人婦女子が黒髪を梳って入水した悲壮な話題が伝えられたが、これも琉球女性の風俗を知るものには、彼女たちが琉球女性であることはすぐ知ることができた」としている。

前年の「サイパン玉砕」にあたっては、「昭和の大葉子」「日本精神の純粋無比な伝統」というふうに「日本」が強調された。しかし沖縄の死闘が始まるや「婦女子」は「琉球女性」に特化されたということだ。それにともない「従容、婦女子も自決」は、「沖縄婦人も斬込」（朝日四月四日）、「銃とる尚武の沖縄婦人」と「戦う女性」に変貌した。そして六月、いよいよ「沖縄玉砕」がせまると、「沖

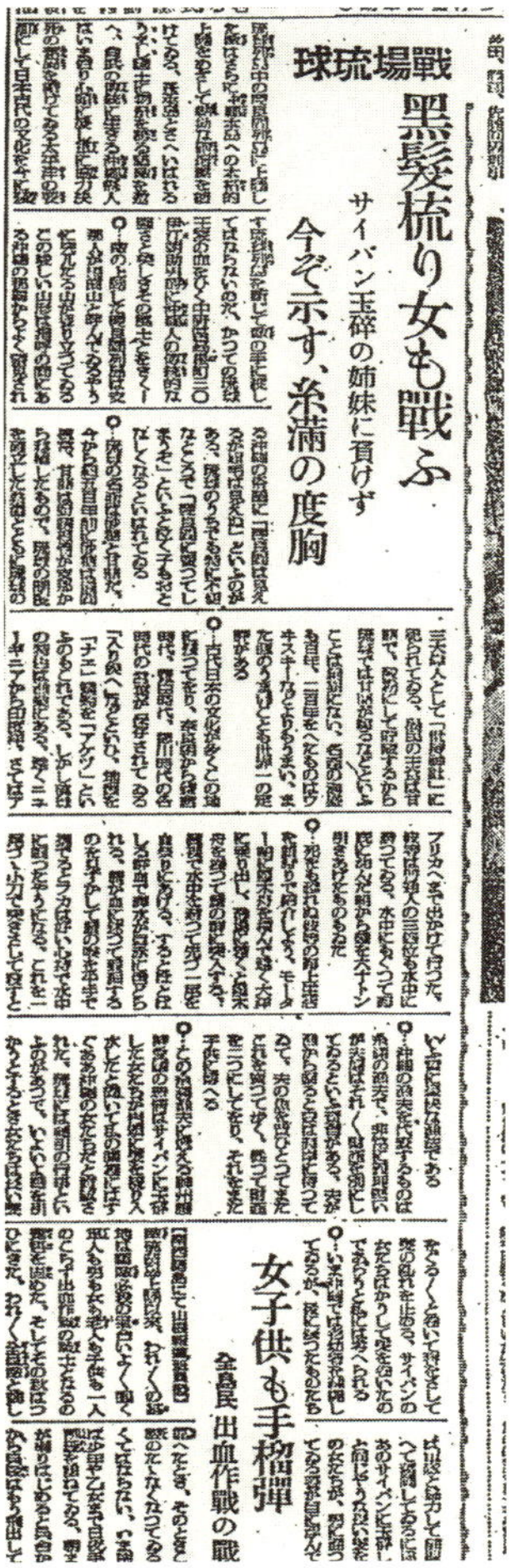
戦場琉球
黒髪梳り女も戦ふ
サイパン玉砕の姉妹に負けず
今ぞ示す、糸満の度胸
女子供も手榴弾
全島民 出血作戦の戦

図4
『読売報知新聞』1945年3月29日

縄県民の血闘に学べ　醜敵邀撃・一億特攻の魁け」（朝日六月一四日）と、本土の民衆を「一億玉砕」に駆り立てるものとなる。

南洋移民研究の第一人者・今泉裕美子によれば、サイパンには「一等国民日本人、二等国民沖縄人・朝鮮人、三等国民島民（チャモロ・カロリニアン）」という序列があったという（『琉球新報』二〇〇四年七月七日）。「一等国民日本人、二等国民沖縄人、三等国民豚・カナカ・チャモロ、四等国民朝鮮人」という戯歌もあったという（冨山一郎『戦場の記憶』日本経済評論社、一九九五年）。いずれにしろ「沖縄人」は「日本人」とは区別され、差別されていたということだ。それはテニアンの玉砕戦から生還した本土出身の将校大高勇治の手記にも明らかだ。彼は「沖縄人」の特徴として生活力の旺盛さ、とりわけ女性の性的生命力をあげている（『テニアン―死の島は生きている』一九五一年）。性的な生命力とは未開・野蛮と同意語であることが多い。こうした見方は大高だけでなく、本土の人間の多くに共通するものだろう。

いまサイパンにあるアメリカ記念公園のビジターセンターには、サイパンの歴史をしめす大きなパネルが掲げられている。そこにはＪＡＰＡＮＥＳＥとは、べつにＯＫＩＮＡＷＡＮと書かれている。たぶん日本統治時代の沖縄差別がいまだに尾を引いているのだろう。ついでに言えば、そこで上映されているサイパン概説ビデオでは、サイパン戦の被害が婦女子を含めてあまりに大きかったので、本土上陸を避けるために原爆が投下されたと説明されている。サイパンの悲劇が原爆投下の口実にされていることに絶句、怒髪天を突く思いだが、それについてはあらためて考えたい。

戦争において「婦女子」はまずは開戦の口実に利用される。「婦女子」があぶない、助けなければ、というわけだ。つい最近、安倍首相が集団的自衛権の説明パネルに「母と子」を入れるのにこだわったのは、まさにこのパターンである。また「婦女子」は、戦局きびしい状況で国民に犠牲を強いるときにも持ち出される。「サイパン玉砕」に見られるように、「婦女子」さえ命をかけるのだから、というわけだ。それが沖縄女性であれば、本土の民を叱咤するにはさらに有効だろう。ここにはかつて三二年の上海事変における肉弾三勇士事件で、爆死した三兵士に被差別部落出身者がいると取りざたされたのと同じ構造がある（上野英信『天皇陛下万歳』筑摩書房、一九七一年）。

天皇の慰霊がもたらすもの

さて、戦後六〇年にあたる二〇〇五年、天皇・皇后はサイパンを慰霊訪問した。出発にあたって天皇は異例の長いメッセージを読みあげ、さらに年末の誕生日会見でも長文の「おことば」を発している。どちらの文章でも、日本の統治下で繁栄していた平和な島が米軍上陸により苛烈な戦いを強いられ、大きな犠牲を出したことが数字をあげて述べられている。サイパンの犠牲者数は資料によって違いがあるが、この天皇発言の数字は最大といえる。じつはこの小文の冒頭にあげた数字はこの「おことば」からとったものだ。また日本人だけでなく、米軍や島民、「朝鮮半島出身の人びと」の犠牲にも言及していて、それなりの「配慮」が見える。

しかしそうした大きな犠牲がなぜ生み出されたのかについては、「昭和一九年六月一五日、米軍がサイパン島へ上陸してきた時には日本軍はすでに制海権、制空権を失っており、大勢の在留邦人は引き上げられない状況になっていました」と、年末の会見でさらりと触れるのみ。そして「軍人を始め、当時島に在住していた人々の苦しみや島で家族を亡くした人々の悲しみはいかばかりであったかと計り知れないものがあります。この度の訪問においては、（略）先の大戦において命を落とした人々を追悼し、遺族の悲しみに思いを致しました」という。

いま天皇（夫妻）は慰問・慰霊活動にみずからの存在意義を見いだしているようにみえる。今年（二〇一四年）三月一一日、東日本大震災三周年の式典にあたって天皇は、まず巨大地震と津波による被害の大きさを述べて哀悼の意を表し、「今なお多くの被災者が、被災地で、また、避難先で、困難な暮らしを続けています。さらにこの震災により、原子力発電所の事故が発生し、（略）いまだに自らの家に帰還する見通しが立っていない人々が多いことを思うと心が痛みます」とのべた。

わたしにはこの三・一一式典の「おことば」と、サイパン慰霊訪問のメッセージのあいだにちがいは感じられない。そういえば、三・一一式典の皇后の服装は和服の喪服スタイルだが、驚いたことに三・一一式典が始まった二〇一二年から、八・一五の戦没者追悼式の皇后の服装も和装にかわっている。これは革命的な変化といっていい。八・一五式典は一九五二年の第一回以来皇后は洋装だった。現皇后も即位以来ずっと灰色のスーツ姿だった。そもそも皇室では女性も洋装が正式であり、公的な場で皇后が和服を着ることは滅多にない。

三・一一式典の皇后の服装がなぜ和装になったのか？　これについて産經新聞は、心臓手術後の天皇をとっさに支えるためにはハイヒールの洋装よりも草履の和装の方がよいとしたためだというが、あまり説得力はない。それよりは村上湛のブログのほうが納得がいく。「皇后陛下の和装喪服姿を見た人の多くは、「親戚の上品なおばさんが焼香に来てくれた」ような親密さを感じたのではないだろうか。洋装の喪服だと、ドレッシーになればなおさら、「外部の人が来た」感じが漂うのと違い、和装の喪服には親族感覚がきわめて強い。そういえば、モーニングに黒ネクタイを絞めた天皇陛下と並ぶと、まるで喪主夫婦のような印象である」。

つまり和装の喪服は庶民にとって「身内」感覚をもたらすというのだ。だとすれば皇后の和装は、国民の一体感や「絆」がやたらいわれる三・一一後の状況に適合的だったといえる。

八・一五の戦没者式典における和装化はどうだろうか。二〇一二年の段階では、同じ和装でも三・一一式典が真っ黒な喪服、八・一五は淡い藤色とそれなりに差異化がはかられていた。しかし昨年からはともに灰色となり、一般の目にはまずは見分けがつかない。そのことの政治的意味はなんだろうか。

大震災や津波はそれ自体は自然災害だが、戦争は人災である。人災にはそれをもたらした責任者が存在する。さきの戦争についてはその最高責任者が昭和天皇であるのはいうまでもない。とりわけサイパンでは、「生キテ虜囚ノ辱ヲ受ケズ」の「臣節」による自殺突撃や「天皇陛下バンザイ」を叫んで身を投じたバンザイクリフなど関わりは直接的である。

もしかしていまの天皇は、主観的にはこうした先代の未決の責任を果たそうとしているのかもしれない。しかし彼は三・一一式典とかわるところのない「おことば」を発し、皇后は戦没者追悼式で三・一一と同じ装いをする。そのことは人災である戦争と自然災害のちがいを無化し、結果として戦争を自然災害化する。そうなれば天皇の戦争責任など、問いとしても成り立たない。

最近の報道によれば、来年の戦後七〇年を期して天皇・皇后はパラオを慰霊訪問する予定だという。パラオもかつてはサイパン同様に南洋群島の一環であり、実質日本の植民地だった。そしてサイパンの四ヵ月後に「玉砕」している。九年前、天皇はサイパンと同時に訪問することを願ったが、諸般の都合で実現しなかったという。

しかしなぜサイパン、パラオなのか。かつての戦争で大きな犠牲を出した激戦地といえばガダルカナル、インパール作戦のビルマ（ミャンマー）、フィリピン、非戦闘員の被害なら開拓団員八万人の墓標が建つ旧満州と、ほかにいくらもある。サイパン、パラオが選ばれた背景には、もちろん現在の国際的政治状況があるだろう。しかしそれだけでなく、かつて「わたしのラバさん酋長の娘……」と歌った差別的〈南洋へのまなざし〉も点滅していないだろうか。

来年は戦後七〇年、戦争の記憶の継承はますますむずかしくなりつつある。それに加えて天皇、皇后のパラオ慰霊訪問が戦争のさらなる〈自然災害化〉をもたらすことになれば、それは過去の戦争責任問題にとどまらない。集団的自衛権の閣議決定で新たな戦死者が生み出されかねない現在、若い世代の未来に大いにかかわる問題である。

北原恵は『インパクション』一九三号の「「慰問」する天皇とジェンダー」で、リベラル層に広がる平和主義的天皇・皇后への期待に批判的にふれたあと、「現在進行中の日本政府の軍事化とどのような相互関係をもっているのか、天皇・皇后、皇室イメージの変化を歴史的に読み解くことが求められている」と書いている。本稿をそのためのささやかな第一歩としたい。

本稿をまとめるにあたっては、池川玲子、今泉裕美子、菅孝行、北原恵、松崎洋子のみなさんに資料その他でお世話になりました。ありがとうございました。

（『インパクション』一九六号、二〇一四年八月）

一八歳の君たちへ
——満州開拓団の悲劇

五年前まで務めていた敬和学園大学では、五月下旬になるとキャンパスの片隅にキスゲの花が咲く。上越市の野田良雄さんが、一九四一年、当時の「満州」（中国東北部）から種をもち帰って育ててきたもので、花はレモンのような透明な黄色である。

野田さんは当時一七歳。文部省の勤労奉仕隊の一員として、新潟からの移民の村・清和開拓団で一夏を過ごした。その記録は『満州建設奉仕団點描《てんびょう》記』と題して新潟日報事業社から刊行されているが、道路づくりなどの過酷な労働の合間に目にしたスズラン、キンポウゲなど花の名前が書き留められ、花好きの少年だったことがわかる。キスゲの種を持ち帰ったのも、そうした野田さんならではだったろう。

しかしこのキスゲには、悲劇の記憶がまつわりついている。一九三〇年代から四〇年代にかけて、「拓《ひら》け、満州！」の掛け声に促され、新潟からも一万二〇〇〇の人びとが「満州」に渡ったが、敗戦にあたって五〇〇〇人が命を落とした。中でも清和開拓団は最大の被害を出し、八〇〇余人の団員のうち戦後新潟に帰り着いたのは五〇人にすぎなかった。開拓団での慰安演芸会で、野田さんたちの腹芸踊りに声援を送ってくれた子どもたちや、「ごくろうさまでした」と声をかけてくれた若い母親も、四年後に犠牲になったと思うと「胸がいっぱいになります」と野田さんは書いている。

満州移民の犠牲の多くは女性や子どもたちだったが、満蒙開拓青少年義勇軍の少年たちもいた。現在「イスラム国」（ＩＳ）の少年兵が問題になっているが、当時の日本は、今の中高生の年齢の少年に銃を持たせ、戦争をさせたのだ。新潟からの義勇軍の寮母だった徳江マサは、銃一丁と実弾五発を少年たちに渡し、「四発は応戦用、最後の一発で自決せよ」と教えたという。

そんなとんでもない時代への歯止めが、現憲法の平和主義である。しかし今度の参院選で自民党が大勝すれば、改憲の動きは一挙に加速されるという。四年前に出た自民党の「憲法改正草案」には「国防軍」の創設が謳われ、「個人の尊重」よりも国民の「責任及び義務」が強調されている。

そんな「改正」は何としても止めなければ、と思う。そのとき一八歳選挙権は、私のとって希望である。戦争に明けくれた昭和戦前、選挙権は二五歳以上の、それも男性だけ。もしも当時一八歳以上の男女に選挙権があったら、中学生に銃を持たせたり、若者を特攻兵として自殺戦術に追いこんだりすることはなかったのではないか。

政治をオヤジに任せていたら、女性や若い世代はとんでもない割を食う。戦前の歴史はそれを如実に示している。さあ、一八歳の君たち、今度の選挙にはしっかり投票して、政治をオヤジの手から取り戻そう！

（「風の案内人」『新潟日報』二〇一六年五月二八日）

特攻隊員の「犬の皮」の帽子

1

晩春の一夜、ドキュメンタリー映画「東京裁判」（小林正樹監督、一九八三年）を観た。前評判は聞いていたし、「女の眼で『東京裁判』をみる会」の発足などもあって、非常な期待をもって試写会に行ったのだが、正直言ってがっかりした。

力作であることは認める。また、山東出兵にはじまる日本の大陸侵略が、広島、長崎の惨禍に行きつく「激動の昭和史」を、活字ではなし得ない生々しさをもって戦後世代の胸に焼きつけた意義は、高く評価する。

しかし――不満がいろいろある。いちばん気になったのは、この映画は結果として、中曽根の「戦後見直し論」や「自主憲法制定論」を利することになるのではないか、という点であった。この映画は、東京裁判の問題点――勝者による敗者の一方的裁き、といった――を、否応なしに観客の眼に明らかにする。また「平和に対する罪」「人道に対する罪」を振りかざして日本を断罪したアメリカが、数年後、朝鮮やベトナムで「平和」「人道」を踏みにじる身勝手さも、えぐり出す。それは確かに事実であり、あくまでも問題にする必要がある。

しかしそのことで、あの戦争における日本の侵略責任をあいまいにしたり、裁判でかかげられた〈理念〉、それにもとづく平和憲法までも否定することになっては、とんでもない話である。この映画の上映や、ほぼ同時期に開かれた東京裁判をめぐる国際シンポジウムが、そうした動きをつよめるのではないかと、わたしは危惧したのだった。

もちろん「東京裁判」には、見るべき点も多々ある。たとえば、天皇の問題。

東京裁判を問題にするかぎり、天皇の戦争責任追求をめぐるかけひきは、避けて通れない。小林監督はこれをどう扱うか。わたしは多大の関心をもって画面に見入った。

その後、この映画をめぐる座談会に出席したとき、席上、『マッカーサー回顧録』を引いて天皇を賞めるなど天皇の戦争責任追求の姿勢が弱い、という批判が出た（『朝日ジャーナル』一九八三年五月二七日号）。わたしはそれに共感しつつも、でもやっぱり、小林監督はよくやったと思っていた。

少なくとも、いま当り前となっている天皇の存在が、あの時期非常に危うかったこと、マッカーサーの占領政策のおかげで、それも木戸幸一やら東条英機やらにあれこれ工作して、ようやく生き延びたものであることだけは、冷厳な事実として伝えている。また、いまはすっかりとりすましたたたずまいを見せている「皇居前広場」が、ひとたびは「人民広場」と呼ばれ、デモ隊が渦巻いたことを思い起こさせた意味も大きい。

2

もう一つ、この映画でわたしが衝撃を受けたシーンがある。敗戦間ぎわの戦闘場面にある、特攻機撃墜のシーンである。それは、「撃墜」ということばが不似合なほど、はかない光景であった。

特攻機出撃のシーンは、日本の記録フィルムで何度か見たことがある。

――最後の盃をくみかわし、かけ足で出撃機に乗りこむ隊員たち。ぶるんぶるんとプロペラがまわり出し、一機、また一機と特攻機は飛び立って行く。それが点となって消えてしまうまで、手を振って見送る男たち――。

しかし「東京裁判」に挿入されていたのは、アメリカの空母の側から撮ったものだった。土砂降りの雨をさかさまに降らせたかのように猛烈に撃ち上げられる弾幕のなか、特攻機は、まるで迷子の蝶々のようにはかなげに飛んでいた。と見るまに集中する砲火にとらえられ、ボッと火を吹きながらひらひらと海上に落ちて行く――。

これが当時の新聞の「嗚乎、壮烈の体当り」の実態なのか、「赫々たる神鷲の戦果」の正体なのか。体当りして「玉砕」することすら許されず、クモの糸にかかった孤蝶さながら、身もだえしながら海に没する飛行機の中で、若者たちは最後に何を見ていたろう。

この映画を見る直前、「特攻隊員は、犬の皮の帽子をかぶった」という話を聞いていただけに、いっそうわたしは、その無残な死様が胸にこたえた。

特攻隊員が出撃にあたってかぶっている帽子、例の耳あて付きの帽子が、本当に犬の皮でできていたのか、その真偽はわからない。しかし、東京・八王子市の郊外に住む八〇歳近くの老人は、たしかに言ったのである。「戦争末期、勤労奉仕で犬の皮なめしをやらされたが、それは特攻隊員の帽子にするためだった。特攻隊員の帽子は、どうせ一回しか使わないのだから…」

わたしはいま仲間たちとともに、あの一五年戦争の「銃後」の状況を調べて『銃後史ノート』を発行しているが、当時の新聞をていねいに見るなかで、一九四四年はじめあたりから「愛犬を献納しませう」という記事がよく出てくるのに気がついた。犬を献納させてどうするんだろう？　わたしたちの間で、しばしばそれが問題になった。

軍用犬の徴発なら、日中戦争開始直後からあった。しかし戦局苛烈になってからの「愛犬献納運動」はどうもそれとは様子がちがう。軍用犬にするのは、調教された大型犬であったが、これはどんな雑種の犬でもいいらしい。

一つ考えられるのは食糧不足である。人間サマさえ食いかねているのに、犬を飼うなどもってのほか、集めて殺してしまえ、ということである。これはたしかにあった。犬に限らず、ペットを飼うなどこの重大時局を何と心得るか、と処分させた事実はある。わたしたちの間では、犬を殺すだけではなく、食糧不足を補うために犬の肉を食べたのではないか、そのために献納させたのではないかというのが、一応の結論であった。

今回、疎開について特集を組むにあたって、疎開した側だけでなく受け入れた側の実態もさちんと押えたいということになったが、そのための第一歩として東京・八王子を訪ね、聞きとり調査をはじめた。そこで聞いたのが、さきの犬の皮の話である。

いまは八王子市に編入されているが、かつての南多摩部の山村では、戦争末期、農家にはいだばかりの生々しい犬の皮が配られて、皮なめしの作業が割当てられたというのだ。それが特攻隊員の帽子をつくるため、と聞いて、わたしは絶句した。

「満州事変」開始後、政府は農村の子どもたちに兎を飼うことを奨励した。「寒い満州で御国のために戦う兵隊さんに、暖い毛皮を贈りませう」と。なにがしの小遣いになることもあって、子どもたちはせっせと草を刈って兎を太らせ、供出した。その兎たちは、毛皮は防寒具として、肉は乾燥肉となって大陸で戦う兵士たちのもとに届けられた。

しかし特攻隊員には、どうせ一回しか使わないのだから、兎の皮はもったいない。手っ取り早く飼犬の皮で間に合わせろ——というわけか。

だとすれば、よくもよくも国家というものは、民衆を愚弄するものかなと、怒りで身うちがふるえるのを覚える。特攻隊員を「護国の鬼」と讃え、「神鷲」と崇め、「後に続け！」と民衆を叱咤しておきながら、その裏では、「どうせ一回しか使わないのだから、犬の皮をかぶせておけ」とは——。しかもその特攻攻撃の実態が、「東京裁判」の米国側フィルムにみられるような無残なものであったとすれば——。

3

国家が民衆を戦場に駆りたてるにあたっては、いかに美辞麗句を並べたてるものか、そしてその実、民衆の生命の重さを虫けらほどにも考えていないということは、べつに犬の皮の帽子の話をまつまでもない。

疎開にしたってそうである。今回調べてみて初めて気がついたのだが、疎開とは、空襲の被害を避けるために都市から避難することではなくて、まさに読んで字の如く開いて疎にする――つまり、都市の密集地帯にある軍需工場や重要施設を空襲の火から守るために、まわりの民家をとり壊す、ということである。ここには民衆の生命を守るという視点はカケラもない。そのおかげて、やっとの思いで建てた家、営々として築き上げた生活基盤を根こそぎ破壊された人びとが、どれほどいたことか。

空襲必至の状勢となってからは、「人員疎開」がにわかに奨励されたが、これも人命尊重というよりは、老人、子ども、妊産婦等々「帝都防衛」の足手まといを追い払うためである。そのために、夫と中学生の長男は都市に残って防衛の任につき、小学生の長女は学童疎開、妻は幼児をつれて田舎の親戚に居侯…といったかたちで、家族は二分三分に離散。食糧不足、居侯の気苦労等々、女たちが疎開先でなめた苦労については、私たちが今回行なつたアンケート調査にも切々と書かれている。

多数の疎開者を受入れた農村の側も大変だった。国家は、田舎の親戚が面倒みるのは当然とばかり、受入れ側に対して何の措置もとらないまま、都市から追い出したから、悪化する住宅事情、不足する食糧や燃料に、農村の側も悲鳴をあげている。

しかし今回、疎開した人、受入れた農村の人びと双方の話を聞いてみて、この国家の姿勢に怒りをぶつける人間はほとんどない。戦争はもうコリゴリと誰もが言うが、その戦争に人びとを駆り立て、虫ケラのように踏みにじった天皇制国家に対して、断固たる姿勢をみせる人は、ほとんどいない。

疎開した側が怒りをぶつけるのは、国家ではなくて、居候していた家の家族であり、地元の人である。地元の側にもそれはある。訪ね歩いた八王子市でも、山梨、長野でも、都会から行ったわたしに遠慮してか、あまり多くは語ってくれなかったけれど、白い手をした疎開者に対する批判が根強くあるのを感ずる。とくにインテリに対する反発は、強かったのではないか。

山梨県西八代部のある主婦は、当時自宅に横須賀から遠縁の母子を疎開させていたが、その母子は農作業も家事も手伝わず、昼間から『徒然草』を読んでいた。「こっちは、みんなの食事作って座るヒマもないというのに、なにも『徒然草』を読まなくてもねえ…」と、その主婦は言う。しかしたぶんその母子の側にも、それなりの言い分はあったろう。男性にはなかなかわからないことだが、他家の台所を手伝うというのは、むずかしいものである。まして都会育ちで、農家の台所のつくりに慣れていないとなれば、勝手がわからずウロウロするばかり。調理の仕方も味つけも、その家の主婦の流儀があり、勝手に手を出すと混乱をますばかりである。どうせ邪魔になるばかりだから部屋にひっこんで所在ないままにたまたま女学生の娘の疎開荷物に入っていた『徒然草』を読んだ、といったところではあるまいか。

ところが農村の側では、都会人に対する文化的コンプレックスもあり、カチンと頭にきて、いまだに覚えているということになる。

こうして同じ被害者である都会人と農民が、お互いを非難し合っているかぎり、国家は安泰、天皇も安んじて生き続けることができる。

4

今回、疎開の受入れ側である農村を歩いてみて、白い手をした都市インテリに対する反感は、根深いものがあったことを感ずる。さきの特攻隊員の犬の皮の帽子の話にしても、ひょっとすれば、それがあるのではないかという気もする。

特攻隊員の帽子が、本当に犬の皮でつくられていたのか、あるいは作ろうとしていたのか、いまわたしは確認していない。八王子市郊外の農民が、犬の皮なめしの作業をやらされたのは事実だが、そのとき、「これは特攻隊員の帽子にするものである。彼らは一回しか使用しないから犬で充分なのである」とは、まさか聞かされたわけではあるまい。

にもかかわらず、あの老人はそう思っていたし、近所の人もそう言っていた、という。だとすれば農民は、新聞紙上やニュース映画の特攻隊に対する美辞麗句にもかかわらず、彼らの死が、まさに無残な「犬死」でしかないことを感じとっていたということにならないか。

特攻隊に選ばれた学徒兵たちが、自らの〈生〉の、あるいは〈死〉の意義を見出すために七転八倒の葛藤をつづけているとき、農民たちは、彼らの死がどうあがいたところで「犬死」でしかないことを知りつつ、しかも黙々として割当てられた犬の皮をなめす——。

この農民の姿は、わたしには無気味である。ある種の〈悪意〉すら感じられてならない。華々しくもてはやされる学徒兵＝インテリへの、カッコよく「散華」する特攻隊への……。

これはおそらく、考えすぎだろう。いま都市インテリの亜流でしかないわたしの被害妄想、というべきかもしれない。それに、こんなふうにかつての都市と農村、インテリと非インテリ……の対立を言うことは、現在、軍事大国への道を突っ走る国家に対決する「人民戦線」結成を阻害するばかりかもしれない。

それでもやっぱり、いま、労働者も農民も、都市の住民も農村の人びとも、ともに手を取りあって国家の姿勢に対決するためには、もっともっと戦時下の状況について、きめ細かな認識が必要な気がする。とくに農民は、なぜあれほどあの戦争を支持したのかについて……。戦争終結を願い、早い時期に敗戦を予想した都市インテリの多さに比べ、農村の人びとの敗戦の衝撃の大きさは、驚くばかりである。それだけ国家を信じ、その命運に自らを賭けていたからだろう。

いま、国家への癒着の構造は、解体に瀕している農村ばかりでなく、都市住民をもおかしているだろう。その癒着を引きはがすためには、かつての農民の国家との癒着の構造を、もっときめ細かく検討する必要があるのではないか。

さて、特攻隊員は、敗戦後思いがけぬ置土産を農村に残した。八王子の農民たちが、せっかく忙しい農作業の合間になめした犬の皮は、あまり使われることのないまま敗戦を迎えた。農民たちは、引取り手のない犬の皮を、一枚、二枚と持ち去っては自分で帽子をつくり、あるいは山仕事の作業着にしたという。

長野県の若者の間には、敗戦直後、落下傘工場から持ち出した白絹でつくったマフラーが流行した。いうまでもなく、特攻隊の出撃スタイルを真似たものである。

無残な「犬死」をさせられた特攻隊員たちは、この姿を地下で何と見ていたろうか。

(『わだつみのこえ』七七号、一九八三年)

映画評

封印された負の歴史を掘り起こす

ドキュメンタリー映画「陸軍登戸研究所」楠山忠之監督、二〇一二年

パソコンから目を上げると、谷を隔てた丘の上に建物群がみえる。明治大学生田校舎である。キャンパスには大樹の桜並木があり、春は学生たちの若い顔に桜吹雪が舞う。いかにも平和な風景である。

しかし戦時中、ここは陸軍登戸研究所と呼ばれ、毒ガス、生物兵器、風船爆弾、中野学校と連携しての偽札づくりなど、禍々しい謀略兵器が開発されていた。キャンパスの片隅には大きな実験動物の慰霊碑が建っているが、中国人捕虜を使った人体実験も行われたという。「マルタの使用」は731部隊だけではなかったのだ。それだけに当時一〇〇〇人いた所員には厳重な守秘義務が課され、敗戦に際して徹底して証拠隠滅がはかられた。かくてダーティきわまりない戦争の歴史は抹殺された。周囲には開発の波が押し寄せ、住宅が建ち並んだ。わが家もそのひとつである。

しかし文書や物証は抹殺しても、人びとの記憶を消し去ることはできない。ドキュメンタリー映画「陸軍登戸研究所」は、関係者を訪ね歩いて記憶を掘り起こし、証言によって抹殺された歴史を再現する。製作には六年かかったという。一見穏やかな老人たちによる証言は、生々しくもおぞましく、三時間という上映時間は一瞬も気を抜けない緊迫感に満ちている。

糸口となったのは、毒薬開発の責任者だった伴繁雄の『陸軍登戸研究所の真実』だった。それには登戸研究所の全容とともに、自らかかわった南京での人体実験と被害者への謝罪が書かれている。キャンパス内の動物の慰霊碑は、じつは伴が「技術」開発の功により、勲章とともに拝受した賞金一万円を投じて建てたものだった。伴はすでに死去しているが、映画はその「未亡人」和子をキーパーソンとして展開される。それによって登戸研究所の実態だけでなく、これまで出版されている研究書やキャンパス内に開設された資料室からはみえない人間ドラマをも、明らかにするものとなっている。

伴の著書はいかにも技術者らしい、感情を抑えた記述だが、和子の証言によれば執筆にかけた執念は凄まじいものだったという。伴は六〇歳で和子と再婚したが、結婚に際して執筆計画を明かし、協力を要請した。そして書き終わったとたん、それまでの厳しく固い表情が一挙になごみ、柔らいだという。いかに登戸研究所での体験が彼を縛っていたかがわかる。

そしてそうした夫の様子をカメラの前で証言することで、和子自身も変わる。撮影開始当初、そうした夫を誇らかに語り、壁に大きな写真を掲げていた和子が、六年後の撮影終了時には写真を外し、「わたしの人生は何だったか」と夫との生活を悔やむ。非人間的な登戸研究所にとらわれた夫のありようを証言するうち、そうした夫に縛られた自分の人生に否応なしに向き合うことになったのだろう。映画ははからずも、そうした人間ドラマをもあぶりだした。

それは伴和子にかぎらない。映画には数多くの証言者が登場するが、彼らが語る「事実」の大方は、すでに研究者によって明らかにされている。しかしそれを生身の人間の証言として映像化することにより、活字からは伝わらない証言者の人生が浮かび上がる。

地元にとって登戸研究所は権威あるオカミであり、そこで働くことはどれほど誇らかなことだったか。それを語るしわを刻んだ表情から、貧しい農家の次男坊の切実な思いが伝わってくる。かと思えば、風船爆弾の発射台のコンクリートのかけらを持ち帰り、戦後ずっと足洗い場にしていたとあっけらかんと語る人もいる。

映画は研究所内の実態だけでなく、そうした外延を丹念に辿る。とくに風船爆弾については、原料の和紙やコンニャクノリの製造元、各地の工場で働いた元動員女学生たち、放球基地となった茨城や千葉の漁村の人びとなどから証言を引き出している。それによって兵器開発という国策事業が、いかに広大な裾野に支えられていたかがわかる。

その広がりは戦後の時間にも及ぶ。偽札づくりには最高の技術者があつめられていたが、戦後、アメリカ占領軍は、設備ごと技術者を接収した。そしてアメリカに連行のうえ、一〇年間、横須賀の米軍基地で秘密活動に従事させたという。「それには日本政府も関係していたのですか」というインタビュアーの問いに、証言者は「いや、していない」ときっぱり。そして「だから、その一〇年間は年金の対象にならないんだ」といかにも残念そうにいうのだ。こうしたホンネを引き出したのも、映画の功績というべきなのだろう。

それを可能にしたのは、証言者にとって孫の世代にあたる若者たちの熱意である。監督楠山忠之によれば、日本映画学校の授業で一年生に登戸研究所を対象にしてはどうかと提案したところ、石原あいら数人の学生が乗ってきた。石原はインタビュアーに加えてナレーションも担当しているが、「艦砲射撃って何ですかあ？」と無邪気に問いかける彼女たちの熱意が、関係者の重い口を開かせたのだろう。映画「陸軍登戸研究所」は、関係者と孫世代との共同作業といえる。

映画を見終わって、負の歴史を明らかにする上で証言のもつ意義をあらためて思った。さきの橋下発言に見られるように、「彼ら」は強制連行を示す公文書が見つからないことを理由に「従軍慰安婦」の問題化を否定する。しかし登戸研究所に見られるように、負の歴史を示す資料は権力者によって抹殺される。慰安婦問題も登戸研究所も、封印された記憶の掘り起こしの努力と、勇気ある証言者によって、はじめて歴史に位置づけることができた。

まだまだ掘り起こされないままの負の歴史があるはずだが、戦後すでに六八年、残された時間は少ない。この映画が孫世代の奮起を促すことをせつに願う。

(『インパクション』一九一号、二〇一三年八月)

「兵隊バアサン」の戦後

「電車を降りて、駅前のタリーニング屋で聞かはったらすぐわかります。」

そのことば通り、クリーニング屋の主人は、「ああ、Kさんなら……」と、アイロンの手をとめてすぐに教えてくれた。教えられた露路を入り、教えられた角を曲って、それとおぼしき家の前に立つ。それからは驚きの連続である。

まず、そびえたつ石塀の高さに度肝を抜かれる。わたしの背丈の倍はあろうか、まるで監獄の壁である。つぎに驚いたのは、家の壮重さである。明治時代の洋館といった趣きのどっしりした建物は、玄関のたたきだけでゆうに畳三枚分はあろうというもの。高い天井から下がったシャンデリアの灯が、磨きぬかれた床板をつややかに光らせている。

そして、さらに度肝を抜かれたのは——。あらわれたKさんは、しゃれたショートカットの栗色の髪に、淡い紫色の大きなサングラス、茶色に白の水玉の絹のブラウスの衿元には、大きなスカーフが羽のように広がっている——。八三歳ときいてイメージしていた「老女」からは、およそかけ離れた若々しく、あでやかな姿だった。

応接間のソファに導かれて、おっかなびっくり部屋の中を見廻してみれば、時代がかった調度品とはおよそ不似合な大きなパネル写真が並んでいる。青空をバックに、編隊を組んだ戦闘機が銀灰色の翼をきらめかせているもの、波しぶきを蹴立てている流線型の巨大な鉄のかたまり……。聞けば、これらのパネルは、たった今、自衛隊の幹部二人が持って来たという。

「なかなかいいでしょ、みんな日本の防衛力の最先端をいくものばかりよ。あさって郷里に帰るので、あちらのみんなにも見せようと思って、持って来てもろたのよ」

訪問の電話をしたとき、「昔は兵隊バアサン、今は自衛隊バアサンよ」と言っていたのは、こういうことだったのか――。

五〇年近く前、ここ大阪で、一つの主婦たちの会が産声をあげた。会の名称は、「大阪国防婦人会」。この会は、陸軍のバックアップと「非常時」のかけ声に促されて、たちまち全国に広がり、七、八年のうちに会員一〇〇〇万を擁する大組織に成長する。この会の白いかっぽう着にタスキがけ姿の女たちは、出征兵士の見送りに、兵営の慰問に、廃品や貴金属の回収に……と、いたるところに出動し、「国策協力」に大きな力を発揮したのだった。街角に立って、髪のちぢれた女を見かけるや、「パーマネントはやめませう」と書いたカードを渡したりもした。

したがって、かつての侵略戦争への女たちの加担責任を考えるにあたっては、この会の存在を抜かして考えるわけにはいかない。なぜこの会は、短期間にそれほど多くの女たちを結集し得たのか、そこにどれほどの女たちの自発性があったのか、成立の経緯は、活動の実態は……。それらについて、発祥の地である大阪の、当時を知る女たちに話を聞いてみたい。こう思ってあれこれ聞き歩いているうちにぶつかったのが、かつて国防婦人会の幹部だったというKさんだった。

したがってわたしの関心は、五〇年近く前の「兵隊バアサン」としてのKさんにある。しかし彼女の話は、ともすれば、「自衛隊バアサン」としての現在に飛んでしまう。
——北海道から沖縄まで、全国四〇ヵ所の自衛隊のレーダーサイトをしらみつぶしに見て廻ったこと、はりめぐらされたレーダー網を監視する隊員の仕事ぶりが、いかに高度な科学的能力を要求されるものであるかということ、そして近々、神戸の自衛隊基地で、軽気球に乗せてもらうことになっているということ。「あなたも一緒にどう？　紹介したげるわよ」——。

何度か経験しているとはいうものの、このアッケラカンぶりはやはりショックだった。わたしにとって、戦争中の「活動家」に会って話を聞くことは、かなり気の重いことだ。それはわたし自身が、かつての彼女たちの行動に対して批判的であるため、その批判すべき過去を聞き出すことは、相手の〈古傷〉に触れる傲慢な行為ではないかというためらいを、つねに持っているからである。

しかしわたしのこのためらいは、しばしば肩すかしを食らう。彼女たちにとって、戦時中の活動は古傷でもなんでもない。かえって誇るべき過去である場合も多いのだ。ある老女は、分列行進の先頭に立って市中を行進し、壇上から号令したかつての自分を眸を輝かせて語り、またあるものは、極寒の未明に出征兵士を見送ったときの身のひきしまる感じを語って、「あのころがいちばん生きがいがあった」という。それらを聞きながらわたしは、肩の力がスッと抜けていくのを感じるとともに、あらためて、この人たちにとって「敗戦」は何だったのだろうか、と考えこんでしまうのだ。

しかしKさんほど、戦前と戦後がみごとにつながっているひともめずらしい。彼女にとって「敗戦」は、それをさかいにひとびとが「理屈っぽくなった」ということでしかない。昔は命令一下、さっとまとまったのに、今はグジャグジャ理屈をこねて、なかなか思い通りに動こうとしない——。
「でも悲観はしてませんよ、有難いことに日本人は、一朝ことがあれば、さっと国家意識に目覚めてまとまる国民やさかい……。その証拠に、このところ、自衛隊に対する認識も大分あらたまってきてるでしょ。」

監獄のような塀をめぐらせて、息子一家に孫一家、お手伝さんを含めた大家族に君臨する「ゴッドマザー」のこの最後のことばをふり払うために、わたしは暗い露路を、やみくもに駈けたのだった。

（『第三文明』一九八〇年七月号）

国家の法を超えた単独者の澄明
――映画「ゆきゆきて神軍」によせて

あるウィーク・デーの昼下り、最近できたゴミ焼却場の熱利用による「温泉」つき老人福祉センターに立ち寄ってみた。

ひっきりなしにトラックの行き交う外の世界とは、あまりにも異質の空間がそこにはあった。まずムッと鼻にくる酒いきれ――。真っ赤な顔をして浴衣の衿をはだけた老人たちでいっぱいの大広間は、まさに酒宴たけなわ、舞台のソデでは、踊りの衣裳のような派手な着物に厚化粧の老女が、身振りもあざやかにカラオケのマイクを握りしめている――。

この老人たちもみな、あの戦争の時代を生き、戦後の混乱を必死に生き抜いてきたはずだ。その結果としての高度成長、その余滴としての福祉センター。そのなかで、彼らはいま、人生の慰労会をやっているのだろうか。

考えてみれば、一九二〇年生れの奥崎謙三も、この老人たちとともに昼日中から「温泉」につかり、カラオケに興じていてもよかったのだ。誰よりも苛酷な戦争体験をもち、戦後も苦労を重ねてきたのだから――。

しかし彼は、わが身に慰労を許さない。他の戦中世代にも許さない。とくに、彼と同じニューギニア戦の生き残りに対してはそうだ。それによって彼は、老人たちとともに戦争体験を〈福祉〉施設に隔離し、ひたすら繁栄をもとめて回転しつづけるこの日本を切り裂こうとした。その結果いま彼は、〈福祉〉の湯につかるかわりに、日本国家によって冷たい牢獄につながれている。

映画「ゆきゆきて、神軍」は、殺人、天皇パチンコ事件等ですでに前科三犯の奥崎謙三が、あたかもゴルゴダの丘に向かうイエスのごとく、四度目の監獄に向かって進軍する姿を追いつづける。

夜が明ける。朝の太陽が家々の屋根を照らし出す。フツーのひとびとが肩を寄せ合って生きているフツーの町。カメラは、そのフツーの町の、フツーでない一軒の家をとらえる。

軒先に高々とかかげた看板には、「田中角栄を殺す」だの「天皇裕仁」だの「戦争責任」だのと、はなはだフツーでない文字が所せましとおどっている。奥崎謙三の営むバッテリー屋だ。カメラは、その閉ざされたシャッターに近づいて行く。

突然画面は真っ黒になる。ジャーンという音とともに再び明るくなると、入口のシャッターが巻き上げられていて、矩型に切りとられた外のフツーの世界がみえる。つまりカメラは、フツーでない奥崎の店の内部に入りこみ、奥崎の眼で外の世界をとらえているわけだ。この一瞬の暗黒とシャッター巻き上げのシーンは、「神軍」奥崎謙三の大長征の開始を告げるとともに、それを追うカメラの位置をも示している。

モーゼでもなければ毛沢東でもない、一九八〇年代日本の奥崎神軍の大長征は、彼の店舗同様にベタベタと、フツーでないことを書きつらねたただ一台のライトバンによってなされる。そのライトバンを駆って、奥崎神軍は、瀬戸内の島々から日本海側の漁村、皇居前や埼玉の山あいまで、四〇年近くも前のニューギニア戦の生き残りをもとめて、東に西に進撃するのだ。

ニューギニアこそは「神軍」の出発点であった。彼が「神軍」を名乗るゆえんは、国家の法ではなくて神の法（それは自然の法、天の法といいかえてもよい）に従うことこそが、平和をもたらすとの信念にもとづいている。彼がこうした国家を超える視点を獲得したのは、ニューギニアの戦場で、いかに国家＝天皇の法による戦争が無惨にひとを殺すものかということを、いやというほど体験したからだ。

一九四三年奥崎謙三は、独立工兵三十六連隊の一兵士としてニューギニアに送りこまれた。日本国家にとっては、それは捨石の一つにすぎなかった。傷つき疲れ切ってひたすら敗走する彼らに飢えとマラリヤが追いうちをかける。倒れた兵士はウジにたかられ野豚に食い荒され、たちまち白骨となる。三十六連隊千数百人のうち、無事生還できたのは、たった六人にすぎなかったのだ。一九六九年一月、新年参賀でバルコニーに立つ天皇に向かって、奥崎謙三が「山崎、天皇を撃て！」と叫んでパチンコ玉を発射したのは、仲間の兵士たちをこうして無惨に死なせた天皇＝国家の法に対する怒りからだった。

さらに許しがたいことがある。ニューギニアでは、一九四五年八月一五日の敗戦以後、すでに国家の法は解体したはずなのに、日本軍によって銃殺刑に処せられた兵士がいるという。やっと戦争が終わり、生還の望みがみえてきたところで死ななければならなかった兵士たち――。いったい誰が彼らを裁き、死を命じたのか。奥崎神軍は怒りに燃え、その事実究明の大長征に出発する。

しかし同じ体験をしたからといって、誰もが彼のように考えるわけではない。彼と同じニューギニア戦生き残りの元兵士たちは、その苛烈な体験を国家や世間の慰霊の枠組のなかに封じこめ、戦後の日本と折合いをつけて生きている。とくに敗戦後における仲間の処刑事件は、もっとも触れられたくない部分として、何重にも封印されて、彼らの記憶の底深くにしまいこまれている。したがって、奥崎神軍が出会うのは、まず拒否と沈黙だ。知らない、見ていない、今さらそんなことをほじくり返して何になるのか、遺族のためにもそっとしておくべきだ——。

それに対して奥崎は、口角泡を飛ばして神の法を説く。あるいは、「天罰だ」と入院中の元兵士をおどしつけ、馬乗りになってなぐりつける。まさに、平和ではなくて、「地上に火を投げるためにこそ我は来れり」と叫ぶイエスの趣きだ。八〇年代の日常を生きる家族には、それはたんなる暴力にしかみえないが、しかしイエス同様、奥崎神軍にも奇蹟は起こる——。

知らない、言いたくないと拒否していた元兵士が、ポツリポツリと処刑の模様を語りはじめ、さらには直接処刑に参加したことをカメラの前で明かすのだ。彼らの話から明らかになるのは、〈多数〉のためと称する〈少数〉抹殺の事実であり、すさまじい弱肉強食の世界である。

とりわけ人肉食いの話はすさまじい。それを元兵士たちは、とくに声をひそめるでもなければ眉をしかめるでもなく、ありふれた事実としてたんたんと語る。

アメリカ兵は白豚、現地人は黒豚といっていた。いや殺して食べたのではない。死体からそいで食べただけ——。元兵士の一人が、唯一声を荒げて言ったのは、「ぜったいに、日本兵は、食ってません！」

奥崎神軍の大長征は、彼の四度目の入獄によって終わる。二人の兵士の銃殺を直接指揮し、止めの弾まで撃ちこみながら、あくまでシラを切る元士官を襲って、その息子に重傷を負わせたためだ。

カメラは、奥崎の収監された刑務所の高い壁をうつし出す。そのそそり立つ壁は、イエスをはりつけにした十字架である。しかし、再び奇蹟は起こるだろうか。

イエスは、十字架にかけられることによって救世主となり、〈普遍〉への道をひらいた。しかし奥崎が背負った十字架＝国家の法の壁は、この八〇年代日本に、普遍性を獲得できるだろうか。奥崎神軍の〈国家〉の壁に向かっての進撃を、ゴルゴダの丘に向かうイエスとみるか、風車に突進するドン・キホーテとみるか——。

奥崎神軍には、イエスのようにつき従う使徒はいなかった。ときどきの同伴者はいたけれど、終始彼につき従ったのは、マリヤのごとき妻シズミだけである。その妻も、彼の入獄後急死した。

映画「ゆきゆきて、神軍」は、不在の使徒にかわって書かれた『新約聖書』なのかもしれない。それが国家の壁を超えてひとびとの胸に届くかどうか。

私はいま、奇蹟の再来に一縷の望みをかけている。

（『週刊読書人』一九八七年五月二五日）

やっぱり、奇蹟は起こらなかったな、と思う。

この文章を書いたのは一九八七年五月はじめ、二度目に試写をみた直後だった。その後映画は予想外の好評で、小さな会場は連日超満員だったと聞く。マスコミでもさまざまに取り上げられたし、わたしのまわりでも話題にするひとは多かった。

こうした映画が興行的にも大成功をおさめたということ、これはわたしには予想外のことであり、奇蹟だといえなくはない。しかしやっぱり、奇蹟は起こらなかったし、これからも起こらないだろうと思う。

映画をみたひとたちの感想に共通していたのは、映画はおもしろい、しかし奥崎はキライだ——である。とくに女性は、聞いたかぎりのひとがそうだった。

——あんなふうに暴力をふるうのはよくない、かえって逆効果だ。

——奥崎は男意識のかたまりだ。反天皇制をいいながら、彼自身が天皇ではないか。

——必死に生きているひとの日常に、あんなふうに土足で踏み込む権利はない。

——自己批判のまったくない、あの独善が鼻持ちならない。

たしかにわたしにも、共感する点はある。もしもわたしが奥崎謙三に付き合うハメになったら、一日はおろか半日ももたないだろうと思う。だから、この映画における奥崎が、多くのひとに共感をもって受け止められるのは、奇蹟としてしかありえないだろうと思っていた。そして、奇蹟が起こることを願っていた。その気持ちは、いろんなひとの奥崎批判を聞いたいまも、変わっていない。

なぜなんだろう？

わたしは読んでいないので、どういう文脈で言われているのかはわからないのだが、吉本隆明は奥崎について、「六割は胸くその悪い衝撃、あとの四割のうち三割は混濁した衝撃、ほんの残りの一割くらいが澄明な響きをもった衝撃」と語っているそうだ（『映画芸術』）。とりあえずこの表現をかりれば、わたしが奥崎から受けたのは、吉本とは逆に、ほぼ九割が「澄明な響きをもった衝撃」だったといえる。奥崎にイエスのイメージを重ねあわせたのはそのためだった。

これは、皮肉なはなしだ。考えてみると、わたしのそのイエス像は、大昔に読んだ吉本の『マチウ書試論』によってかたちづくられたものであるらしいからだ。原始キリスト教の、血で血を洗う抗争の時代を生きたひとりの自己愛にみちたパラノイア青年――。これが当時、『マチウ書試論』からわたしが読みとったイエスだった。これはまちがった読み方なのかもしれない。いまあらためて読み直すとちがった感懐をもつのかもしれないが、その余裕がないまま、この原イエス像にわたしはいまだにリアリティを感じているのだ。

『新約聖書』の作者たちによってとりすました「救世主」に仕立てあげられるまえのイエスは狂人と紙一重、ハチャメチャなエネルギーで時代を切り裂いた結果、当時の「国家の法」、ローマの法によって処刑された。しかしそこに、ひとすじに鳴り響く「澄明な衝撃」を感じとったからこそ、『新約』の作者たちは、「救世主」物語をつくりあげたのだろう。

原一男監督も、そうだったのではないか。奥崎のハチャメチャな自己顕示にへキエキしつつも、なんとか映画を完成させたのは、そこにひとすじの「澄明な響き」を聞き取っていたからではないのか。すくなくとも、ひとりの観客であるわたしは、原さんによって映像化された奥崎にそれを聞いた。

奥崎は、俗っぽい自己顕示やら独善やらの「胸くその悪い」「混濁した」ものをいっぱい身にまといながら、しかしただ一点、彼の「国家の法」に対する怒りの真摯さ、しかもそれを、なんともアッケラカンと乾いた姿勢で貫いているところに、わたしは、ひとすじに鳴り響く「澄明な響き」を聞く。

奥崎が、「神軍」の旗を掲げて出撃したのは、じつは敗戦後における兵士処刑や人肉食いの事実究明のためではない。もちろん無残に死んでいった数多くの兵士たちの慰霊のためでもない。さらにいうなら、天皇裕仁、あるいは天皇制そのものを撃つためですらない。

彼の撃つべき対象は「国家」であり、それを支える「法」、つまり秩序の論理体系総体だ。直接的には「戦後民主主義」そのものといってよい。「戦後民主主義」は、一方で天皇の戦争責任を免罪して天皇制を温存し、一方で「主権在民」をかかげて「基本的人権」やら「平等」の理念やらを打ち出した。その相反するものをかみくだき栄養としつつ、世界に冠たる経済大国にのしあがったのが、日本国家の「戦後」だった。

それを否定し、「国家の法」ではなく「神の法」「自然の法」をかかげる奥崎にとって、天皇制はもちろん、「戦後民主主義」の暴力否定や人権概念もなんの意味も持たない。だから彼はためらいなく、やっと築きあげた元兵士の平和な市民生活に土足で踏込み、病後の老人にまで暴力をふるう。そして堂々と、ニセモノの遺族を仕立てあげて「真実」追及の手段にする。そんな彼の行動の背後に、どれほど妻シズミの犠牲があろうが知ったことではないのだ。

この彼の行動を支えているのは、「われは、われの法にしたがって行動する、国家よ、お前はお前の法にしたがうべし」という、まことにアッケラカンとした乾いた論理だ。暴力をふるってはみずから警察を呼び寄せ、法の執行を迫るのはそのためだ。したがって奥崎には、被害者意識はまったくない。いま彼が受けている一二年の刑はかなり苛酷なものだが、それは彼にとって、それぞれの法にしたがって対等にわたり合った結果であって、国家を恨む筋合はさらさらない。この加害者被害者の構図をつき抜けた態度は、国家の法の番人である警察官とのあいだに、かえって奇妙な友情を生み出す結果になっている。

獄中の奥崎謙三は、妻シズミの死にもめげず、いまやますます意気軒昂としているようだ。国家の法とはちがう法秩序のもとに、「前科」をかえって名誉とするのは、ヤクザの世界にもみられるが、それが、国家以上に緊密な共同体的人間関係に支えられている点で、奥崎とは決定的にちがう。奥崎のように根っからの単独者で、国家はもちろん、いかなる共同体に対してもプッツン、いっさい他人の共感・同情をもとめないという人間に対して、国家も共同体も完全に無力である。出る釘は打たれるのが日本社会だが、出過ぎる釘は打たれないというのもまた真実であることを、奥崎は身をもって示しているのだ。

しかし、だからこそわたしたちは、ゲラゲラ笑ってこの映画を見ることができるのだろう。単独者奥崎は、みずからの法体系の完結、つまりは「国家の法」相対化パフォーマンスに熱中していて、わたしたちには何も要求しない。だからわたしたちは、彼に対してなんの負目を感じることなく、その自己完結したパフォーマンスに見入ることができるのだろう。

この映画を、反天皇制プロパガンダと見るなら、完全な失敗作ということになる。そういう観点から、かえって逆効果だ、と批判しているひともいた。とんでもないことだ。奥崎を、プロパガンダの「効果」の世界に閉じ込めたら、彼のもつ「澄明な響き」は死ぬ。

ここでわたしは、とんでもないまちがいをしていたことに気がつく。

わたしにとって奇蹟など起こらなくてよかったのだ。多くのひとに奥崎が、共感をもって受け止められなくて、かえってよかつたのだ。いまわたしは、プロパガンダ的効果や、戦後民主主義の「良心」よりも、単独者奥崎から発せられた「澄明な響きをもった衝撃」の方をたいせつにしたいと思う。それならばわたしも、この稀有の発信を、単独者として受け止めねばならない。

原監督がこの映画を、奥崎イエスの救世主物語、『新約聖書』としてまとめあげなかったことを、感謝しよう。

（『群論ゆきゆきて神軍』倒語社、一九八八年二月）

3章

「大日本帝国」崩壊とジェンダー

〈復員兵〉と〈未亡人〉のいる風景

はじめに――セピア色の記憶から

腕から腕へ、カーキ色の男たちに頭上を送られ、走る列車の窓からオシリをむかれて突き出された記憶がある。怖くはなかった。満員列車で我慢を重ねたオシッコを風にほとばしらせる、なんという快感だったろう――。あれはたぶん一九四五（昭和二〇）年八月下旬の山陽本線。男たちは敗戦で兵役を解かれ、故郷に帰る復員兵だったのだろう。

わたしの幼いころの記憶には〈復員兵〉と〈未亡人〉が点滅している。わが家は敗戦間際に父を失い家を焼かれ、かつての師団所在地の町に移り住んだ。そこには母と同じ子連れ未亡人や復員兵、引揚げ者たちが集まっていた。家のない彼らに無傷で残された旧師団の兵舎が開放され、食糧確保のための農地として広大な練兵場が供されたからだ。当時の新聞によると、一九四五年一〇月二五日、政府は戦災者・引揚げ者等の緊急収容施設として軍用地建物を開放することを決定している。

わたしはその町で一九五〇年代末まで過ごしたが、そこでの記憶はおおむね暗い。とりわけ前半は、練兵場を開墾した芋畑で一本しかない鍬を強奪した復員兵や旧兵舎の母子寮の廊下に漂う七輪の煙、母が入院した結核病院の消毒薬の匂い等々、殺伐としてわびしい。

しかし明るい記憶もないではない。兵舎の壁に赤や黄色の紙テープが揺れ、レコードに合わせて男女が抱き合って踊っている。その中には久しぶりに化粧した母の姿もある。復員兵と未亡人のために設立された製紙会社に母は勤めたが、あれはたぶん、社員慰安のダンスパーティだったのだろう。早めに夕食をすませ、下駄を鳴らして町の映画館に行く。これも楽しかった。記憶にある映画は『オーケストラの少女』『哀愁』『心の旅路』と、洋画が多い。気兼ねない未亡人家庭ならではのことだったろう。

こうしたわがセピア色の記憶は、戦後史にどう位置づけられるだろうか。復員兵[1]と未亡人[2]はもっとも色濃く戦争を刻印された人びとであり、輝かしい「平和と民主主義」の影として、廃墟や飢餓とともに語られる。そしてすぐに、朝鮮特需に始まる右肩上がりの戦後史に飲み込まれてしまう。

しかし現在、「平和と民主主義」は根底から揺らぎ、右肩上がりの戦後史は凋落の相を深めている。この小論では戦後史のメインストリームからは見えにくい〈復員兵〉と〈未亡人〉の姿をメディアに探り、あり得たかもしれない〈もう一つの戦後〉を考えてみたい。史料はおおむね当時の新聞・雑誌等であるが、小説等のフィクションや映画も含まれる。

復員と「女子の失業」

敗戦時日本は、北は「満州」から南は東南アジア、中部太平洋の島々に及ぶ広大な戦場に陸海軍約七〇〇万の兵力を保持、うち二五〇余万は国内に存在していた。それが敗戦によって、一挙に解体されることになった。一九四五年一〇月一五日、国内の陸軍二〇〇余万は復員完了、海外の日本軍も武装解除された。日本の非軍事化を占領目的の第一とする連合軍総司令官ダグラス・マッカーサーは、誇らかに声明した。

「きょう日本全国にわたって、日本軍は復員を完了し、もはや軍隊としては存在しなくなった。(中略)約七百万の兵士の投降という史上類のない困難かつ危険な仕事は、一発の銃声もひびかせず、一人の連合軍兵士の血も流さずに、ここに完了した。(3)」

海外からの復員は、九月二五日に高砂丸が復員第一船として入港したのに始まり、一九四六年八月末までに四四〇万が帰国、(4)四七年末には中国・ソ連地区をのぞいてほぼ復員は完了した。

男たちが帰れば、女たちと出会う。男と女が出会えば赤ん坊が生まれる。この単純かつ厳粛な事実によって「団塊の世代」が出現し、以後戦後史の節目を画していくことになる。

しかし、ついに帰ってこない男たちも多かった。のちの厚生省発表によれば、あの戦争による死者は三一〇万。うち二三〇万人が軍人軍属である。その中には妻帯者も多く、戦争未亡人が生み出された。一九四七年五月の時点で未亡人数は約一八八万、うち四〇万近くが軍人軍属の妻である。それ以外に戦災・引揚げ等で夫を失った女性が二〇万。結局戦争による未亡人は六〇万に及ぶ。その一方、結婚相手となる若い男たちの大量死により、未婚のまま戦後史を生きることになる女性たちも大量に生み出された。

男たちの復員は、失業者の急増を意味する。その対策としてまずとられたのは「現在就職セル女子等ヲ家庭ニ復帰」させることだった。(5)戦中大音声でかり出した女性労働者に、今度は「男に職場を明け渡せ」というのだ。メディアもこれに協力した。早くも敗戦一週間後の八月二一日、『毎日新聞』

にはこんな記事が見える。「もっとも不愉快な存在であった川崎駅改札口の教養のない女子従業員の姿が大部分消えて、男子がそれにかわり明朗になっている」。

しかし戦中から未亡人となって、家計を支えていた女性も多い。一九四五年一〇月一六日の『朝日新聞』投書欄「鉄箒」には、「女子の失業」と題する投書が載っている。投書者の女性は、「女子の家庭復帰は即ち女子の離職であるが、女子の離職即女子の失業を意味する」とし、女子の大量失業の結果は「それが女子である丈に風紀上忌むべき問題へと発展してゆく事であろう」と危惧している。「風紀上忌むべき問題」とは、いうまでもなく性産業への「転落」である。そしてこのあと盛んに伝えられることになる「パンパン」「闇の女」、「赤線」の女性の中には未亡人もいた。一九四六年一〇月、警視庁の「闇の女」調査によると、七%が未亡人、三%は夫が未復員の女性たちだった。小津安二郎監督の映画『風の中の牝雞』(一九四八年)には、夫の復員を待つ妻が子どもの入院費に窮し、一夜身を売る姿が描かれている。

「特攻くずれ」と「堕落論」

海外からの復員が急ピッチで進められる中、一九四五年一一月あたりから復員兵の「転落」を嘆く声が増える。とりわけ元特攻隊員による犯罪が問題になり、「特攻くずれ」という言葉も生まれた。『朝日新聞』一二月二六日によれば、クリスマスイブの東京・亀有では、三〇分間に六件のピストル強盗が発生。浅草で捕まった一人は元特攻隊員だった。「特攻隊員、辻強盗に転落す」と大きく伝えられている。それに対して「特攻隊の再教育」を提唱したのは作家志賀直哉である。特攻隊として「特殊な精神教育を受けて来た青年達を、そのまま復員してしまった事は、政府として無責任極まる」とし、「その心境を青年らしい健全なものに還す特別な教育」を彼らに施すべきだというのだ。(6)

ここで「復員してしまった」とあることに注目したい。主語は「政府」である。「復員」は「動員」に対応する言葉であり、その主体は国家、日本の場合は天皇である。一九四五年八月二五日、天皇は復員について勅諭を発したが、その冒頭は「朕、帝国陸海軍ヲ復員スルニ方リ、朕ガ股肱タル陸海軍人ニ告ク」となっている。それを受けて『朝日新聞』は、八月二八日、「復員兵士の手記」を載せたが、その前書きには「復員された一兵士がつづった」とある。兵士は「復員」の主体ではなくて客体なのだ。(7)

一九四六年年明け早々、「人間宣言」したばかりの天皇は、「転落の復員軍人」を「御憂慮」し、「復員軍人で犯罪者に転落する者もありまた特攻くづれなどという言葉さえ見受けるが、現状はどうか、これを善導することはできぬのか」と「御下問」した(『朝日新聞』一月一二日)。これまで通り天皇が復員する立場だとすれば、当然の「御憂慮」である。ここには「大日本帝国」との連続性がある。

そこに登場したのが坂口安吾の「堕落論」(『新潮』一九四六年四月号)だった。安吾は言う。「戦争は終った。特攻隊の勇士はすでに闇屋となり、未亡人はすでに新たな面影によって胸をふくらませているではないか。人間は変りはしない。ただ人間へ戻ってきたのだ。人間は堕落する。義士も聖女も堕落する」。そして「人は正しく堕ちる道を堕ちきることが必要なのだ。そして人の如くに日本も亦堕ちることが必要であろう。堕ちる道を堕ちきることによって、自分自身を発見し、救わなければならない。政治による救いなどは上皮だけの愚にもつかない物である」と結ぶ。

この文章が志賀の「再教育」や天皇の「善導」論を頭に置いているのはたしかだろう。天皇の言う「善導」とは何か。そこにある「大日本帝国」との連続性を断ち切り、徹底的に破壊するところからしか再生はあり得ない。これまでのあらゆる価値規範の衣を脱ぎ捨て、真裸の自分と向き合え——。この鮮烈な一文によって安吾は一躍流行作家になった。しかし「堕落論」の受け止め方は、安吾の真意に沿ったものだったろうか。

田宮虎彦「足摺岬」（『人間』一九四九年三月号）には、最後近くに嵐の中で罵りわめく特攻帰りの青年が登場する。「誰のために俺は死にそこなったんだ。負けたもくそもあるか。俺はまだ負けておらんぞ。俺に死ねといった奴は誰だ、俺は殺してやる、俺に死ねといった奴は、一人のこらずぶったぎってやる」。

未亡人の性と恋愛

安吾が「堕落論」で特攻兵と未亡人を並べて取り上げたのは、両者がともに非人間的な価値規範によって、死を強制される存在だったからだろう。特攻兵は文字通り肉体の死を、未亡人は性的存在としての女性の死を。未亡人という言葉は元は夫の死後も生き恥をさらしているという自己卑下の自称だったという。その背景には「二夫にまみえず」の貞女規範がある。日露戦争あたりから、素行への監視をこめて「後家」にかわって使われるようになったが[8]、一般に普及したのはアジア太平洋戦末期から戦後にかけてである。

「堕落論」が出る直前の四六年二月八日、未亡人の窮状を訴える痛烈な言葉がラジオから流れた。文章の主は戦前から未亡人家庭のために武蔵野母子寮を営んできた牧野修二である。牧野によれば、戦時中はうるさいほど新聞雑誌、婦人団体等が訪れ、彼女たちへの激励と感謝を並べ立てていた。「ところが戦争は終わった。必勝の幻影は崩れ、夫の死は犬死と化し、彼女のせめてもの精神的拠点たる矜持は急転落下した。遺族扶助料、軍事扶助などの廃止は、最低生活の保障すら彼女に与えない。失業の大波は彼女から職を奪い、インフレの嵐は僅かばかりの亡夫の生命保険も、家財の戦災保険も吹き飛ばして了った(9)」。

ここには当時戦争未亡人が陥った窮状が、余すところなく語られている。四五年一一月二五日、軍解体にともなう軍需物資の隠匿・横流しを背景に、SCAP(連合軍総司部)は戦争利得封圧のためとして、軍人恩給支給停止を指令した。これによって四六年二月をもって、軍人恩給だけでなく遺族への扶助料も停止。戦争未亡人を窮乏の淵に追いやることになったのだ。とくに子どもを抱えた未亡人の状況は厳しかったが、「無差別平等」を福祉政策の基本とするSCAPは、子持ち未亡人の特殊性を認めなかった。

そして四五年一二月、国家神道解体を指令した。その結果、戦死者の栄誉の根源であった靖国神社は一宗教法人となった。彼女たちの夫から「英霊」の栄誉は剥奪されたのだ。生活の保障も「矜持」も失った彼女たちは、どうやって生きればいいのか?

この放送は日本社会に大きな衝撃を与えた。四六年六月、牧野を中心に戦争犠牲者遺族同盟が結成された。その結成大会には、北海道から鹿児島まで男性遺族も合め一〇〇〇人が参加した。それはやがて未亡人の生活保障を第一とする動きと、戦死者の顕彰を求める流れに分裂する。前者は一九五〇(昭和二五)年全国未亡人団体協議会を結成し、母子福祉政策の確立を目指す。後者は日本遺族厚生連盟を経て、日本遺族会に発展する。それが靖国神社国家護持など、戦前との連続性回復を目指す動きの中心になったのはよく知られるところである。

牧野の放送は、もう一つの〈未亡人問題〉のきっかけにもなったと思われる。放送には「既に慰安所の仄暗い灯火の影にうごめいている未亡人があるとの噂さえ巷にあるではないか。ああ靖国神社に眠る霊は何と見るか」という一節があった。牧野の意図と関わりなく、この発言は〈未亡人の性〉を喚起する。戦中は未亡人の性や恋愛を大っぴらに語ることは御法度だった。一九四三（昭和一八）年に公開された映画『無法松の一生』では、無法松が大尉未亡人に思慕を打ち明けるシーンが一〇分間にわたってカットされている。

しかし戦後は「性の解放」である。この放送あたりから未亡人の性も解禁された。「肉体文学」なるジャンルを生んだ田村泰次郎の「肉体の門」（『群像』一九四七年三月号）では、無機質な商品として自らを売る売春集団の中で、ひとり未亡人の町子だけが快楽に身をゆだね、集団を崩壊させていく。一九四六年末から叢生したカストリ雑誌[10]・新聞では〈性にもだえる未亡人〉が定番となる。未亡人という言葉に張りついた貞女規範が、かえって男たちの性幻想をかき立てるからだろう。〈規範〉と〈肉体〉の抗争をよりドラマティックにするためには、亡夫の階級は高い方がいい。「桃色雑誌」として戦後初めて発禁になったのは、四六年一二月発売の『猟奇』二号だが、問題とされたのは北川千代三の「H大佐夫人」である。この小説では夫のH大佐は生きているのだが、未亡人ものとして読まれたという[11]。

『狂艶』二号（一九四七年一〇月）所収「夜の毒花」の主人公は「台湾沖に沈んだ陸軍大尉の未亡人」、「三十女の生理のもろさ　戦争未亡人の行李《こうり》詰死体」というエログロ記事の未亡人の夫は一等航海士

（『実話新聞』四八年八月二九日）、「愛欲の終結はバラバラ死体」の主人公は陸軍少将未亡人である（『講談と実話新聞』四八年一〇月五日）。彼女たちの「愛欲」の帰結はいずれも悲惨きわまりない。男たちは戦中の将校たちへの怨嗟を、こうした形で晴らしたのかもしれない。

それに対して林芙美子の『うず潮』は、戦争未亡人千代子の恋愛を正面に据え、さまざまな困難を経て、初婚の復員兵杉本と結ばれる姿を描いている。[12]「荷厄介な結婚」として千代子との結婚に反対する両親に対して、杉本は、「恋をするならかならず純潔な相手を選べというのは、つまりエゴイズムだ。自分にありもしないものを女性に求めるなんて」と思う。作者は女性にだけ純潔を求めるダブルスタンダードを男性に批判させている。千代子の性欲についても書かれている。千代子が働く料理屋の主人は彼女に思いを寄せ、うるさくつきまとう。それを嫌悪しながら千代子は、彼に小指をつよくかまれたとき、「締めつけられるようなうずきが膝頭につたわ」り、「自分でも不思議」な快感を得るのだった。

『婦人公論』は一九四九（昭和二四）年秋から未亡人の手記・短歌を募集、誌面に紹介したが、五〇年五月、『この果てに君あるごとく』と題して一冊にまとめて刊行した。タイトルは応募短歌「この果てに君あるごとく思われて春の渚にしばしたたずむ」からとられている。ここには亡夫への切ない思いがあるが、別の未亡人の歌には「うとましき夢よさむれば吾児ねむる吾児と浄らに生きざらめやも」とある。「うとましき夢」とはどんな夢だろうか。無意識にうごめく性欲に目覚め、とまどいのうちに、必死に押さえつけている様子がうかがわれる。

同書収録の手記には、もっと端的に性欲にふれているものもある。「告白」と題する手記では「ああいっそ、ひと思いにこの子がいなければ、お妾と呼ばれようと、真実愛される喜びをヒシとこの身に受けてみるのに」と、妻子ある人への思いが書かれているし、「或る女の手記」では、「亡い人の匂い——二十七歳までの女としての思い出の匂い、精神的にはこんなにはっきりしているのに肉体はやっぱり自分でも言い聞かせきれない動きをもっているのだ」とある。

これはカストリ雑誌『リーベ』創刊号（一九四七年一一月）「水浴の女」の主人公千代の独白、「男を識ると駄目ね。（中略）女の性欲というものは、男を識った途端に肉体の何処かで急速に発達してしまうものらしいの。そして、私の肉体の上にも精神の上にも、デリケートな支配をするのよ」と同じと言っていい。カストリ雑誌の〈性にもだえる未亡人〉は、回りまわって教養雑誌『婦人公論』の読者の性意識にも、影響を与えていたのかもしれない。

司王国は歌に乗って——飢餓の時代のメルヘン

廃墟と餞餓を逆手にとって、この日本国の中に小さな王国を築き上げた復員兵たちがいる。王国の名を「司王国」という。王国には憲法があるが、その第一条はこうである。「銀シャリエを食わんとする者は、銀シャリエを取りに行かねばならない。銀シャリエを取りに行く者は銀シャリエを食わねばならない。」

銀シャリエとはいうまでもなく銀シャリ、白米のご飯である。当時都市の住民は文字通り飢餓に瀕していた。食糧は配給制度によって厳しく統制され、一日の主食は成人で二合五勺。もともと少ない上に遅配欠配続きだった。ヤミで手に入れなければ生きていけない。ヤミを拒否した山口判事の栄養失調死が大きく伝えられたのは一九四六年一一月である。五月の食糧メーデーには一〇万以上の人びとが集まり、「朕はたらふく食ってるゾ　汝臣民飢えて死ね」という天皇批判のプラカードが掲げられた。

こうした状況の中で司王国は〈建国〉された。王国の領土は米どころ山形県庄内平野のほぼ全域。本拠地狩川の所在地烏川をとって「帰烏倶楽土《カリカワスグラード》」と称した。国是は、厳しい取締まりの裏をかいて米を運び、東京の人間を飢餓から救うこと。皇帝を頭にいただき、二八人の軍隊帰りの男たちが組織的な米のかつぎ屋活動を始めたのだ。皇帝石川某は元陸軍パイロット、庄内地方の名門の出である。実家を通じて庄内産の米を入手するのはむずかしくない。問題は輸送である。

皇帝の三人の学友が右大臣・左大臣など王国の中枢を占め、その下にハスキーと呼ばれるヒラの武官がいる。彼らはアンドレ・ジープ、ジェネラル・グラント、ハム、ベーコンなどと人を食った通称を名乗っていた。さらに一番てっぺんには歴史学者服部之総が国父として鎮座している。彼の妻が皇帝石川の姉というつながりによる。

ハスキーたちの多くは士官学校在学中に敗戦を迎え、鉄道員養成のための鉄道教習所で人生の再出発を目指していた。したがって列車のダイヤ編成はもちろん、ヤミ取締まりについても詳しい。四人一組の連係プレーで上越線の検問を突破する。彼らにはつねに歌があった。

鳴ってくれるな　ポリスの呼子
雪の上越　汽車は行く
ああ　あの顔で　あの声で
お米頼むと　妻や子が

くれた弁当の　サツマイモ
汽車のデッキで　今かじる

王国にはアルファベットを絵文字化した「ツカサ文字」があり、刑事の動きを伝える暗号としても機能した。王国だけの金銭単位もあった。一万円は一ポンド、一円は一ペソ、一銭もない状態はペソ欠である。さらに暦も制定した。元号も西暦も拒否、原子の時代の幕開けを記念して、一九四五年を紀元とする「原子暦」を制定した。「大日本帝国」でもＧＨＱ製「民主ニッポン」でもない人類史的史観である。ヒロシマ・ナガサキの惨状は、ＧＨＱの報道規制によりこのときの彼らは知らない。

司王国の存在は当時の資料からは見えない。一九六六（昭和四一）年に弘文堂から刊行された尾崎秀樹・山田宗睦著『戦後生活文化史』の簡単な紹介を元に執念の取材を行い、戦後三〇年近くたって紹介したのは児玉隆也である。「司王国——饑餓時代のメルヘン」と題して、一九七四年『諸君！』に発表、児玉の死後に新潮社から出された『この三十年の日本人』に収録された。児玉によれば、司王国の歴史は戦後の三年間。一九四九年春には終焉を迎えたようだ。理由としては食糧事情の好転と、メンバーの鉄道教習所卒業があげられている[13]。

「私は誰でしょう」——たちすくむアイデンティティ

一九四六年一月一五日から、当時唯一の電波メディアであるＮＨＫラジオは夕方六時台に「復員だより」を放送した。夫や息子の帰りを待ちわびる家族は読み上げられる復員者の部隊名、地域、船名、入港地などに必死に耳を傾けたが、その家族自体が戦災で離散している場合も多い。大岡昇平の「わが復員」には、フィリピンでの一年半の俘虜生活を経て帰国した主人公が、神戸の自宅は焼かれていないか妻は無事かと「すがりつく」ように訊ね歩く姿が描かれている。大岡は無事に妻と再会できたが、九死に一生を得て帰ってみれば家はなく、家族も行方不明という復員兵は多い。

そうした人びとのために七月からラジオは「尋ね人」を放送し始めた。「昭和一九年、ボルネオのミリの部隊にいた○○さん、○○県何市の××さんが尋ねています」という独特の抑場はわたしにも記憶がある。聞き慣れない地名はかつての「大日本帝国」の地政学を示すものだった。反響はすさまじかったという。人びとは、まず自分につながるひとの絆を回復することから、戦後を歩き出そうとしたのだろう。

しかし絆の回復どころか、自分の居場所がなくなっていることを確認させられる場合もある。戦死公報により死んだものとあきらめて墓を建て、妻は再婚しているという例も多い。井伏鱒二「復員者の噂」（『社会』一九四八年六月号）にはこの問題が描かれている。水車屋の婿の宙さんが復員してみれば、三年前に戦死した彼のために立派な墓が建てられ、妻のトキノさんは隣村の九さんと円満に暮らしていた。生還した宙さんを見て九さんは姿を消したが、「宙さんは大変に無口な人間になっていた。近所へも復員した挨拶に行かなかった。（中略）戦地のことをたづねても何も云はないのである。たまに外に出ると自分のお墓に参って木の枝などを花立てに差して拝んで来るだけである。トキノさんも近所の人たちも、宙さんが何を考へているのかいっさいわからない」。

一九五一年五月、マリアナ諸島アナタハン島で、日本敗戦を知らないまま七年間も生きていた二〇人の日本人が発見された。その中に女性が一人いたため、マスコミは「アナタハンの女王」と名付けて騒ぎ立てたが、「二人夫」の問題も大きく報じられている。帰国した男性一九人のうち五人の妻はすでに再婚していた。中の一人は四人の子どもを抱え、夫の両親に強制されて一〇歳年下の夫の弟と再婚、一歳の子どもが生まれていた。弟は兄に「妻を返す」と明るく語ったと『読売新聞』（七月七日）にはあるが、子どもがいるだけに丼伏の「復員者の噂」よりさらに事情は複雑だったろう。

家族に温かく迎えられたものの、苛烈な戦場との落差にとまどい立ちすくむ復員兵たちもいた。どこに自分のアイデンティティを立てればいいのか。自分は何者なのか。坂口安吾は『新生』一九四七年三月号に「私は誰？」と題するエッセイを書いている。ここで安吾は「書く」だけが自分の人生だとし、「私は誰。私は愚か者。私は私を知らない。それが、すべて」と文を結ぶ。

一九四九年一月、ラジオでは聴取者参加のクイズ番組「私は誰でしょう」が始まった。謎の人物Xの属性や特徴をヒントとしてあげ、マイクの前の聴取者に当てさせるというもの[14]。レジスターの音をひびかせて賞金を出すという趣向もさることながら、アイデンティティを見失った人びとには、「私は誰でしょう」という問いかけ自体がリアリティを持って響いたのではないか。この番組が長寿を誇り、高度経済成長が極に達する一九六九（昭和四四）年三月まで続いたのは、右肩上がりの戦後史に違和を抱き続ける人びとが少なからずいたからかもしれない。

帰ってきた復員兵に、家族の側が納得できない場合もあったろう。まるで人が変わってしまって、いったいこれがあの優しかった夫や息子と同一人物だろうか？ まして戦傷ややけどで顔まで変わってしまっていたら、疑念の解消は容易ではない。坂口安吾『復員殺人事件[15]』、横溝正史『犬神家の一族』（講談社、一九五一年）はこの問題をテーマにしている。両作品ではともに相続人である息子が復員したが、顔にひどい傷を受けていて本人かどうかわからない。出征前に残した手形とは一致したものの、そこにはどうやらトリックがありそうだ。そして次々と殺人事件が起こり、家族がひとりまたひとりと消えていく。アイデンティティ不確かな復員兵の帰宅が、家族そのものを崩壊させていくのだ。これらの作品に、この時期だからこそのリアリティを感じ取った読者も多かったのではないか。

「私は誰でしょう」の問いの前に立ちすくんだまま、ついに〈未復員〉の男たちもいた。苛烈な戦場体験で精神を病んだり記憶喪失に陥った復員兵たちである。井伏鱒二「遥拝隊長」(『展望』一九五〇年二月号)の主人公は、マレーで受けた戦傷が元で「気違い」になったとされ、復員後も戦中そのままに周辺の人びとに皇居遥拝を強要する。彼がほんとうに「気違い」なのかその振りをしているのか、作品ではわからない。

しかしベトナム戦争後、アメリカで問題になった戦争による精神障害の問題は、日本の戦後にもあった。そうした復員兵は松沢病院や国府台陸軍病院に収容されたが、清水寛編著『日本帝国陸軍と精神障害兵士』(不二出版、二〇〇六年)によれば、国府台陸軍病院に収容された精神障害者三七四人中、虐殺などに関わった「罪責感」によるものと考えられる患者が三一人いたという。彼らの多くは精神的〈未復員〉のまま戦後史を生き、死んでいった。[16]

「生き抜く白百合」と母子一体化

一九五〇年六月二五日、朝鮮戦争が始まると、マッカーサーは警察予備隊創設を指令した。追放中の旧軍人の幹部登用はなかったが、隊員七万五〇〇〇人中には復員兵たちがいた。マッカーサーの高らかな脱軍事化声明から四年一〇ヵ月、日本は再軍事化の道を歩みだし、以後保安隊から自衛隊へと名称を変えつつ軍事大国化してゆく。

朝鮮戦争は特需をもたらし、日本経済はにわかに活況を呈した。一九五六（昭和三一）年、前年の未曾有の好況を背景に経済企画庁は「もはや戦後ではない」と謳いあげる。こうした状況の中で、戦犯釈放や中国からの引揚げが時たま報じられる以外、メディアから〈復員兵〉は消える。街頭では白衣の傷痍軍人が寄付を呼びかけていたが、人びとはせわしげに通り過ぎてゆく。右肩上がりの戦後史が始まったのだ。

しかし未亡人は一九五〇年代に入ってかえってメディアに登場するようになる。かつてのような性幻想の記号としてではない。カストリ雑誌の多くは四〇年代末には消滅し、性の快楽は「夫婦円満の秘訣」として『夫婦生活』（一九四九年六月創刊）などで語られることになる。そこに〈未亡人〉の出番はない。

一九五〇年代に入っての〈未亡人〉たちは、性の快楽や恋愛に胸ときめかすよりは、生活の荒波に敢然と立ちむかう。亡夫への思慕や満たされない性欲を訴えた『この果てに君あるごとく』とちがって、一九五二年、『主婦之友』募集の未亡人の手記集のタイトルは『いとし子と耐えてゆかむ』。

一九五〇年二月六日、『朝日新聞』は社説で未亡人問題を取り上げ、「全国一八八万の未亡人のうち六五万が生活保護の適用を受け、都会における売春婦、接客婦の八割までが未亡人であるという数字は、未亡人の生活の困難なことを端的に物語っている」として、彼女たちの生活安定と独立のために、きめ細かな対策を行政に要望している。

その背景には、未亡人自身の立ち上がりがあった。各地に未亡人団体が誕生し、国会陳情など活発な活動を展開した。その結果一九四九年五月、母子福祉対策国会議員連盟が成立、国会の場で未亡人対策が議論されるようになる。一二月には厚生省により「母子福祉対策要綱」が出されるが、ここでは夫と死別した未亡人だけでなく、離別や夫の行方不明により、一人で一八歳未満の子どもを育てている女性も対象とした。これはＳＣＡＰの「非軍事化」と「無差別平等」原則をかいくぐる苦肉の策でもあった[17]。ＳＣＡＰは「非軍事化」の立場から戦争未亡人への特権付与を警戒していたが、子どもがいるために働けないシングルマザーのための「母子福祉」という概念を立てれば、子持ち戦争未亡人もその対象とすることができる。結果として〈母子一体〉が世に強力にアピールされることになった。

一九五〇年一一月、各地の未亡人会を連合して全国未亡人団体協議会が結成された。ここでも〈母子一体〉の理念のもと、事務局長山高しげりを中心に、母子福祉法制定をめざす。会歌「生き抜く白百合」には聖化された母像がある[18]。

一、けわしき山路の白百合は　雨にも風にも耐えてさく
　　気高く浄らの花のごと　浮き世の波に生き抜かん
二、のびゆくわが子に亡き人の　面影みえていとおしく
　　茨の山路は続くとも　手と手をつなぎいざ行かん

これはそのまま、戦前の「英霊の妻」の歌として通用する。事務局長山高は戦中は大日本婦人会理事であり、「女子徴用」を要求した人物である。彼女はまた母性保護連盟のメンバーとして山田わからとともに母子保護法制定に努力した。それは戦争のための「人的資源」増強につながる面もあった

が、戦後、それについて思いめぐらしたようには見えない。彼女の自伝『母子福祉四十年』（翔文社、一九七七年）は一九三〇（昭和五）年から七〇（昭和四五）年までの四〇年間を母子福祉に努めた一つながりのものとし、そこに敗戦による断絶はない。

独立を目前にした一九五二年三月、ＳＣＡＰによる「非軍事化」規制を脱した政府は「戦傷病者戦没者遺家族援護法」を公布、軍人軍属の未亡人には一律一万円の年金が支給されることになった。山高らが〈母子一体〉により福祉の対象をシングルマザー一般に拡大したのに対し、ここで戦争未亡人は一般未亡人から特権化されることになる。この段階では一律支給だったが、翌一九五三年、援護法は恩給法に移行、戦前の軍人恩給や遺族扶助料が復活した。これにより夫の軍隊での階級によって、未亡人が受け取る扶助料には大きな差がうまれた。たとえば大将の未亡人一四万八〇〇円に対し、二等兵未亡人は二万三〇〇円という具合である。戦争未亡人対策は戦前との連続性において成立したのだ。

しかしもちろん戦前そのままではない。「母子福祉」が対象とするのは〈家の嫁〉ではなく〈近代家族の母〉である。旧民法下の家制度は女性抑圧の一方、保護の意味合いも持っていた。新民法は妻を家の桎梏から解放し、母親の親権を確立したが、母子一体で放り出すことにもなった。また遺族年金や扶助料は、未亡人が再婚すればもらえない。これも一夫一婦制と性別役割分担を柱とする近代家族を前提にしているからだ。したがって現夫の被扶養者である再婚未亡人はもらえないが、一夫一婦制の外にある「妾」でいればもらえるということになる。

したがって遺族年金受給にあたって、亡夫の家族が未亡人を追い出し再婚を迫るなどの問題も多発している。小津安二郎監督映画「東京物語」（一九五三年）では、原節子演ずるまさに「生き抜く白百合」のごとき次男の未亡人に、笠智衆・東山千栄子演ずる両親が再婚をすすめるシーンが感動を呼ぶ。

しかしこうした時代背景をみれば、遺族年金横取りを疑うこともできるのだ。

未亡人対策としての「母子福祉」が強化した〈母子一体〉は、その後の高度経済成長の中で生み出される近代家族の先取りといえるかもしれない。一九五〇年代後半からの右肩上がりの戦後史を担ったのは、かつての復員兵である。彼らは今度は経済戦士としてふたたび家族の前から姿を消し、妻たちはまるで未亡人のように、母子癒着に生きることになる。

おわりに

わたしの住んでいた旧師団の町から復員兵の姿が消え、練兵場の芋畑に小さな市営住宅が建ち始めたのはいつごろだったろうか。未亡人たちは兵舎の母子寮から市営住宅に移り、かわりに警察予備隊が兵舎に入った。その中には製紙会社の倒産で失業していた復員兵もいた。戦前には及びもつかないものの、町に軍都としてのざわめきが戻ってきた。

ここで見た〈復員兵〉と〈未亡人〉は、戦前と戦後の連続性に亀裂を入れる希有の存在だったのかもしれない。未亡人たちが「生き抜く白百合」に回収されることなく、自らの性欲に正直に生きていたらどうだったろうか。司王国のような小国家が、日本のいたるところに叢生していたらどうなったたろうか。

復員兵だけでなく、もっと多くの日本人が「私は誰でしょう」の問いを突き詰めて考えていれば、日本の戦後はちがったものになっていたかもしれない。

そうすれば、「この果てに君あるごとく」と未亡人が思慕する亡夫や復員兵たちが、戦場で犯した性暴力被害者や「慰安婦」の痛みは、一九九〇年代を待つことなく、もっと広くもっと深く日本社会に共有されたろうか。

注

（1）春川由美子「復員省と占領政策」（『軍事史学』三一巻一・二号）によれば、軍の「復員」の定義は「軍隊が平時の体制に服する意なり。但し本終戦に際しては平時の体制にある者を廃することをも合めて復員と称」するとし、内地軍の解体も含む。

（2）未亡人の夫の死因は病死・事故死などさまざまあるが、ここでは戦死した軍人軍属の妻を中心的に扱う。

（3）『マッカーサー回想記』（下）朝日新聞社、一九六四年、一三七ページ。

（4）終戦連絡委員会発表『朝日新聞』一九四六年九月一八日。

（5）一九四五年一一月一六日、厚生大臣による失業対策に関する閣議要望事項。

（6）一九四五年一二月一六日『朝日新聞』「声」欄。当時はまだ投稿者が少なかったためか、有名人の投稿が結構ある。一二月二六日には作家住井すゑの「戦争の責任・母性の立場より」、一九四六年元旦には女性史家高群逸枝の「日本の美点」が載っている。

（7）一九四六年になると、メディアの復員報道において、兵士たちは「復員する」主体となっている。

（8）鹿野政直「戦争未亡人」『女の戦後史1』朝日新聞社、一九八四年。

（9）「私たちの言葉」『日本婦人問題資料集成』第六巻、ドメス出版、一九七八年。

（10）敗戦直後に叢生したエログロ雑誌。語源は、すぐ廃刊となることから「三合でつぶれる」という粗悪なカストリ酒にかけたと言われる。

（11）『カストリ復刻版』一九七五年九月所収「異色対談・キスをすることは民主主義のシンボルだった」で山本明は、「そういう未亡人が、性に悶えるということじたい、エロなんです。あの未亡人さえもそういう欲求があるのかという…。（略）それは『H大佐夫人』という小説でも、ふまえてある」と述べている。

（12）『毎日新聞』一九四七年八月から一一月まで連載。

（13）このルポがどこまで〈事実〉であるかは微妙である。サブタイトルに「メルヘン」とあるように、児玉自身の〈願望〉がかなり反映している可能性はある。

（14）ジョン・ダワーは『敗北を抱きしめて』（上）（岩波書店、二〇〇一年）五五ページでこの番組を「尋ね人」の中のコーナーとしているが誤りである。二〇〇七年一月に上演された井上ひさし『私はだれでしょう』も「尋ね人」の中に設けられたとしているが、おそらくダワーの影響だろう。

（15）『座談』（一九四九年八月〜五〇年二月）に断続的に連載されたが、雑誌廃刊で未完。高木彬光がその続きを「樹のごときもの歩く」というタイトルで書いているが、安吾の妻三千代は不満だったようだ。

（16）吉永春子『さすらいの〈未復員〉』（筑摩書房、一九八七年）はその問題を追及している。

（17）樽川典子「『未亡人』の誕生」『社会学ジャーナル』二〇〇一年三月、二六号。

（18）矢崎武子「未亡人は『聖女』ではない」（『婦人公論』一九五三年一二月号）は、この歌をふまえ、「白百合未亡人を指導したがる」「未亡人業者」の登場を皮肉っている。

（『戦後日本スタディーズ１』紀伊國屋書店、二〇〇九年九月）

「混血児」問題と単一民族神話の生成

はじめに

二〇〇六年八月七日、朴永心《パクヨンシム》さんが亡くなった。朴永心さんとは、かつて日本軍によってビルマ（ミャンマー）の奥地にまで連行され、「慰安婦」生活を強いられた女性である。日本軍の敗退で連合軍に収容されたとき、彼女は日本兵の子どもをみごもっていた。一九九〇年代半ば、アメリカの公文書館から発見された写真には、臨月間近のおなかを抱えた彼女の姿が写っている。

日本軍兵士の慰安所がよいにはコンドームが支給されたが、それはあくまで戦闘力低下につながる兵士の性病対策としてであり、女性への配慮ではまったくない。つけたがらない兵士もいたし、粗悪品で役に立たないものも多かった。戦争末期になるとコンドームの補給もなく、「慰安婦」が何度も洗って再使用していたという証言もある(1)。その結果、妊娠した女性がいたことは元「慰安婦」の証言にある。大きなおなかを抱えた彼女の写真はまさにそれを証明するものだった。彼女はその後どうなったのだろうか？　彼女のおなかの子どもは日本の男との「混血児」ということになるが、無事に生まれたのだろうか？

写真が発表された当時は、朝鮮人「慰安婦」の一人としかわからず、生存しているかどうかも不明だった。しかし西野瑠美子らの努力により、彼女が朴永心という名前で、北朝鮮で健在であることが明らかになった。そして二〇〇〇年一二月、東京で開かれた女性国際戦犯法廷の会場に元気な姿を見せ、満場の拍手を浴びた。しかし胎児がどうなったかはわからないままだった。二〇〇六年八月、アジア女性資料センターが企画した北朝鮮ツアーには、朴さんの証言が予定されていた。さっそく参加を申し込んだ。しかし平壌に着いてみると、彼女は体調を崩して入院中。そして帰国の前夜、その死を知らされることになったのだ。とうとう子どもについて聞くことはできなかった。死んだらしいということしかわからない。

日本軍用の「慰安婦」は一〇万人以上といわれる。日本兵によるレイプも多発した。だとすれば日本の占領地のいたるところで、数多くの日本兵との「混血児」が闇から闇に葬られていたのではないか。朴さんのおなかの子もそうだったかもしれない。その一方、父不在のまま母の国で育てられた「混血児」も多い。敗戦にあたって日本の男たちは、ほとんどの場合女性も子どもも放置して引き揚げてしまったからだ。インドネシアでは、そうした日本人との「混血児」が三万人以上といわれた(2)。そうした子どもたちの父親探しが続けられてきたが、最近、オランダ系インドネシア女性との「混血児」の父親探しが『わたしは誰の子？』としてまとめられている（梨の木舎、二〇〇六年）。フィリピンでも日本の父親探しが続けられ、訴訟も起こされている。

こうした状況は、そっくりそのまま敗戦後の日本の女性の運命だった。そのことを男たちはよく知っていた。だからこそ「良家の子女」を守るためと称して占領軍用の性的慰安所が設置されたことはすでに数多くの先行研究で明らかになっている。「パンパン」についても、戦後の風俗の一つと見たり、「ふしだらな女」とする視点からではなく、戦争に伴う性暴力の問題として再検証されている。しかしそこには、一つ抜け落ちていることがあるのではないか？　「混血児」問題である。

文化人類学者でフェミニストの沼崎一郎は、男は〈強姦する性〉であると同時に〈孕ませる性〉でもあり、望まない妊娠を女性に強制することも重大な性暴力だと指摘している。[3]　生命倫理学者の森岡正博はさらに、男が買春する理由の一つは「無責任にセックスできる」からだという。「相手を道具のように扱って自分の快楽のことだけに集中し、妊娠の可能性などどうでもいい」。そういう無責任なセックス願望が男を買春、とりわけ海外での買春に走らせるのだという。[4]

これは占領軍兵士の買春についてもいえるだろう。一九四五年八月二八日、設立にあたって出された特殊慰安施設協会の声明には、設立の目的として「民族の純血を百年の彼方に護持培養する」とある。これは何を意味するか？　単に「良家の子女」、つまり「われわれ」の女が〈強姦する性〉としての占領軍兵士に「汚される」ことだけでなく、〈孕ませる性〉による永続的な「汚染」、つまり「混血児」の誕生を阻止するという目的もあったのではないか。

しかし、もちろんそれで阻止できるものではない。しかも占領軍用性的慰安施設は四六年三月にはオフ・リミッツとなり、以後の兵士の買春は「恋愛の自由」という美名のもとでの個人交渉になったから、〈孕ませる性〉対策はほぼ一方的に女に課せられた。しかし当時の物不足状況で、女性たちに十分な避妊対策ができるはずはない。もちろん強姦もある。そして妊娠中絶は、原則として四九年六月まで刑法上の犯罪（堕胎罪）として罰せられていた。[5]　当然数多くの「混血児」が誕生したはずだ。

占領軍当局および日本政府は、それに対してどんな対策をとったのか。「混血児」とその母はどんな状況にあったのか。またメディアはそれをどう報道したのだろうか。本稿では、ジェンダーの視点から「混血児」問題を検討するが、実証研究というよりは表象分析を主眼とする。一九五〇年代、メディアにあふれた「混血児」表象が単一民族神話の生成に関わっているのではないかと思うからである。

単一民族神話とは、小熊英二の定義によれば「単一純粋の起源をもつ、共通の文化と血統をもった日本民族だけで、日本国が構成されてきたし、また現在も構成されているという観念」である。[6]約二〇年前、当時の中曽根康弘首相が、アメリカには黒人とかプエルトリコ、メキシカンなどがいて教育程度が低いが、日本は単一民族だから高学歴だといった発言をして物議をかもしたことがある。この「単一民族」発言に対しては北海道のウタリ協会が抗議、中曽根首相は「私も眉やひげが濃いし、アイヌの血が相当入っている」などと大あわてで釈明につとめたものだ。「日本は単一民族」説が神話に過ぎないことはアカデミズムの世界では自明だが、いまも根強く流布していて、日本の閉鎖性の根拠としてしばしば持ち出される。

たとえば難民受け入れ問題である。一九八一年、日本は難民条約に加入したが、以来二五年間の受け入れ数はたった三七六人、先進諸国のなかで桁ちがいに少ない。〇一年の一年だけをとってみても、アメリカは二万八三〇〇人、イギリス二万〇九二〇人、ドイツ二万二七二〇人、カナダ一万三三四〇人、フランス九七〇〇人、イタリア二一〇〇人に対して、日本はなんと二六人にすぎない。[7]なぜこんなに少ないのか？　そこでいわれるのが「日本は単一民族だから閉鎖的」である。それは「だから受け入れが少なくても仕方ない」、「受け入れても難民が差別されてかえってかわいそう」という受け入れ否定に帰着する。[8]これでは多文化共生社会への展望はひらけない。

こうした単一民族神話が戦後になって一般化したことは、小熊英二の精緻な分析によって明らかにされている。近代において、日本が帝国として膨張した戦前、とりわけアジア太平洋戦争期には「内鮮結婚」が奨励されるなど混合民族論が優勢だった。単一民族神話は日本が植民地を失い、国内に非日系人が一気に少数となった第二次大戦後に一般化した。それも論壇に肯定的な意味で定着したのは一九六〇年代に入ってからだという(9)。

だとすれば、それに一九五〇年代メディアにあふれた「混血児」報道がある役割を果たしていないだろうか？ 独立後「混血児」問題は新聞・雑誌など活字メディアだけでなく、映画やマンガ、小説のテーマとなって大衆的に流布した。そのことと六〇年代以後における単一民族神話の定着にはある関連性があるのではないか。本稿ではそうした仮説のもとに、新聞・雑誌、映画、マンガなどにおける「混血児」表象を検証する。それは六〇年代以後における再生産のありようにも及ぶことになるだろう。

その前に、まず一章で占領軍および日本政府の「混血児」に対する姿勢、二章で「混血児」とその母が置かれた状況を概観しておく。なお、以後の記述では、煩雑を避けるため「混血児」のカッコは外す。

一　占領下の混血児政策

（1）ＧＨＱの福祉政策と混血児問題

連合軍が日本占領の第一歩を印したのは、一九四五年八月二八日である。この日占領軍の先遣隊一五〇名が神奈川県の厚木飛行場に降り立った。それから二ヵ月ほどのち、神奈川県会議員・高橋長治は、通常議会での質問で次のように述べた。

「夜な夜な横浜公園または各処に闇を稼がんとする婦女子の数約二千三千を算えられるのであります。恐らく来年の今頃は旦那様の孫のような、セルロイド製の人形のような子供を抱く婦女子が大道を横行闊歩するであろうということが考えられるのであります。新生日本の将来を考えるときに、実に冷汗万斛の思いを禁じ得ないのであります」[10]。

占領軍を最初に迎え、その後も第八軍の本拠地として多数の占領軍兵士が駐屯した横浜では、性暴力が多発していたが[11]、身を売るしか生きる道のない女性も多数いた。そうした女性たちの間から「セルロイド製の人形のような子供」、つまり混血児が生まれることは当然予測されることだった。しかし藤原孝夫神奈川県知事は、食糧不足対策に努力するといった通り一遍の答弁をしている。

アメリカの側にも混血児誕生への懸念はあった。四六年三月四日のGHQ公衆衛生福祉局記録用覚書には、アメリカ人女性宣教師キルマーが公衆衛生福祉局長クロフォード・F・サムス大佐を訪ねて混血児問題を協議したことが記されている。彼女は、混血の婚外子とその母のために養護施設設立を計画し、サムスに援助を求めた。なぜ彼女がそうした施設の設立を思い立ったのかはわかっていない。しかし子どもだけでなくその母をも保護の対象にしたことは、当時の日本において、未婚で混血児を産む女性の苦境をよく知っていたことになる。

しかしサムスは、「現時点で、占領軍兵士との間に生まれた非嫡出児の数を概算することは不可能である」とし、「連合軍最高司令部は、このような児童に養護施設をつくることには反対であるが、未婚の母親をそれぞれの家庭で養護し、自活していくための職業訓練を与えることには賛成である」と述べた[12]。

サムスのこの発言の背景には、ＧＨＱの対日救援に対する基本姿勢がある。四五年一〇月二二日、ＧＨＱは「福祉課の任務」という文書を出し、福祉政策の基本姿勢を示した。そこには公的扶助の認定基準として、客観的な単一の基準に基づき、無差別平等に与えられるべきことが示されている。しかしそれには限定がついていた。①家族の相互扶助機能を最大限利用することを前提とした国家責任、②施設保護は極力避ける、の二点である。これを紹介した菅沼隆は、救済費用を最小限に抑えるためと見ている。(13)

こうした福祉政策の基本姿勢は、何度かの日本側とのやりとりののち、翌四六年二月二七日、ＧＨＱのＳＣＡＰＩＮ七七五、「公的扶助 Public Assistance」に関する指令としてまとめられる。そこでは①無差別平等、②国家責任（民間団体への委託の禁止）、③ニード充足の三原則が掲げられた。これは「慈善」の観念しかない日本社会に「社会保障」の理念を定着させ、国家責任の強調により軍人援護団体など民間の介入を禁じた「民主的」なものとして、おおむね社会福祉関係者から評価されている。(14)

キルマーとサムスの会談の時期は、先の三月四日付け覚書には「先週」と記載されている。四日は月曜なので、会談はこの指令以後と考えられなくもない。しかしサムスの発言にある養護施設否定は、前年一〇月の「福祉課の任務」にある二つの限定（家族重視・施設否定）が生きていることをうかがわせる。一九七〇年代半ば、社会福祉研究所の秋山智久は、占領下の福祉政策についてサムスに長時間のインタビューを行っている。その中に混血児問題への言及はまったくないが、戦争孤児の収容施設についてサムスは、「子供は家庭で育てられるべきであって施設で育てられるべきではない」を原則としたと発言している。(15)

こうしたＧＨＱの姿勢に、日本政府もただちに同調した。キルマーとの会談におけるサムスの養護施設否定を受けて、公衆衛生福祉局のワイマン課長は厚生省の葛西嘉資社会局長に連絡をとった。覚書によれば、葛西局長は「日本では私生児に社会的汚名が貼り付けられることはないと、また未婚の母親も普通それぞれの家庭で親の世話を受けていると述べた。彼は、養護施設をつくることでこの問題の満足のいく解決は得られないだろうということに同意した[16]」という。

この葛西局長の発言が事実とすれば、勝者への迎合というべきだろう。「私生児」や「未婚の母」に対する日本社会のまなざしは厳しかったし、とりわけ占領軍兵士との混血児とその母が受けた「社会的汚名」にはすさまじいものがあった。それを厚生省社会局長が知らないはずはない。単に勝者への迎合というよりは、日本政府自体の「主体的な」混血児忌避による可能性もつよい。

(2) 混血児誕生とその「抹殺」

混血児第一号誕生をラジオが伝えたのは、その三カ月後、四六年六月二八日だった。日本占領開始のちょうど一〇カ月後である。前年一一月、高橋神奈川県議会議員が「来年の今頃」と予想したのより五ヵ月も早い誕生だった。アナウンサーはその赤ん坊を、日本とアメリカの間の愛と友好のシンボル、「太平洋に架かる虹の橋」と報じたが、ＧＨＱは米兵と日本女性の性交渉を容認したとして、アナウンサーの馘首を命令した。放送のなかに「占領の最初の贈り物」という表現があったのが、占領政策への皮肉とみなされたためらしい[17]。

この時期アメリカ国内では、米兵の「道徳的退廃」が問題になっていた。また「日本の民主化」を掲げ、「デモクラシーの理想」や「個人の自由発達」との違背を理由に公娼制廃止令を出したＧＨＱ

としては、「道徳的退廃」の歴然たる「証拠」が明らかになることはなんとしても避けたかったろう。以後、混血児についての報道はタブー。五二年四月二八日の独立まで、混血児問題がマスメディアに取り上げられることは非常に少ない[18]。混血児は社会的に抹殺されたということだ。それは同時に、わが身一つも生きがたい状況で妊娠・出産した女たちの苦境に目をふさぐことでもあった。

公衆衛生福祉局長サムスは、混血児について調査することも許さなかった。四七年、厚生省人口問題研究所は混血児調査を計画したが、公的に統計を集めることは「傷を悪化させる」ことになり得策ではないとして許可しなかったという[19]。したがって占領下を通じて混血児とその母は、その数すら把握されないまま放置されることになった。

（3）「無差別平等」の抑圧

先のＧＨＱによる「公的扶助」に関する指令（ＳＣＡＰＩＮ七七五）にある「無差別平等」原則は、一見公平・民主的とみえるが、じつはこれが混血児に対する公的保護否定の根拠となる。アメリカ人の血が入っているからといって混血児だけを特別扱いできない、ということだ。四八年二月、混血児施設「エリザベス・サンダース・ホーム」（以後サンダース・ホーム）を設立した沢田美喜の証言はそれを裏づける。彼女の最初の著書『混血児の母』（毎日新聞社、一九五三年）によれば、四八年夏ごろ沢田は施設への理解を求めてサムスを訪問した。しかしさんざん待たせたあげくに現れたサムスは、「人種無差別」が占領政策の基本であることを述べ、「日本人が愛国心を持っているならば、日本人は子供を、機関であるところの孤児院に届けないか、その中に入れるべきだ」とした。沢田はこれについて、「その本音は、道徳的に弱いところを負わされた子供を見せるように一ヵ所に集めることは面白くない、めいわくだ」ということだと書いている。

さらに沢田が、混血児について「進駐軍引き揚げのとき連れて行かれることを許されるんでしょうか、もし残されるなら……」といった質問をしたところ、サムスは気色ばんで立ち上がった。灰皿を投げつけられるのではないかと沢田は恐怖を感じたが、たまたま非常ベルが鳴って事なきを得た。しかし以後、サンダース・ホームに対するいやがらせが陰に陽に強まったという(20)。

ドウス昌代の『マッカーサーの二つの帽子』(講談社文庫、初版時のタイトルは『敗者の贈物』)は、初めて女性の視点からRAAに取り組んだ貴重な書だが、サムスへの取材が基盤になっている。サムスは日本の「民主化」を推進した紳士的な男として描かれており、「あとがき」によれば「「ジェネラル」と呼ぶよりは「ドクター」と呼ぶにふさわしい雰囲気」の持主だという。そもそもタイトルの「マッカーサーの二つの帽子」とはサムスの言葉である。サムスは、マッカーサーが米太平洋陸軍総司令官と連合軍最高司令官という二つの立場をもち、それが時として矛盾した政策として現れることをこう表現した。それを文庫化に当たってタイトルに採用したことは、ドウスのサムスへの傾倒をうかがわせる。しかし混血児問題への彼の対応については、まったく触れていない。

ノーベル賞作家で、混血児救済に尽力したパール・バックによれば、占領下で日本女性との間に子どもをもうけたアメリカ男性のうち、彼女たちと結婚し父としての責任を果たしたのは一〇%以下にすぎない(21)。にもかかわらずアメリカ国内には、ふしだらな日本女性によって純真なアメリカの若者が堕落させられているという声があった。日本の識者の間にもそうした見方があった。

たしかに日本女性による一見「積極的な」売春行為は存在した。しかしそこには、勝者の男と敗者の女という圧倒的な非対称性がある。冒頭に引いた沼崎・森岡発言にあるように、望まない妊娠の強制は女性に対する暴力であり、買春は〈孕ませる性〉である男の無責任さの証左でもある。そうした構造に目をつぶっての「無差別平等」原則は、普遍主義に名を借りた女性抑圧にほかならない。

二　混血児とその母の状況

（1）捨てられる子どもとサンダース・ホーム

マスメディアでも統計上でも、混血児は存在しないことになっていたが、もちろん彼らは存在した。一九四八年の半ば、アメリカのメディアは一〇〇〇人から四〇〇〇人の Occupation babies が誕生していると伝えている。[22] しかし占領下日本では、彼らは〈捨てられる〉ことによってはじめて可視化されることになる。

沢田美喜がサンダース・ホームを設立したのは、そうした混血児との出会いによる。『混血児の母』によれば、四六年秋ごろ、彼女は下りの東海道線に乗っていたが、座席の網棚から黒い嬰児の死体が発見され、彼女に疑いがかけられる。当時彼女は四十代半ば、出産したばかりかどうか身体検査してくれと反論して逮捕を免れた。しかしそのすぐあと、銀座・歌舞伎座裏の共同便所に捨てられた金髪の赤ん坊、藤沢・鵠沼の川に浮かぶ死体、目蒲線戸越公園駅待合室での死にかかった黒い子どもなど、立て続けに捨てられた混血児と出会うことになる。

沢田は三菱総本家・岩崎家の長女として生まれ育ち、外交官沢田廉三と結婚。外交官の妻としてイギリスにあるとき、ドクター・バーナーズ・ホームという孤児院を訪ねて深い感銘を受けていた。敗戦後、戦争孤児の多発を知った彼女は、四六年一月、マッカーサーに手紙を書き、軍国主義者の犠牲者である孤児たちを収容して平和愛好市民に育てたいという希望を述べ、援助を要請した。しかしマッカーサーの返事は日本政府にコンタクトせよといった素っ気ないもの[23]。

捨てられた混血児との相次ぐ出会いは、彼女の望みに再び火をつけた。今度は最初から自力での設立を目指し、苦労のあげくに四八年二月一日、実家岩崎家の大磯の別荘にサンダース・ホームを開設する。当初は東京淀橋の都営孤児院から回されてきた二人だけだった。一人は皇居前広場に捨てられており、もう一人は渋谷駅付近で拾われた女の子である。

一カ月ほどして、藤沢の農家の畑にヘソの緒がついたまま捨てられていた嬰児が収容された。やがてクチコミで伝わったのか、ホームの庭や入口のトンネル内に捨てられる子どもが増えた。四八年一二月には男二二人、女一〇人、計三二人になっている[24]。

その費用は、最初の三年間はまったく沢田の私財と個人的な寄付に頼っていた。しかし四八年一月、フラナガン神父のアドバイスもあり、児童福祉法が施行された。先のGHQの無差別原則では、子どもという特別なニードをもった存在を救えないからである[25]。五〇年、この児童福祉法によってサンダース・ホームは神奈川県児童養護施設に認定され、五一年から補助金が支給されるようになった。

『混血児の母』には、子どもの父親の国籍や母親の職業、入所の理由などが表にして示されている。五二年三月一日段階では子どもは一一八人。父親の国籍は一〇五人までがアメリカ人である（表1参照）。うち黒人は三四人、三二％強である。神崎清が『婦人公論』五三年三月号に書いた「白と黒」によれば、五二年三月末の収容児一〇二人のうち、三三％が「黒系」だという。厚生省が五二年八月に行った混血児

総数		118
アメリカ人	白人	69
	黒人	34
	不明	2
	二世	0
日本人		3
韓国人		0
中国人		0
イギリス人		1
オーストラリア人		1
ロシア人		2
フランス系黒人		1
フィリピン人		3
スペイン人		1
不明		1
合計		118

表1
父親の国籍（1952年3月1日）

全国調査によれば、「白系」四二〇五名、「黒系」七一四名、不明九四名で、「黒系」比率は一四％にすぎない。サンダース・ホームの「黒系」比率の高さが際だつが、それは即ち捨てられる比率の高さを示している。

　母親の職業は表2のように無職二八人、進駐軍関係二二人。「街娼」は八人と案外少ないが、これは後出の神奈川県の調査とも一致する。入所原因は捨て子がトップ、二位は「将来のことを考え」だが、混血児差別を案じての選択だろう。「父親帰国」は一八人で四位だが、「捨て子」「生活困難」もまずは父親不在である（表3参照）。「父親帰国」とは母と子の遺棄にほかならず、『混血児の母』にはその具体例がいくつも紹介されている。沢田によれば、父親の顔を知っている子はホームには一人もいない。母親すら子どもの父の名をろくに知らない例が多い。教えられたまま「ブラッキー」とか「ピンキー」、「ジョニー」、中には「シカゴのトムさん」と覚えている母親もいたという。敗者の女性を愚弄する、勝者の男たちの高笑いが聞こえるようだ。

　六七年に沢田が書いた『黒い十字架のアガサ』（毎日新聞社）には、強姦によって生まれた子の例も多い。アガサと名付けられた女の子の母は和歌山県の漁村の娘だったが、占領軍が上陸して数日後黒人兵に強姦される。その直後に結婚したが、生まれた子は黒い赤ん坊。夫は家を出てしまい、彼女は村びとの冷たい視線のうちに死んでしまった。

区　分	計
ダンサー	9
事務員	2
進駐軍関係	22
手伝い	2
喫茶ガール	6
店　員	5
女　中	3
商　売	2
街　娼	8
無　職	28
不　明	31
計	118

表2
保護者職業別
（1952年3月1日）

原　因	人員
生活困窮のため	13
病気のため	4
父親帰国のため	18
将来のことを考え入所	22
環境不適	20
再婚	5
捨て子	36
計	118

表3
養育不能の原因（1952年3月1日）

安奈と呼ばれる子の母は埼玉の山村の主婦。三人の子持ちだったが、夜道で米兵に強姦され、やがて四人目の子を出産。夫には似ない黒い子どもだった。彼女は何度もその子を殺して自分も死のうとした。そのせいか二歳でホームに来た安奈は、かたくなに心を閉ざしていたという。

サンダース・ホーム以外にも混血児を収容した施設はあった。五二年八月の厚生省発表によれば、四八二人の混血児が全国一〇六の施設で生活していた。皮膚の色は「黒系」一〇八人、「白系」三七四人。全国的に見ても施設の子は「黒系」比率が高く、日本社会の黒人差別を物語っている。神奈川にはサンダース・ホームのほかに一四〇人あまりを収容するカソリック系の横浜聖母愛児園があり、全国の施設収容児の五七％を占めている。

(2) 混血児調査と就学問題

五二年四月二八日、日本は独立した。これまで抑えられていただけにメディアには混血児報道があふれた。そのなかで混血児数一五万から二〇万人という数字が独り歩きする。しかも占領初期に生まれた混血児第一陣が学齢に達するというのだ。これまで〈不在〉だった混血児がにわかにその〈異形〉を現し、わが子の通う学校に入ってくる！　神奈川などの一部の小学校では、ＰＴＡによる入学反対運動も起こった。

しかし実際に混血児は何人いるのか？　就学するのは何人なのか？　二〇万人説の出所は沢田らしいが、確かな根拠があるわけではない。混血児は生まれてすぐ捨てられたり、父親のアメリカ籍に入れるために出生届が出されないことが多く、実数をつかむのが難しい。そこで厚生省が行なったのは、全国の助産婦、産婦人科医四万余人に対する出生調査である。その結果は男二六三五名、女二三七八名の計五〇一三名。[26] 二〇万人説とは大きくかけ離れた数字だった。しかしこの数字は助産婦・医師の記憶に頼ったものであり、回収率も七七％にすぎない。また占領軍関係の病院で生まれた子どもは入っていない。厚生省人口問題研究所の館稔は一万人前後と見ている。[27]

この子どもたちのうち、学齢に達しているのは三二三人だった。この子たちを地元の小学校に入れるか、それとも彼らのために特別な教育システムを設けるか？

沢田は混血児がいじめられるとして募金にかけずりまわり、ホームの敷地内に小学校を設立する。しかし文部省は、混血児も日本人であり、憲法と教育基本法に基づき無差別平等に取り扱うことを原則とした。[28] 五〇年五月四日公布の日本の国籍法は一九八四年の改正まで父系血統主義で、日本人であるためには父親が日本人であることが原則だったが、母が日本人で父不詳、あるいは父母とも不詳の場合は日本国籍としていた。混血児の多くはこの要件によって日本人とされたが、彼らに対してほんとうに「無差別平等」が貫かれるかどうかは別問題である。

五三年二月、文部省初等教育課は、神奈川など混血児が就学する地域の教育委員会に『混血児の就学について指導上留意すべき点』というパンフレットを送付した。その中には「一般の父兄や地域の人々に対して理解を深めさせる」という項目があり、民生委員やＰＴＡの協力が求められている。しかしこのあとのメディアにおける混血児表象を見ると、地域社会の理解が深まったとはとても思えない。

そして四月、先の調査の三二三人より一〇〇人以上も多い四三〇余人（うち黒色系約八〇人）が小学校に入学した。[29] 六年後の五九年七月、総数二四〇一人の混血児が義務教育で学んでいた。五三年入学の第一陣は中学一年生となっていたが、その数は二八六人。[30] 小学校入学時より一五〇人ほど少ない。

彼らはどこへ行ったのだろうか？

その中には、アメリカ人の養子として海を渡っていった子どももいたろう。アメリカには五〇年代はじめまで「五一％の法則」があった。つまり、その混血児に五一％以上のヨーロッパ系の血が入っていることを証明できなければ、アメリカへの移民も養子も認めないということだ。これは母親の方の何代か前にそうした血統があるということだが、当時日本の混血児でめったにそんな例はあるものではない[31]。

しかし五三年一〇月、アメリカは移民法の特例と難民救済法（公法二〇三号）により、アメリカ人を父とする海外の混血児を養子として迎えることを認めた。冷戦のなか、海外の混血児を放置すればアメリカの評判を落とし、共産主義につけ込まれることを恐れたためだといわれる[32]。五四年一月、日米孤児救済合同委員会が設置され、養子縁組一〇〇〇件成立を目標に活動を始めた。しかし六三年までの成立は七三九件。アメリカ兵が残した混血児はヨーロッパにも多数存在しており、「黄色い」日本人との混血児よりも、同じ白人同士の子である彼らの方が好まれたためらしい。

（3）基地における混血児の実態——静岡県玉穂村を中心に

先に見たように混血児数は約一万人、そのうちサンダース・ホームなど施設に収容されている混血児は全国で四八二人だった（五二年六月現在）。ということは九〇〇〇人以上の混血児が地域社会で生きていたことになる。その子たちと母はどんな状況にあったのだろうか。それを全国的に明らかにす

写真1
エリザベス・サンダース・ホームの子供たち
（『混血児』高崎節子著より）

る資料は把握できていない。

しかしここに興味深い資料がある。女性史研究者の平井和子が静岡県駿東郡の役場資料から発掘した「いわゆる混血児童の実態調査について」という文書である。御殿場を中心とする駿東地区は広大な富士の裾野に東富士演習場を抱えており、五六年までノース、ミドル、サウスと称する三つの米軍キャンプがあった。とくに朝鮮戦争時には米兵が急増したため多数の「パンパン」が流入し、一時は一二〇〇人ぐらいいたという(33)。その中にはいわゆる「オンリー」として米兵と継続的な関係を持つ女性もいた。そうなると混血児が生まれる。五六年の御殿場市民生委員の調査では四三人が確認されたが、実際はもっと多く、八〇人と推定されている(『静岡新聞』五六年一二月)。

「いわゆる混血児童の実態調査について」という文書は、五三年二月一一日付けで駿東地方事務所長が各町村長あてに発したものだが、混血児の「福祉を計るために実証的基礎資料を得ることを目的」とする厚生省児童局による調査への協力依頼である。そこでは調査対象の「いわゆる混血児」について、以下のように書かれている。「いわゆる混血児」とは「外国の軍人軍属等を父に持ち日本人を母に持って出生した児童であって現在養育されているすべての児童」であるが、これには以下のような但し書きがついている。「当該出生児の父に日本人中国人又は韓国人の血統があり当該出生児童の頭髪容貌等が日本人又は韓国人に酷似しており皮膚の色が黄色をしているものを除く」(傍点引用者)。

つまり、厚生省による混血児とはあくまで「白系」か「黒系」であって、アジア系は含まない。また父が米兵であっても、母親に似て皮膚が「黄色」であれば問題外というふうにも読める。ということは、次章でみる「白人」と「黒人」のような「遠い人種間」の混血、一見して「占領っ子」を表象する子どもが問題にすべき混血児ということになる。調査票の項目には、白・黒の別、父親の国籍や身分など基礎的データのほかに、「近隣の人々の児童に対する態度」や「近隣の子どもの態度」があり、選択肢には「軽蔑」「憎悪」「仲間外れ」といった項目がある。

同じ駿東郡の役場資料には、この調査結果と思われる玉穂村の文書がある。それによれば五三年一一月現在、玉穂村には一一人の混血児が母の元で育てられている。白・黒の別は白九人、黒二人。少ないデータではあるが施設に比べて白系の多さが目立つ。「オンリー」を「囲って」おけるのは三本線以上(軍曹)の階級といわれるから、いきおい白人が多くなるためだろう。子どもの出生は四九年が一人、五一年二人、五二年五人、五三年三人と朝鮮戦争時に集中している。

一人一人の調査記録によれば、父は不明の一人を除き全員アメリカ人。母の出身は半数が静岡県内や山梨・神奈川など近県、あとの半数には仙台や岐阜県出身もいる。家庭環境で両親がいるのは二人だけ、年齢は三〇代が二人いるが、二〇代前半が多く、なんとまだ一六歳の少女もいる。子どもの父親と入籍手続きをしているのは一人だけ、あとは行方しれず、あるいは帰国後送金も途絶えがちという状況が多いようだ。

彼女たちや子どもたちを見る地域社会の眼はどうだったろうか。先述のように調査票には「近隣の人々の児童に対する態度」、「近隣の子どもの態度」という項目があったが、その結果を示す文書はみつかっていない。厚生省の報告によれば、この調査による「いわゆる混血児」は全国で三四九〇名。前年の調査より一五〇〇人以上も少ない。「黄色」を除いた結果でもあろうか。うち「白系」八六%、「黒系」一一・五%、不明二・八%、父親の国籍は八四・三%がアメリカとなっている。しかし、五九年三月の国会内閣委員会で厚生省高田浩運児童局長は、この調査について「正確さの度合い」に疑念があるとしている。(34) そしてそれ以後、混血児に対しては調査も対策も何らなされていないことを明らかにしている。日本政府としては、アメリカへの養子縁組もあることだし、全国にばらまけば「いわゆる混血児」問題は消滅するとみていたのではないか。

三　混血児はどう語られたか

独立直後にメディアに流布した混血児二〇万人説は一九五二年末には否定され、せいぜい一万人前後というのが通説になった。しかし以後も混血児問題はメディアに登場し続けた。ということは、依然として報道に値する問題だということを意味する。なぜ混血児は問題なのだろうか。いったい混血児問題とは何なのか。五〇年代前半の言説から検討してみよう。

（1）混血児と「支配としてのセックス」

「大人になる長い年月のあいだ、私は混血児という言葉に刺さるトゲのようなものを、こう定義することで理解できると思っていた。混血児とは、セックスそのものの具象化以外のなにものでもない、と。いま、それをつぎのように補正しよう。戦争がもたらす混血児は、支配としてのセックスを刻印されているがゆえに、いっそう不快であると同時に好奇心をそそりもする存在なのだ、と」。

シカゴ大学教授のノーマ・フィールドは、占領期にアメリカ人男性と日本女性のあいだに生まれた自らの混血児としての立場について、その著『天皇の逝く国で』（みすず書房、一九九四年）でこう書いている。「支配としてのセックス」を刻印された存在としての混血児、たしかにそれに対する「不快」は当時の報道からうかがえる。それはまず「支配としてのセックス」、つまり勝者の男と性関係をもつ女性たちへの嫌悪となって現れる。

独立直後の五二年五月一日、メーデーのデモ隊と警官隊のあいだで死者を出す衝突が起こった。「メーデー事件」である。神崎清によれば、その報道の中に「アメリカの兵隊と一緒に歩いていたパンパンが、日本の群衆から激しい罵倒を浴びせかけられた」という記事があったという。(35) 神崎はこれについて、「屈辱的な占領期間にたいする民族の怒りの表現」であったと共感を示し、パリ解放後、ナチになびいたフランス女性が制裁を受け、中国でも日本兵の相手をした女性が「漢奸」とされたことをあげる。「民族的裏切り者」に対する制裁は当然、というわけだ。

そして神崎は、日本女性がいかに「感覚的なアメリカニズム」に毒されているかを語る。「昔は上流社会に限られていたアメリカ人との火あそびが、兵隊の大量進駐によって、あらゆる階層の婦人に広がっていったのである。

斜陽の夫人、没落軍人の娘、進駐軍勤務のタイピスト、キャバレーのダンサー、病院の看護婦、鼻の低い村の娘……その誰でもが、「あちらの方との交際」を得々としていた。だが慰安婦くずれや失業した女工や家出娘を基幹として、職業的なパンパンが発生するまで、これらの婦人とアメリカ兵の接触の仕方を見ていると、好奇心から誘い込まれる遊戯的な性行動と、金品を目当てにした売笑行為とが、コントンとして入りまじり、未分化の状態がつづいていたようである。」

さらに神崎は言う。「日本婦人は「自由恋愛」のつもりでいたかもしれないが、結果的には、アメリカの兵隊の「無銭遊興」に終わるような場合が、あまりにも多かった」。アメリカの男にとって、日本女性ほど都合のいいものはない。なぜなら「慰謝料とか損害賠償とかいって、さんざんさわぐアメリカの婦人とちがい、日本の女性は、すべてを宿命と考えて、諦めてくれるからであった」。

そして混血児とは「このアメリカの兵隊の無責任な性行動の勘定書」である。それは一方的に「日本側の負担にゆだねられている」として、新宿の双葉保育園収容の一四名の混血児のうち、父の名がわかっている子は三人しかいないことを挙げている。

神崎清は大逆事件についての大著もある〈進歩的〉作家だが、この時期は「パンパン」や混血児問題について積極的に発言していた。その姿勢を貫くのは反米ナショナリズムである。小熊英二が『〈民主〉と〈愛国〉』（新曜社、二〇〇二年）で明らかにしたように、それは当時の進歩派の多くに共通するものだった。その底流には「支配としてのセックス」を見せつけられる敗者の男の屈辱感がある。「パンパン」はそれを絶えず喚起する存在であり、その刻印である混血児は、永続的な屈辱の表象ということになる。

「支配としてのセックス」への嫌悪は、男たちだけでなく女性にも共有されていた。文芸評論家板垣直子は『改造』五三年二月号の「混血児の両親」で、以下のように書いている。

「あの終戦時はあらゆる日本人は、物と権力をもつアメリカ人を崇める風があった。焼かれた焦土に、ウエルカムと大書して迎えた日本人である。ことに女達はひどいアメリカ好みと変り、アメリカ人をちやほやした。当時ジープのとまっている家は得意であった」。

混血児はこうした女たちの愚かさの結果である。

「女達は、大部分の兵隊が日本にいる間だけの妻を求めていたにすぎなかった心理を見抜く力もなかった。一層愚かだったのは、去った相手の戻ることを信じて妊娠中の子供を中絶する決断力に欠けた点である。ことに暴行による子供は、自分の生命にかけても生みたくない心持ちになれないものであろうか。うんでも捨ててしまえば、世の中をごまかし、自分の保身を全うできると考えた女達が多かったので、多くの不幸な子供達が存在し、今日一万人の戦争混血児の負担を、国家が負わねばならなくなったのである」（傍点引用者）。

冒頭に書いたように、四九年夏まで原則として妊娠中絶は刑法上の犯罪だった。また解禁後も費用は高く、技術も未熟な場合が多かったようで、沢田美喜の手記には中絶の失敗により「白痴」として生まれたという混血児が何人かいる。板垣によれば、〈混血児問題〉とは「結婚しない関係に生まれた混血児」の問題であり、「P・T・Aが戦争混血児の入学を好まないのは、主として母親の素性の問題」である。つまり母親が「パンパン」だとして忌避されるということだろう。

キリスト者の混血児問題に対する姿勢にもこれに通じるものがある。五二年九月、日本キリスト教協議会（NCC）は「混血児に関する声明書」を発した。そこには「不正な性行為を営む日本婦人」を野放しにすることを「基督教的貞操観の無視」として批判し、「日本婦人とのあいだに児童を持つ米国人は、必ず正式なる結婚をなし、その任期満了と同時に、その家族を米本国に同伴」することを要望している[36]（傍点引用者）。

市川房枝も同様の姿勢に立つ。彼女は混血児について「彼らの将来を考えると可哀想であり、色々な社会問題を惹起するに違いない。しかも、貧乏な日本だけが、この後始末を引き受けねばならぬとは不公平である」として、「パンパン問題については、米軍と協議し、できるだけ結婚させ、米国にやる」、「混血児は、駐留軍、又は米国と交渉して、米国へ引き取ってもらうようにする」ことを提起している[37]。「支配としてのセックス」を表象する女と子どもをアメリカに引き取らせれば、それで問題は解決するというわけだ。

これに対して評論家の帯刀貞代は、「その子供たちは、髪の色も皮膚のいろも、日本の子供たちとは違うように、占領国の軍人との間に、結婚以外の関係で生れた子供たちだということである。このような事情で生れてきた子に対しては、単なる人種的偏見という以外に、占領軍に対する感情や、それに金銭によって身を任せた母親に対する複雑な感情が反映して、とかく白い目が向けられ易い」と、問題の本質を冷静に分析している。しかしその帯刀も、日本社会の差別性を理由にアメリカに送ることを子どもにとっての幸せとしている。

しかし彼女は、けっしてそれで一件落着とはしない。「日本にいる混血児の問題は、太平洋戦争のあいだに、南方諸地域に、日本の軍人軍属たちが、同じく婚姻以外の関係で残してきた子供達の上につながる問題であり、その子供たちはいま日本にいる混血児と遠からぬ運命におかれていることを思わねばならない」と、日本の加害性への自覚を呼びかける。これは社会党選出の国会議員藤原道子の発言に共通する。そして帯刀は「戦争こそ、軍隊の駐留こそ、その根であり、私たちがほんとうに闘わなくてはならないのは、一切の戦争計画に対してなのである」としている。(38) 二一世紀の現在にも通用する提起である。

（2）黒い子どもの〈悲しみ〉

もう一つ混血児に関する大きな問題は、子どもが〈白〉か〈黒〉かということだ。作家野上弥生子は、『婦人公論』五二年五月号のパール・バックへの手紙「混血児を幸福な道へ」で、率直にその問題を提起している。

まず野上は混血児について、「彼らは日本娘の腹を借りたとはいい条、父親はアメリカ市民です。従って日本の子供であるよりも、より多くアメリカの子供だと申さなければなりますまい」と言う。

この「半分よその子供」を貧しい敗戦国の日本で養うのは不当であり、「アメリカ本土に引き取る」のが最も望ましい。その理由を野上は以下のように述べる。

「子供らの間には、日本にも従来存在しないではなかった混血児とは、一見甚だしく違った黒人の児童が少なくないからです。（略）これは殆ど珍奇な現象で、これらの黒い子供たちが、日本の一般社会において引き起こす可能性のある摩擦や、反目、またそれが児童自らに与える悪影響は戦慄なしに考えることはできません。しかし、一千万にも余る黒人を立派な市民としてもち、そのうちから世界的な歌手や、ボクサーや、優秀な学者を輩出させているあなたの国においては、黒い子供たちも、決して特殊な存在ではなく、夜の暗に一と群れの小鳥が紛れ込んだほどにも、自然に融合するはずでございます。」

さらに野上は、日本社会の黒人差別を物語る例として、最近地方の銭湯で若い母親が赤ん坊を脱衣籠に寝かせて風呂に入り、出てきてみたら黒い赤ん坊と取り替えられていたという事件をあげる。「それほど黒い赤ん坊は深刻な問題を投げている」というわけだ。これはアメリカのジャーナリスト、ダレル・ベリガン著『OFF LIMITS』（世界評論社、一九四八年）に書かれていることで、野上はおそらくそれを読んだのだろう。たしかにサンダース・ホームの「黒系」比率の高さに見られるように、日本社会の黒い混血児に対する差別はとりわけつよい。野上は、混血児問題とは黒人問題であることを率直に述べた上で、だから黒い子どもは差別されて可哀想、だからアメリカにと、排除の論理につなげている。

五二年一〇月に出た『混血児』（同光社磯部書房）もそれを裏づける。この本は混血児問題についての初のまとまった本であり、著者は神奈川県婦人少年室主事高崎節子。彼女はサンダース・ホームの黒い子マユミの〈悲しみ〉を思い入れたっぷりに描いている。

「この頃は、マユミはもう、なぜあたしは黒いのですか？　とママちゃまに聞かなくなった。どれだけたくさん神様にお祈りしてお願いしたかしれないけれど、今はもうミサやマリのように、金色の髪の毛や青い眼になれないことが解ってきた。どうして自分だけが黒いからだなのか、そのわけは解らないけれども、黒いからだの子供たちは、金色の髪の毛の子供たちより可愛いらしくないし、自分だって、ミサやマリのような金髪の可愛い子供たちの方が好きだということは、どうしても仕方がない気持ちなのであった」。

この『混血児』は、翌五三年、ヒロインの沢田美喜に夏川静枝を配し、関川秀雄の監督で映画化された（独立プロ）。映画は、この黒いマユミと金髪のマリに焦点が当てられている。ホームを訪れる見学者はマリの愛らしさに思わずほおずりする一方、マユミにせがまれてキスした後は口をハンケチで拭うのだ。

もちろん沢田美喜の『混血児の母』にも、黒い子の〈悲しみ〉は描かれている。

「町の子が塀のすきまから入ってきて、よく空気銃でうちにくる。（略）私や保母がとがめると、必ず「クロンボ」という言葉を大ごえで叫んで塀をのりこえてにげて行く。

この後で、クロンボといわれた子供の顔を見るのがおそろしいようで、何といって慰めてやろうかと、しばしの間無言で立ちつくす。……子供は下唇をキッと噛んで、目にいっぱい涙をためて、それを私に見せまいとこらえている」。

これでは、やっぱり混血児は日本にいない方が幸せ……ということになるだろう。沢田は子どもたちを日本社会から隔離して教育し、やがて南米に混血児のコロニー建設を目指すようになる。

(3) 隔離主義か同化主義か

そうした沢田の混血児に対する姿勢は、隔離主義として非難を浴びた。マスメディアに登場する男性知識人はこぞって隔離主義に反対している。心理学者の乾孝は『毎日新聞』(五二年一一月二八日夕刊)において、「ただ「かわいそうに」ではすまないものがあるのだ。たとえば「かわいそうに」という人は、そもそも御自身どっちの立場に立ってその感想を述べているのだろうか。もちろん「戦争っ子」は気の毒である。けれども、彼らをその気の毒さから救う道は彼らがいちばん感じ易く動揺しやすくなるまでの間温室中に隔離しておいた上で、いちばんの危機にのぞむころ、いきなり世間の目にさらすことではないだろう」と、その近視眼的姿勢を批判している。

作家長谷川伸は『朝日新聞』(五二年一二月一〇日夕刊)で、かつて日露戦争従軍時、部隊にいたイギリス人との混血兵が侮辱に耐えられず自殺を図った例を挙げ、同化の必要を述べる。

「混血兵を故なく侮辱するものは、農村出身者と東京者に多く、横浜育ちか神戸生活をしたものには少なかった。前者が混血について無知なのに比べて、後者は有知であった。いい換えると、見聞の有無による差なのであった。(略)我らの国史から混血の子を除き去ることが出来ない事実、そうした者が古今を通じてある事を、お互いに知合うこそ、不幸なる、あの児等に有利を当然なるものとして贈る一因になる、とわたしは信ずる」。

『化学工業日報』編集局次長・青木慶一は「近代的法治主義」の立場から同化主義を言う。

日本の国籍法は一八九九年の段階から、父不詳、あるいは父母とも不詳の子は日本国籍としていた。「混血児は、明らかに日本国民であるから、日本の施設で、日本の小学校へドシドシ入学させればよい。差別待遇などは、教師と父兄の問題であって、子供同士は何でもないことである。（略）外国のお説教めいたバタ臭い仕送りなどあてにせず、納豆でも味噌汁でもドシドシ食わせ、タコあげでも羽根つきでもやらせ、紙芝居でも飴屋でも集まって行かせ、民族的家族の一員として一人前にしてやればよいのである」[39]。

神崎清は前掲の「白と黒」において、子どもの発達の視点から隔離主義に反対する。神奈川中央児童相談所の『事業概要』（五二年二月）に収録された調査結果をもとに、サンダース・ホームの子どもたちの発達が著しく遅れていることを言い、沢田の「隔離主義が、すでにこうした社会的孤立、精神的萎縮、生活経験の欠如というような、混血児の人間形成にとって、大きなマイナスを産んでいる事実を指摘しておきたい」としている。

こうした知識人の同化主義発言は、彼らの意図はともかく、結果的には政府の無作為の追い風になったといえるだろう。二章で見たように文部省は、五三年度から就学する混血児について、「日本人」だから「無差別平等」に扱うとして同化主義を決めた。これは占領下の無作為主義の継承であり、五〇〇〇人程度なら全国にばらしてしまえば国家としては問題はないとしたのだろう。けっして混血児の立場に立っての発想ではない。

先にあげた『混血児』の著者高崎節子は、五五年に書いた「白い子、黒い子の悲しみ」（『文藝春秋』八月号）で、沢田の隔離主義の努力を評価している。その上で、やがて施設を出なければならない子どもたち、とくに「黒い子供」の将来について、「特別な優れた技術を持たせるとか、アメリカへ養子にやるとか、何か国家的な救済機構をつくるとか、南米へ移民をさせるとか、子供達の成長と共に、その将来に多くの不安があることをいなめないからこそ、この子供達の生き得る世界をわれわれは探っている」と書いている。

（4）混血児問題と優生思想

五二年後半から混血児問題は人種問題に発展した。そこに貫かれているのは優生思想である。きっかけの一つは、『婦人公論』における野上弥生子とパール・バックの往復書簡である。先の野上の手紙に対してパール・バックは返事を寄せ、「混血児をアメリカへ」という野上の提起に同意を示した。[40]理由は二つある。

「一つの理由は、アメリカではもうありとあらゆる種類の混血が見られているのですから、お国の子供たちを、この偉大で豊かな国にたやすく受けいれて同化できるからです。もう一つの理由は、混血児はたいていの場合優秀な子供で、可愛くて、悧巧ですから、愛情を持って世話してあげ、十分な機会を与えてやりさえすればどんな国にとっても宝となりましょう」。

アメリカで黒人公民権運動が開始されたのは五〇年代後半であり、この発言は楽天的すぎる。しかしここで、混血児は優秀という見方が出されているのは興味深い。野上も先の手紙で、「人種学的な研究からの結論は詳しくは存じませんが、混血児そのものを、単に血が純粋でないというのみで私たちは軽蔑しようとも、劣等視しようともするわけではありません」とし、厳密に言えば地球の人類で混血児でない民族はないと述べていた。

それに対して沢田美喜は、断固たる〈混血児劣等説〉に立っていた。バックの返事が載った『婦人公論』五二年七月号の座談会「けれども混血児は育ってゆく」で沢田はいう。

「ハワイとかマニラ、香港などの犯罪者の統計は、半分以上が混血児なんでございます。それからマタ・ハリはオランダの金時と日本人醜業婦の血が入っているといいますね。国際的の大きな犯罪者は混血児が多い。混血児は指導がなければ犯罪を起こしやすい可能性があるのです」。

だからこそ彼女は、混血児の養育に使命感を見いだしているというわけだろう。六〇年代以後、混血児のその後について沢田は何冊か本を出しているが、それらを見る限り〈混血児劣等説〉は基本的には変わらなかったようだ。とくに前掲の『黒い十字架のアガサ』にはそれが色濃く出ている。とくに「黒系」混血児に対してそれが強い。思春期に達した黒い子らに手を焼かされるたび、「血の恐ろしさ」、「その体内を流れる血のなせる業」という言葉が繰り返されている。

先にあげた「パンパンの子」としての混血児差別にも、単に母親の道徳的問題だけでなく「パンパンの子だから素質が悪い」という優生思想があった。『朝日新聞』五二年七月一一日の「天声人語」にはこんな一節がある。

「戦争はいつの世どこの国でも大量混血の溶鉱炉になる。民族の血液は組合せによっては優良になることもあり劣等になることもある。日本の場合は民族優生そのいずれであるかは知らないが、正しい結婚によってではなく、多くは売春行為によって生まれたものだけに、事がめんどうだ」。

しかし神奈川県婦人更生相談所によると、混血児を抱える「街娼」は一七七六人中六八人でわずか三・八%。[41] 以後混血児に関する優生学は人種問題に比重が移る。そこでは黒人の〈能力〉についてもしばしば言及される。

そのなかで、サンダース・ホームの子どもたちはモルモットにされた。医学部の学生たちが血液検査や知能検査に訪れ、五二年八月には神奈川県児童相談所が一一四人に対して精神発達調査（DQ）を行なった。その結果は平均八〇で、正常値一〇〇に比べてかなり低い。しかし一方、川崎乳児院の

「純血」日本人児童二九人の調査と比べてみると、こちらは平均八〇・九でほとんど変わらない。となると問題は「混血」「純血」のちがいではなく、施設保育が問題だなどと議論されている。[42]

『婦人公論』は五三年三月号で、ふたたび混血児特集を組む。その中には「人種問題の本質」（堀江忠夫）、「人種の起源」（八杉龍一）などの記事が並び、神崎清の混血児レポートもズバリ「白と黒」と題されている。「混血児の新一年生を迎える」と題する小学校教師の文章にも、「混血児は、人種的な相違で性格が異なっているとも考えられるであろうが、異なった性格の中にも人間的な血の流れと、そのよさはどこかに見いだされるはずだ」とあり、混血児に対する優生学的視点は一般にも浸透していることがわかる。

もちろん『婦人公論』は人種差別反対の立場に立っており、黒人詩人ラングストン・ヒューズの「自由号」を掲載している。しかし詩に付した木島始の解説には、「アメリカ黒人の優れた才能は、すでにスポーツでは周知のことであり、音楽におけるそれも広く知られてきているが」といった文言がある。これは「黒人の優れた才能」をいうものではあるが、ステレオタイプの構築でもある。先に引いた板垣直子の文章にも、「ぱんぱんと普通のGIから生まれた混血児でも、教育によっては偉くならないと誰が断言できようか。黒人でも歌や踊りは巧いようである」という一節がある（傍点引用者）。

混血児問題への優生学的視点は国策でもあった。混血児の存在は将来〈日本民族〉にいかなる優生学上の影響を与えるか。それが厚生省、つまりは日本政府の最大の関心事だったといえる。五二年八月一三日、厚生省中央児童福祉審議会は有識者二〇名による混血児問題対策研究会を設置した。その中には沢田や神崎も入っているが、座長は優生学の権威である国立公衆衛生院長の古屋芳雄。彼は混合民族論が主流であった戦中においても、優生学上の視点から断固として混血否定論を唱えていた。[43]

その彼を座長に据えたということは、厚生省の基本姿勢を示しているといえるだろう。

『婦人公論』五三年四月号に、古屋は「混血ものがたり」を書き、「現在の混血児の数が思ったより少なかったからといって、これを軽視してはならないこと、なぜなら朝鮮人や中国人との混血の場合とちがい、白人や黒人との間の混血児には、幾代も混血の刻印がつきまとうので見かけ上の混血児は将来増加するし、またそれらのものは「類を持って集まる」傾向になり、社会の中の異物的な要素となりがちであること」を指摘する。

生物学的に見ても、「日本人と白人ないし黒人というような甚だしく遠い人種間の混血児に遺伝質の不調和を来す可能性が無いとはいえないし、またそれが自然環境に対する抵抗力の低下となってあらわれることとなしとしない」。

また混血児は社会学的にも問題を引き起こす。その「典型的なもの」として古屋は「ムラット問題」、すなわち「白黒混血児の問題」をあげる。そしてその最も不幸な例は西インド諸島のフランス植民地ハイチであるという。ハイチでは白黒混血児ムラットが白人と結婚し、さらにその子が白人と結婚し……という形で白人の血が多い混血児が増え、その結果ついにフランスの市民権を要求するまでになった。それに反対する民族「純血運動」も起こり、フランス政府はついに市民権運動の指導者を弾圧……。古屋はその経緯を細かく記したあと、結論として次のように言う。

「このハイチの例は二つの重大なことをわれわれに教える。第一はすべて社会運動や民族運動と呼ばれる民族間の葛藤は、両種族から起こされる場合よりも、混血層から起こされる場合の多いこと、第二は概念的な平等主義は現実問題に出会って破綻を来しやすいこと、とくに大きな混血層の発生する際に、この理想と現実の矛盾に直面するということである」。

ここで言われているのは、第一に、混血にも近い人種間と遠い人種間の二種類あるということ。第二に、遠い人種間の混血は生物学的にも社会学的にも問題を起こしやすいということだ。日本人にとって、中国人や韓国人との混血は近い人種間だが、白人や黒人との混血は遠い人種間ということになる。

日本医科大学教授で、混血児問題対策研究会のメンバー木田文夫も同様の見解に立っている。木田によれば、ヨーロッパの混血は「ラテンとアングロサクソン、北欧人とギリシャ人といった近い人種の混血」であって、「しばしば天才を生むことすらある」。しかし「日本の現状は、白人あるいは黒人と日本人の混血という非常に、かけ離れた人種間の混血である上に、父親の名前も分からなかったり、母親がパンパンだったりする。劣等な子が生まれることが多いわけである(44)」。

先の静岡県駿東地方の資料にみられるように、厚生省は「いわゆる混血児」調査において「黒」「白」だけを対象にし、「黄色」を除外していた。それは一見して「占領っ子」であるかどうかだけでなく、「近い人種」との「黄色い」混血児なら「日本人」に包摂可能という判断があったためかもしれない。

(5) 混血児問題とナショナリズム

優生思想にしろ「支配としてのセックス」問題にしろ、混血児問題にはナショナリズムがつきまとう。というよりは、混血児問題そのものがナショナリズムを起動させるといえる。「混血」は「純血」との対比あってのものであり、したがって混血児を問題化することは、つねにその背後で「非混血＝純血」日本人が構築されていることになる。その意味で混血児問題はナショナリズムと不可分だが、とくに五〇年代前半はナショナリズム全盛時代だった。

五〇年六月、冷戦はついに熱戦に転化、朝鮮戦争が起こった。GHQはそれ以前から反共姿勢をあらわにし、レッドパージや労働運動弾圧を行っていたが、ここへきて徳田球一ら共産党幹部を公職追放。共産党は反米民族民主路線を掲げて武装闘争を呼びかけた。労働者の間では、「民族の自由を守れ、決起せよ祖国の労働者……」という「民族独立行動隊の歌」が高らかに歌われた。

反米ナショナリズムはいわゆる左翼だけでなく、一般知識人にも共有されていた。作家石川達三は、『中央公論』五三年一一月号に「反米感情は消えない」と題して次のように書いている。

「マッカーサーの最初の統治政策は、衷心から日本の味方となり、日本人の幸福のための方策を授けてくれたように見えた。(略)しかしそれは全部うそだった。米国はただ、自国の利益のために日本を利用することしか考えていなかった。(略)米国が日本を援助するということは、日本の対ソ戦力を育成するということだった」。

こうした反米ナショナリズムは、当然混血児問題に影響を与える。優生学上の問題や「黒か白か」以前に、アメリカ人との混血という存在そのものが反米ナショナリズムを刺激するからだ。しかしさすがにそれをむき出しにして混血児を否定する言説は、少なくとも一般紙や総合雑誌には見あたらない。先に引いた神崎清にみられるように、「民族的裏切り者」として混血児の母や「パンパン」を批判する言説は枚挙にいとまがないが、混血児に対しては「生まれた子に罪はない」となる。混血児は「その身に何の罪もなく、抗議するすべも知らず、ただ民族の汚辱と戦争の犠牲になって生まれ育ってきた」というわけである(映画「混血児」シナリオあとがき)。

混血児を「民族の汚辱」とし、しかし「彼らに罪はない、かわいそう」という視点は子どもたちの作文にも貫かれている。五三年四月、清水幾太郎らによって『基地の子』（光文社）が刊行されたが、これには日教組（日本教職員組合）の協力の下、基地周辺七三の小中学校からの二〇〇〇点の作文が収録されている。その中には「かわいそうな混血の子」という章のもとに、青森、静岡など七人の子どもの作文が載っている。三沢基地をもつ青森県には一一四人の混血児が確認されていたが、中学三年の少女はこんな詩を書いている。

「米軍は演習がおわると／子供たちにガムや小銭をくれて／お嬢さんの居所をさがしている／それでよいのかと思えば／血をにごらかして／赤ちゃんを生ませて／その赤ちゃんがかわいそうです」。「血をにごらかして」とは、「混血」を文字通り受け取った子どもの発想だろう。同じ青森の中学二年の少年の文章にはむき出しのナショナリズムがある。

「このままでいくと、数年のうちには、日本中に混血児があふれるのではないかと心配だ。米国兵とパンパンとで、いまに日本民族を、米国人と日本人との間の雑種（混血児）にしてしまうのではないだろうか」。

そうなると、「祖先から伝わった日本独特の文化というものが消えてなくなる」と彼は心配し、次のように文を結ぶ。「私たちは、日本の歴史を守って、日本独特の美しい文化を愛していかなければならないと思う」。これは当時民主民族路線から基地問題に積極的に取り組んでいた日教組の姿勢であった。

先の玉穂村など富士山麓の基地周辺の子どもの作文も載っている。そこには「まるで人食い土人の女」のように「口べにをまっ赤につけたパンパン」や、銭湯で「いやな、聞きたくもないようなことを平気でいって、大きな声でどなったり、笑ったり」する「進駐軍あいての人」とともに、「かわいそうな」混血児についての作文もある。登校の途中、「パンパン」のあとを「お母さん、お母さん」とついて歩く金髪の「あいの子」を見た中学二年生の少女はつぎのように書いている。

「あの子たちは大きくなったら、何になるのだろうか。お父さんやお母さんを、どう考えるかしら。自分の友だちとちがう目の色、髪の毛を見て、どんな恥ずかしい、情けない思いをするだろうか。

（略）かわいそうな子供たち、自分には何の罪もないのに……」。

その章のタイトルは「富士をけがすもの」。ここでは富士は気高い「純血日本」のシンボルである。「パンパン」や混血児はそれを「けがすもの」なのだ。こうした富士のシンボル化は映画「混血児」の最後にも見られる。シナリオによれば、母を求めて施設を抜け出した混血少年は米軍演習地に入り込む。砲弾が炸裂し、硝煙が少年を包む。その彼方に「静かな富士の姿」が映し出されて「おわり」となる。少年は暴力的アメリカ帝国主義の犠牲であると同時に、「純血日本」のシンボル・富士を「けがすもの」でもある。

「混血児」の監督・関川秀雄は、翌五四年、奈良のＲＲセンターをテーマにした映画「狂宴」を制作している。ＲＲセンターとは、朝鮮戦争下、出撃米兵の一時休養娯楽センターとして設置されたものである。映画では日本女性を相手に「狂宴」を繰り広げる米兵と、それに「たかって」金儲けを図る日本人たち……。その浅ましい人間模様が古都奈良において繰り広げられる。そして最後は、米兵に強姦された清純な女子高生が御陵の池で入水自殺。制服姿の彼女の遺体をのせた葬列がしずしずと古都の甍に向かって進む——。映画「混血児」における富士に対して、ここでは古都奈良と制服姿の女子高生が「純血日本」のシンボルとされている。

四　消費される混血児表象

(1) 混血児問題の商品化

以上みたように、独立直後の一～二年、メディアにあふれた混血児報道は、つねに「混血児問題」として否定的文脈で語られた。ここで混血児をめぐる「問題」はほぼ出そろい、以後はそれが様々な形でアレンジされ、大衆化されてゆくことになる。

その背景には、朝鮮戦争による経済復興とメディアの発達がある。朝鮮戦争休戦が成立した一九五三年は電化元年、家庭電化製品が次々売り出され、テレビ放映も開始された。『経済白書』が「もはや戦後ではない」と高らかに歌い上げたのは五六年、前年の「神武景気」といわれる好景気を受けてのことである。こうしたなかで混血児問題も、シリアスな問題としてよりは〈表象〉として商品化され、消費されることになる。

その最初は、獅子文六が『毎日新聞』に連載した『やっさもっさ』だろう。獅子は大衆作家として戦中は『海軍』などの作品を書いたが、戦後は『てんやわんや』『自由学校』『やっさもっさ』と戦後風俗に題材をとった軽いタッチの作品を新聞連載。いずれも映画化されて人気を博した。『やっさもっさ』は五二年四月から八月まで『毎日新聞』に連載され、五三年、淡島千景を主役に映画化された。関川秀雄による独立プロ映画「混血児」や「狂宴」が民族民主路線むき出しの「傾向映画」であるのに対し、こちらはコミカルな娯楽映画として観客を集めた。これにはサンダース・ホームの二人の子どもが出演している。

小説はサンダース・ホームをモデルにしているが、混血児ものというよりは、男女平等の空気の中で、敗戦ボケの夫を尻目に才能を発揮するヒロインの活躍と挫折が中心である。しかし原作の小説では、見学者等との対話を通して、混血児問題が様々に語られている。

「ある黒い女の子が、お風呂に入った時に、保母さんに、もっとシャボンをつけて、よく洗ってくれ——そうしたら、保母さんと同じ色になれると、いったことがありますの。でも、それを、人種的劣等感と考えるのは早計ですわ」。

ここには三章でみた「黒い子の悲しみ」がある。優生学上の問題も出てくる。「血族結婚が悪いと同じように、あまり遠い種族の結婚も、学問的に面白うないのや。その上、あんたの所の子供は、妊娠の動機がようないからな」。

この発言のあとには、父親が「白人」で「優秀」であっても、母親が「劣等」だと子孫に悲劇的な影響が出ることを「有名なカリカック家の家系」を持ち出して延々と講釈している。新聞小説という受け入れやすい形だけに、『婦人公論』の論文などよりよほど影響は大きいだろう。

五五年には仏伊合作映画「混血児アンジェロ」(四九年制作)が公開されている。インターネットの「あらすじ」によれば、主人公は五年の刑期を終えて故郷に帰ってくるが、彼を待っていたのは死んだ妻が残した混血児アンジェロ。彼の留守中、妻は黒人兵にレイプされ、アンジェロを産んだのだ。彼はアンジェロを引き取って育てることになったものの、愛情を感じるどころか憎しみの対象でしかない。しかしやがて……といった父の物語であるらしい。

(2)ジェンダー化される混血児問題

一九五九年、混血児問題はひとつの画期を迎える。その年はじめ、前年「飼育」で芥川賞をとった大江健三郎は、『週刊朝日』に「戦後世代のイメージ」と題するエッセイを連載した（五九年一月二日〜二月二二日）。その中の「きれいな手」は、人種差別と混血児問題をテーマにしている。

そのころアメリカでは、五七年九月のリトルロック事件を契機に黒人運動が盛り上がっており、アルジェリアでは独立を求めて民族解放戦線が苛烈な闘いを繰り広げていた。大江はそのエッセイで、そうした問題への日本人の反応が、白人を非難しアルジェリア独立を支持するものであることを言い、「これはどういうことか？　日本人がきわめてヒューマニスティックであり、きわめて正義を愛する国民であることを意味するのか？」と問いかける。

もちろん答えは否である。こうした問題は日本人にとって「対岸の火事」であり、「きれいな手をしていることができる」からだと大江は言う。そして、電車の中で出会った「日本人の母親によりそっている、黒い皮膚とちぢれっ毛の少年」をあげ、日本国内にも「混血児問題」という人種問題があることを指摘する。これに対して日本人はきれいな手をしてはいられない。「しかも、混血児を海外へ養子にやることで、その子供に幸福を見つけてやったと思いこむような考え方は、本質的解決を暗示しない」。最後に大江は言う。

「この新しい人種問題に関するかぎり、もっとも人間的な解決を指ししめしているのは、戦争直後、いろんな事情はあったにしても、ともかく、あえて黒人兵の子供を産む勇気を持った母親たちの態度なのである」。

三章でみたように、かつて神崎清は米兵と性関係を持つ女性を「民族的裏切り者」とし、板垣直子は「妊娠中の子供を中絶する決断力に欠けた」として混血児の母を非難した。この二人だけでなく、それがおおかたの見方だった。大江のこの発言はそれを真っ向から否定し、逆に「もっとも人間的」

と黒い子どもを産んだ母親を評価している。

これは混血児問題への新しい視角である。このエッセイが出た直後の内閣委員会で、民社党衆議院議員受田新吉は、政府の混血児対策について質問し、民間の努力でアメリカへの養子縁組が進められている以外、政府として何の措置もとっていないこと、全国的な調査も五三年二月以後行なわれていないことを、厚生省高田児童局長の口から明らかにさせている(45)。受田の質問は、あるいは大江の文章に触発されてのものかもしれない。

しかし当時、大江の逆転の視点が広く共有された形跡はない。この年は、白土三平のマンガ『からすの子』（日本漫画社）、今井正監督による映画「キクとイサム」が公開され、混血児表象に厚みを加えたが、内容はいずれも「黒い子の悲しみ」である。そしてそれと不可分な形で、混血児表象は女性化されることになった。当時の（現在も）ジェンダー観において、「黒い」ことは男より女の方に圧倒的にマイナスに働くからだ。戦後十余年を経たこの時期、黒い少女たちはそろそろ思春期を迎える。したがって以後の混血児表象は、彼女たちの「悲しみ」を中心に展開されることになる。

白土三平は『忍者武芸帳』、『カムイ伝』などで知られるが、『からすの子』は黒い混血児ミチ子と父親の物語である。ミチ子は父親の実子ではない。赤ん坊のとき銭湯で実の子のミチ子と取り替えられた混血児である。しかし母親の死後、父親はその子をミチ子と名付け、わが子同様にかわいがって育てる。成長するにつれ、ミチ子は肌の黒さから「からすの子」とあざけられ、いじめ抜かれる。

写真２
白土三平『からすの子』

見かねた父親は、「かわりに自分が黒くなってもいいから、どうかミチ子を白くしてやって欲しい」と必死に神に祈る。祈りは聞き届けられ、一夜のうちにミチ子は白くなり、代わりに父親は真っ黒……。そして彼は豪雨の日、ミチ子の唯一の同情者である少年を助け、自分は濁流に呑まれて死ぬ。

銭湯での赤ん坊取り替え事件は、先述のように四八年にベリガンが書き、五二年に野上弥生子がパール・バックへの手紙で引いている。白土はここで〈その一〇年後〉を描いているわけだが、評論家呉智英は、捨児、下町の長屋、奇跡、黒人の肌が白くなるといった共通点をあげて、ヴィットリオ・デシーカ監督の映画「ミラノの奇跡」の影響をみている[46]。父親がわが子ではない混血児を育てる点では、「混血児アンジェロ」の影響も考えられる。

戦後の日本では、三益愛子主演の「母もの」映画が大人気。五五年には原水禁運動から発展して母親大会がひらかれ、以後「生命を生み出す母親は、生命を守り育てることを願います」をスローガンに平和運動を展開していた。その結果、母は子のための犠牲をいとわない、母は愛と平和のシンボルという観念が一般に広まっていた。そうした状況のなかで、あえて白土が、母ではなく父の、それも自己犠牲的愛を描いているのは面白い。人びとの原罪を背負って、十字架につくイエス・キリストにイメージを借りたのだろうか。いずれにしろ意表を突く設定であることはたしかである。それだけにジェンダー化された「黒い子の悲しみ」は、読者である少女たちの胸にしっかり定着することになったのではないか。

監督・今井正による映画「キクとイサム」は、北林谷栄の迫真の演技と相まって、数々の賞を受賞している。リトルロック事件の新聞記事が映画に出てくるので、作品の時代は五七年初夏から秋にかけて。アメリカの黒人差別や大江が批判したアメリカへの養子の問題点も押さえられている。

脚本を書いた水木洋子は、作品のために官庁関係者・施設・学校等を訪ね歩き、混血児の実態を調べたという。その結果、施設で育つ子と民間で育つ子の間には歴然たるちがいがあるが、民間で育っている子は〈純血〉日本人の子と何のちがいもないという。「学力が中以下であることや粗暴であることや反発力の強いことは共通性のように言われるが、それを産んだ母親の血と環境というものを度外視してそれを語ることは軽率だと思う。それらの共通性は民族の差別ではなく、多くはその子たちの位置と、父母の血の優劣から来るものが多いことは明らかである」(「混血児をめぐる人々」『世界』五九年八月号)。

水木は、混血の子と「我々」のちがいは「ただ皮膚の色だけ」、問題は彼らを取り巻く日本社会にあると言う。映画はそれをつよく訴えるものとなっている。

写真3

映画「キクとイサム」

キクとイサムは母を同じくする混血の姉弟。福島県・磐梯山麓の村に祖母と暮らしている。「パンパン」だったらしい母はすでになく、黒人兵と思われる父もどうなったかわからない。老いた祖母は、自分亡きあとの二人の身を案じ、勧められるまま養子としてアメリカへ送ることを決意する。しかし、八歳のイサムには養子希望者が現れるが、一一歳のキクはもらい手がない。

キクはまだ小学生とは思えない豊かな胸と腰を持ち、それがまた嘲笑の対象になる。でかい身体にちぢれっ毛、真っ黒な肌……。しかも活発でオートバイを乗り回し、負けん気が強い。こうした特徴は男なら美点ともなるが、女の子にとっては決定的にマイナスである。残されたキクには、これまでの黒い子としての差別に加え、さらに「売れ残り」という嘲りが浴びせられる。

しかしキクは『からすの子』のミチ子とちがって、それにただメソつくような子ではない。いじめっ子たちに敢然と立ち向かい、大人たちの差別的まなざしやお説教に反抗する。こうしたキクの態度に、これまで同情的だった近所の人まで白い眼を向ける。これではとてもムラ社会で生きられない。そう思った祖母はキクを尼寺にやろうと考える。絶望したキクは深夜床を抜け出し、納屋で首つり自殺を図る。

しかし古縄はキクの体重を支えきれず、自殺は未遂に終わった。祖母がようやく見つけたとき、キクは切れた縄の下に呆然とたたずんでいたが、その足のあいだから鮮血がしたたっていた。初潮が訪れたのだ。「キクは大人になったんだ」と祖母は祝福し、「ずっとばあちゃんのそばにいたいんなら、一人前の百姓になれ」と言う。顔を輝かせてうなづくキク。

学校を休んで祖母と畑に行く途中、キクはいじめっ子たちに出会う。

「かまうんでねえぞ、ガキわらしだ」と言う祖母の言葉に、キクは昂然と顔を上げ、「年頃だからな、おら。……かまってやらねえぞ」と堂々たる態度で鍬をかついで去ってゆく。自殺未遂によって反抗的な子どものキクは死に、一人の農婦として再生したのだ。それは母性としての再生でもあった。映画はそれに〈希望〉を託して終わる。

先に見たように、黒人女性はジェンダー的に圧倒的にマイナスだが、一点だけ評価されることがある。母性である。ジョン・ラッセルが『日本人の黒人観』(新評論、一九九一年)で書いているように、文化的作品において黒人女性はしばしば太った乳母、あるいは多産の母として表象される。それはステレオタイプの生産であり、彼女たちを母性に閉じこめる。それを賞賛し感謝してさえいれば、「白人」や男たちは彼女たちから無限の自己犠牲や献身を搾取することができるのだ。こんなウマイ話はない。

「キクとイサム」もこの罠にはまっている。第一キクは、旅芸人一座で生き生きしていたように、歌や芝居大好き少女として造形されている。これ自体黒人のステレオタイプといえるが、作品としての整合性の上からも、土に生きることが彼女の未来をひらくかどうか疑問が残る。

(3)再生産される「パンパン」・混血児表象

六〇年代に入って、混血児問題をテーマにした作品としては有吉佐和子『非色』(『中央公論』一九六三年四月~六四年六月号)、高橋和巳『堕落』(『文芸』六五年六月号)がある。(47)

『非色』は初めて混血児の母を主人公にした作品で、四年前大江健三郎が提起した混血児の母に対する視点の逆転を形象化したといえる。これまでつねに客体として、その道徳的退廃や無知を非難されてきた彼女たちを主体として立てたとき、混血児をめぐる風景はこれまでとはちがって見えてくる。作品は主人公・笑子の一人称で展開される。

笑子は戦災で家を失い、母と妹を養うために黒人専用のキャバレーでクロークとして働く。そこで知り合ったトムは、笑子の歓心を買おうと占領軍用物資をせっせと運んでくれ、母も妹も大喜び。しかし結婚・妊娠となると手のひらを返したように大反対する。母は「黒ン坊」の血統が混じったら先祖に申し訳ない、妹の結婚にも差し支えるというが、笑子は反対を押し切ってメアリイを産む。しかし母は孫の顔をまともに見ようともしない。メアリイも育つにつれ「黒ン坊」と蔑まれ鬱屈していく。その姿に笑子は、トムを頼りに渡米を決意する。

作品の三分の二以上は渡米後の生活にあてられる。日本では羽振りのよかったトムは、ニューヨークではハーレムの半地下暮らし。差別社会の中で無気力きわまりない男として生きている。そのなかで次々と四人の子どもが生まれる。笑子は子どもたちを養うため日本食のレストランやメイドとして必死に働く。彼女は同じ船でやってきた「戦争花嫁」たちと交流があり、それを通じてアメリカ社会の差別の複雑さを知ってゆく。しかし、なぜ肌の色によって差別されるのか、彼女にはどうしてもわからない。皮膚の色の問題なのか、それとも階級によるものか？

作品の最後で、ワシントンになつかしい桜を見に行った笑子は、日本の桜とはあまりにちがうその姿に驚くとともに、忽然と悟る。自分は日本人で、ニグロやプエルトリカンとはちがうと思っていたが、自分もすでにこの桜のように変質しているのだ。

「私は、ニグロだ！　ハアレムの中で、どうして私だけが日本人であり得るだろう。私もニグロの一人になって、トムを力づけ、メアリイを育て、そしてサムたちの成長を見守るのでなければ、優越意識と劣等感が犇いている人間の世界を切拓いて生きることなど出来るわけがない。ああ、私は確かにニグロなのだ！　そう気付いたとき、私は私の躰の中から不思議な力が湧き出して来るのを感じた」。

この作品にもジェンダー化された「黒い子の悲しみ」はある。しかし「黄色い」主人公がその「黒」を積極的に引き受けるとき、「黒」も「黄色」も非色化され「悲しみ」は消える。この延長線上に白人的な価値観を覆す「Black is beautiful」が出てくるのだろう。

しかしこうした視点の逆転は、この段階で大衆的な影響力を持ったとはいえない。それよりも、ともに大ベストセラーとなった松本清張『ゼロの焦点』と森村誠一『人間の証明』の影響力の方がうんと大きかったはずだ。この二作はただちに映画やテレビドラマになり、文庫に収められて今も版を重ねている。どちらも累計すると優に一〇〇〇万部は超えるだろう。それによって「パンパン」体験や混血児を産んだことが極めつきの〈汚辱〉であることを、戦争を知らない世代に再生産し続けているといえる。

『ゼロの焦点』は混血児問題には触れていないが、「パンパン」差別を増幅・定着したといえるだろう。五八年一月から『太陽』に連載され、『宝石』に移って六〇年一月完結。ただちに光文社カッパノベルスの第一冊目として刊行され、大ベストセラーになった。翌六一年に映画化され、作品の舞台になった能登金剛は一躍自殺の名所になった。内容は、金沢の名士の妻で、その知性と美貌でリーダー的存在として活躍している女性がかつて立川で「パンパン」をしていた前身が露見するのを恐れ、次々と四人もの人間を殺害するという話である。

敗戦の記憶も薄れかけ、高度経済成長に向かって離陸しつつあったこの時期、あらためて「オキュパイド・ジャパンという未曾有の社会的混乱の中から派生したひとつの社会的悲劇[48]」を描いたものとして批評家の評価も高い。「パンパン」については、立川の元風紀係だった警官の口を通してこんなふうに語られている。

「それと、日本人だかアメリカ人だかわからないようなパンパンが、米軍人と同じくらい多かったのです」。

「警察では、パンパンの狩込みをずいぶんやりましたがね。ちょうど飯の上にたかっている蝿のようなもので、追っ払っても、追っ払っても、きりがない。ずいぶん、てこずったものです」。

こうした「パンパン」の一人だった前身を隠すために、四人もの人間を殺した女性を、作者は同情をこめて描いている。作者松本はほぼ同時期に『新潮』に発表した「黒地の絵」(五八年二、四月号)で、黒人兵に妻を強姦された男の怨念を描いている。その怒り・屈辱は何の落ち度もない妻にも向けられ、結婚生活は破綻する。これは松本自身の身体感覚でもあり、米兵との性関係の露見は社会的抹殺を意味すると見ていたのだろう。だから自己防衛に走ったのも無理はない……。これは「パンパン」へのスティグマの再生産である。

森村の『人間の証明』は、『ゼロの焦点』からさらに一〇年以上たった七〇年代半ば、『野生時代』に連載され、七六年に単行本となった。作中に引かれた「母さん、僕のあの帽子、どうしたでせうね？」という西条八十の詩の一節と相まって、爆発的な人気となった。やはり占領下、米兵のオンリーとなって混血児を産んだ女性の犯罪をテーマにしている。彼女はアメリカからはるばる母を慕ってやってきた混血の息子を殺し、さらに事情を知る女性も殺す。七七年、岡田茉莉子主演で映画化され、その後も何度かテレビドラマとして放映されている。

小説では、「母性愛」のかけらもない自己中心的な女として描かれているが、映画では米兵に輪姦されたヒロインが自殺を図るなど、観客が感情移入しやすいようにつくられている。それだけに、占領下、米兵に性を売った女性の〈汚辱〉は戦後育ちにすんなり受け継がれてゆくだろう。

日本の女性史は、いまだに占領下のＲＡＡや「パンパン」体験について、当事者の声を生かせないままにいる。『ゼロの焦点』や『人間の証明』によって、六〇年代以来ずっとその〈汚辱〉が再構築され続けてきたことも、当事者の口を封じてきたといえないだろうか。

おわりに

さて、最初に立てた仮説にもどろう。こうした混血児をめぐる表象は、単一民族神話の形成に関係しているだろうか。

冒頭に示したように、単一民族神話とは「単一純粋の起源をもつ、共通の文化と血統をもった日本民族だけで、日本国が構成されてきたし、また現在も構成されているという観念」である。小熊英二によれば、そうした観念は六〇年代に入っての言説のなかで二つの方向で使われるようになった。一つは「国家や天皇との一体性を主張する保守的なもの」で、おおむね肯定的に使われる。その例として小熊は小泉信三、石原慎太郎、三島由紀夫をあげる。

小熊によれば、一九六一年、小泉は「日本と日本人」において、列島には太古から「日本人」が住んでいた。そして多種多様な民族と言語を持つヨーロッパや中国に比べ、「日本国民というものが幸いにもこれとちがってかく単一同質であることは、やはり大きな力になっている」とした。また石原は六八年、「祖国について」を書き、「ほぼ単一といえる国民が、他の国家とまったく共通しない単一の国語を話し、まったく独自の文化を、かくも長い期間にわたって形成してきたという例は、他に、まったくといっていいほどない」と述べた。

さらに同年、三島は「文化防衛論」において、単一民族論を展開した。「日本は世界にも希な単一民族単一言語の国であり、言語と文化伝統を共有するわが民族は、太古から政治的統一を成し遂げており、われわれの文化の連続性は、民族と国との非分離にかかっている」。そして「敗戦によって現有領土に押し込められた日本は、国内における異民族問題をほとんど持たなくな」り、「在日朝鮮人問題は、国際問題でありリフュジー「難民」の問題であっても、日本国民内部の問題ではあり得ない」と言うのだ。

こうした保守派の肯定的単一民族論に対して、もう一つ否定的流れがあると小熊は言う。その代表例として小熊は、六七年の中根千枝『タテ社会の人間関係』をあげる。この本によれば、「日本人」は同質的で他になじもうとせず、「あらゆる分野に田舎っぺ的傾向」があり、「国際性のないことおびただしい」。そして「現在の学問の水準でさかのぼれる限り、日本列島は圧倒的多数の同一民族によって占められ、基本的な文化を共有してきたことが明白である」とした。彼女の言う「タテ社会」日本は、こうした世界で希な単一性が作り出した日本特有の集団のあり方だというのだ。

増田義郎『純粋文化の条件』（講談社、一九六七年）も、小熊によれば同じ傾向を持つ。日本は「先史時代以来の単一民族が、単一文化を守るという、きわめて特異な、純粋培養的条件」で成立したもので、「日本人は、人がよくて、お坊ちゃん的で、観念的」である。「すれっからしの雑種文化」であるヨーロッパ文化に対して、日本文化は「純血の民族が、他民族との摩擦や抗争なしに、おっとりと単一文化を守り通してきた、純粋中の純粋文化である」と言う。そして「日本人は異民族の扱い方があまりうまくない」として、その原因に異民族接触経験の不足をみている[49]。

こうした単一民族神話は現在も生きており、折に触れて顔を出す。つい最近も伊吹文明文部科学大臣が長崎県でひらかれた自民党大会で、「大和民族が日本を統治してきたことは歴史的に間違いない事実。極めて同質的な国」、「悠久の歴史の中で、日本は日本人がずっと治めてきた」と語って問題になった（『朝日新聞』〇七年二月二六日、朝刊）。

これまで見てきた混血児に関する言説・表象には、こうした単一民族神話に直接つながるものはない。単一民族神話とは、現在だけでなく歴史を通じて日本が「純血日本人」だけでつくられてきたという超歴史的観念である。独立直後にメディアに現れた混血児をめぐる言説において、そうした観念が語られたことはない。それどころか、少なくとも歴史的には日本人が混血民族であることは多くの論者が語っている。先に示したように野上弥生子は、パール・バックへの手紙で、「地球の人類で混血児でないと断定しうるもの」は多くないと述べていたし、優生学の立場から混血否定論を展開した古屋芳雄も、歯の咬み合わせ具合が「日本人ときたらめちゃめちゃで、日本人が東亜のいろいろな民族の血を受けた混血種であることがここでもわかる」としていた（前掲「混血ものがたり」）。『人間の歴史』などの著書がある安田徳太郎も、「最初に日本へやってきた人間がそもそも混血種族だった。つまり、原マレー人、モンクメール族、チベット・ビルマ族などが、まず支那大陸に移住し（略）この中、広東州、福建州あたりの沿岸に住んでいたものが、食いつめて日本に渡ってきたのだ」とし、さらに歴史時代になって文化的に進んだ朝鮮人、漢人などがどんどん渡ってきて混血を重ね、支配層を形成したとしている（前掲「青い眼の一年生」）。同じ誌面には東大人類学教室鈴木尚助教授の混血否定論も載っているが、概して混血児問題との関連で語られるのは日本人混血民族論である。

しかし、そこには切断線が引かれている。古屋の言う「近い人種」間の混血児と「遠い人種」間のそれである。これまでの混血は近い民族であるアジア系同士だったからよかったが、現在の混血児問題は白人であれ黒人であれ、遠い人種間なので問題だというのだ。神崎清も前掲の「白と黒」で「ユーラシアンをつくるな」と言う。ユーラシアンとはヨーロッパ人とアジア人の混血をいうが、神崎はそれは避けるべきだという。

「植民地支配を背景に、アメリカ人より下で、原住民より上だという中途半端なユーラシアンの発生が、どんなにフィリッピンの苦悩のタネになっていることか。インドといい、インドネシアといい、いわゆる「自由国家」の支配を受けたアジア民族共通の歴史を知っている日本人としては、混血そのものは恐れないにしても、ユーラシアンという形で固まった異物混入の災いをさけたいのである」。

この発言は思わずホンネがもれたというべきだろう。日本がインドネシアやフィリピンの位置に立たされるのは困るということだ。「アメリカ人より下で、原住民より上」というのはまさに近代における日本の位置だった。少なくとも日本人の自己意識としてはインドネシアやフィリピンよりずっと上、のつもりだった。これに関して清水幾太郎は、つぎのように書いている。

「日本人の場合は、単純な日本人優越というのではなく、従来、白色人種に対しては、殆ど無条件に近い尊敬の気持を持っている。（略）西洋人に対する右のような劣等感の反面、日本人は、アジアの諸人種に対して、これまた根強い優越感を持っている。（略）日本人は、白色人種という将校と、他のアジア人種という兵卒との間に、一種の下士官のようなつもりで立ってきた」（「アメリカよ、頑張れ」『中央公論』五三年一一月号）。

二章でふれたように、五三年二月の厚生省による全国調査で、「いわゆる混血児」として「白」「黒」だけを問題にしたのも、まずは「ユーラシアンという形で固まった異物混入の災いをさけたい」ということではなかったか。以後の混血児表象が「黒い子の悲しみ」に特化し、さらに女性化していったのはそのせいもあったのではないだろうか。

そもそも黒い子は、混血児の中でせいぜい一割強、その中で女の子となったらさらに少数である。しかし「異物混入」をアピールするには、「白」よりも「黒」の方が断然効果的である。そして女性化することによって「黒い子の悲しみ」はいっそうの共感を得る。その共感は差別的日本社会を変える方向よりも、日本にいてはかわいそうだから外国へ、といった方向に向かいやすい。「黒い子の悲しみ」を理由にすれば、自らの中の排外主義に向き合わなくてすむ。

しかし、ここから単一民族神話までには、まだまだ大きな隔たりがある。先の厚生省調査の「いわゆる混血児」から「頭髪容貌等が日本人又は韓国人に酷似しており皮膚の色が黄色をしているもの」は除かれていた。しかし彼らは、一見しただけではわからないが、やはり日本社会の「異物」であることはたしかである。彼らの父親の中には、五二年四月二八日、日本の独立にあたって日本国籍を剥奪された旧植民地出身者も多いはずだ。日本政府は、それまで「日本臣民」として徴兵し、生命まで差し出させた「朝鮮人」「台湾人」を一片の通達をもって「外国人」とし、指紋押捺を義務づけた。「異物」として、文字通り有徴化したわけだ。この「異物」が国内に大量に存在する限り、単一民族神話は成り立たない。

混血児問題が「黒い少女の悲しみ」に集約されるのとほぼ同じころ、在日朝鮮人のもとに「いつでも歓迎する。帰国後の生活一切の準備が整っている」という金日成首相のメッセージがとどいた。日本社会の差別に苦しむ彼らにとって、まさに天の助けである。北朝鮮への帰国運動が始まり、五九年一二月から彼らは続々と「北」へ向かった。八〇年代末までに約九万五〇〇〇人が帰国したが、うち七万二〇〇〇人近くは六〇〜六一年に帰国している。日本政府も積極的に支援した。「人道」を掲げてはいたが、日本政府にとって彼らの帰国は生活保護費の負担削減と「異物」排除の一石二鳥。日本社会への同化を肯んぜず、「北」を支持する彼らは、存在としてもイデオロギー的にも最もやっかいな「異物」だった。

三島由紀夫が「文化防衛論」で、「在日朝鮮人問題は、国際問題でありリフュジーの問題であっても、日本国民内部の問題ではあり得ない」とぬけぬけと言っているように、この帰国運動は単一民族神話の形成に関わりをもっていると思われる。そのメディア表象をあわせて検討すれば、神話形成の過程はよりクリアに見えてくるはずだが、他日を期したい。

三章ですでに述べたように、混血児を問題にすることは、それと明言せずともつねにそれとの対比で〈純血日本人〉が構築されている。両者はポジとネガのような関係にある。「異物混入の災い」として混血児が問題化されクローズアップされるとき、〈それ以外のもの〉は被害者共同体として同質性を高める。高度経済成長による都市化と生活スタイルの均質化もそれを促した。経済成長による自信回復も日本人意識の強化につながっただろう。

いずれにしろ、たいていの場合、人びとは見たいものしか見ようとはしない。単一民族神話が一部の知識人にとどまらず、幅広く日本人のあいだに浸透したのは、それが都合のいいものだったからだろう。敗戦で徹底的に痛めつけられたにもかかわらず「奇跡の復興」を遂げ、周辺アジア諸国の苦境をよそに繁栄と一国平和主義をむさぼるためには、単一民族神話はまことに都合のいいものだった。過去も現在も、日本社会が純血日本人だけで成り立っているなら、今後もそうであり続けるほかないだろう。日本は単一民族だから、黒い少女が差別されいじめられても仕方ない。だからやっぱり日本にいない方が、と排除の論理に読み替えることができる。それは、混血児をアメリカに送りだし、在日朝鮮人を「北」に追い払ったことへの無自覚の罪悪感を癒してもくれる。

二〇〇四年一月、朝日新聞社は全社的に「混血児」という表現を使わないことを決めた。日比国際児問題に取り組むＮＧＯ「コムスタカ――外国人と共に生きる会」の抗議にこたえてのものである。関西本社広報センターの「コムスタカ」への回答によれば、「「混血」は「純血」との対比で使われ、「純血」が優位に、「混血」が劣位に置かれ、「混血児」は差別的に使われている」からだという。これからは「米国人男性と日本人女性との間に生まれた」などと具体的に書くよう工夫するとともに、

「国際児」「アメラジアン」などの表現を適宜使ってゆくとしている。
当然の措置だろう。むしろ二一世紀になっても朝日が「混血児」という表現を使い続けていたことに驚く。三〇年ほど前から混血児は「ハーフ」「ダブル」「国際児」などと言い換えられてきた。沖縄では「アメラジアン」が多く使われるようになっていると聞く。言葉が軽やかになった分、彼らをめぐる状況も軽やかになっているといいのだが。

注

（1）前田勲『海軍航空隊よもやま物語』光人社、一九九一年ほか。
（2）藤原道子・山川菊栄対談『婦人公論』一九五二年一〇月号。
（3）沼崎一郎「〈孕ませる性〉としての男の自己責任」『インパクション』一〇五号、一九九七年一一月。
（4）森岡正博「男性から見た避妊」同前。
（5）一九四八年七月、優生保護法が制定され、一部中絶が認められたが、「経済的理由」による中絶が容認されたのは四九年六月である。ただし、上坪隆『水子の譜』（現代史出版会）、武田繁太郎『沈黙の四十年』（中央公論社）等によれば、四五年秋から四七年初めにかけて、「満州」「朝鮮」からの引揚げ上陸港博多では、引揚げ過程で強姦され妊娠した女性に対し、〈違法〉な中絶手術が行われた。「民族防衛」のためとする政府筋からの強い要請によるという。
（6）小熊英二『単一民族神話の起源』新曜社、一九九五年、七〜八ページ。
（7）法務省出入国管理局「日本における難民認定申請及び処理数の推移」二〇〇五年一二月。
（8）二〇〇三年一月、都内の大学で学生約一七〇人に対して難民受け入れの是非を問うたところ、五八％が受け入れに反対。その理由のトップに日本は単一民族だから差別するといったものだった。加納実紀代「少子対策と北朝鮮難民受け入れ」『インパクション』一三六号、二〇〇三年六月。
（9）小熊英二　前掲　三六三〜四ページ。

（10）神奈川県議会通常議会一九四五年一一月一〇日。引用は新かな遣いにあらためた。
（11）北林余志子「傷は癒えず」（『日本の貞操』蒼樹社、一九五三年）によれば、占領軍進駐後二ヵ月間に、神奈川県内では届け出のあったものだけで二九件の強姦事件が起こっている。
（12）ＳＣＡＰ／ＰＨＷ 記録用覚書　一九四六年三月四日。社会福祉研究所『占領期における社会福祉資料に関する研究報告書』一九七八年所収。
（13）菅沼隆『被占領期社会福祉分析』ミネルヴァ書房、二〇〇五年、一〇二ページ。
（14）村上貴美子『占領期の福祉政策』勁草書房、一九八七年。
（15）「クロフォード・Ｆ・サムズ博士の証言」聞き手秋山智久。『占領期における社会福祉資料に関する研究報告書』前出。
（16）注（12）に同じ。
（17）Ｐ・キャリッシャー「蝶々夫人の子供たち」『週刊朝日』一九五二年一一月二日号
（18）国会図書館の新聞切抜き「混血児」ファイルによれば、一九四八年から五〇年までの三年間に混血児に関する記事は三件のみ。
（19）yukiko koshiro "trans-pacific racisms AND THE U.S.OCCUPATION OF JAPAN" COLUMBIA UNIVERSITY PRESS 1999 P265
（20）沢田美喜『黒い肌と白い心』日本経済新聞社、一九六三年、一七六～一七七ページ。
（21）沢田美喜『混血児の母』前書き。アメリカ領事館によれば、日本女性との結婚・渡航を許可した数は、一九五二年一二月二四日現在、約一万一〇〇〇人。
（22）注（19）に同じ。
（23）注（19）に同じ。
（24）『東京新聞』一九四八年一二月五日、一二月一二日付けの『東京ウィークリー』では三三人。
（25）村上貴美子　前掲、一三二ページ。
（26）『朝日新聞』五二年一二月二四日。
（27）「青い眼の一年生」『週刊朝日』五三年三月一日号。以後一万という数は否定されていない。Ｈ・ザンダーほか『１９４５年　ベルリン解放の真実』（パンドラ　一九九六年）によれば、ドイツでは一九五五年段階の占領軍兵士との混血婚外子は六万六七三〇人。ドイツの占領軍兵力は最大二〇〇万弱、日本は四三万余。それでいうと日本の婚外混血児は約一万五〇〇〇人ということになる。

(28) 大島文部省初等中等教育課長の発言。参議院議事録情報『第15回国会厚生委員会母子福祉に関する小委員会　第一号』一九五二年一二月六日による。

(29) 文部省『わが国の教育の現状』一九五三年度。

(30) 『厚生白書』一九六二年。

(31) アメリカ人との養子を願っていた沢田美喜は、『混血児の母』において「五一%の法則」への怒りを述べ、ホームの子どもでそれに適合する唯一の例として「英人の船乗りを父とし、母親は上海の料亭の仲居で、この間にできた娘がある。この娘が黒人相手のパン助になって、できた子供」をあげている。「ただし、白痴の女の子だった」。

(32) 注（19）に同じ。

(33) 野木達夫「キャンプの中の中学校——静岡県・東富士山麓演習場」『日本の基地』和光社一九五三年。

(34) 第31回国会内閣委員会第26号、一九五九年三月三一日。

(35) 神崎清「日本女性の国際性と売笑性——パンパンをめぐる民族感情について」『改造』三三—一〇一九五二年臨時増刊号。

(36) 日本キリスト教協議会「混血児に関する声明書」『協調時報』一九五二年一一月一五日号。

(37) 市川房枝「「独立」日本の婦人問題」『東洋経済新報』一九五二年五月。

(38) 帯刀貞代「未亡人と混血児」『改造』一九五二年八月号。

(39) 青木慶一「混血児は日本人か?」『潮』一九五二年一一月号。

(40) パール・バック「手と手をつないで混血児の幸福を」『婦人公論』五二年七月号。

(41) 神崎清「白と黒」(『婦人公論』五三年三月号) によれば、調査は五〇年八月〜五二年七月の二年間に、県立屏風ヶ浦病院に収容された「街娼」一七七六人に面接調査したもの。うち妊娠経験のある者四六一人で二六%、中絶および早産が三九三人二二%で、実際に混血児を抱える者は六八人、三・八%にすぎない。

(42) 前掲「青い眼の一年生」による。

(43) 小熊英二　前掲、二五〇〜二五二ページ。

(44) 前掲「青い眼の一年生」による。

(45) 注（34）と同じ。

(46) 呉智英「少女漫画形式の異色作」『白土劇画の始まり』青林工芸舎、一九九九年。
(47)『堕落』が単行本になったのは六九年(河出書房新社)。主人公はサンダース・ホームをモデルにしたと思われる混血児施設長。彼には戦前「満州国」において「五族協和」を実現すべく、満州女性との混血を推進し、敗戦にあたって妻子を犠牲にした過去がある。作品はその彼の自己批判意識を通じて、戦後責任をなおざりに経済成長をめざす戦後日本への批判や国家と個人の問題が焦点化されており、非常に興味深い。しかし混血児表象を問題とする本稿では取り上げない。
(48) 平野謙「解説」『ゼロの焦点』新潮文庫、一九七一年。
(49) 引用は小熊前掲書三五八〜三五九頁による。三島由紀夫文中の「リフュジー〔難民〕」のカッコ内は小熊の補足である。

(恵泉女学園大学平和文化研究所編『占領と性——政策・実態・表象』インパクト出版会、二〇〇七年五月)

書評

煙にまかれてきた日本占領

『占領期の日本 ある米軍憲兵隊員の証言』
テレーズ・スヴォボダ著　奥田暁子訳、ひろしま女性学研究所、二〇一一年

二〇〇四年春、アブグレイブ刑務所の衝撃的ニュースが伝えられるなか、著者テレーズ・スヴォボダは、たくましくてスーパーマンのような叔父が鬱病になったと聞いた。彼は一兵士として日本占領にかかわっていて、その体験を本にしてほしいと著者に願っていた。気乗りしないまま、とにかくテープに吹き込んでもらったが、ようやく本づくりにかかろうとした矢先、叔父は鬱病が嵩じて自殺してしまう。どうやら日本占領のPTSDらしい。いったい彼は占領下の日本で何をしたのか？ それを明らかにすべく、日本を訪れて資料を探し聞き取りをし、アメリカの公文書館などに何度も足を運んだ。その結果産まれたのが本書の原著である（二〇〇八年）。これはGraywolf Press社のノンフィクション賞を受賞した。

ちょうど同じころ日本では、日本占領を「よい占領」モデルとしてイラク攻撃を開始したアメリカへの批判をこめて、〈性〉を焦点に占領を再検証する共同研究が行われた。その成果は『占領と性』と題して二〇〇七年、インパクト出版会から刊行されたが、そこでは米兵による性暴力の多発、女性たちを病原菌扱いする性病対策、「混血児」の隠蔽など、「よい占領」の裏面が明らかにされている。本書の訳者奥田暁子は、その研究の中心メンバーだった。原著との出会いはその延長線上にある。

本書はブックレットのようなハンディなつくりながら、占領研究にもたらす意義はきわめて大きい。これまでの占領研究が支配層や被害女性の立場からであったのに対し、初めて直接的な「加害者」である米軍兵士の視点から、しかも生々しい肉声で語られているからだ。またそれによって「加害者」が死に追いやられたということは、人間と戦争を考える上で大きな問いを投げかけている。

本書は四部構成となっている。研究者ではなく、フィクションや詩を書いてきた著者は、最初に明示的に問いを立て、以後〈解〉に向かって突進するといったスタイルはとらない。第一部では、叔父の占領体験にまともに向き合う価値があるかどうか、著者自身の逡巡や手探りに読者を誘い込む。しかしその間に断片的に挟み込まれた叔父のテープは、まさに「よい占領」の裏面をつたえている。

当時叔父は一八歳の若者だったが、黒人の多い占領軍のなかの白人で、しかも絶大な権力を持つMP（憲兵）だった。白人のMPは黒人兵を監視する役目を負う。それが非常な精神的負担を強いるものであることが徐々に明らかになる。しかし日本女性との関係では、加害体験がアッケラカンと語られている。

ある日彼は東京で道に迷い、夜になったので「一軒の日本家屋に入ると、床の上に夫婦が寝ていた。ベッドは一つしかなかった。わたしは男性を向こうに押しやってから横になり、眠った」。夫を追い出し妻と同衾して、彼はおとなしく眠ったのだろうか。松本清張は「黒地の絵」で、侵入して来た黒人兵に妻をレイプされた夫の屈辱と憎悪を描いている。いずれにしろ深夜突然侵入した碧眼の大男に、夫婦が味わった恐怖は想像にあまりある。

また「売春宿」で女たちと遊んだあと、面白半分に龍の刺繍のある布団を盗み出したり、犬を「パンパン」と名付けたことが楽しげに語られている。圧巻は「キョウちゃん」との関係である。キョウちゃんには「恋愛に近い感情」を持ち、人目を盗んでセックスしていたが、場所探しが面倒なので、一軒家を見つけて愛の巣とした。いわゆる「オンリー」である。被占領国民が焼け跡のバラックで寒さに震えているとき、占領国の一八歳の若者は、一軒家を構えて女を住まわせ、ふんだんな食糧に恵まれ徴発したレコードプレイヤーで音楽を楽しんでいたのだ。

そして彼は、妊娠したキョウちゃんを放置して帰国する。死後わかったところでは、その時期彼はアメリカのガールフレンドにせっせと手紙を書いており、帰国後彼女と結婚する。キョウちゃんのその後については、男の子が生まれたらしいとしかわからない。一九五二年の独立後、日本で一気に社会問題化した「混血児」問題の典型がここにある。

犬に「パンパン」と名付けたことでもわかるように、彼にとって日本女性との関係は犬ッコロとじゃれあったほどの意味しかない。したがってPTSDの原因にはなりえない。では、彼を死に追いやるほどのPTSDをもたらした体験とはいったい何なのか？

第二部でようやく叔父の秘密の輪郭が、おぼろげに見えてくる。テープでは直接的な言及はないが、どうやらそれはMPとして四人の大量処刑にかかわったことらしい。処刑は絞首刑で、四人の多くは黒人だった。質問項目をつくって詳しいことを聞こうとした矢先、叔父の自殺を知らされる。

力になれなかった罪悪感もあり、著者の本気の調査が始まる。第三部は日本での調査、第四部はアメリカでの調査の過程とその結果である。日本では、一九五三年まで第八軍の刑務所があった東京・中野を中心に精力的に聞き取りをし、図書館で資料をあさった。当時近くに住んでいた男性は、囚人アメリカ兵の脱走はしょっちゅうあり、煙突から煙が上がるたびに処刑が行われたと思ったという。しかしそれを裏付ける資料はみつからない。

帰国後著者は、国立公文書館やＭＰミュージアムなどで資料探しに没頭した。太平洋地域とヨーロッパで行われた軍事裁判のすべての記録を読み、情報公開法を使って国立公文書館の「機密」書類を開示させたりもした。しかし結局、叔父を死に追いやった秘密を裏付ける資料を見つけることはできなかった。

そのかわり発見したのは、絞首刑が行われたはずの一九四六年五月の機密文書が破棄されたことを示す証拠だった。「煙がでてきた」と著者はいう。「煙」とは歴史の真実を隠蔽し抹殺する力のことである。「歴史は公的、私的な嘘でつくられている」ともいう。

たしかに本書を読むと、これまでわかっているつもりでいた日本占領史に灰色のもやがかかってくる。私たちはいったい、どこまで自国の占領についてわかっているのだろうか？　本書によれば、一九四六年四月四日、五〇人の米兵が大森の病院に乱入して七七人の女性をレイプ、なかには出産したばかりの女性もいて、生後二日目の赤ん坊が床に投げつけられて死んだという。こんなすさまじい事件について、わたしは本書ではじめて知った。

日本占領史にはわからないことがあり、そのわからないことすらわからなくさせられているということ、それを明らかにした点でも、本書の意義は大きい。

（『インパクション』一八二号、二〇一一年一一月）

「日本人妻」という問題
——韓国家父長制との関連で

286 — 287

はじめに

わたしは植民地下の朝鮮（韓国）の、当時は「京城」といっていたソウルの近く、「龍山」の「漢江通り」で生まれた。そのため、名前をつけるとき、龍子《りゅうこ》、漢子《あやこ》も候補にあがったという。そういう名前をつけられなくてほんとうによかったと思う。しかし、わたしが侵略者の子として韓国で生まれたという事実は消せない。そういうこともあってこれまでわたしは、専門とする日本女性史研究で、近代日本の侵略戦争における女性の共犯性、加害責任を問題にしてきた。

しかしここでは、それとは逆に、日本女性の被害に焦点を当てようと思う。日本と韓国の間には、植民地支配という「民族」における明らかな加害—被害の関係があるが、それには階級や性などさまざまな問題がからんでいる。韓日連帯のためには、いったん双方手持ちのカードをすべてテーブルに乗せ、錯綜した加害・被害の関係を洗い直す作業が必要だと思うからである。

ここで扱う「日本人妻」問題のそもそもの原因は、日本の植民地支配にある。しかし日韓の家父長制や階層の問題も大きく関わっている。ここでは彼女たちの「悲劇」を、あえて韓国の家父長制との関連で検討したいと思う。なお、私の話では韓国と朝鮮という言葉を使用するが、おおむね植民地時代は朝鮮といい、解放後は韓国（大韓民国）、三八度線の北については北朝鮮（朝鮮民主主義人民共和国）ということをお許しいただきたい。

一 「日本人妻」という言葉

最近日本では、国際結婚が急増している。そのうち三分の二以上は夫が日本人で妻が外国人というケースである。そのなかで夫の暴力など「外国人妻」の人権問題が多発している一方で、「外国人妻」のたどたどしい日本語や文化ギャップがテレビの娯楽番組やコマーシャルとして消費されている。それによって、日本社会にナショナリスティックな差異が構築されているといえるだろう。

「日本人妻」という言葉は、そうした「外国人妻」に対応して使われる場合もあるが、圧倒的に多いのは、日本の植民地支配という歴史的背景のもとに朝鮮人男性と結婚し、解放後の朝鮮半島で生きる日本女性を指す。

最初にこの言葉が使われたのは、一九五〇年代末、北朝鮮への「帰国事業」（「北送」）においてであった(1)。そのときは日本の家族との別離の悲哀の一方、「千里馬」の勢いで発展を遂げる「地上の楽園」北朝鮮に夫とともに「帰国」するという輝かしいイメージもあった。しかし七〇年代に入ると一転して、日本と韓国のいずれからも見捨てられ、孤独と貧困のうちに老いを迎えている「悲劇」の女性として語られている。

国立国会図書館で「日本人妻」をタイトルに持つ雑誌記事を検索してみると、一九七〇年から二〇〇六年末までに一一四件の記事があるが、そのうち一八件が韓国、六二件が北朝鮮の「日本人妻」である。韓国の「日本人妻」は主として七〇年代に、『朝日ジャーナル』(朝日新聞社)、『現代の眼』(2)(現代評論社)といった「左派」メディアに取り上げられているのに対し、北朝鮮の場合は九〇年代後半からのナショナリズムの高まりのなかで、『文藝春秋』『諸君!』『週刊新潮』といった「右派」メディアに急増している。とりわけ二一世紀に入ってからは、日本人拉致問題の浮上と相まって、北朝鮮たたきの材料にされている感がある。それに対して韓国の「日本人妻」問題には韓国批判はなく、彼女たちを見捨てた日本国家への批判が中心となっている。

いずれにしろ彼女たちの「悲劇」は、国家という枠組みでとらえられる。そもそも「日本人妻」という言葉を使う限り、左右どちらの陣営も国家と民族の枠組みは超えられないことになる。

二 「日本人妻」問題の歴史的背景——「内鮮結婚」と「帰国事業」

たしかに「日本人妻」を生み出した背景には、日本の植民地支配という国家と民族の問題がある。とくに韓国の「日本人妻」問題には、植民地時代に「内鮮一体」政策の一環として進められた「内鮮結婚」が大きく関わっている。

「内鮮結婚」といえば、三・一独立運動の翌年、朝鮮人の抗日意識を抑えるためにおこなわれた李王世子・垠と日本の皇族・梨本宮方子の結婚が有名だが、それだけでなく総督府は、一九二一年、一般の朝鮮人と日本人の結婚を推進するために「内鮮人通婚法」を制定した。その結果、二〇年には八五組だった「内鮮結婚」が年々増加し、二五年には四〇四組に増えている。

一九三〇年代後半になると、「創氏改名」をはじめとする「内鮮一体」政策が強力に進められる。そのなかで「内鮮結婚唱導実践」などのスローガンが掲げられ、三八年から四三年までに届け出のあったものだけで五四五八組の朝鮮人と日本人のカップルが誕生している。

このうち夫が朝鮮人、妻が日本人というカップルが三九六四組と、七三パーセントを占めた。四一年には朝鮮総督・南次郎によって、前年の朝鮮における「内鮮結婚」夫婦一三七組が「内鮮一体」の模範として表彰されるが、うち一〇六組は日本人女性と朝鮮人男性のカップルであった。日本の労働力不足を補うために朝鮮人男性の強制連行が始まってからは、日本国内で朝鮮人男性と日本人女性の結婚が急増する。

日本の敗戦後、そうした日本人女性は厳しい状況に立たされた。一九四六年三月、三八度線以南の日本人に総引き揚げ命令が出る。当時の男性中心の制度により、日本人男性で朝鮮人女性と結婚している場合は妻同伴での帰国が認められたが、女性の場合は朝鮮人である夫の同伴は不可、帰るなら夫や子どもと別れなければならなかった。その結果多くの「日本人妻」が残留することになった。

また、日本で朝鮮人男性と結婚した日本人女性のなかには、解放された祖国に帰国する夫に従って朝鮮に渡った人が数多くいた。四五年末ごろの韓国には、残った人・渡ってきた人を合わせて、一万五〇〇〇人から二万人の「日本人妻」がいたともいわれている。その後何度か引き揚げがおこなわれたが、朝鮮戦争の前後には少なくとも二〇〇〇人から三〇〇〇人の「日本人妻」が韓国で生きていたようだ。

彼女たちの消息がメディアによって日本に伝えられるようになったのは、一九六五年の韓日条約（日韓基本協定）締結以後のことである。彼女たちのなかには朝鮮戦争で夫を失い、日本人であることを隠して貧窮のなかで生きている女性も数多くいた。六六年、「日本人妻」の相互扶助団体としてソウルに芙蓉会が結成されたが、七五年の調査によると、「日本人妻」九五六人の経済状態は、極貧三七パーセント、下三六パーセント、中一八・五パーセント、上八・五パーセントとなっており、極貧と下があわせて七三パーセントを占めている。(3)

一九六九年から日本政府の援助によって、彼女たちの日本への永住帰国が始まった。しかし日本に戸籍がなく、身元の確認ができないまま亡くなってしまう人もいた。慶州ナザレ園は「日本人妻」の終の棲家として有名だが、もともとは日本への帰国希望者の身元確認ができるまでの待機所として設けられたものである。(4)

北朝鮮にも「内鮮結婚」による残留「日本人妻」が存在したはずだが、その実態はわからない。日本で問題になる北朝鮮の「日本人妻」は、一九五九年から八四年にかけて実施された北朝鮮への「帰国事業」によるものである。これによって九万三〇〇〇人以上の在日朝鮮人が北へ「帰国」したが、この中には一八〇〇人余りの「日本人妻」がいた。(5)「帰国事業」は日本と北朝鮮の問題であり、韓国は関係ないと思われるかもしれないが、「帰国」した人びとの九割以上は「南」の出身者である。

彼らがなぜ「北」へ向かったのかといえば、もちろん日本社会の差別のせいである。日本は一九五二年四月の独立と同時に、かつて「日本臣民」として徴用・徴兵し、命まで差し出させた朝鮮人から日本国籍を剥奪し、「外国人」として差別した。彼らは働こうにも仕事がなく、日本政府からのわずかな生活保護費で暮らしている人が多かった。(6)韓国政府も彼らの苦境に手を差し伸べようとはしなかった。

そのとき「北」は、「祖国は君たちを歓迎する。住居も仕事も用意している。子どもたちには大学進学の道も開かれている」と呼びかけたのである。それが在日朝鮮人にとって、どれほど希望をもたらすものであったかは想像に難くない。日本政府も人道主義を掲げて「帰国」を支援した。しかし、テッサ・モーリス・スズキの『北朝鮮へのエクソダス』[7]によれば、「帰国事業」は、生活保護費の負担が大きく、「社会不安」のタネである在日朝鮮人を追い出すために、日本政府によって仕掛けられたものだったのだ。

帰国した彼らを待っていたのは、「地上の楽園」どころか地獄のような収容所国家だった。「日本人妻」は三年たったら里帰りできるといわれていたが、「帰国」後四〇年近くたった一九九七年になってやっと十数人が一時帰国しただけで、おおかたは移動の自由もなく悲惨な生活を強いられたようだ。最近脱北してひそかに帰国した「日本人妻」も何人かいるが、一八〇〇余人の「日本人妻」のうち、生存しているのは数百人にすぎないといわれている。

三 「日本人妻」とジェンダー

何がこうした「日本人妻」の「悲劇」を生み出したのだろうか。もちろん最大の責任は、植民地支配の安定のために「内鮮結婚」を奨励し、戦後は在日朝鮮人を「北」に追い払った日本国家にある。しかし出会いがどうであろうと、幸せな結婚生活を築くことは不可能ではない。またそれぞれが属する国家が敵対関係にある男女の間にも、愛は生まれる。「日本人妻」のなかには朝鮮人男性と愛し合い、家族の反対を押し切って結婚して、幸せな生涯を送った人たちももちろんいる。

しかし、一九八〇年、金應烈が在韓日本人妻の会・芙蓉会を調査したところ、二〇パーセントが渡韓して四、五年で夫と離死別し、一五・七パーセントがつらかったこととして夫の女性関係を挙げている[8]。また、これまで日本で刊行されている「日本人妻」の手記や証言を見ても、貧困や韓国社会の反日感情だけでなく、夫との関係においても不幸な例が多い。

たとえば『日本人花嫁の戦後』[9]には、慶州ナザレ園の「日本人妻」一一八人の証言が載っているが、彼女たちのなかには子どもができないために離婚された人、女の子しか生まれなかったので夫が「妾」を持ち、妻妾同居で暮らした人、夫に従って子どもを連れて韓国に来てみると、夫には故郷に妻と子どもまでいたという人が何人もいる。また夫の暴力・博打・酒・借金などに泣かされたという話も多く、夫との生活を懐かしんで語っている「日木人妻」は二人しかいない。

そのうえ彼女たちが苦労して生み育てた息子たちも、母親を捨てて音信不通であるケースが多い。韓国の男性は母親を大切にするというが、解放後の韓国では、反日感情が渦巻いていたからだろうか。息子に「日本人の母親は恥ずかしい」と言われたという証言もある。

もちろん女や博打に狂って妻を泣かせる男は、日本にもたくさんいる。しかし「日本人妻」の「悲劇」には、個々の問題というよりは民族問題にジェンダーがからんだ構造的問題があるように思われる。そもそも「内鮮結婚」には著しい非対称性がある。先に示したように、日本人の妻と朝鮮人の夫という組み合わせが、その逆に比べて圧倒的に多い。なぜだろうか。

この疑問に対しては、物理的要因、つまり日本人男性が戦争で少なくなったので、朝鮮人男性と結婚する日本人女性が増えたため、という見解がある。「日本人妻」に北海道出身者が多いのはこの説を裏づける。北海道は数多くの徴用朝鮮人男性が働かされていたので、出会いの機会が多かったということだ。

また、朝鮮の「伝統」に原因を求める意見もある。植民地時代の朝鮮女性は「内外法」などの伝統的ジェンダー規範に縛られてあまり家の外に出なかったので、日本人男性と出会う機会が少なかったというのである。女性史研究家の鈴木裕子は、「朝鮮人妻」が少ない理由を、朝鮮女性の民族意識の高さにみている。[10]

もちろんそれぞれに真実はあると思う。しかしそれだけでは説明できないとわたしは考える。「内鮮結婚」は「内鮮一体」のためであり、それは日本への「同化」とイコールだったといわれる。しかし同化のためであれば、日本人男性と朝鮮人女性というカップルの方が有効ではないか?

近代日本は国籍や戸籍で父系血統主義を貫いていた。天皇制の「万世一系」神話は、男系血統の連続性で保証されていた。桓武天皇の母は百済の武寧王の子孫だと日本の史書にあるが、母親は単なる畑でタネは父親という父系中心の考え方からすれば、母親が外国人であっても天皇家の「万世一系」性は揺るがない。したがって「内鮮結婚」では、「朝鮮人妻」に日本人男性の子どもをどんどん産ませてこそ、日本への同化を推進できることになる。にもかかわらず、現実には逆に、日本人女性が朝鮮人男性の子どもを産んでいるのである。これはなぜだろうか。

「内鮮一体」は一方的な「同化」とは違い、建前としては対等な合体を意味する。しかし当時の朝鮮人と日本人は民族的に対等・平等ではない。したがって民族における不平等を、ジェンダーの不平等をクロスすることによって緩和し、バランスをとったのではないだろうか。日本人に対して民族的「弱者」である朝鮮人男性も、家父長制の下ではジェンダー的には「強者」である。彼らに「強者」である日本人の女を配給することによって男性としての自尊心をくすぐり、対等性を演出する。[11]「日本人妻」の大量生産はそのためだったのではないだろうか。

もしそうだとすれば、そこには日本と朝鮮の家父長制の黙契があるはずだ。朝鮮人男性たちが強者の女を所有することに意義を見出さない限り、契約は成り立たないからだ。族譜における女性排除や夫婦別姓に見られるように、朝鮮社会では日本以上に父系血統主義が強固だったように思える。したがって「日本人妻」によって家父長制が傷つく度合いは、日本以上に低かったのではないだろうか。「日本人妻」はこうした朝鮮の家父長制との共犯性のもとに生み出されたといえよう。

解放後の韓国における彼女たちの「悲劇」は、こうした構造そのもののなかにあったといえる。日本の敗戦によって、彼女たちはもはや強者の女ではなくなった。したがって、韓国の男性にとって彼女たちを所有する意義は消滅した。それどころか、解放後の韓国社会の強烈なナショナリズムのなかでは、「日本人妻」は親日と民族的裏切りの動かぬ証拠となる。日本語の使用を禁じられた、家から外に出してもらえなかったという「日本人妻」の証言は、それを裏づけているように思える。

四 「日本人妻」と「従軍慰安婦」問題

ここで思い浮かぶのは朝鮮人「慰安婦」の問題である。彼女たちは「日本人妻」とは逆に、日本人男性に配給された。しかも「妻」としてではなく、単なる性欲を満たす手段、「性奴隷」としてである。日本国家は、日本人女性を「内鮮一体」の手段として朝鮮人男性に配給する一方、朝鮮人女性を侵略戦争推進の手段として自国の男たちにあてがった。同じように日本国家によって手段化されたとはいえ、日本人女性と朝鮮人女性の間には「妻」と「性奴隷」という違いがある。その違いは、彼女たちに対する社会的評価や彼女たち自身の自己認識にとって決定的に大きい。

しかし、「日本人妻」と朝鮮人元「慰安婦」の証言を読むと、両者の間には共通性も多々ある。まず、その出身階層は、両者ともおおむね貧困層である。「日本人妻」のなかには、生活のために早くから底辺の仕事を転々としてきた女性が多い。もちろん中流家庭の出身で女学校を出て、留学中の朝鮮人男性と恋愛結婚したという人もいるが、「日本人妻」のなかで最も多い北海道出身の女性たちには、親あるいは彼女たち自身が工事現場で働いていたという人がかなりいる。

また結婚の経緯も、自分の意志ではなく親が決めたという人や、夫が朝鮮人であることを知らなかったという人、さらに夫が故郷に妻子があることを隠しており、だまされたという場合もある。これらは朝鮮人「慰安婦」と共通する。しかしもちろん「慰安婦」の場合は拉致のような形で強制的に連行されたという証言があるが、「日本人妻」にはそうした証言はない。また人数としても朝鮮人「慰安婦」の方が、「日本人妻」に比べて圧倒的に多いだろう。

それ以上に、「性奴隷」として不特定多数の男に性的サービスをさせられるのと、一人の男の妻として出産も経験するのとでは、決定的に違うという見方があるだろう。しかし解放後の韓国で、言葉を奪われ、家のなかに閉じ込められ、あるいは汲んだ水を頭に乗せてうまく運べないことで姑に怒鳴られたのが非常につらかったといった「日本人妻」の証言を読むと、彼女たちは「家内奴隷」ではなかったかと思えてくる。

「性奴隷」と「家内奴隷」のどちらがよりひどいか、といった比較は意味を持たない。もともと女性を妻・母という再生産用と「売春婦」という性的快楽用に分断し、両者の間に決定的な価値の違いをおいたのは、家父長制の都合にすぎない。日本人女性は「妻」に、朝鮮女性は「慰安婦」にという使い分けには、明らかに民族差別が働いている。しかしもしわたしたちが「日本人妻」は妻だから「慰安婦」とは決定的に違うと考えるとすれば、わたしたちの思考や感性そのものが家父長制に毒されているというべきではないだろうか。

在韓日本人妻の会・芙蓉会の賛同呼びかけ文に「日本政府は（略）内鮮一体のキャンペーンを高め朝鮮の人達を強制労働にかりたて（略）一方日本人女性と朝鮮籍男性との結婚を表彰までして推進したのでありました」[12]とあるように、「日本人妻」は「慰安婦」同様に国策だったといえる。両者は、侵略と植民地支配のために「大日本帝国」が生み出したコインの裏表だった。必要なのは、それぞれの被害を言い立てあうことではなく、そうした被害を生み出す構造、コインそのものを解体することである。そのためにはまず女性を分断する家父長制の陰謀を見抜き、植民地支配が家父長制との結託のうえになされていることを、韓日連帯のなかで明らかにすることではないだろうか。

おわりに

冒頭で、現在の日本社会では「外国人妻」が急増していると述べた。インターネットで見ると、韓国では日本以上に「外国人妻」が増えているようだ。『朝鮮日報』二〇〇五年一一月二三日付の記事によれば、〇四年に韓国人男性が外国人女性と結婚した割合は一一パーセント、農村部では四件中一件が国際結婚だとある。そうしたなかで、日本と同様に、夫の暴力などによる「外国人妻」の被害が多発しており、「外国人妻」の一〇人中八人までが「韓国人とは二度と結婚したくない」と答えたと記事には書かれていた。こうした記事を読むと、「日本人妻」の問題は決して過去の問題ではないように思える。

もちろん現在の韓国は経済大国であり、植民地時代のような「弱者」ではない。結婚相手の女性はベトナム・タイ・フィリピンなどのいわゆる発展途上国の女性が多いようだが、新たな「日本人妻」問題も発生している。中西尋子によれば、現在在韓日本人のうち、二〇代後半から三〇代では女性が男性の二、三倍。その多くが統一教会の合同結婚式による「日本人妻」らしい。統一教会の教義では、韓国はアダム国、朝鮮半島を蹂躙した日本は人類を堕落させたエバ国とされ、「日本人妻」には従順と忍耐が強いられているという。[13]

現在日本では、「日本人妻」問題は主として右派によって問題化され、ナショナリズムをあおる材料にされている。それは北朝鮮だけでなく韓国の「日本人妻」についてもいえる。在韓日本人妻の会・芙蓉会の会歌には「まぶたに浮かんだ二重橋　両手あわせた九段坂」と皇居や靖国神社賛美が歌い込まれている。日本の右翼による慶州ナザレ園の経済的支援も大きい。「日本人妻」たちが、その人生の最後において再びナショナリズムに利用されるとすれば、あまりにもいたましいことではなかろうか。

注

(1) 今回調べた限りでは、「日本人妻」という言葉は『婦人公論』一九五九年五月号の金達寿「夫の国朝鮮へ帰る「日本人妻」」が初出。しかし、文中に「いわゆる〝日本人妻〟」という記述があり、それ以前から使われていたらしい。『朝日新聞』では五九年八月一四日付の「帰る人　残る人　帰還協定の描く「人間模様」」という記事のなかの見出しに使われているのが初見である。『婦人民主新聞』五九年一一月二九日付は一面で「私達は日本と朝鮮に架かる橋」と題して「帰国する日本人妻の座談会」を掲載している。この段階では「日本人妻」は特殊用語であり、主として見出しに使われたように思われる。

(2)『現代の眼』は一九八三年、『朝日ジャーナル』は一九九二年に廃刊。

(3)菊池政一『大韓民国の日本婦人』一九七五年、石川奈津子『海峡を渡った妻たち——ナザレ園・芙蓉会・故郷の家の人びと』(同時代社、二〇〇一年)からの重引。金應烈「在韓日本人妻の貧困と生活不安」(社会老年学編集委員会編『社会老年学』第一七号、東京都老人総合研究所、一九八三年)では、七七年の調査として生活水準「下」三七・二パーセント、「貧困」三〇・一パーセントとなっている。

(4)慶州ナザレ園の創立者はキリスト者の金龍成。彼は抗日運動の闘士だった父を日本の官憲に獄死させられているが、悲惨な生活をしている日本人妻と出会い、一九七二年、経営する孤児院に日本人妻の帰国寮を併設。以来二〇〇人以上の日本人妻がここで過ごし、一四〇人以上が永住帰国した。上坂冬子『慶州ナザレ園——忘れられた日本人妻たち』(中央公論社、一九八二年)の刊行によって日本にその存在が知られ、寄付が寄せられるようになったが、改修などにあたっては右翼団体日本財団が大口の寄付をしている。その額は七八年から二〇〇二年までに二億五六〇〇万余円に達している。

(5)一九八〇年五月七日、衆議院法務委員会での法務省入国管理局長の答弁によれば、九三〇〇余人の「帰国者」のなかには六六七一人の日本国籍の男女がいた。そのうち女性は四〇八二人で、うち一八二八人が「日本人妻」と推定されている。

(6)生活保護費は生活困窮者に対して最低生活維持のために政府から支給されるものだが、一九五四年段階で日本全体の支給率は二パーセント、それに対して在日朝鮮人への支給は二三パーセントにのぼった。

(7)テッサ・モーリス・スズキ『北朝鮮へのエクソダス——「帰国事業」の影をたどる』田代泰子訳、朝日新聞社、二〇〇七年。

(8)前掲「在韓日本人妻の貧困と生活不安」。

(9)伊藤孝司『日本人花嫁の戦後——韓国・慶州ナザレ園からの証言』LYU工房、一九九五年。

(10)鈴木裕子『従軍慰安婦・内鮮結婚——性の侵略・戦後責任を考える』未来社、一九九二年。

(11)これを明示的に裏づける資料は現在のところみつかっていない。しかし南次郎朝鮮総督によって「内鮮一体」の模範として表彰された「内鮮結婚」夫婦の圧倒的多数が朝鮮人男性と日本人女性の組み合わせであったことは、これを裏づけるものではないだろうか。

（12）牧田清「夫もお金も、なにもかも失くして…」『朝日ジャーナル』一九八八年四月二九日号、朝日新聞社。

（13）中西尋子「韓国一農村部における統一教会と在韓日本人妻」（『消費者法ニュース』第六一号、消費者法ニュース発行会議、二〇〇四年）ほか。

（『東アジア歴史認識論争のメタヒストリー』青弓社、二〇〇八年一一月）

手の温かさを忘れない

鉛色の空に牙をむく荒波──。瀬戸内育ちのわたしにとって、日本海はずっとこんなイメージだった。そのわたしが「鏡のような海」という表現を実感したのは日本海だった。

二〇年前の一九九六年八月、新潟西港から万景峰号に乗り、北朝鮮を訪ねた。出港は四時ごろだっただろうか。佐渡の島影が消えても海は穏やかで、なめらかな海面は夕日に染まり、夜になると半月が輝かしい弧を描いた。海は鏡のようだった。

この北朝鮮訪問は三〇〇人の団体旅行だったが、いまも心にかかっていることがある。翌日、元山に上陸してすぐのことだ。芝生に座って景色を眺めていたら、突然、「振り返らないで、そのまま聞いて」という声が聞こえた。

驚いて振り返ると、柱の陰に年とった女性が二人。「日本の方ですか?」とたずねたら首を振り、大阪の桃山で生まれ育った朝鮮人だという。三〇年前、北朝鮮への帰国運動の盛り上がりの中で「地上の楽園」に憧れ、家族を説得して帰国したのだそうだ。「アホやった、後悔してる」と彼女たちはいう。

そんなことを言って大丈夫なのか? わたしはあたりを見回したが、公安はいないようだった。

「夏マツタケをお土産に持って、見送りにくるから」と帰国の出航時間を確かめ、彼女たちは去っていった。しかし一週間後の出航時、ついに二人は姿を見せなかった。

もう一つ。旅の終わり近く、有名な金剛山に登った帰り道のことだ。突然、木立の間から鉦や太鼓の音が聞こえてきた。

広場に女性たちが集まって、飲めや歌えで盛り上がっているのだ。手振り鮮やかに踊っている女性もいて、わたしたちを見ると手招きする。日本人の一団からジーパンの若者が飛び入りで踊りだし、やがて次々に踊りの輪に加わった。わたしもおっかなびっくり、白いチマチョゴリの女性の手振りの真似をする。狭い広場での日朝友好の輪は、肩をぶつけたり足を踏んづけたり、そのたびに笑いが弾けた。

帰りの万景峰号で、この「日朝友好」が問題になった。なぜ女性たちがあそこにいたのか？「やらせ」ではないのか？　賛同の声が相次いだ。

あの日は八月一五日。朝鮮半島の人びとにとっては解放記念日である。そのお祝いとわたしは単純に考えていたが、言われてみればそんな気もしてくる。

そのときひとりの女性が立ち上がって言った。

「やらせかどうか、わたしにはわからない。でも、あのとき触れたハルモニの手の温かさを、わたしは信じます。」

あれから二〇年、拉致事件が明らかになり核実験が行われ、最近は相次ぐミサイル発射に日本政府による破壊措置命令……。日本海は険しく波立つばかりである。しかしだからこそ、夏マツタケをお土産にといってくれた女性や、踊りの輪で触れ合った手の温かさを、決して忘れないようにしたいと思う。

(「風の案内人」『新潟日報』、二〇一六年八月二七日)

「中国残留婦人」とジェンダー

二〇〇五年九月、中国の大連大学「性別研究中心」で開かれたミニ・シンポジウムに参加した。「性別研究中心」とは、日本流（？）にいえば、ジェンダー研究センターである。テーマは「文化を超えた女性／ジェンダー研究——研究を省み、経験を分かち合う」。ジェンダーの視点によって、日本と中国の国境を越える研究交流をめざそうとするものだ。

この会がもたれた背景には、日本の中国女性史研究会と、現在、大連大学性別研究中心主任で、中国における女性学の創始者とされる李小江教授との一〇年にわたる交流があるという。わたしは中国女性史とは無縁で、アジア・太平洋戦争期を中心に日本の近現代女性史を研究してきたが、李さんの著書『女に向かって』（インパクト出版会、二〇〇〇年）に大きな感銘を受けたこともあって、その訳者である秋山洋子さんからお誘いいただいたとき、一も二もなく参加を決めた。

その直前に新潟県満州開拓慰霊団に同行し、はじめて「満州開拓」の現地を訪ねたことから、あらためて開拓政策におけるジェンダー問題を痛感したということもあった。とりわけ「残留婦人」問題には、日本と中国のジェンダーが色濃く反映している。中国の人びとはそれについてどう考えているだろうか。こうした問題意識から、シンポジウムで「「中国残留婦人」とジェンダー」と題する三〇分の報告を行った。

「満州」引揚げにあたって、開拓民総数二七万のうち八万という大量の死者がでたとされている。そのいちばんの原因は、そもそも「満州開拓」が「五族協和の新天地」といった美しいスローガンとはうらはらに、日本の侵略政策の一環であったことにある。しかも日本国家は、国策として開拓民を辺境地帯に入植させながら、敗戦にあたって彼らを保護する措置をまったくとらなかった。その結果、非戦闘員である女性と子どもに多大の犠牲を生んでいる。

なかでも今回現地を訪ねた新潟県からの移民の村・清和開拓団の被害は大きい。団員九〇〇人近くのうち、帰国したのはわずか一六〇人にすぎない。七〇〇人以上が大陸の土になったのだ。その『殉難者名簿』をみせてもらったが、「死亡」という赤字の羅列に絶句した。ほとんどは女性と子どもである。女性のおおかたは二〇代から三〇代。その横にならぶ子どもの年齢は二歳、五歳、七歳……。敗戦間際に召集された夫だけがシベリヤ抑留を経て生還し、妻も子も死亡という例があまりにも多い。それは清和開拓団だけの問題ではないはずだ。

そうしたすさまじい状況をからくも生き延びたのが「残留婦人」だが、そもそも名称自体にジェンダー問題がある。日本政府は中国残留を余儀なくされた日本人のうち、敗戦時一三歳未満だった人を「残留孤児」、一三歳以上の女性を「残留婦人」と呼び、その扱いに差をつけた。「残留婦人」は「自由意志」による残留、国として支援する必要はないというのだ。なぜ一三歳で分けるのか？　なぜ「残留男性」は問題にならないのか？

一三歳での線引きは「たんなる目安」と政府はいうが、ジェンダー視点のある法律家は、刑法一七七条の強姦罪が一三歳で線引きされていることとの関連を示唆する。刑法一七七条では、一三歳以上の「婦女を姦淫」しても暴行・脅迫の事実が実証できなければ強姦罪は成立しない。女性の側の自由意志、つまり「和姦」であり、自己責任だというのだ。「残留婦人」と「残留孤児」の線引きにも、性の問題がかかわっているのではないか?

「残留婦人」のほとんどは中国人の妻、又は「妾」になっている。避難の途中で家族とはぐれ、動けないところを中国人に救われて「結婚」した。収容所で寒さと飢餓に瀕し、「トウモロコシ二升で」中国人に身を売った。こうした証言は枚挙にいとまがない。しかしそうした女性をみる日本人の眼は冷たい。同郷出身者に「汚らわしい」といわれ、帰国を断念したという証言もある。

さらに日本政府は、ある時期まで、彼女たちが中国で築いた家族を同伴して帰国することを認めなかった。帰りたいなら家族を捨てて一人で帰れ、それがイヤなら夫の国に骨を埋めろ、というわけだ。それに対して男性の場合は、妻が中国人でも家族同伴で帰国することができた。

子どもの国籍の問題もあった。一九八〇年代半ばまで、日本の国籍法は父系血統主義をとっていた。その結果、同じように中国人と結婚しても、男性の子どもは日本人だが、女性の場合の子どもは原則として非日本人となる。

中国社会のジェンダーと階級の問題もある。七〇年代末まで中国の国籍法も父系血統主義だったし、売買婚がまかり通り、結婚できない貧しい男性が多数存在したからこそ、日本女性が求められたといわれる。それによって「残留婦人」が生き延びることができたのはたしかだが、夫の暴力に悩まされ、まるで奴隷のような生活だったという証言は多い。つぎつぎ生まれる子どもや舅姑を世話するために、帰国の機会はあったのに「残留」を余儀なくされたという女性もいる。ジェンダーというフィルターを通すと、中国と日本の関係には侵略/被侵略による加害と被害の二項対立ではとらえられない様相が見えてくる。

現在、帰国した「残留婦人」のなかから、早期帰国と帰国後の自立支援を怠ったとして国の責任を問う裁判がおこされている。そこには国による度重なる「棄民」に対する「恨」が渦巻いている。たしかに「国策」として鉦や太鼓で送り出しながら、他国の大地にずっと放置した国の責任は大きい。

しかし「残留婦人」問題を、棄民の被害者として「恨」の世界でだけとらえたら、大切なものを見失うのではないか。今回初めて広漠たる開拓移民の現地に身をおいてみて、「残留婦人」が味わった孤立感とつらさがすこしはわかるような気がした。しかしそれだけに、彼女たちの「強さ」も感じた。自立を阻害する戦前の日本社会で生まれ育った女性たちが、頼るべき国家も家族もなく、ことばもわからず、さらに「日本鬼子」と敵視する中国社会のなかで、生き抜いたのだ。そして子どもを産み育てた。それは誇るべき人生である。そこには、国家に見捨てられた哀れな被害者としてではなく、国家を越える強靭な「個」として未来に提起すべきものがあるのではないだろうか。

にもかかわらず、彼女たちが日本国家への「恨」にみずからを閉ざすよりないとすれば、そこには中国社会の側の問題もあるのではないか?

すでに三七〇〇余人の「残留婦人」が帰国しているが、そのなかには中国人の夫や子どもを呼び寄せたひとも多い。あらたな家族離散を避けるためだろうが、彼女たち一家の中国での暮らしが居心地のいいものではなかったこともあるのではないか。中国の人びとが、日本の侵略によってこうむった被害を思えば当然といえるが、それだけでは中国の側も貴重なものを失うことになるのではないか?「残留婦人」が生み出した二世、三世たちは、日中の未来を開く上で意味を持っているとわたしは思う。中国の人びとは、彼らの存在や「残留婦人」問題をどう見ているのだろうか?

加害国の一員としては傲慢極まりない問いかけではないかと、とつおいつしつつ、大連大学でのわたしの報告は、おおむね以上のような内容だった。

さて、中国側の反応はどうだったろうか。男性研究者からは日本の右翼史観批判や「日本と中国の女性の戦争被害は質が違う」といった発言があり、わたしの問いかけが受けとめられたとはいえない。しかし女性たちの反応には手応えが感じられるものがあったし、加害国民の限界にとどまっているよりは意味があったのではないかと思う。

言葉が届くかどうか、それはわからない。しかし言葉を発しないかぎり、何も始まらないことだけはたしかである。

（岩波講座『アジア・太平洋戦争6』月報、二〇〇六年四月）

付記　刑法一七七号（強姦罪）は、二〇一七年改正。強制性交等罪として男性も対象にするなど被害者の範囲を広げるとともに厳罰化した。

映評

引き裂かれる前線と銃後――「ドイツ・青ざめた母」に寄せて

ヘルマ・サンダース＝ブラームス監督「ドイツ・青ざめた母」西ドイツ、一九八〇年

純血ドイツ娘

厚い胸に太い腰。まっすぐな背筋――まさにヒットラーのいう「純血ドイツ娘」の理想型でありながら、ヘレネはドイツ女子青年団（一九三七年、それは三〇〇万のドイツ娘を組織していた）にも入らず、ナチ傘下のさまざまな婦人活動にも無縁だった。とくに意識的にそうしたわけではない。咆えたてるヒットラーの演説はムシが好かなかったし、そもそも彼女には〈政治〉というものが自分に関係あるとは、どうしても思えなかったのだ。

だからヘレネは、戦争へと国民をかりたてるヒットラーの怒号をよそに、ダンスホールで言い寄ってきたハンスと結婚する。彼は優しくて誠実そうだったし、ナチ党員でないところも気に入ったからだ。

結婚式のあと、不器用に花嫁衣装を脱がせにかかるハンスの手を導きながら、ヘレネはしあわせだった。くすぐったくってあたたかで――、これが〈結婚〉というものか。これからずっとこんな生活がつづくのか。そう思うとヘレネの顔には、ひとりでに微笑がひろがった。

しかし、戦争が始まった！　とたんにハンスは、戦場にかり出される。ナチ党員でなかったこと

が原因らしい。しゃっちょこばった制服を着たハンスは、ヘレネのよく知っているハンスでありながら、まるきり別人のようでもあった。

戦場とは過酷なものだ。何のうらみもないのに、国籍がちがうというだけで、女・子どもまで殺さねばならない。兵士になりきれないハンス。彼にはヘレネに似たポーランド女を殺せない。そして、兵士になりきった男たちの抑圧の解放である女買いにも、彼は参加できない。ねっとりと精液にまみれたコンドームを見せつけられ、仲間の嘲笑を浴びるハンス。

たくましい母

銃後のヘレネはそんなことは知らない。だから彼女は、休暇で帰ってくるハンスにできるだけ美しい自分を見せたいと思う。美しいものがどんどん消えていく時代、ヘレネは手作りのブラウスを刺しゅうで飾るべく、糸を求めて街に出る。しかし糸を商っていたユダヤ人の店は閉じられ、ショウウィンドーは板で釘づけされていた。彼らはどこへ行ったのか。そんなことはヘレネは知らない。彼女はただ、糸が欲しいだけだ。

ようやく手に入れた糸で刺しゅうしたブラウスを着て、ハンスを迎えるヘレネ。しかしハンスには、ブラウスなど妻の〈肉〉をへだてる障害物にすぎない。精液まみれのコンドームを拒否した分、荒々しく彼はブラウスを引き裂き、ヘレネの肉を求める。そして、ヘレネに拒まれると、「他に好きな男でもできたのか」と、まことにありふれた〈男〉の一言をヘレネに投げつける。二人の間に亀裂がはしる。

それでも次の夜、ベッドのなかでヘレネは言う。「子どもが欲しいの」。これまた亀裂を感じた妻が夫に言うありふれた科白だ。しかし子どもは、二人の間の亀裂修復には役立たなかった。空襲の地響き迫るなか、娘アンナを出産したヘレネは、もはや刺しゅう糸を求めて街をうろついた〈かわいい妻〉ではない。戦火に追われて町から村へ、村から町への放浪の日々、しっかと娘を抱えて生きぬくたくましい〈ドイツの母〉だ。途中、凍死した男の首からマフラーを抜きとるぐらい何でもないし、進駐して来た連合軍兵士に輪姦されても、背中についたチリを払うと、またスタスタと、娘の手を引いて歩き出す。

ハンスにしても同様だった。敗色濃い過酷な戦場で、いつまでも兵士を拒否してはいられない。彼ももう眼をそむけずに、パルチザンの処刑に立ち会える一人のドイツ兵である。

対関係の絶望

さて、戦争は終った。兵士たちは故郷の妻子のもとに帰る。よみがえった平和な生活。しかしハンスとヘレネの関係は、もうもとにはもどらない。前線と銃後に引き裂かれ、それぞれの地獄を精いっぱい生き抜いてきた二人にとって、〈平和〉はかえって溝をきわだたせる。とくに幼い娘をかかえて地獄をかいくぐってきたヘレネにとっては、ハンスの求める〈小市民〉の妻役割は苦痛だった。

ハンスもつらかったのだ。時代にうまく立ち回れず、ナチ党員でなかったばかりに真先に戦場にかり出され、帰ってくれば「死にぞこない」の罵声を投げつけられる。そしてかつてナチ党員として羽振りをきかした友人に、またもや出世の先を越されそうな気配——。

そうしたハンスの鬱屈が、ヘレネにわからないわけではない。だからこそ彼女は、いっそう苦しむ。その結果、ヘレネは、顔面神経マヒに追い込まれてゆく。マヒした顔半分を黒いベールでおおい、片方の眼、半分の口と鼻だけを出したヘレネの姿は、〈対関係〉への徹底的な絶望をあらわしているようだった。

ニュー・ジャーマン・シネマの女性旗手、ブラームス監督による「ドイツ・青ざめた母」は、男と女を前線と銃後に引き裂く侵略戦争が、それぞれの〈個〉の内面と〈関係〉をいかに破壊するかを、すさまじい迫力で描いている。ブラームス監督によれば、ヘレネとハンスは彼女の両親をモデルにしたものだが、「これは個人的であると同時に、集団的でもある」。

無関心のツケ

たしかに日本の一五年戦争の銃後の妻たちのあいだにも、数多くのヘレネがいただろうし、ベトナム戦争下のアメリカの妻たちにも多かったはずだ。しかし彼女たちは、これまでなにも語らなかった。

男たちはすでに語っている。帰還兵士が銃後に感じる異和感は、たとえば戦時下に詠まれた次の歌にもみてとれる。「さきはへる人々のなかにもだしいて、友の戦死の姿がうかぶ」(『兵士の歌』朝日選書)

しかし、「父ちゃんさえ帰ってくれば……」と、ひたすら夫の帰りを待ちわびた妻たちが、復員した夫を迎えて何を感じたか。それはこの映画によってはじめて表現の世界を得たといえる。

さらにもう一つ。この映画のタイトルは、一九三三年、ナチ政権奪取直前にドイツを離れて亡命生活に入ったブレヒトの「おおドイツ、青ざめた母」の詩からとられている。主人公ヘレネは、同じブレヒトの『肝っ玉おっ母とその子供たち』の主人公同様、戦争を生きぬくたくましい母ではあった。しかし『肝っ玉おっ母』のように、利益を求めて戦争を追っかけたわけではない。ただ娘と自分の生命を守るべく、逃げ回っただけだ。子どもを産むことは当時、「純血ドイツ娘」の義務ではあったけれども、彼女がアンナを産んだのは「総統への贈り物」としてではない。ひたすらハンスとの関係修復を求めただけだ。したがって彼女は、ヒットラーへの悪業にはいささかの関わりもないかに見える。

しかしドイツ全体が、ブレヒトの詩のごとく、「いまあなたは諸民族の間に座し、嘲弄の、また恐怖の種となる」とき、それに無関心でいることがいかに大きなツケを自他にもたらすものであるか、この映画は無言のうちに、しかし雄弁に語っている。

日本のかつての銃後の女たちもまた、そして今も——？　不気味な思いで、わが身をふりかえらずにはいられない。

（『日本読書新聞』一九八四年六月一一日）

「帝国の慰安婦」と「帝国の母」と

「母」と「便所」

一九七〇年夏、小柄なミニスカートの女性が、たった一人で、東京の駅や集会でビラをまいた。七〇年代はじめにもりあがった女性解放運動、ウーマン・リブはここから始まったとされている。ビラのタイトルは「便所からの解放」。なんとも〈下品〉なタイトルだが、そこにはこんなことが書かれていた。「男にとっての女は、母性のやさしさ＝母か、性欲処理機＝便所かという二つのイメージに分かれる存在としてある」。それによって「やさしさと、やさしさの肉体的表現としてのＳＥＸの両方をあわせもつ、総体としての〈女〉」は切り裂かれ、男自身も貧しい性を生きさせられているという。

女性の名は田中美津。このとき二七歳だった。研究者ではなく活動家でもなく、女性解放の本一冊読んだことがなかったという。[1] 直感にもとづく「天の声」というわけだが、日本近代の性政策を言い当てている。明治国家は姦通罪や家制度で女性に「貞節」を課す一方、公娼制によって男の婚外セックスを容認した。それによって女性に国民の再生産を担わせ、男性には性欲処理を保障しつつ「富国強兵」に専念させたのだ。全国に設置された陸海軍の所在地には膨大な公私娼街が形成されていく。女は「良妻賢母」と「娼婦」に二分される。それは階級的な分断でもあった。

戦時になれば、「娼婦」は「慰安婦」となる。「便所からの解放」はドギツイ言葉でそれに言及している。「〈軍国の妻の貞操と従軍慰安婦の精液に汚れた性器〉とは、性否定の意識構造の両極に位置しているのだから！　貞女と従軍慰安婦は対になって支配権力の侵略、反革命を支える」。

そのあと出したビラ「闘う女から、闘う農民へ」でも、「貞女は「日本の母」として銃後の支えをなしてきたのだ。そして前線では、従軍慰安婦が貞女の夫の排泄行為の相手＝「便所」を勤め、性管理を通じて男を軍隊の秩序に従順で、人殺しに有能な「天皇陛下の赤子」として育てていったのだった」とある。「母」と「便所」が、性的存在である「総体としての〈女〉の切り分けだとすれば、「軍国の妻」と「慰安婦」は一つのコインの両面ということになる。

「慰安婦」問題が一般に知られるようになったのは、七三年に千田夏光『従軍慰安婦』が双葉社から出てからだが[2]、リブはそれ以前から「慰安婦」を問題にしていたのだ。『従軍慰安婦』で千田は、リブとのニアミス体験を書いている。「三年半ほどまえ、慰安婦について私が多少知っているという話を伝え聞いて、新左翼系女子学生が訪ねてきた」。その女子学生は新左翼運動にも「慰安婦」が存在することを言い、旧軍と新左翼が「精神において同じです。男の女に対する蔑視、差別、これが女を単なる慰安の対象にしてきたのです」と語った。それに対して千田は、慰安婦は戦力と治安維持のための「道具」であり、女性差別とは関係ないとしている[3]。

千田によれば、女子学生はC大のC派所属、全学連大会での告発についても熱っぽく語り、支援を要求したという。だとすれば彼女は、七一年七月、中核派全学連第三〇回定期大会で「性の差別＝排外主義と戦う決意表明」のビラをまいた岡野澄江である。(4) 彼女はそのビラで、田中美津の孤独な戦いに嘲笑を浴びせる男子学生たちに満腔の怒りをぶつけ、返す刀で「抑圧民族である日本人としての抑圧するものの醜さ」を問う。そして「慰安婦」問題についてつぎのように言う。
「日本陸軍慰安婦の九〇%は朝鮮女性だった。(略)日本女性と朝鮮女性は、慰安婦という、女の引き裂かれた性を本質的に共有している。だがしかし、日本女性慰安婦は自分たちと同じ慰安婦である朝鮮女性に対し、抑圧者日本人として対し、自分を彼女らと区別している。区別することで、より一層転落していった」。

七二年一〇月に出た『リブニュース・この道ひとすじ』創刊号によれば、すでに七〇年一二月八日の「侵略に向けて、女は産まない育てない」デモの呼びかけビラで、朝鮮人「慰安婦」に言及されている。
「貞女は貞女であることによって侵略を支え、貞女であることによって朝鮮の女に対する陵辱に荷担したのだ。支配民族としての日本の女は、他の民族とのかかわりの中でこのことを踏まえ、日常生活の中で意識化していかなければならない」。

ここには〈性における被害〉と〈民族における加害〉の二重性への認識がある。観念の世界の生硬な言葉ではあるが、リブの声からは朴裕河『帝国の慰安婦』とひびきあう「帝国」の女の苦渋がうかがえる。

二度ころされる

しかしこうしたリブの視点は、その後の日本の女性運動にはひきつがれなかった。リブ運動がほぼ終息した七五年、国際女性年を期して国連主催の世界女性会議が開かれ、官民挙げて男女平等への動きが高まった。八〇年代には雇用機会均等法などの法整備もあった。しかし「慰安婦」問題は、九〇年代はじめ、韓国の元「慰安婦」金学順《キムハクスン》の名乗り出によって社会問題化するまで、日本のフェミニズムの課題になることはなかった。

それはわたし自身の問題でもある。わたしは七〇年代半ばから「銃後史」と称して戦時女性史研究に取り組んでいたので、千田の本や金一勉『天皇の軍隊と朝鮮人慰安婦』で知った「慰安婦」問題はもちろん気になっていた。大阪の元遊郭（飛田新地）にかよって女性経営者から聞き取りをしたこともある。しかし結局、何もできなかった。

それどころか大阪の聞き取りでは、痛恨の思い出がある。女性経営者によれば、日中戦争が始まると、稼ぎがいいので前借金が早く返せるという仲介業者の言葉につられ、飛田新地から何人もの女性が「慰安婦」として中国に渡った。そしてすっかり荒れすさんで帰ってきた女性もいたという。何度目かに訪ねたとき、「なんなら紹介しまひょか？」と聞かれた。願ってもないことだった。それなのにわたしは、いざとなると尻込みし、せっかくの機会を生かすことができなかった。その女性を傷つけることになるのではないか、そう思ってしまったのだ。

いかにも女性を思いやっているようだが、ここには「良妻賢母」の側に立つ女の〈上から目線〉がある。恥ずかしいことをさせられて、かわいそうに……。彼女の体験を不道徳な、恥ずべき行為とみているからこそ、「傷つける」と思ってしまうのだ。森崎和江『からゆきさん』（朝日新聞社、一九七六年）を読んだとき、そのことを痛感した。そこにはこんな言葉があった。

おなごのしごとをしてもなお、その苦海を泳ぎわたって、生活の場を築こうとした人びとの、切ないまなざしを感じる。

そのかたちなき心の気配。そのなかにはいってからゆきを感じとらねば、売りとばされたからゆきさんは二度ころされてしまう。一度は管理売春のおやじや公娼制をしいた国によって、二度目は、村むすめのおおらかな人間愛を失ってしまったわたしによって。

からゆきさんは二度ころされてしまう——。痛烈なことばである。ただ悲惨なこと、恥ずかしいこととして聞こうとしなかったわたしは、元「慰安婦」女性を二度ころしたことになるのだろう。

それだけに二〇年前、森川万智子構成・解説による『文玉珠　ビルマ戦線　楯師団の「慰安婦」だった私』(5)を読んだときは感動した。この本は優れた女性問題の研究書として第一六回山川菊栄賞を受賞したが、周辺には「運動の足を引っ張ることにならないか」と危惧する声もあった。当時「慰安婦」運動の主流は「慰安婦＝性奴隷」とし、国家補償を要求していた。しかしこの本で語られている文玉珠の「慰安婦」生活は、「性奴隷」の語になじまない。

文は日本の歌を覚えるなど、日本兵に気に入られるよう努めた。おかげで人気者になり、ビルマ（ミャンマー）のラングーン（ヤンゴン）の市場でハイカラな服や宝石を買ったり、軍事郵便で大金を貯金したりしている。だからといって、彼女の日常が悲惨でなかったわけではない。そのなかで上等兵ヤマダイチロウ（仮名）との〈愛〉は、どれほど救いだったことか。彼は文に結婚を申し込み、朝鮮人になってもいいと言ったという。上品でやさしくてひょうきんで賢くてと、五〇年ののちにも文は手放しでヤマダをほめる。

こうした文の姿にわたしは感動した。どんな苛烈な状況にあっても、ひとは生存戦略を駆使してアイデンティティを求め、愛を育むこともできるのだ。文は九六年に亡くなったが、増補新版の解説によれば、森川は言葉もできないままミャンマーを訪ね、合計一四ヵ月にわたってジャングルや高地に文の足跡を訪ね歩いた。その結果、文の証言の確かさとともに「ヤマダ」の存在を特定している。

ヤマダの本名はホンダミネオ。文はホンダに言及するとき「ウリホンダミネオ（わたしのホンダミネオ）」、「ウリホンダさん（わたしのホンダさん）」と言い、「少女のような恥じらいを含んだ微笑み」を浮かべたという。そして軍事郵便払い戻し裁判のため日本をおとずれたときは、「ビルマで一緒に苦労したヨシコ（文の慰安所での名前）が、こうして日本に来ていますよ。ホンダさん、あなたは生きていますか」と、テレビカメラに向かって呼びかけたという。

森川は、日本軍兵士と朝鮮人慰安婦を〈支配／被支配〉の枠組みでだけとらえるのではなく、森崎が『からゆきさん』でいう「切ないまなざし」、「そのかたちなき心の気配」にわけいって、文を感じとろうとした。その結果、文玉珠という「慰安婦」は二度ころされることなく、「帝国」の犯罪性をより深いところから問う存在として、わたしたちの前に立ち現われることになった。

「平和の少女像」をめぐって

しかしこうした文のありようは、「慰安婦」問題否定の論拠にされてきた。いまもネットでは、貯金センターの原簿という公文書に残る文の多額の軍事郵便貯金をとらえ、やっぱり慰安婦は荒稼ぎの売春婦にすぎないという声がとびかっている。その意味では二〇年前に案じられたとおり、運動の足を引っ張ったことになる。

それ以上に問題だと思うのは、問題解決をめざす支援者たちの姿勢に「二度ころされてしまう」に通じるものが感じられることだ。この二〇年、「慰安婦」問題は「強制連行」の有無を焦点に展開されてきた。否定派が「強制連行」を示す史料（公文書）はない、「慰安婦」は金稼ぎのための売春婦にすぎないとするのに対して、支援者たちは史料の発掘に努める一方、「強制」は募集段階だけでなく、性行為を強制される拘束的な日常そのものというように定義しなおされ、「性奴隷」という言葉が登場して現在に至っている。

なぜ「強制」の有無が焦点になるのか。「慰安婦」問題の〈解決〉を、日本政府による被害者への謝罪と国家補償とした場合、国家による物理的力を含む「強制」の存在が証明される必要があるからだろう。わたしもそうした認識を共有していたが、「強制性」に焦点が絞られることには危惧を持っていた。九三年、わたしは「問題は「強制」の有無か」と題してこんなことを書いている。[6]

（危惧の理由の）一つは植民地責任の問題である。上坂冬子は、補償請求訴訟の一人である元慰安婦の金学順が以前キーセンとして働いていたことを言い立てて「強制性」に疑義を呈し、日本の女性との間に差別はなかったとしている。

たしかに慰安婦にされた朝鮮女性には、強制連行された人ばかりではなく、ほとんどの日本人慰安婦同様に、すでに性産業で働いていた人も多かったろう。しかし彼女たちが働かざるをえなかったところに、日本の植民地責任の問題がある。日本は公娼制を朝鮮に持ち込み、「婦女売買に関する国際条約」の適用外として日本女性と差別した。つまり日本女性は条約により二一歳未満で「醜業」に就くことはタテマエとして禁止されていたが、植民地朝鮮では一八歳以上ならよいとしていたのだ。

また、慰安婦の悲惨を「強制性」に象徴させることは、彼女たちのなかに「処女」と「非処女」の分断をもたらす恐れもある。


わたしはいま、韓国の「平和の少女像」をめぐる対立の根っこに、二〇年以上前に書いた「処女」と「非処女」の分断を感じている。なぜ日本政府や否定派は、日本大使館前の少女像の撤去に躍起になるのだろうか。日本政府はウィーン条約を盾に「公館の威厳」の侵害をあげる。「公館の威厳」とは「国家の威厳」でもあるのだろう。二〇一六年末、釜山の総領事館の前にもあらたに建てられたことから、日本政府は大使・総領事の一時帰国を含む制裁措置をとった。ちっぽけな少女像が建つことで、なぜ日本国家の「威厳」はそれほど侵害されるのか。

「平和の少女像」は、二〇一一年一二月一四日、元「慰安婦」が日本大使館前で始めた水曜デモ一〇〇〇回を記念して韓国挺身隊問題対策協議会（「挺対協」）が建てたものだが、像が一四、五歳の少女をイメージしたものであることは、制作者のキム・ソギョン、キム・ウンソンの口から語られている。[7] ――いまデモをしている元慰安婦は高齢だが、日本の蛮行被害を受けたときは一四、五歳の少女だった。その幼い少女は日帝のため家族と祖国を失い、長い苦難の歳月を生きた。日本政府関係者は、自分たちの先代が踏みにじった少女の像を通じて、過去の日本の罪を直視すべきである――。これが制作者の意図だという。その設置を韓国国内のみならず、アメリカ、カナダ、中国、オーストラリアにまで展開している韓国の運動も、同じ姿勢にたっているのだろう。

日本の戦時体制は、アジア太平洋戦争開戦後、男子労働力の不足を補うため、若い女性を勤労挺身隊として工場等に動員、一九四四年八月には女子挺身勤労令をだして一四歳から四〇歳までの女性に一年間の勤労を義務づけた。朝鮮半島でも国民学校を通じて募集し、一二、三歳から一四、五歳の少女を勤労挺身隊として、富山や名古屋の軍需工場で働かせた。

これが韓国では「慰安婦」と混同され、少女の「強制連行神話」を生んだという。韓国の支援団体の名称が「挺身隊問題対策協議会」であるのはそのためだ。一九九〇年代はじめには、「慰安婦」と挺身隊が別物であることは明らかになっていたが、神話はいまも生き続けているらしい。

もしも「慰安婦」を記憶する像が一四、五歳の少女像ではなく、年老いた姿やいかにも「性奴隷」を思わせる姿だったらどうだろうか。じつはわたしは、日本政府や否定派はこれほど撤去に躍起にならないような気がしてならないのだ。二〇年前、七社すべての中学の歴史教科書に「慰安婦」記述が入ったことから否定派の動きが一挙に強まり、「新しい歴史教科書をつくる会」が結成された。地方自治体による「慰安婦」記述削除の請願・陳情も相次いだが、その要請文には、中学生の教科書に性的記述が入ることの問題性があげられていた。[8] 彼らには一〇代なかばの少年少女、とくに少女はあくまで性的に無垢な存在でなければならないのだ。

彼らのなかには「処女」と「非処女」、リブのいう「母」と「便所」の分断がある。すでに「汚染」されている娼婦ならともかく、「良妻賢母」予備軍の少女（処女）を強制的に「便所」にしたとなれば由々しい「蛮行」である。拳を固めてヒタとにらみすえる少女（処女）像は、日本の「蛮行」の記憶を再生産し、突きつけつづける。「美しい国」日本の「威厳」は著しくそこなわれる。

それかあらぬか、二〇一七年一月、自民党外交部会等では、「少女像」という呼称に批判続出。「少女像と呼べば、実際に少女が慰安婦をやったと思われる」というわけだ。その結果、政府では「少女像」の呼称をやめ、「慰安婦像」と呼ぶことになったという（「慰安婦像「少女」呼称に批判集中」『産経新聞』二〇一七年一月二八日）。像の撤去は困難なので、せめて呼称を抹殺しようというのだろう。

「処女」と「非処女」の分断は、韓国の運動の側にもあるように思える。性暴力が重大な女性の人権侵害であるのはいうまでもないが、それは被害者が「処女」か「非処女」かには関係ない。にもかかわらず韓国の運動は、「慰安婦」の被害をあくまで純潔無垢な少女像として表象する。それは〈処女喪失〉を「慰安婦」被害の象徴として記憶しつづけることだ。そのことによって「慰安婦」としての日常や、以後の人生の辛酸、その中でもひとは、文玉珠にみられるように希望や誇りを見出して生きるものだが、そうした日々は捨象される。韓国の基地村で米兵相手に性を売った金蓮子は、支援者との齟齬をつぎのように語っている。

それで私は、この現実を克服し耐え抜いてきた人生の希望について語りたかった。テントを張って新しい生活を始めようともがいたこと、その中で感じた希望と誇り。そして私が変わったきっかけについて話したかった。……しかし、主催者側は、私が米軍を相手に売春をして大変だった理由、自殺したかった経験について話すことを期待した。
（金蓮子著・山下英愛訳『基地村の女たち――もう一つの韓国現代史』御茶の水書房、二〇一二年）

これは彼女たちを「二度ころす」ことではないだろうか。少女像設置を進める韓国の運動と、撤去に躍起となる日本政府や否定派は、〈処女崇拝〉と〈売春婦蔑視〉において同じ地平にあるように思える。だとすれば対立の解消は、容易なことではないだろう。

『帝国の慰安婦』にみる底深い悲惨

「平和の少女像」には〈性〉だけではなく、いうまでもなく〈民族〉がからむ。その錯綜した構造にメスを入れ、解放後の韓国社会が目をそむけ封印してきたものを、完膚なきまでに剔抉したのが朴裕河の『帝国の慰安婦』である。これまで書いてきたことでわかるように、わたしの「慰安婦」問題認識は「強制連行」焦点化批判など、朴と共通する部分がある。「処女」としての少女像批判にも共通性がある。しかしそこに〈民族〉をからめたとき、その精緻な分析と韓国社会に向ける痛烈な批判に目をみはった。そこには痛ましいまでに強靭な〈知〉の力がある。

朴は「聖少女」としての少女像は、「慰安婦」のリアリティを表わさないという。そもそも朝鮮人「慰安婦」には二〇歳過ぎの女性も結構いたし、「日本の服を着せられて日本名を名乗らされて「日本人」を代替し」、「日本軍兵士を愛し、……死に赴く日本軍を最後の民間人として見送」ったりもした。それが植民地朝鮮の「慰安婦」というものだった。そこには「被害者で協力者という二重の構造」がある。それは「慰安婦」だけでなく植民地のすべての構成員が強いられてきた分裂状態だった。

少女像が「聖少女として純潔と抵抗のイメージだけを持っている」のは、そうした「協力と汚辱の記憶を当事者も見る者もいっしょになって消去した」結果である。〈まったき被害者〉としての少女像は、「恥ずかしい記憶を忘却し糾弾して〈我々〉の外に追いやってきた解放後の六〇年を集約してもいる」と朴はいう。

こうした認識は、『帝国の慰安婦』全体につらぬかれている。朴は朝鮮人慰安婦を「帝国の慰安婦」とし、戦争というよりも植民地支配に伴う被害者とする。占領地・戦闘地の中国や東南アジアの「慰安婦」は戦時性暴力の被害者だが、「植民地となった朝鮮と台湾の「慰安婦」たちは、あくまで「準日本人」としての「大日本帝国」の一員であった」と言う。

これはわたしには目からウロコだった。インドネシア等では「強制連行」を示す史料もあるが、なぜ朝鮮ではみつかっていないのか。なぜ拉致強姦のような性暴力（の証言）が中国、フィリピン等に比べて非常に少ないのか。胸にわだかまっていたこうした疑問は、これで氷解する。植民地と占領地・戦闘地はちがう。考えてみれば当たり前のことだが、それを「慰安婦」問題について指摘したのは、朴裕河以外にわたしは知らない。

そして朴は言う。「もちろん実際には決して「日本人」ではあり得ず、差別は存在した。それでも彼女たちが軍人の戦争遂行を助ける存在だったのは確かである」。だとすれば朝鮮人「慰安婦」と日本兵は、あえていえば〈同志的〉関係である。そのなかでは日本兵との〈恋愛〉もあれば、日本の勝利を願う〈愛国〉もあるだろう。

さきの文玉珠は日本の敗戦を知ったとき、一朝にして敗者となった日本軍人に涙を流している。

「それまで「日本は世界でいちばん強いのだ。日本人はいちばん上等な人間なのだ」と言っていた軍人たちが、国が負けたら小さくなってしまっている。情けなかろうと思ったら、また泣けてきた。／そのときのわたしは、まだ日本人の心をもっていたのかもしれない」(9)。「慰安婦」としての文は、まさに「準日本人」だったのだ。

しかしこうした朴の主張は、韓国社会や日本の支援者の間に激烈な反発と怒りを生んだ。ナヌムの家の元「慰安婦」により名誉毀損の訴訟も起こされ、朴は厳しい法廷の場に立たされている。しかしわたしは、『帝国の慰安婦』がひらいたものの奥深さと残酷さに、言葉を失う思いだった。

朝鮮人慰安婦が「準日本人」として「軍人の戦争遂行を助ける存在」だったということは、中国戦線での「殺し尽くし、焼き尽くし、奪い尽くす」の三光作戦にみられるようなすさまじい侵略戦争の協力者にさせられたということだ。『帝国の慰安婦』には、性の相手だけでなく、国防婦人会のかっぽう着姿で傷ついた兵士の手当てをしたり、洗濯をする「慰安婦」の引用もある。彼女たちが世話をした兵士たちは、民家を襲って食糧を奪い、女性を拉致強姦したかもしれない。戦時強姦は犯罪だったから書かれたものはないというのが定説だが、そんなことはない。かつてわたしは男性の戦争体験記を二〇冊以上読んだが、その中にはいやというほど中国戦線での強姦体験が書かれているものもあった(10)。

「帝国の慰安婦」であるということは、そうした兵士たちの〈悪行〉をも支えたということなのだ。だとすれば、中国の民衆からみれば、日本名を名乗り日本の服を着せられた朝鮮人「慰安婦」は、憎悪と蔑みの対象だったかもしれない。ビルマの市場で日本の軍票を惜しげもなく使ってハイカラな服やダイヤモンドを買った文玉珠も、現地の人びとの怨みをかった可能性がある。日本軍敗退後、軍票はただの紙屑になってしまったのだから。

かつて朴は「「あいだに立つ」とはどういうことか」[11]で、日本軍捕虜だった元オランダ兵による一枚の絵を紹介している。その絵には、全裸の「日本人看護婦」が卑猥なジェスチャーをし、捕虜が少しでも興奮すれば監視員が彼のペニスを打つという拷問の光景が描かれている。朴はその「日本人看護婦」が朝鮮人「慰安婦」であった可能性を示唆し、そのオランダ人には彼女が〈加害者〉として記憶されていることを指摘している。これについても支援者の間から批判がでた。全裸の女性が朝鮮人「慰安婦」だったかどうかはわからない。もしそうだったとしても、真昼間そういう姿を男たちに晒したとすれば、それ自体悲惨なことである。そんな批判もあったと記憶する。

しかし朴がこの例をあげたのは、元オランダ兵にはその女性があきらかに〈加害者〉として記憶されていることに支援者の留意を促し、「複雑な関係網全体を克服する方法」（ドミニク・ラカプラ）を模索するためだったといえるだろう。

ついでにいえば、朴も書いているように、棒を持った監視員が朝鮮人だった可能性は高い。アジア太平洋戦争開戦後、日本軍は大量の捕虜の監視役として植民地男性を動員した。その結果、日本敗戦後、過酷な捕虜の処遇の責任を問われ、ＢＣ級戦犯として朝鮮人一四八人が有罪となり、うち二三人が死刑になっている。植民地支配による被害者でありながら、日本の加害責任を背負わされたのだ。そして生き延びた元戦犯たちをみる韓国社会の目は冷たいという。「親日派」とみなされたのだろう。[12]

「慰安婦」についても同様の構造はある。冒頭に書いたリブの言葉を思い出す。「そして前線では、従軍慰安婦が貞女の夫の排泄行為の相手＝「便所」を勧め、性管理を通じて男を軍隊の秩序に従順で、人殺しに有能な「天皇陛下の赤子」として育てていったのだった」。これはあまりにも残酷な言葉だが、植民地支配のもとで「帝国の慰安婦」であるということは、たんに「性奴隷」として拘束的な日常の中で性行為を強要されるというだけではない。それによって侵略戦争を支えるという〈加害〉をも背負わされるということなのだ。これ以上の悲惨があるだろうか。

朴が言うように、そこにある「被害者で協力者という二重の構造」、それによる究極の悲惨は、慰安婦だけでなく植民地のすべての構成員が強いられたものである。その悲惨から「協力者」を消去し、「被害者」としてだけ記憶することからは、植民地支配がもつ悲惨の底には届かない。朴裕河は孤立のたたかいに満身創痍、しかしそれでもなおその底深い悲惨の直視を呼びかけている。

「帝国の母」たち

そのとき日本の女たちはどこにいるだろうか。『帝国の慰安婦』は直接それには答えてくれない。「大日本帝国」の侵略拡大において、朝鮮女性が前線で「便所」として協力させられていたとき、日本の女は「母」として銃後にいた。

わたしはここで、「日本の女には、七年間の貸しがある」という言葉を思い出す。作家田村泰次郎が中国戦線から復員して、第一声として放った「放言」である。田村は一九四〇年から四六年まで、一兵卒として中国山西省の戦場で過ごした。戦後すぐ、その体験をもとに捕虜になった中国女性との〈恋愛〉を描いた「肉体の悪魔」、朝鮮人「慰安婦」の日本軍兵士への熱情と死を描いた「春婦伝」を発表し、いちやく流行作家となっている。

なぜ「日本の女には、七年間の貸しがある」のか。「戦地で私たちの相手になったのは、大陸の奥地へ流れてきた朝鮮の女性たち」だったからである。この言葉は、朴裕河が言うように朝鮮人「慰安婦」が「代替日本人」であったことを示すとともに、日本軍の男たちにとって、戦場での〈性〉は当たり前だったことを示してもいる。その相手は当然日本女性であるべきなのに、慰安婦としての「日本女性は数すくなく、ほとんど将校によって独占されていた」。そして圧倒的多数の女たちは国内にいて、男たちの相手をしなかった。だから「貸しがある」というわけだ。この「放言」は田村によれば、敗戦直後の男たちの気持ちを代弁するものとして流行したという（『わが文壇青春記』新潮社、一九六三年）。

この言葉は女性からみるとどうなるだろうか。日本社会では〈性〉は男女の間に非対称性がある。〈性〉はたいてい日常生活を共にする男女の間で営まれるが、戦争は男女を前線と銃後に引き裂く。あしかけ一五年続いた「昭和」の戦争では、軍は「慰安婦」をあてがって男たちに〈性〉を保障する一方、女たちには禁欲をもとめた。「貞女」として戦争のための人的資源の再生産を担わせるためである。リブの言葉を借りれば、「貞女は「日本の母」として銃後の支えをなしてきたのだ」。

それが「大日本帝国」が構築したジェンダー秩序だったから、前線で相手をしなかったといって、女たちが責められるいわれはない。田村の「貸しがある」発言には、そうした男性中心の体制と、男の性欲を本能とする「男性神話」(13)への安住がある。人間の性欲も文化的に構築されたものであることは、つとに明らかになっているが、かつての橋下徹発言に見られるようにいまも強固に生きている。

しかし田村の「放言」に、まったく聞くべき点がないわけではない。日本女性が「貞女」でいられるのは、前線の朝鮮人「慰安婦」あってのもの。田村の発言には、それに無自覚な女性たちへの批判が感じられる。「貞女」と「慰安婦」は、同じコインの両面とはいえ、そこには圧倒的な非対称性がである。「貞女」は社会的に認知され賞賛されるが、「慰安婦」は「醜業」視される。『帝国の慰安婦』で朴裕河が言うように、「性を提供する仕事は、たとえ制度的に問題がなかったとしても社会的—心理的認知を受けられる仕事ではなかった」。しかも彼女たちは「最前線でも爆弾と暴力に苛まれながら、兵士たちの欲求に応えなければならなかった」。

田村はこの「放言」から二〇年近くのち、小説「蝗」でそうした朝鮮人慰安婦を描いている。朴裕河はこの作品を、「男女差別の上に、宗主国国民による植民地差別の構造」に支えられた「男性による女性の〈手段化〉〈モノ化〉〈道具化〉の状態」を明らかにしたものと評価している。

男性による女性の〈手段化〉〈モノ化〉〈道具化〉」は、「帝国の母」についても言える。しかし彼女たちの多くは「貞女」に安住し、「慰安婦」に対する眼差しを男たちと共有した。四〇年以上前、リブが言ったように、「貞女は貞女であることによって侵略を支え、貞女であることによって朝鮮の女に対する陵辱に荷担したのだ。

これもまた、悲惨の極みではないだろうか。日本の女性たちは「貞女」として「銃後の護り」に努め励み、そのあげくに夫や息子を失い、空襲、原爆などの被害を受けた。これ自体悲劇だが、それによって侵略戦争を支え、「朝鮮の女に対する陵辱」への〈共犯性〉を問われる。「被害者で協力者という二重の構造」は「帝国の母」たちにもある。

「帝国の慰安婦」と「帝国の母」に共通する「被害者で協力者という二重の構造」。その底深い悲惨から抜け出す道は、けっきょく女性を「母」と「便所」に分断利用する「帝国」の解体をめざすことからしか開けないだろう。

それは過去の「大日本帝国」だけの問題ではない。『帝国の慰安婦』で朴は、日本に先んじてアジアを植民地支配した西欧諸国も、性的慰安施設を容認していたことを指摘している。そこで働く女たちは、「家父長制と、自国の勢力を海外に伸ばそうとした帝国主義、そして帝国主義を支えた国家主義」によって海外移動を助長された貧しい女たちだった。「慰安婦問題とは、国家や帝国といった政治システムの問題であるだけでなく、より本質的に資本の問題」だと朴は言う。「慰安所は表面的には軍隊の戦争遂行のためのように見えるが、その本質はそのような帝国主義と、人間を搾取して利潤を残そうとする資本主義にある」。

だとすれば、それは現在ただいまの問題である。朝鮮人「慰安婦」を「帝国の慰安婦」と見ることで、朴裕河は過去の「大日本帝国」のみならず、グローバル時代の現在までも、批判する道をひらいたといえるだろう。

注

（1）田中美津『何処にいようと、りぶりあん』（社会評論社、一九八三年）所収、「便所からの解放」の解説。

（2）和田春樹『アジア女性基金と慰安婦問題——回想と検証』（明石書店、二〇一六年）によれば、「慰安婦」問題を最初に指摘したのは一九六四年に出た「日・朝・中三国人民連帯の歴史と理論」（日本朝鮮研究所）だという。

（3）丸山友岐子は、一九七七年、『女・エロス』九号に「男性ライターの書いた「従軍慰安婦」を斬る」を書き、金一勉『天皇の軍隊と朝鮮人慰安婦』、吉田清治『朝鮮人慰安婦と日本人』とともに千田の『従軍慰安婦』も批判している。「男たちの〝良家の子女〟に捧げる敬意と娼婦に投げかける侮蔑と嫌悪は、いわば硬貨のウラオモテみたいなものなのである。どちらも男たちの抑圧の結果が生んだ女の生き方であることにちがいない」。まさにリブである。丸山の文章は、加納実紀代編による戦後思想のアンソロジー『性と家族』（社会評論社、一九九五年）に収録されている。

（4）全学連第二〇回定期大会でのビラ「性の差別＝排外主義と戦う決意表明」は、『新編日本のフェミニズム――リブとフェミニズム』（岩波書店、二〇〇九年）に収録されている。署名は澄江。

（5）梨の木舎、一九九六年、新装増補版、二〇一五年。二〇一六年、女性文化賞受賞。

（6）初出タイトル「一九九三年・八月・三題」『インパクション』八二号、一九九三年、加納『戦後史とジェンダー』（インパクト出版会、二〇〇五年）所収。

（7）北原恵による制作者へのインタビュー「ハルモニたちとともに、日本大使館を見つめ続ける」『インパクション』一八五号、二〇一二年。

（8）加納「世紀末教科書狂奏曲と性の二重基準」『インパクション』１０２号、一九九七年参照、前掲『戦後史とジェンダー』所収。

（9）森川万智子構成・解説『文玉珠　ビルマ戦線 楯師団の「慰安婦」だった私』、一四三頁。

（10）例えば、森金千秋『悪兵』叢文社、一九七八年。加納「戦争体験記のなかの「女性体験」」参照、前掲『戦後史とジェンダー』所収。

（11）『インパクション』一七一号、二〇〇九年。

（12）内海愛子『キムはなぜ裁かれたのか――朝鮮人ＢＣ級戦犯の軌跡』朝日新聞出版、二〇〇八年、ほか参照。

（13）彦坂諦『男性神話』径書房、一九九一年。

（『対話のために　「帝国の慰安婦」という問いをひらく』図書出版クレイン、二〇一七年二月）

書評

真に恐ろしい書
——小市民的平安を根底から打ち崩す

石牟礼道子『草のことづて』筑摩書房、一九七七年

考えてみれば、まともにその文章を読んだ記憶もないのに、石牟礼道子はわたしには怖いひとであった。まともにつきあえば血イミルデエという感じ。コンクリートで塗り固めたわが小市民的日常が音立てて崩れていくような、そんな恐れを抱いていたらしい。いま、短文集『草のことづて』を読み終わり、その恐れの正しさを実感している。

——まず、こわごわ本を手に取って表紙をうち眺めれば、茫々たるすすきの原を分けて一本の道が続いている。これはもうわたしを恐れさせるのに充分である。その涯もなく、〈さいわい〉などはさらにない道を、ひたひたと歩む姿なき生きものたちとともに、わたしもまた歩き続けねばならない。石牟礼道子によって、道が足うらにこんなにもやさしかったことを思い出してしまったから……。困ります石牟礼さん、わたしにはまだ〈現世〉にやるべきこともやりたいことも山ほどあるのに——。読み終わってまずそんなふうに思ってしまう。

『草のことづて』にうつしとられた石牟礼道子の世界には、時空を貫いてさまざまな道がある。杣道、往還道、海の道、川の道、まだ少年の父親が出郷にあたって辿った山坂道、「海のむこうのコーランポ」に至るからゆきさんの道——。それらの道は、未生の世界をかいくぐり、三途の川をもひとまたぎする。その自在さに恍惚とし、やがてわたしは不安になる——。

さて、しかしこれはかなり親切な本ともいえるのである。収録されている文章は、一九七二年から七七年にかけて書かれたものであり、この時期は、著者が骨身を削るようにして『椿の海の記』を執筆していた時期に、ほぼ重なる。

したがってこの本では『椿の海の記』に見える著者の内的世界がより縦横に語られていると同時に、ひとりの女、ひとりの〈運動者〉、ひとりの作家としての石牟礼道子自身をもかいまみせてくれている。

ひとりの女としての石牟礼道子は、「牛」または労働力としての嫁から、ひとりの人間として歩き出すまでの苦渋に満ちた自らのたたかいを語り、わたしに、〈飛ぶ〉かわりに深く深く内に向かうことで得られる〈女の解放〉について思いを致させる。ひとりの運動者としての石牟礼道子は、崩壊せんとする〈水俣〉にあって、ふりかかる「千の矢、万の矢」に傷つきながらも「不知火海総合学術調査団」なるドエライものをつくり出す。

そこでわたしは、ヨソものとしてではなく運動することの困難をあらためて思うと同時に、いささかウサン臭く思っていた「学術調査団」にかける石牟礼道子の思いの深さを知って、脱帽する。そして何よりも、ひとりの作家としての石牟礼道子は、その自在な内的世界を文字に定着するべく、文章の呼吸をととのえ間合いをはかり、悪戦苦闘を重ねている。

たとえば、チッソによって「人語の世界から引き剥がされた」少女しのぶちゃんとアイリーンの対話を記したさりげない文章（「花帽子」）が、一個の〈作品〉となるためには、少女の魂を共有しうる感性に加え、著者のなみなみならない作家的執念が込められているはずである。

そこにわたしは、〈水俣〉というこの世の悲惨を、かくもうつくしく描き出す作家の〈不幸〉をみる。

ともあれこの書は、このような著者自身がかいまみえることによって、「草のことづて」を聞き分ける力などとうに失った「近代人」が、石牟礼道子の世界に近づくひとつの通路となりうるだろう。

（『図書新聞』一九七八年二月一八日）

書評

「目に一丁字もない人間」の力

石牟礼道子『西南の役伝説』朝日新聞社、一九八〇年

「○○県××郡大野原村大字萩原」――この地名は、かつてわたしの〈本籍〉であった。一度も住んだことはなかったけれど、生まれて二十余年、入学し卒業し……、そして就職し結婚するまで、それはわたしの行く先々についてまわった。子ども心に「萩原＝はぎはら」という地名をうつくしいと思っていたけれど、「大字萩原」となれば、泥田に足をとられるようなうとましさが先立った。「百合丘3‐22」という、ついこの間まで山百合が咲き乱れ、野兎や虫たちの栖であった丘陵に忽然と出現したコンクリート群の一画がわが新たな〈本籍〉となったとき、なにやら足元がすっと軽くなったような記憶がある。

異なった時間の構造

いま本書を読み終わり、この十余年、ほとんど想い出すこともなかった「大字萩原」が、人びとの息づかいをもともなって、いきいきとよみがえってくるのを感ずる。墓地を流れる小川の水の冷たさ、もみがらを焼く煙の青さとその匂い、野良着の腰を折って、少女のわたしにていねいなあいさつを返す女たち――。

しかし著者の視線は、ようやくわたしが記憶の底からよみがえらせた「大字萩原」をつらぬいて、さらにその先にまで向けられている。著者は「非常に小さな、極小の村が始まるところ、波の音と松風の音がする渚辺に人がひとり現われて家というものが出来あがるところから始めたかったのである」と「あとがき」にいう。「その家が二軒三軒になり、つまり自分のいま居る村が出来、町になり、気がつけばもう人間は沢山いて…」。

石牟礼道子のなかでは、時間はわたしのとはちがった流れ方をしているようである。それはたぶん、「大字萩原」と「百合丘3‐22」のちがいに対応するものでもあろうが、後者では、時間は、次のような流れ方をする。

——ある日一台のブルドーザーがあらわれる。するとたちまち、さまざまな色合いをもつ緑の起伏はひといろの赤茶けた平らかな土地と化し、ミキサー車やダンプカーの蹴立てる砂塵がすこしおさまったと思ったら、そこにはもうニョキニョキとコンクリートの建物が林立している。そしてある晴れた日曜日、地の底からわき上がったかのように男や女や子どもたちがそれを満たし、窓々にはおしめがひるがえり、ふとんの花が咲く——。こんなふうな「百合丘3‐22」の流れに、本書はまず、急ブレーキをかける。

流れ方だけの問題ではない。時間そのものが、石牟礼道子の世界では、ちがった構造をもっているようなのだ。わたしの世界では、時間軸は空間軸と直角に交わり、その交点にわたしの現在がある。その交点の時間軸にそっての垂直移動がわたしにとっての〈生きる〉ということであり、その集積が「歴史」というものである。

それに対して石牟礼道子の世界では、時間軸と空間軸は直角に交わってはいない。というよりは、その二つは別物としてあるのではなく、のたくるような円環をなして切れ目なくつづいているようなのだ。したがって〈歴史〉も、石牟礼道子にとっては過去への垂直下降としてではなく、己が内奥に抱かれているものとして、すでに在る。

自分との出会いの旅

本書では一見、歴史時間への垂直下降の方法がとられているように見える。現在のごとき「地上の形」を生み出した「地下の根」の育ち方を知りたい、「目に一丁字もない人間が、この世をどう見ているか」を知りたい。そのために、さしあたり一〇〇年前に視点をすえ、その世界をひらくキーワードとして「西南役」を設定する。そしてそのキーワードをたずさえて古老を訪ね歩き、資料に目をこらす。これは民衆史の通常の方法であろう。

しかしやはり、本書の世界は、石牟礼道子の世界である。ここでは、西南役を生きた人びとは、過去の、一〇〇年前の人間ではなくて、まさに彼女の同時代人として、現在を生きている。それはおそらく、この一〇〇年、歴史の目からも宗教の目からも文学の目からも目こぼしされてきた「目に一丁字もない人間」の世界こそが著者自身の世界であり、その世界を訪ねることは、自らの世界との出会いの旅に他ならなかったからであろう。

同時代人・石牟礼道子によってひらかれた「目に一丁字もない人間」の西南役とは――。

日々営々として田を耕しあるいは漁をして、己れと己れの家族を養うものにとって、戦争はまことに迷惑なものである。せっかく丹精した作物は踏みしだかれ、家は焼かれ、のみならず弾運びや荷物運びに狩り出され、ときには生命の危険にもさらされる。

それでも「上が弱うなって貰わにゃ、百姓ん世はあけん」から「それやれそれやれ」とばかり、近くの薮かげから支配者たちの同士討ちをひそかにけしかけたりもする。どちらが官軍やら賊軍やら、人びとにわかるはずもないし、またわかったところでどうということはない。「天皇さん」も「西郷さん」も、「正義は我にあり」という顔をしているが、自分たちを「土民」としかみない連中のどちらが勝とうと、たいしてちがいはない。したがってこの人びとは、西南役を「世の中の展ける始め」ととらえる。

面目躍如たる農民

しかし死者に対しては、人びとは畏怖と哀憐を惜しみなく注いでいる。官も賊もなく手厚く葬っているし、非業の死を遂げた者たちへの思いは、あちこちに幽霊や火の玉を出没させ、のちのちまで供養の対象としている。西郷隆盛について、「智恵が天皇さんより上」だったから城山で死なかったと信じられているのも、そのためといえまいか。

官軍に、あとで補償するからといわれても、わが家の腐りかけた藁屋根に火がつけられるたびに「どこかの薮からこさくり出てきては消し」をくり返し、とうとう土橋の上から切って落された百姓・弥一、それを「時勢に手向こうた気の毒な男」として弔い、その橋を弥一橋と名付けた村びとの話。

また、いくさの明け暮れで食事もとれなかったのだろう、百姓家で鍋を借り、粥を炊いて、さて食べようというところを再び呼びたてられて行ってしまった兵士たちと、残された鍋を囲み、「良かお米の粥のでけとる、食べに戻って来らすかな……来らすまいなあ」と言い合いつつ、食べてしまった百姓一家の話……。いずれも哀れで滑稽で、「目に一丁字もない人間」の面目躍如たるものがある。

本書には西南役の時代をさらにさかのぼって、村の始まりをたずねる章がある（第四章　天草島私記）。これは天草生まれの著者自身の「地下の根」を探る旅といえようが、本書の成りたちからして当然の道行といえる。人が一人あらわれて家ができ、村ができるところへ向けられた著者の視線は、当然一〇〇年のわくを越えて、その一人の人間がそこにあらわれたさらなる「地下の根」に向かわざるをえないだろう。

〝地上には戻らぬ〟？

石牟礼道子はもう地上にはもどって来ないのではないかという恐れに、ふととらえられる。本書でひらかれた「地下の根」が、どうしていまのような「地上の形」を生み出したのか、なぜたかだか一〇〇年のうちに、これほどちがった世界になってしまったのか——。一〇〇年前からさらに潜行するのではなく、地上の方に浮上してそれを教えてほしいのに……。

しかし石牟礼道子は、小首をかしげていうかもしれない。それはごじぶんでおやりになったら？なぜあなたが「大字萩原」を「百合丘３-22」にはきかえたのか、よくよく考えてみればわかるのではないかしら、と。

（『図書新聞』一九八〇年一一月八日）

書評

魂の依り所＝樹

——九州・西海の島々に古樹を訪ねる

石牟礼道子著『常世の樹』筑摩書房、一九八二年一〇月

なぜ日本のむかし話には、植物への変身譚がないのだろう。西洋には、ギリシャ神話のナルシスはじめ、恋人を待ちつづけ白樺になった娘の話などいくつもあるのに……。こんなことがしきりに気になっていた時期がある。このたび本書を読んで、もうすっかり忘れていたこの疑問に、思いがけず答がみつかった感がある。

日本の民話に、ほんとうに植物への変身譚がないのかどうか、じつはくわしく調べてみたわけではない。ひょっとすれば、あるのかもしれない。しかし本書を読めば、絶対にあるはずはないと思ってしまう。

この本には、九州の背梁の山々や西海の島々に古樹を訪ねての一二篇の〈旅〉がおさめられている。それはまた、神々の故郷、〈常世〉を求める旅でもある。著者にとって〈樹〉は、〈生命の祖（おや）〉であり、〈神〉である。その前にぬかづき祈りを捧げこそすれ、人間が樹に変身するなど、考えるだにおそろしい。樹に対する著者のこの畏れは、わが祖先たちにも共通するものであり、だからこそ〈樹〉への変身譚がないのだ——と、そんなふうに思ってしまうのだ。

著者が訪ね歩いた一二本の古樹は、いずれもあくまでもやさしく受苦に満ちており、ひとびともまた、つつしみかしこんで、それらの樹々に対している。

かつて、ジャングルを切り拓いて巨石を積み上げ、壮大な神殿を築いたクメールの帝王たちは、払っても払っても石組みの間に触手をのばしてくるガジュマルに、撃滅すべき〈敵〉を見た。しかし、著者が沖縄で出会ったガジュマルは、魂の依り所としていまだにひとびとにあがめられている。石と鉄で鎧って、自らを神に擬するものと、一木一草に神をみるもののちがいであろうか。

また、著者が鹿児島県の秘境・岩屋谷に訪ねた幻の桜は、近代人・梶井基次郎がその根元に死体を幻想した爛漫の桜でもなければ、その散りぎわを〈武士道〉にたとえられた桜でもない。その巨大な幹に、一二種類ものかづらをまつわらせて養いつつ、はるか上空から、天のしずくのような花を地上に降らせていた。著者たちは、ただ息をひそめてふり仰ぎ、お神酒を捧げて伏しおがむ。

太古のすがたをつたえる屋久島の杣人の話も、ゆかしいものである。山で弁当を使うときは、腰を下す場所代として木の魂たちに塩魚やら飯粒をささげ、日が暮れたら、塩魚の頭を高い所に置いて、ねんごろに一夜の宿を頼みこむ。まして木を伐るとなれば、塩と米と魚と焼酎を供えて儀式を行ない、伐り倒した樹には、ゆずり葉の木を突きさして「この木にのぼれーっ」と、樹の魂の昇天を導いたという。

ものいわぬ樹々が、神としてひとびとの心にいきづいているこうした世界、それが著者の求めてやまぬ〈常世〉であり、チッソに象徴される〈近代〉によって失われてしまった〈ふるさと〉なのであろう。

しかし、〈常世〉への道しるべを求める著者の古樹巡礼は、むなしい。いまや古樹たちは、開発の波に追いつめられ、沖縄の守護神・ガジュマルのかたわらには、米軍基地からの砲弾が土煙をあげて炸裂している。著者の古樹巡礼を辿ることで、読者は、すでに失ってしまったもの、さらに失おうとしているものの大きさを知る。

しかし、新聞連載の制約のためか、この古樹巡礼は、あまりにあわただしい。著者には、現し世の樹々ではなく、その胸のうちにすむという樹の精「にやあま」をして、存分に語らせてほしいと思う。石牟礼道子ならば、〈樹の代理人〉として語っても、神々はよもや怒りはすまい。

（『図書新聞』一九八二年一二月一八日）

4章

リブをひらく

交錯する性・階級・民族
——森崎和江の〈私〉さがし

一九七〇年、森崎和江は四冊の著書を刊行した。五月に『ははのくにとの幻想婚』(現代思潮社)、『闘いとエロス』(三一書房)、六月に『非所有の所有』(現代思潮社)、八月『まっくら』(現代思潮社)である。このうち、あとの二冊は六〇年代はじめに刊行したものの再刊、『ははのくにとの幻想婚』は六〇年代末の小文をまとめた評論集である。

森崎は多作といえる作家だが、[1]それでも一年間に四冊は多い。それ以前、六〇年代の著書がさきの『非所有の所有』と『まっくら』、それに詩集『さわやかな欠如』(国文社、一九六四年)、『第三の性』(三一新書、一九六五年)の四冊だったことからいっても、一九七〇年の〈異常さ〉がわかる。

この年、森崎和江は、いうならばブレイクした。五〇年代のおわりから、解体する炭坑のまちにあって、孤独のなかで積み重ねてきた思索がここで一気に放電、時代とスパークした感がある。それをもたらしたのは女たちである。

この年、「ウーマン・リブ」とよばれる新しい女性運動が誕生した。これをアメリカからの輸入品とみるむきがあるが、そうではない。全共闘運動が「スチューデント・パワー」や「パリの五月」の輸入でないのと同様、高度資本主義社会における女性抑圧に根ざした同時多発的運動だった。

「リブは新左翼の鬼っ子」と田中美津がいうように、それはまず階級闘争のなかで胚胎され、それを食い破って誕生した。七〇年二月、社会党系女性団体にいた飯島愛子らは、「侵略＝差別と斗うアジア婦人会議」開催のアピールをだした。そこには「社会体制の変革のあとにつづく婦人解放（論）ではなく」と、階級闘争からの女性の自立がうたわれていた。六月、田中美津は歴史的文書「便所からの解放」をビラにしてまいた。そこで田中は、性欲処理の〈便所〉とやさしさの〈母〉に分断された女の状況を告発、〈性〉を問うことなしに解放はありえないとした。日本のマスコミが「ウーマン・リブ誕生」を報じたのはその年の一〇月である。

かつて、一九世紀末から二〇世紀初めにかけての第一波フェミニズムのなかでは、女たちは「女も人なり」と叫んだ。しかし「人 man」とは「男 man」のことだった。男にならなければ平等になれないなんて、ぜったいおかしい。ここへきて女たちは、性的存在としてのみずからをふまえ、〈主体としての女〉を模索しはじめたのだ。そのとき先達として存在していたのが森崎だった。全共闘世代の上野千鶴子は、森崎との出会いを次のように語っている。

男の思想っていうのはその当時、吉本隆明にしろ埴谷雄高にしろ、溢れていましたが、そのなかで女が、ほとんど孤立無援で自分自身のことを考えようとしたら、女には、「私」を語る言葉っていうのが全然なかったんです。女の「私」をまったくオリジナルな言葉で語ってくれている、自分より年長の女の人が誰かいるだろうかと、それこそわらにも縋る思いで書物を振り返ったとき、目の前にあったのが森崎さんのお書きになったものだったんですね。

（「見果てぬ夢」『ニュー・フェミニズム・レビュー1』学陽書房、一九九〇年）

もちろんそれは上野だけではなかった。七一年四月、北海道のリブグループ「メトロパリチェン」は「森崎和江研究会」をたちあげた。八月に長野でもたれたリブ合宿では、森崎和江の分科会が設けられた。七三年に雑誌『女・エロス』(社会評論社)を創刊する佐伯洋子・三木草子・吉清一江が出会ったのは、その分科会でのことだという(「あのエロスに満ちた日々よ!」『全共闘からリブへ』インパクト出版会、一九九六年)。

森崎のほかに、当時リブの女たちに読まれたのはシモーヌ・ヴェイユにライヒ、高群逸枝……。そのなかで森崎だけが、いまも書きつぎ、読まれつづけている。本稿では、当時の森崎の「女の〈私〉」について検討し、あわせてその後のあゆみもたどってみたい。

一 引き裂かれた出発

現在の平易で流麗な文章からは想像もつかないが、当時の森崎の文章はかならずしも読みやすいとはいえない。だからこそ研究会が生まれ分科会が設定されたわけだが、詩人特有の隠喩や飛躍がある一方、生硬な論理がえんえん展開されていたりする。森崎自身もそれは自覚していて、『からゆきさん』(朝日新聞社、一九七六年)以前の自分の文章について、「論理的脈絡に比重のかかる書き言葉」と自己批判している(「わたしと言葉」『産小屋日記』三一書房、一九七九年)。

しかし書き言葉か話し言葉かという以前に、森崎が必死に言語化しようとしていた思想そのものの問題がある。『非所有の所有』は「性と階級覚え書」という副題をもつ。『闘いとエロス』は、筑豊闘争のなかで発生した強姦殺人事件をめぐる〈性〉と〈階級〉の対立をテーマにしている。『まっくら』は坑内労働を経験した老女の聞き書きだが、彼女たちの姿に「階級と民族と女とが、虹のようにひらいている」と思ったという。『第三の性』では、「第一の性＝男」によって他者化される「第二の性＝女」というボーヴォワールの『第二の性』の構図をふまえ、その乗りこえが企図されていたはずだ。(2)

つまり、このときの森崎の著書には、一元的同化を拒み、異質なものの対立拮抗する場として〈私〉を思想化しようとするけんめいな姿勢がみえる。そのオリジナル性は、リブの女たちにもすんなり飲みこめるものではなかった。

その根っこには、のっぺりと同化をしいる日本社会への憎悪があった。植民地朝鮮に生まれ、一七歳までそこで育った森崎にとって、戦後否応なしに生きることになった日本は、みるもの聞くもの侮蔑と憎悪の対象だった。〈個〉を問うことなく、「おくにはどちら？」といえば了解がなりたつ「どろどろした」日本へ、森崎はあらんかぎりの罵詈雑言を投げつけている。

いじけた、毛のぬけた、老犬の山河。魚くさいおまえの尻へ、わたしは、どのように深い侮蔑で回帰したか。壺。おまえの口から、どろどろした漬け菜が際限もなく腸をさかのぼってたぐられる……。

（『非所有の所有』序文。初出は「鉄を燃やしていた西陽」『サークル村』一九五九年五月号）。

女たちの内発性とまっこうから拮抗しないニッポン！　武士道！　もののあわれ！　近代！　そこにあるもろもろの価値に憎しみを感じた敗戦前後、あかんべえと舌を出すことを覚えました。

心の底から日本という質をさげすんでいる自分の火を守りました。

（『まっくら』はじめに）

その憎悪は、生まれ育った朝鮮への〈愛〉と背中合わせである。なまぬるく「どろどろした」日本に対して、それはかっきりとした輪郭をもち、緊張感に満ちている。

わたしは真冬の裸木が好きでした。朝鮮の冬は、かんと青空が痛く、ドアーの金具に手がふれるとびしと皮膚がくっつきました。そんな真冬にみどりは草一本ない原っぱで、裸木を眺めているとみぶるいがしてくる。樹木がどくどくと脈打っているんです。針のような枝先へまで。そこへわき上がっていく樹液の気配はわたしを息づまらせました。そして、それをとりまく空の緊張！

（『第三の性』三五ページ）

木立はしんとしてまっくらに見えました。その黒い影絵のように突っ立っているポプラたちのむこうに、しんかんとして、凍った火事のように、たったひとりで、太陽は沈もうとしていたのです。私はぴりぴりふるえました。

（「書物ばなれ」『髪を洗う日』大和書房、一九八一年。初出『私の本の読み方・話し方』ダイヤモンド社、八〇年二月）

その緊張感は、じつはたんに〈自然〉によるものではなかった。植民者二世の女の子としての成長過程につねにつきまとっていたものだ。

私は十七歳まで、朝鮮人の幼児から老人にいたるまでのまなざしに集団姦を感じなかったことは一度もない。それらは性交をめざすなどという快感に端を発し、快感の消費に終わるたぐいの視線ではない。姦し殺すのである。もはや姦すはうすれ、一瞥で殺す、つまり勝負のまなざしで、私の性を突かんとする。

（「朝鮮断章・1　わたしのかお」『ははのくにとの幻想婚』所収。初出は『アジア女性交流史研究』No.3、六八年七月）

あの時少年はすれちがいざまにぐいと片手をつきだした。そのこぶしの指の股から、親指の頭を思いっきりのぞかせていた。早春の落葉した木肌が光った。その指の頭は生々しい血の色をしていた。

「イルボン、ボボ」

少年はくらい声で吐き捨てた。いや青年であった。小暗い木立のようでわたしは見上げずすたすた歩いた。わたしは馴れていた。彼ら民族の男たちから性を侮蔑されることに。そして性への侮蔑には不動の高さをもつほかないと、これはもう四、五歳の頃から彼らによって育てられたわたしの信条であった。歩きながらわたしは、ボボという朝鮮語はにほん語ではなんというのかしら、と思った。

（「訪韓スケッチによせて・1」『異族の原基』大和書房、一九七一年。初出『辺境』七〇年六月）

考えてみれば、映画「アルジェの闘い」で爆殺されるコロンの赤ん坊のように、あるいは目取真俊の「希望」で扼殺される沖縄駐留米軍人の幼児のように、「森崎先生のお嬢さん」が被植民地朝鮮の人民によって誘拐・殺害されることは、まったくありえないことではなかった。そうするかわりに被植民地の男たちは、あらんかぎりの民族的・階級的憎悪を視線に凝固させ、森崎の〈女〉を刺した。

森崎はそれを否定的にはとらえていない。そうした視線の刃を意識しつつ、それに拮抗しうるものとして自己形成してきたとの自負がある。それは性的存在としての自己の発見でもあった。植民者の女を侮辱することで自己回復をはかるかのごとき被植民地の男に対して、森崎は「女をかくすことなく、その目をみつめかえし、女性を生きることでそれに堪えんとしてきた」。

少女たちはふつう、男の視線によってみずからの〈女〉を発見し内面化する。森崎の場合はそこに、〈民族〉と〈階級〉が複雑にからみあっていたことになる。

二　女としての〈私〉さがし

どれほど朝鮮を愛していようと、森崎は侵略者の一員だった。侵略者は追放されなければならない。侵略者が朝鮮を愛することは許されない。まして「ふるさと」として恋うことは犯罪的である。森崎には日本で生きる以外に道はない。しかしともすれば朝鮮にむかって流れ出る心を、どうすれば日本につなぎ止めることができるのか。

もちろん、ずぶずぶした血縁地縁に安住し、「かんと打ちかえす個体のかたさ」(「朝鮮断章・1」前出)をもたない伝統的日本社会に同化することはできない。とりあえず、自分のなかで唯一たしかな〈女〉にすがって一人の男と〈恋愛結婚〉をし、〈近代家族〉を形成した。

それは植民者である親たちの生活をなぞることでもあった。伝統的共同体から切れた植民地において、親たちは恋愛によって結ばれ、〈個〉を大切にせよ、人間は平等だと教えつつ森崎を育てた。そうした自分を自嘲をこめて、「大正デモクラシーのこっけいな長庶子女」と森崎はよぶ（『非所有の所有』序文）。

森崎同様に違和をかかえながら戦後の日本を生きはじめた弟は、森崎の最初の出産直後に自殺した。なぜ弟は死なねばならなかったのか。何度も自問をくり返したあげく、両親がつくった単婚家庭、その「底のあさい近代的性愛の生みだした統一空間が、彼をささえ得なかった」と森崎は考える（『第三の性』一二二ページ）。リベラルな夫と愛らしい妻の「さわやかな夫唱婦随」が生み出す家庭、そこにはさしせまったものとしての対立はない。「そうした対立性への追迫の欠落は子供である自分に、内側からぬきさしならず働きかけてくる重量感・圧迫感を弱いものにしている。その即自性はわびしい」。死の直前、弟はそう言い残したという。

即自性ではなく異質なものの対立・拮抗する場としての〈私〉さがし。五八年、二人の子をつれて夫と別れ、炭坑のまちで谷川雁とともに雑誌『サークル村』の編集にかかわったのはそのためだった。エネルギー革命と称して炭坑を閉山に追いこみ、いっさんに高度成長の坂を駆けのぼろうとするこの時期、谷川たちは『サークル村』によってそのきしみを全身で受けとめ、時代と拮抗する場をつくりだそうとしていた。森崎のまわりにはマルクスや毛沢東のことばの断片がとびかい、口角泡をとばす議論がつづいていた。そこでは女は「労働者と同じに目のない階級」（「渦巻く」『非所有の所有』）であって、革命の暁にまとめて解放される対象だった。

そうした議論に加わりながら、森崎はとりこぼされる〈私〉をかんじる。「私は私自身を伝達しようとするとき、腰から下は鱗が生え、首だけねじまげて松の葉へ語りかけるような筋肉の螺旋を感ずる」（「非所有の所有」同。初出『試行』二号、六一年一二月）。しかしことばの〈男権性《ファロクラシー》〉に無自覚な男たちには、森崎の口ごもりの理由がわからない。

「ものいわぬ農民」と似て、女のモノローグは、あなた方の固定した三半規管では関知しえない原理をもちます。これを、あなた方は目に見えるものに織ろうとする。くらくらと目まいがします。共通の言葉がみあたりません。この作業にノミをおろしつづける女達の姿を、あなた方のどこへぶっつけ、共有し、彼女らへかえせばいいのか。兎一匹はしらない広野に立った心地です。

（「現代を織る女たち」同）

この文章には、五九年七月に阿蘇でひらかれたサークル交流会への言及がある。そのとき九〇人の参加者の食事をととのえた仲間の女たちの労働は、「さすがおらが九州の女はあたたかい」ということばとともに、あっさり男たちに消費された。女たちの内部批判で明らかになったのは、「彼女たちの寝床」、つまり性の問題だったとも書かれている。

「凍っている女たち、集まりましょう」という森崎の呼びかけによって、五九年八月、女性交流誌『無名通信』が創刊された。創刊の「宣言」はいう。「わたしたちは女にかぶせられた呼び名を返上します。無名にかえりたいのです。なぜなら、私たちはさまざまな名で呼ばれていますから。母・妻・主婦・婦人・娘・処女……と」。とりわけ問題になるのは「母」である。

「母」は「水」などと同じことばの質をもっているはずです。ところが、それがなにか意味ありげなものとして通用しています。まるで道徳のオバケみたいに。献身的平和像、世界を生む母などという標語をくっつけて。女の矛盾はみなここで溶けてなくなってしまうかのようです。私たちの呼び名に、こんな道徳くさいにおいをしみこませたのは、家父長制（オヤジ中心主義）です。

しかし、その弊害を打破するための女性運動にも問題がある。「炭婦会を例にしますと、（略）かつては家の中で一人一人で仕えていたオヤジ中心主義が、集団となって動いているのです。被害者意識のまま、なんとか優秀な下女になろうとしています」。それは女自身のなかに、被害者としての安全な「母」の座に安住するものがあるからだ。「女にはかなわないな、といいながら男たちは、それを利用してきました」。

『闘いとエロス』によれば、『無名通信』の会員は炭坑の女たちを中心に一〇〇余名。おおかたは書くことに無縁だった。各地にサークルをつくって問題を持ちより、座談会などで誌面に反映させたが、やがて森崎には「何か根源的な打ち出しができていない」、「女性像と世界像の接点が思想化されていない」という思いがつよまる。

私には、それとも女たちは、なぜこうも一切合切が、髪飾りほどの意味も持たないのでしょう。渋茶色の波をひからせている川へむかって、川よ川よ、と、私は呼びかけていました。愛もことばも時間も労働も、あまりに淡淡しく、遠すぎるではありませんか。何もかもがレディ・メイドでふわふわした軽さがどこまでもつづいているので、まるで生きながら死人のくにに追われているようです。

（『まっくら』の「はじめに」）

その「レディ・メイドでふわふわした軽さ」にくさびを打ち込むために、森崎は地底にむかう。そこは「川筋と疎外され無法渡世のやからと差別されてきた」世界であり、「植民地出身であり性的疎外の未解明部分に転々する私は、複眼の虫が複眼をみるような思い」を抱いたという(「ボタ山が崩れてくる」『非所有の所有』)。

森崎は坑内労働を体験した老女を訪ねて聞き書きをし、「スラをひく女たち」と題して『サークル村』五九年七月号から連載した。六一年六月に刊行したはじめての著書『まっくら』はその連載をもとにしている。この揺るぎない絶唱のようなタイトルの本で森崎がとらえたのは、まさに「レディ・メイドでふわふわした軽さ」の対極にあるものだった。

一九世紀末からの急速な日本の近代化を支えるため、農村からはじき出された親たちにつれられて、あるいは食いつめた男とともに、女たちは地底に潜った。しごとは、先山といわれる男たちが掘りだした石炭を、スラという竹かごで地上に運び出す後山である。「四つん這いになって、レールを手でしっかり握って石をいっぱい積み込んだスラをね、滑りおちんように頭でささえてばい、三十度以上ある傾斜をじりじりあとずさって持ってさがるとばい。口にカンテラくわえてな、下に函(炭車)がおいてあるけん、切羽からそこまでもっておろさにゃならんと」(「無音の洞」『まっくら』)。

しかも、水がでる。落盤する。「非常」というガス爆発も起こる。そんな危険に満ちた労働にあけくれながら、女たちは子どもを産み育てた。「坑内さがるときは思いよったぁ。—またあの子に逢えるじゃろうか—と。帰って抱いてやれるじゃろうか、もう、あの子は母親を亡くすのじゃなかろうか、抱いてもらえん子になるのじゃなかろうか、と思わん日はいちんちもなかったなぁ」。

圧倒的な闇の恐怖ものしかかる。「地の底の闇には地面の上のどげな闇も勝たんばい。頭の上に地面があるおそろしさは、地の上のどげなおそろしさも勝たんばい。人間はなんというても地の上で生きるごとできとる生きもんじゃけの」(「坑底の母たち」『異族の原基』。初出『母の友』七〇年七月)。その恐怖にたえるために、坑内にはさまざまなタブーがあった。口笛はいけない、手をたたくのもいけない。頬かぶりもいけない。女は坑内で髪解いちゃいかん、ヤマの神さんはちぢれ髪だから悋気して落盤を起こす……。

女の生理は赤不浄とよばれるタブーだったが、それでいちいち休んでいては食えない。ある老女は「赤不浄・黒不浄でけがれるというが、あれは地の上のはなしたい。入っていいか悪いか、これは信心できめるもんじゃなかよ、意志ばい。人間は意志ばい」と言い切る(「赤不浄」『奈落の神々 炭坑労働精神史』大和書房、一九七四年)。彼女の話は壮絶である。

わたしはそれから赤不浄も坑内で垂れ流し。尻までの腰巻きひとつだけど暗いから人にはわからん。垂れ流しだけど暫くするとばりばり乾いて、股くらにくっついて働きにくい。昔は今の人のように、当ててパンツするのと違っていた。当てるとじゃない、いれると。このくらいに丸めていれるとよ。いれても仕事にならんよ、量の少ないときはいいけど、多いときは働きよると、噴きでるばい。力仕事じゃもの。尻立てて石炭曳くと噴きでる。

こうした過酷きわまる労働の日々を、老女たちはけっして被害者意識でだけは語らない。体を張って、男何するものぞの気概にみちて働いた日々は、エロスにみちてもいたのだ。

恋愛は多かったばい。坑内仕繰りは他人の婿さんや一人者と行くことも多いたい。そうすると月日がたつうちに愛情が移る。移るのがほんとうたい。協力して仕事をせな命にかかわるとじゃから。よか話は多かったな。坑内でおなごが男のいいなりにならねばいかんということはなかったばい。同じ仕事ばするとじゃけ。十人に一人は好きな男と逃げたばい。腕の立たん亭主を養うてやらにゃならんほど情けないことはないけんね。

（「坑底の母たち」前出）

故郷の農村から追放され、流亡のあげくの坑底に、森崎は〈愛と労働の一致〉をみた。そこでは〈生産＝男＝外／再生産＝女＝内〉という近代がつくった男女の分担は無縁だった。「主として労働力の再生産部門を受け持っていた家族制度内の女たちの、そのモラルを踏みにじっていく快感が、あんたんとした坑内労働にちりばめられていました。その場で愛と労働を同時に生きようとしました。その共感と抵抗が、後山たちを一様に朗々とした女にさせています」（『まっくら』あとがき）。

そこには共同性が生きていた。老女の一人はいう。「隣近所が親兄弟よりもしたしい。男も女もないですたい。隣が坑内からあがってくるのがおそくなっとりゃ、ガンガン火をおこすときいっしょにおこしといてやる。魚を売っとりゃいっしょに買って煮とってやる。どっかいくときは「おい、このゆかた着てゆくばい」「ああ、よか着ていけ」というふうたい。一事が万事、人と我と区別せんと。共同生活ですけん、ひとのことがじぶんのことと同じ苦痛になりますたい」（『まっくら』「共有」）

ここにある〈個〉をこえる世界に、森崎は探しもとめていた「女の〈私〉」の手がかりをみいだす。

女たちは「私」というとき、さわさわと鳴る葦の集落のごとき音をひとすくいしている。自己は他者の集合だ。外側へむかって自分を暴発させようとするとき、内部の葉群は切先へむかって集結する。もしその発現への欲望を一本の茎を抜くように、本来分別されない内的自他をふるいわけて外界が引くときは、私＝女はより深い侮蔑にさいなまれる。

（「非所有の所有」前出）

それは「女の〈私〉」の所有意識が、現代社会の経済学的概念とはちがう世界にあるからだ。

女たちの認識する「私」は、その内実を女たちの生活状況にみあったものとして形成している。それは疎外の共通認識の共有である。そこにある原理の内面的小単位化が「私」なのだ。女たちは自己を極小共同体として認識するのだ。その共同体は何ものかを統括し生産し所有しているのである。（略）

こうした女たちの意識世界は、おそらく村落共同体の残存していた時代には、物質と人間の関係にみあったところの内部世界であったのだろう。けれども現代の国家独占資本主義やカルテル・トラスト等の、物質の私有を根幹としている所有性とは対応しなくなっている。意識世界からいえば、女たちの疎外は、私有意識を所有した者らの連合によるところの、共有意識の疎外である。それは私有を所有しない。非所有を所有する。

（同）

ここで森崎は、「女としての〈私〉」を「非所有の所有」として概念化した。そして「非所有の所有こそ、革命を経過した未来社会における物質所有のあるべき形態だ。私の権力意識は生産手段の私有をぶちこわし、コルホーズ型の共有をひっくりかえし、非所有の具体化をめざしていく。私たちの論理に拮抗しない論理はすべて敵だ」という。

この文章は、谷川雁・村上一郎・吉本隆明による同人誌『試行』二号に「非所有の所有」として発表したものだ。マルクス主義の所有概念を使って、なんとか男たちにわからせようとしているが、あまり成功しているとはいえない。六〇年前後の文章をあつめた二冊目の著書『非所有の所有』（六三年）に収録されたが、タイトルに採用しているところをみると愛着があったのだろう。しかし以後の文章には、このことばはみあたらない。

かわって登場するのが〈妊娠体験〉である。その最初は、六八年の「女性の意識について」（『はははのくにとの幻想婚』。初出は『暮らしのせいしんえいせい』六八年冬）だと思われる。

けれども私は、女性が〝単独な我〟といったものを完全に行使することが出来るようになることが、女性としての最終的な目的だというふうにはどうしても思えないのです。（略）私も娘の頃は〝私は〟と〝単独な我〟の完成を考えていたわけですね。ところが妊娠してみると、〝単独な我〟といったものとは何かちがった〝私〟というのが芽生えてきている。

それは男性の「私」の求心性に対して、「遠心的な自分の外に広がるというのか、何か複数化へ傾斜してゆく感覚、感情」であり、妊娠中だけでなく「一貫して女性の意識に女性の生理的機能が影響を及ぼす側面」だと森崎はいう。

七〇年代にはいると、「ある時は「私」をわたしと胎内のまだ見ぬあなたとを意味させたり、ある時はさせなかったり」といったかたちで〈胎児〉が姿をあらわす（「言葉・この欠落」『犯罪』七〇年九月号）。それはやがて妊娠による「私」の崩壊、〈胎児との二重性〉としての「女の〈私〉」の確立となる。その最初は七三年に書いた「性のやさしさを」だろう。

女はおなかのなかに自分とは別のいのちをはらませ、それをひとりの人格としてとらえながら、しかも胎児と自分と二重になったその情況の自分を、男と同じように「私」とか「自己」とか言ったりするのですから。その単語は単純な単独者の代名詞なのですから、私の友人は妊娠のあいだ中、胎児を除外した自分を意識するために頭の中がくらくらするといい、私は女の情況を内部から表現する言葉がない、と、強く感じたりしました。（『講座おんな』第二巻、筑摩書房、一九七三年）

三　性とは何か——〈対〉の思想化

「非所有の所有」から〈胎児との二重性〉への転換は、〈階級〉から〈性〉への転換といってよい。あるいは「所有」という外在性から、自己内部の〈他者〉という内在性への転換ともいえる。その転換はなぜおこったのだろうか。

一九六一年五月、閉山にむかう炭坑で、労働者たちが最後のあがきのような抵抗をつづけているさなか、強姦殺人事件がおこった。殺されたのは『無名通信』の発行を手伝っていた若い娘、加害者も組織の仲間だった。『非所有の所有』に収録されている「渦巻く」はこの事件を作品化したものだが、〈階級〉から〈性〉への分水嶺を示している。

闘争をとりまくきびしい情勢のなか、組織防衛の観点から加害者（鈴木）の除名ですまそうとする執行部に対して、主人公知子は抗議の声を上げる。

「除名で片がつくの！　労働者が労働者を殺したつばい。執行部は責任をとれ！」

そげん、そげん、という女房や坑夫の声にまじって執行部席から誰か発言した。

「執行部が責任とれちゃどういうことな。そげん何人でん入るごと、ふとか穴ばしとったかの」

全員げらげら大笑いで肩を揺するなか、知子は満腔の怒りをたたきつける。

誰でん知っとるばい。鈴木と同じ根性は執行部みんなにしみこんどるのを見ちょるばい。女に関することは闘争とは別と思っとろう。それが現れただけばい。女の抱き方を知らん労働者は、本質において労働者をしめ殺しよる。それをかくして何が家族ぐるみね。やまの情況を見ればなおのこと生活の根源から闘争に入らないかん。やっちゃんの死はそのことを語っとるよ。鈴木を裁くのは労働者でなからないかんやろが。裁ききらん者は執行部をやめろ！

この強姦殺人事件は、七〇年の『闘いとエロス』でよりくわしく主題化される。そこでは〈階級〉と〈性〉の対立が、表現における〈外在性〉と〈内在性〉としても追求されている。〈階級〉の部分は、サークル村の活動を当時の資料によって客観的に語らせるのに対し、〈性〉は契子（森崎）の内面によりそったフィクション仕立てになっている。

「渦巻く」にはなかった主人公の性交不能も、重要な要素として書き込まれている。事件の処理をめぐって、闘争優先の室井腎（谷川雁）に対して契子の〈女〉が反発、性交不能に陥ったというのだ。二人の齟齬は拡大する。

なぜかくすんだ。かくしてないわ。かくしてる。かくしてないわ……

そこに描かれている谷川は、悲しいまでにありふれた〈男〉である。谷川を説得できず事件をうやむやにしてしまった痛恨から、森崎は渾身の力をこめて〈性の思想化〉に向かう。その結果が六五年二月、三一新書として刊行された『第三の性』である。表紙カバーには埴谷雄高の跋文がついている。

現代は性について多く語られる時代であるけれども、男性がなし得るのは、せいぜい、女性をつねに対として欠き得ぬ婚姻の歴史のさまざまな構図の叙述だけである。性それ自体、いってみれば、処女マリアが懐妊したときのごとき単性生殖状態における自己内部の不思議な変容の秘密を触知しうるものは、毎月自らの血をながし、新しき肉をはぐくみ、産み、哺乳するところの女性のみである。

森崎和江さんは、社会のなかの婚姻からさらに性と存在の原子炉の秘密のなかに敢然と踏み込み……。

『第三の性』出版にあたって、森崎は埴谷をたずね、出版社への仲介を頼んだらしい。[3] 埴谷が跋文を書いたのはその流れだろう。しかしこの文章は『第三の性』にふさわしいとはいえない。この本で森崎が必死にとりくんだのは〈性の相互性〉、〈対としての性愛〉だったが、埴谷の文章は、「性は女の専売特許、まあ、しっかりやってくれたまえ」といわんばかりである。

たしかに〈性の思想化〉は、めったな人間にやれるものではない。性を排泄同様の生理現象とみなす男たち、性交が食うための労働である娼婦はもちろん、結婚を「永久就職」と心得る妻たちには思いもよらない。それだけでなく、心身二元論にたち、性を自己にとって外在的なものとみるものにも、性の〈思想化〉は無縁である。心身一体の〈個〉としての自己形成に心血を注ぎ、自恃をもつものにしてはじめて、〈個〉では完結しない、〈個〉を浸潤する性への畏敬がうまれる。森崎や上野千鶴子の性への関心には、おそらくそれがある。

『第三の性』は、沙江と律子という二人の女の往復書簡で構成される。三〇をすぎて性体験のない律子に対して沙江は豊富な経験をもち、子どもも二人いる。したがって性についての森崎の思想は、ほぼ沙江をとおして語られることになる。

そこではまず、性の意識は「風物的群落に対する感覚」から生まれるとの基本認識が示される。いっしょに遊んだ男の子、アカシアの群生、真冬の裸木、朝焼けの空、降りつもった雪…。そうした幼いときの「人物をふくめた風物的集団に対する、心身一体となった交感感覚とそのときの感動をとおして、性感はなにかすっくとしたものとして形成されてきました」。

森崎は「心身一体」として自己をとらえ、その形成に「風物」による無意識の影響を見る。これは性の問題にかぎらず、人間をみる森崎の基本姿勢である。そのうえで、性への欲求を「異質なものへの乾き」とみる。この段階では森崎には同性愛はまったく視野に入っていない。「異質なもの」とはとうぜん異性でなければならない。近親性交も異質性を弱めるゆえに否定される。

性は、まずは「肉体のメカニズム」としてある。しかし睡眠や食欲、排泄とちがうのは、「表現行為として外化する」ことである。それは労働も同じだが、「肉体表現として行為に対象化するときに、異性の肉体のメカニズムを直接的に必要とする」点がちがう。そして人間の性は、他の動物とちがってそこに形而上的な意味をみいだしてしまう。

> そんなふうに人類にとって「性」は、自然としての生体が本来的にうけている生殖のためのメカニズムであるけれども、異性他者の自然性を媒体にした自己自然の対象化行為としての表現性と二重になっているのです。性の表現性自体を、そのメカニズムから自己疎外する。こうした分離を、ふたたび感覚や意識をとおして存在へうばいもどそう（取り返そう）とします。（略）けれども、そのように自己回復を意図しようとも、性交渉の形而下的裸形も形而上的なむきだしな心象なども、どちらとも存在にとって直接的ではあるのですけれども、また（は）同時に、他者である異性にとらえられてもいるのです。（そのことを男たちは、これまでずっと黙殺してきましたが、女にとっても）性交渉の表現性は、他者である異性の形而上的な映像の素材となります。他者の心情に意識に抽象界に、ガラスの破片のように（存在の基本的資質が）とびこみ、つきささります。肉体の直接的交換によって、肉体の波動となってあられてくるのは、個体の基本的な資質でもあるんです。肉体の表現性そのものが、存在の原基体の質と意図とを、いやおうなくかたってしまう。その指先に。手の動きに。触感に反応しているその反応のありかたに。

（傍点引用者）。

こうした文章を見ると、七〇年代の文体への谷川の影響をあらめて感じさせられる。九二年に河出文庫フェミニズムコレクションとして再刊されたとき、（ ）内が加わったかわりに傍点をふった部分は除かれている。「原基」という言葉は、谷川の「原点」に対する批判的造語だと思われるが、この時期森崎は多用している。七一年一〇月刊行の単行本のタイトルは『異族の原基』（大和書房）である。

それはともかく、ここで森崎がいっていることは、性は相互に〈個〉を浸潤しあうということだ。そこから「単独者としての世界へおさめきれないもの」が生まれる。それをきちんとみつめ、認識することができれば、「単独者として生活していたころとはちがった原理を、一対の男女は生活の軸とすることができるかもしれない」という。〈対〉への希望である。

ただし、「単独者」には男女にちがいがある。「支配的権力につながっている男たち」は、性によって「本質的な単独者崩壊」がおこっても、「観念的単独性を持ちつづけ得る」し、性生理においても「女たちのように十か月もの間その肉体の性感を連続させないために、単純に擬似的な単独性にもぐりこめる」。森崎は女の性感を、性交渉の瞬間だけではなく、分娩にまでいたる全課程とみる。「私は十分に知っているんです。分娩の快感を。肉体をしぼる苦痛にも似た快感を。それが生命の生産でもあるとともに、死へすれすれになってゆくところの性の自己消費的な性愛の高潮であることを」。

それは一人の男との性交渉の結果である。ならばこの「分娩の快感」を女がひとり占めにすることは許されない。森崎は分娩の場に夫を呼びこみ、「どうかこの快楽が彼のものでもあってくれるようにと祈る思い」だったという。しかし、生まれ出た「一個の生命」は完全無欠な存在として、夫との「架空な共有の世界」とは「全く無縁な孤独さでわたしたちのまえにありました」。

ここで二つの「単独者」が存在することになる。男がもともともつ「観念的単独者」と分娩後の女に再現する単独者、そしてあらたに「孤独の魂としてあらわれた個体」である。

この本のタイトルが『第三の性』であるゆえんは、どこにも書かれていない。しかしとうぜん、ボーヴォワールの『第二の性』の乗り越えが意図されていたはずだ。『第三の性』は、どこで『第二の性』を乗り越えているのか。

ひとつは〈対の思想〉である。ボーヴォワールは、「人は女に生まれない。女になるのだ」ということばで、〈第一の性＝男〉によって客体化される〈第二の性＝女〉の構築性をあばいた。しかし森崎は、女だけが一方的に客体化されるわけではないとする。男は認めたがらないが相互性がある、そこにこそ人間にとって性の意義があるというのだ。田中美津の「便所からの解放」のことばを使えば、「抱く・抱かれる」から「抱く・抱く」へ、である。

もう一点は、性の結果としてあらたに誕生する〈第三の単独者〉である。森崎は、一九六六年に日本を訪れたサルトルとボーヴォワールに会っている。のちに、そのときの二人のありようにふれながら、「ボーボワールさんは生まない女として女の感覚の思想化を私たちに示してくださったのだから、私は生んだ女として女の感じ方を世の中に知らせたいなと思ったりしました」とさりげなく、しかしボーヴォワールに対して一歩もひかない姿勢を見せている（「性のやさしさを」前出）。

〈対〉の結果としての第三項の誕生。ここにボーヴォワールをこえる森崎の提起がある。その第三項は、『第三の性』では分娩という〈分離〉の局面で語られている。しかし六八年あたりからは妊娠体験として、やがては既成の「私」を崩壊させる〈胎児〉として、「女としての〈私〉」に内在化されたのは先にみたとおりだ。

四　「ははのくに」へ

ここで、『第三の性』のあとの森崎に断絶があることに気づく。六五年はじめの『第三の性』刊行以後、七〇年まで森崎は単行本をだしていない。最初にかいたように、七〇年五月の『ははのくにとの幻想婚』は雑誌などの小文を集めたものだが、冒頭の一篇「やまの神と新興宗教」（『人間の科学』六四年六月）を除き、おおかたは六七年から六九年に書かれている。『第三の性』以後、森崎の執筆活動には三年の空白があることになる。なぜだろうか。

『第三の性』が早すぎた、ということがあるだろう。それを受けとめ、さらなる思考を森崎に促す編集者も読者も、六〇年代半ばの日本にはいなかったということだ。

しかしそれだけではあるまい。実生活の変化も、森崎に苦渋の沈黙をしいたのではないか。六五年、谷川雁は筑豊を離れ、東京にでた。森崎の実生活における〈対〉はここで解消される。かつて「東京にゆくな」とうたった谷川が東京に行った背景には、もちろん、筑豊闘争の終息があるが、『第三の性』刊行による森崎との亀裂拡大もひとつの要因ではなかったろうか。(4) もしそうなら、『第三の性』における〈対〉の思想化は、森崎の実生活に皮肉な結果をもたらしたことになる。

それかあらぬか『第三の性』では、誕生する第三項は女にとっての性愛の完結、つまり〈対〉の延長だった。しかし六八年以後は性愛の相手である男は消滅し、かわって〈胎児〉が浮上している。空白の三年間、森崎は〈対〉がついに「見果てぬ夢」であったことをかみしめていたのかもしれない。

空白のあと、六七年から執筆を再開した森崎は、みずからの植民地体験に真向かう。戦後森崎は、「ふるさと朝鮮」にむかって流れ出る心を封印してきた。『闘いとエロス』によれば、谷川との亀裂が深まったころから朝鮮語の勉強をはじめていたようだが、ここへきて森崎は母のふところにもぐりこむ幼児のように「朝鮮」にむかって心を解きはなつ。『ははのくにとの幻想婚』にはそうした文章があつめられている。

六八年、慶州の中学校長だった亡父の教え子に招待され、戦後はじめて「ふるさと」を訪ねたこともきっかけになったろう。その出発の前夜に書いた「朝鮮断章・1」(前出)には、「ははのくに」へのおもいが噴出している。「ははのくに」とは「オモニの世界」である。支配民族である森崎家にはつねに家事を手伝うオモニ(母)や姉やがいて、子どもたちの面倒を見てくれていたのだ。

> オモニの生活内容を知らず、そのことばも知らず、しかもそのかおりを知り、肌ざわりを知り、髪の毛を唇でなめ、負ぶってもらい、やきいもを買ってもらい、眠らせてもらった。昔話をしてもらった。私の基本的美感を、私は、私のオモニやたくさんの無名の民衆からもらった。だまってくれたのではない。彼らは意識して植民地の日系二世を育てたのである。ようやく今ごろわかる。オモニたちの名前すら、私はもう記憶していない。

「ははのくに」とは、もちろん実在のオモニたちの世界とイコールではない。「姦」の眼で植民者の女を刺しつらぬく男たちの世界とはちがって、ひきさかれた森崎の存在を丸ごと抱きとってくれる無可有郷《ユートピア》である。それを「ははのくに」と名づけることと、「女としての〈私〉」における胎児の浮上は無関係ではあるまい。

森崎にとって「ははのくに」への希求は、朝鮮への愛と日本への憎悪に引き裂かれた自己の回復であり、また集団に自閉する日本をひらくための模索だった。「いまは私たちはいちずに自己に問わねばならない。過去の非をみずから責めるためだけではないのである。あのようなアジア進出以外のどのような意識の型を、日本民衆はその生活の伝統のなかから生みうるか」(「民衆意識における朝鮮人と日本人」『ははのくにとの幻想婚』。初出は『現代の眼』六九年一月)

日本の植民地主義は、帝国主義や天皇制を批判してすむ問題ではない。日本民衆の伝統的な生活原理に深く根ざしていると森崎はかんがえる。ここに松下村塾をつくるのだと、朝鮮人教育に熱心にとりくんだ父の姿が思いうかぶ。その父にあおられ、森崎たち家族も「世話好きな村人のように朝鮮人青少年に接した」。しかしそのことは、被植民地の人びとにとってはむき出しの権力以上に悪だったのではないか。

侵略した他民族の情念ふかくかいくぐり組織する内的バネの役を果たした。民族を無化した共同の意識世界をつくり個体間の信愛を媒介にして朝鮮人青少年の幾人かを日本の軍隊へ志願させた。私の胸に、国家権力の代行者より罪ぶかいところの、「仁義的侵略」という血のにじむようなことばが浮かぶ。

(「仁義的侵略」『匪賊の笛』葦書房、一九七四年。初出は『吉田松陰全集』月報六)

その原因は、日本民衆が「同化」以外に他者との交流の仕方を知らなかったからではないか。伝統的村落共同体にある「同種同化」と「異種排除」の、国境をこえた拡大が日本の植民地主義である。だとすれば、それをこえる道は「異種」交流をどうやってひらくかということになる。それは「同種」自閉による集団の退廃からの再生のみちでもある。サークル村の「失敗」に、身をしぼるようにしてむきあったあげくの結論でもあった。そして森崎はかんがえる。

ひょっとしたら、日本の土着の無名人の中には、同一民族自閉の結果に生じてしまう集団の原理の頽廃にくるしみ、その打開のみちを集団原理の異なるアジア他民族との交流に乳をもとめるようにさまよってしまう者の伝統があったのではあるまいか。四方を海にむかって開かれている島の民である。これら民衆が力による征服と、力による敗北に従属するいがいに、海続きの民衆との交感をもつことができなかったと考えるほうが不自然である。民衆の次元での他民族との交流は、支配権力に従属していた階層のもつ被害の結果的交流ばかりではなく、形而下的被支配性のひそかな逆用があったと思われてならぬ。

（「媒介者の思想」『ははのくにとの幻想婚』。初出は『九州大学新聞』六七年七月二五日）

「被支配性のひそかな逆用」の例として、隠れキリシタン、新羅の花郎につながる薩摩の青年集団、それからラシャメンやからゆきさんをあげている。「満州匪賊のめかけとなったからゆきさんが、思いもかけぬほどの視野と胆力で、中国人と日本人のあいだをかけめぐって中国革命のとおい礎石のひとつになったことなどを思うのである」。こうした視線の延長線上に、七六年、『からゆきさん』が書かれ、八〇年代の「土着の無名人」さがしの旅がある。

「異種」交流がもとめるべき道ならば、朝鮮と日本に引き裂かれ、「二つのことば・二つの心」をもつことをどう考えるか。

「どちらへも密着し得ないというのはマイナスだけかどうか」。六八年の訪韓のおり、日本の植民地政策によって「国語」をうばわれ、二つのことばをもつことの苦痛をいう韓国人に対して、森崎はこう問いかける。「これを両民族に対する批判的な力量にまで追い込む」ことができれば、マイナスでないどころかかえってプラスではないか（「訪韓スケッチによせて」前出）。

それは「在日朝鮮人」についても同様である。かれらはしばしば「自己を問うときの尺度」として否定をこめて「パン・チョッパリ（半日本人）」という。しかしこの言葉は肯定的な意味でも使いうるのではないか。

私は思う。在日朝鮮人が国家に依らずに民族としての自立存続の根を探さんとして、迷い呪い苦悩した歴史は、日本民族にとっては、一つの先行した思想の跡であって、私たちは敗戦でもまだそこへ到らなかった、と。また、その道程がパンチョッパリであり、そのことに責任を持つならば、自民族自閉症の患者である日本民衆（日本の支配権力はそうではない）をも、パンチョッパリへと組織できはしないか、と

（「民衆の民族的出逢いを」『異族の原基』前出　初出『京都大学新聞』七〇年一二月七日）。

こうして森崎は、〈ひきさかれた自己〉をプラスに転回することによって自己を回復する。そのことは自己の中に他者をみる「女としての〈私〉」の確立とイコールだった。そのうえに立って、七〇

年代、森崎は積極的に発言する。そこでは〈階級〉、〈性〉にくわえ、〈民族〉が正面にすえられていた。
それは時代の要請でもあった。リブが産声を上げるのとちょうど同じころ、日本の階級闘争は〈民族〉からの突きつけをうけた。七〇年七月七日、「抑圧民族としての日本の諸君!」ではじまる華僑青年闘争委員会の新左翼批判である。以後セクトのアジテーションは、「抑圧民族としてのォ、我々はァ」ではじまるようになったという(田中美津「「チョウからアオムシへ」の誤り」『いのちの女たちへ』)。一九七〇年、階級一元論は〈性〉と〈民族〉の双方によって食い破られたことになる。

七〇年代、森崎は一八冊の単行本をだしている。七〇年の四冊につづき、七一年『異族の原基』(大和書房)、『与論島を出た民の歴史』(川西到との共著　たいまつ社)、七四年『奈落の神々—炭坑労働精神史』(大和書房)、『かりうどの朝』(詩集　深夜叢書社)、『匪賊の笛』(葦書房)、七六年『からゆきさん』(朝日新聞社)、『ははのくにとの幻想婚(新装版)』、七七年『まっくら』(三一書房)、『光の海のなかを』(冬樹社)、『ふるさと幻想』(大和書房)、七八年『遙かなる祭』(朝日新聞社)、七九年『産小屋日記』(三一書房)、『対話　魂ッコの旅』(野添憲治との対話　秋田書房)である。

このうち、評論集『異族の原基』、『匪賊の笛』、『ふるさと幻想』には、〈民族〉の視点がつよく出ている。八一年に出た『髪を洗う日』(前出)には七九~八〇年の文章が収められているが、ここにも〈民族〉の色がこい。九五年、こうした評論集から抜粋して、『二つのことば・二つのこころ』(筑摩書房)が編まれた。

七六年に朝日新聞社から出した『からゆきさん』は、それまでの森崎の集大成といえる。さきにみたように、森崎はこの作品を、「論理的脈絡に比重のかかる書き言葉」から「話し言葉の世界」への転換点と位置づけている。たしかにこれによって読者は飛躍的にふえ、森崎は作家として「メジャー」になった。

しかし内容は重くふかく、しかも読者の視野をひらくのびやかさをもっている。それはからゆきさんを「海外醜業婦」と呼び、「国辱」とみなす視点の対極にある。

からゆきさんは誘拐者の口車にうかうかとのっているようだが、一般に国内の出稼ぎも口入屋をとおすほかにすべのない時代である。まして海のそとへのさそいは、だまされるかもしれなくとも、そこをふみこえねば、道がひらかれぬ。そののっぴきならぬ立場にたっても、なお心にゆめをいだいていた娘たちのその幻想をおもいやる。おなごのしごとをしてもなお、その苦海を泳ぎわたって生活の場をきずこうとした人びとの、切ないまなざしを感ずる。

そのかたちなき心の気配。そのなかへはいってからゆきさんを感じとらねば、売りとばされたからゆきさんは二度ころされてしまう。一度は管理売春のおやじや公娼制をしいた国によって。二度目は、村むすめのおおらかな人間愛をうしなってしまったわたしによって。

「海は海辺の民にとって壁ではなく扉なのだ」(「民衆意識における朝鮮人と日本人」前出)とみる森崎は、からゆきさんに「同一民族自閉」をひらく可能性をみた。その可能性の一方で、しかしからゆきさんの現実は、「性と階級と民族と国家とが、観念としてではなく、いたいけな少女への強姦のようにして煮つまり渦まき青白い炎をあげている」(「からゆきさんの抱いた世界」『匪賊の笛』。初出『現代の眼』七四年六月)。

からゆきさんにかぎらず、森崎は娼婦を「子を産むことを禁じられた女」とみる。それは産むことを義務とする妻と背中合わせになっている。その双方をふまえて膨張した近代日本「買春王国」の実態は、九三年、『買春王国の女たち　娼婦と産婦による近代史』（宝島社）で精緻にあとづけられる。

それはのちのことで、『からゆきさん』を書きおえた森崎は、七九年、それと背中合わせになる〈産〉の思想化の歩みを示す文章を『産小屋日記』にまとめた。そこではあらためて、「女の〈私〉」として「産む女の胎児と二重になった人格」が提起される。

ことことと胎児が私を打ちつづける。意識や感覚を肉体のなかから打ってくる。（略）私は身ごもってからもなお内から発信されつづけて、息苦しいまでにゆさぶられた。何かとてつもない変化が近づく。そして何かがこわれていく。私の認識がとどかぬところで。

（「ゆきくれ家族論」初出『潮』七八年九月号）

それは「生まれたものから、産むものへ」の変動だが、それを身をもって体感する女のことばがない。「死の思想」は山ほどあるのに「産みの思想」はない。それは女がまずつくらなければならない。以後くりかえし語られ、胎児と二重になった「女の〈私〉」は具体性をましていく。

胎内に子をはらんでいるとき、ふっと、わたしは「私」という一人称が、娘時代のようにさらりと使えなくなったのです。胎児とともに在る「わたし」を表現することばとして、それまで使っていた「わたし」はふさわしくありません。

（「産むことをめぐって」『詩的言語が萌える頃』葦書房、一九九〇年。初出『助産婦雑誌』八九年一月）

ある日、友人と雑談をしていました。私は妊娠五か月目に入っていました。笑いながら話していた私は、ふいに、「わたしはね……」と、いいかけて、「わたし」という一人称がいえなくなったのです。

（「産むこと」『いのち、響きあう』藤原書店、九八年）

四　風の時代からいのちの時代へ

八〇年代の森崎は、まるで風に吹かれるように旅から旅にあけくれる。かつて予感した「同一民族自閉」をひらくために「異種」交流をもとめた「土着の無名人」をさがす旅である。「ははのくにさがしといってもよい。

それは森崎を「日本海」にそって北上させ、津軽半島でとつおいつさせた。そうした旅の足どりは『海路残照』（朝日新聞社、八一年）、『クレヨンを塗った地蔵』（角川書店、八三年）、『津軽海峡をこえて』（花曜社、八四年）などに記されている。『風になりたや旅ごころ』（葦書房、九一年）というそのものズバリの本もある。

九〇年代に入って、ふたたび森崎に転機がおとずれる。八〇年代の〈風〉の時代から、〈いのち〉の時代への転換、といおうか。

『いのちを産む』（弘文堂、九四年）、『いのちの素顔』（岩波書店、九四年）、『いのち、響きあう』（藤原書店、九八年）、『いのちへの手紙』（御茶の水書房、神奈川大学評論ブックレット）、『北上幻想　いのちの母国をさがす旅』（岩波書店、二〇〇一年）、『見知らぬわたし　老いて出会う、いのち』（東方出版、〇一年)、『いのちの母国探し』(風濤社、〇一年)……。

九〇年代以後、タイトルに「いのち」がつく著書をあげれば、ざっとこんな具合である。とつぜんあらわれたこの「いのち」のはんらんは何だろう。

ひとつにはいのちの限界がみえてきた老いの自覚があるだろう。しかしそれ以上に大きいのは地球生命にたいする切迫した危機感だろう。九〇年代以後の著書には、「おばあちゃん、地球はびょうきだよ」という孫のことばがくりかえし引かれている。森崎にとって自然は、人間と対立するものではないのはもちろん、自分の〈外〉にあるものではない。人間の感性は「風物」によってやしなわれるという揺るがぬ思いがある。

大人にとっても子どもにとっても、心がゆたかで弾力をうしなわないように生きるには、人と人との接触以上に、人と自然との交感が必要である。どんなに愛し合っている男女のなかでも、どのように共同的で集団となってくらしている人間関係のなかでも。人はひとりなり、そのひとりぼっちの魂を自然が表現する多様で奥ふかい姿に向かわせ、それに感動し、そこに遊び、そこに抱かれあるいは打ちのめされて、自己の存在を体得する必要がある。さもないかぎりは、人びとの生命力は枯れてゆく。創造力も想像のつばさも感性も。もとより愛情さえ。

(「あの窓この窓」『髪を洗う日』。初出は『結婚前のあなたに』PHP研究所)

それなのにその自然が破壊されてゆく。それによって人間の生命力や想像力、愛情さえも破壊されてしまう。母乳以外の食べ物にははげしいアレルギー反応をおこす赤んぼうや少年犯罪の多発などに触れつつ、これらの本の中で森崎は必死のメッセージを発信している。

さらに、「いのち」は森崎にとって、フェミニズムへのひとつの回答ではないかという気がする。八〇年代末から九〇年代にかけて、森崎はフェミニズムから挑戦を受けた。森崎の「原基」というべき「女の〈私〉」の、まさに〈胎児との二重性〉に対してである。

まず、前提にある「異性愛主義」に対する批判がある。胎児を得るには、ふつう異性愛を必然とする。これについて森崎は、『いのち、響きあう』で、同性愛者から手紙がきて「性観念の社会的なゆがみに苦しむ人が多いことと、その多様さが心に刻まれました」と書いている。

もう一点は、〈胎児との二重性〉の近代主義である。上野千鶴子は森崎との対談で、「女性学の研究者」の批判をひく。森崎のいう妊娠による「一人称の崩壊感覚を称して、自分はそんな経験を味わったこともないし、自分の周囲の妊婦たちの中にも、そういうものが実存的な感覚としてわけもたれていない。その自我の崩壊感覚っていうのは、近代的な自我意識を持った女の陥る一種の罠だという言い方をするんです」(『見果てぬ夢』前出)。

ここでいう「女性学の研究者」は社会学者の落合恵美子だが、上野自身の批判でもあったろう。伊藤比呂美の「胎児＝ウンコ」論(『良いおっぱい悪いおっぱい』冬樹社、一九八五年)も引かれている。

これに対して森崎は、胎児は「対の所産の生命体なんですよね。共生しているの、三者が。ウンコというのは、私一人の生理的な循環の結果ですわね。私が他者って言う時は、異物ではなくて、生命なんです」と応じている。「一代完結主義ではなく、生命の連続性をどうとらえるかということです」ともいう。

「いのち」のはんらんは、この延長線上にある。「一代完結主義」をこえるということは、つまり歴史の継承である。『第三の性』では妊娠を女の性感の延長として〈対〉の文脈でとらえた森崎が、三年間の沈黙のあと「胎児」にシフトしたこと、その段階で、それはすでにあった。〈対〉は同世代であるのに対して、「胎児」は次世代だ。森崎の〈対〉は一対一の男女に自閉するものではなく、ひらかれた関係が想定されているが、それにしても時間的には「同位」である。それに対して胎児は歴史をはらむ。

それを「女の〈私〉」として立てるならば、「本質主義」というフェミニズムからの批判はさけられない。ジュディス・バトラー以後のフェミニズムは、自然とされる〈身体〉の近代における構築性すらあきらかにしている。しかしそうやって、つぎつぎに扉をあけていった先になにがあるのか。

それでいいのですか、ほんとうにいいのですか。

森崎の「いのち」は、そう問いかけているような気がする。

森崎の思想を、おこがましくも駆け足でたどってきて、その先見性をあらためておもう。リブの提起は、六〇年前後の森崎のなかにはすでにはっきりかたちをとっていた。だから七〇年のブレイクがあった。『からゆきさん』に結実する〈階級〉〈性〉〈民族〉との格闘は、九〇年代になって輸入されたポストコロニアル・フェミニズムの先どりといえる。

森崎の場合、それは「先見性」などという外在的なものではなく、引きさかれた自らをごまかさずたじろがずみつめぬいた結果だろう。その意味では近代的精神の極北を生きたというべきかもしれない。

それにしても、『からゆきさん』で森崎が切りひらいたものをきちんと受けとめていたら、「従軍慰安婦」問題は日本の側からもっと早くとりくめていたかもしれない。これはわたし自身への批判である。

注

（1）森崎和江の作品については、坂口博氏による詳細なリストがネットで公開されている（http://www.rc.kyushu-u.ac.jp/~hanada/morisakibooks.htm）。それによると、一九九八年四月までに刊行した著書は再刊や新装版をふくめ六六点（うち二冊は共著）。以後も『愛することは待つことよ』（藤原書店、一九九九年）、『北上幻想』（岩波書店、二〇〇一年）などの単著がでている。川崎市立図書館の蔵書検索では、『日本の名随筆』などのアンソロジーをふくめて七九点がヒットした。

（2）坂口博氏は右記リストの『第三の性』の「編注」で、タイトルの「第三」について、ボーヴォワール『第二の性』と三島由紀夫の『第一の性』を「止揚する意味での「第三」であろうか」と書かれている。三島『第一の性』は、『第三の性』刊行直前の六四年一二月に集英社新書として出されており、意識した可能性はある。しかし内容からいって、森崎の念頭にあったのはやはりボーヴォワールだろう。

（3）『詩的言語が萌える頃』（葦書房、一九九〇年）所収の「ふとした一面」は、埴谷雄高の紹介で井上光晴に会った折りのことを記したエッセイだが、家出をして埴谷を訪ね、書き下ろしの出版社を紹介してもらったとある。

（4）注（3）の「家出」が谷川の疑惑をよび、二人の亀裂を決定的にしたとの記述を読んだ記憶があるのだが、いまその文章がどうしても見つからない。もし間違っていたらお許しを乞う。

（『文学史を読みかえる7　リブという〈革命〉』インパクト出版会、二〇〇三年一二月）

書評

女世界の豊かさ

——産小屋とはひらかれた生に向かっての女の再生

森崎和江『産小屋日記』三一書房、一九七九年

「あたし、女とは何かを知らせる。社会へ、それを知らせるために生きてる……」。かつて著者は、自分を愛する男に向かってこう言ったという（「性のやさしさを」）。その後の著者の歩みは、このことばを具現すべくあったように見える。これまで著者は、男たちの〈言葉〉の系譜ではどうしてもとらえがたい〈女〉の世界を、豊穣なことばで語りつづけてきた。森崎和江の〈ことば〉を得てはじめて、女坑夫たちの暗黒の世界は、労働とエロスの一体化しためくるめくような輝きをもって私たちの前にひらかれたし、からゆきさんの世界は、そののびやかなインターナショナリズムとの対比で、いっそうその影を濃くしたといえる。

この『産小屋日記』と題する短文集は、〈女とは何か〉について、性愛、子産み、家族等に視点をすえて、折にふれて語ったものであるが、同時に、〈女〉の世界の豊かさをとらえきる森崎和江の〈ことば〉のなりたちをも説きあかすものとなっている。

本書所収の「わたしと言葉」は、それに直接触れるものであるが、そこで著者は、自らの〈ことば〉を、「書き言葉」であるよりは「話し言葉」の世界であるという。そしてそれは、内に収れんするよりは外にひらかれ、「他者を内側に取り入れてようやく完成」する女の〈個〉感覚、女の感性に対応するものであり、「くらしのなかで、感性がとらえた、他者への共感があってようやく生

きてくる」ものである。それが森崎和江の〈ことば〉であり、同時に、歴史をつらぬく女の〈文化〉であり、「女とはなにか」の答えである――そう著者は、本書を通じて言おうとしているようである。

この女の〈文化〉が、ほとんど断ち切られているいま、いかにすればその〈ひらかれた感性〉は可能なのか。

本書で語られる著者の女としての生の軌跡は、おのずからそれを明らかにしている。朝鮮に産まれ育った著者は、〈植民者二世〉であり〈女〉である自己と外界との裂け目を、男たちの〈言葉〉でとり繕ろおうとはしなかった。自らの内奥からの声に耳をすまし、裂け目を凝視しつづけて戦後の日本を歩み出したのだった。

それは、暗い孤独なたたかいの日々であったが、それを経てはじめて、子産みを契機に感性はひらかれ、生もまたのびやかにひらかれる――あたかもかつての女たちが、「産小屋」にこもって、孤独のうちに自己と他者の二つの生命を産んだように――。

著者によれば、性愛をかわし、子を孕み、身二つになるという生命の流れの中で、女は〈生まれたものから産むものへ〉と変容する。子産みは女にとって、「生まれたおのれの破壊と再生」（「女の性と家族」）であり、そこで再生した女の〈個〉は、孕みの時期の「胎児と二重になった人格」の延長線上に、世界の全部を抱きとるひろがりをもつ。

「産小屋」とは、新しい生命の誕生の場であると同時に、こうしたひらかれた生へ向かっての女の再生の場でもあったのである。この「産小屋」から生み出される女の〈文化〉をおとしめ切り捨てることが、女にとってだけでなく、人間にとってどれほど不幸なことであるか――その思いが、著者をしてこの書を編ましめたのであろう。

さてしかし——険しさをます世の中を見れば、自分と子らのまわりになんとか防壁をはりめぐらせたいという思いばかりがつのる。著者によってひらかれた「産小屋」は、私にはあまりにひろびろとまぶしすぎる世界ではある。

（『図書新聞』一九七九年五月一二日）

母性ファシズムの風景

——個人に回収されない自立へ

母性ということばで、わたしたちが思い浮かべるのは何だろうか。母なる海、母なる大地。いのち、愛、平和、献身、無限抱擁……。

しかしわたしの耳には、こんな不気味な歌も聞こえてくる。

ちょんちょょ、ちょんまげ
まげ、ちょんちょ
ころり、ころころ
首、ちょんちょ

上野瞭の児童文学『ちょんまげ手まり歌』（理論社、一九六八年）で、赤い手まりをつきながらちいさな女の子がうたう歌である。

『ちょんまげ手まり歌』は「やさしい藩」と呼ばれる四方を山に囲まれたちいさなうつくしい国の物語。「やさしい藩」には「やさしい殿様」がいて、家来たちのしあわせを考えてくれる。六歳になったおみよが両足を切られるのも、うかうか山に行って山姥に食い殺されないようにという殿様のおやさしい配慮。それに疑問をもつ不心得者は、にこりにこりやさしい笑みを浮かべた殿様の代理人によって「ころり、ころころ　首ちょんちょ……」。

おそらく上野瞭は、この作品を天皇制批判、日本社会批判として書いたのだろう。しかし母性批判としても読める。ここには母性の恐ろしさがみごとにとらえられている。自立の足を切り、考える頭をはねる「やさしい殿様」は〈母〉である。母性は両義性をもつ。その原理にある愛、平和、献身、無限抱擁ｅｔｃは、暴力や抑圧、差別といった負の概念の対極にある。しかし愛の名による抑圧、無限抱擁の名における排除もある。愛し慈しむことで子の自立を抑圧し、わが子を無限抱擁するその手でわが子でないものを排除する。

こうした母性のはらむ闇を描いた作品が一九六八年に発表されたということは、たんなる偶然を越えて象徴的であり、また予言的なことでもあった。超越的な「父なる神」をもつ西欧社会に対して日本が母性原理の優越した社会であるとは、すでに一九三〇年代にフロイトの弟子古沢平作によって指摘されていたが、その「病理」が大きく取り上げられるようになるのは七〇年代に入ってからである。江藤淳の『成熟と喪失—母の崩壊』は一九六七年に出ているが、土居健郎『「甘え」の構造』、山村賢明『日本人と母』、石田英一郎『桃太郎の母』、河合隼雄『母性社会日本の病理』などはいずれも七〇年代に入ってからである。その意味でも『ちょんまげ手まり歌』は先駆的なものだった。

しかしこの作品を象徴的・予言的というのはそうした先駆性のゆえではない。これが発表された一九六八年、ヨーロッパでもアメリカでもアジアでも若者たちの反乱が起こっていた。「パリの五月」、スチュデント・パワー、紅衛兵運動、日本では全共闘運動。

その中で、日本の息子たちによる初めての〈母殺し〉が行われた。それまで日本の息子たちは、父は否定しても母は殺せなかった。戦前、〈父〉の体制に反逆して左翼運動に走った息子たちも、母の涙の前には転向を誓った。戦中の息子たちは「天皇陛下万歳」ではなく「おっかさん」を叫んで死んでいった。戦後、日本を敗戦に導いた父たちの責任は問われても、母は被害者として免罪され同情された。それどころか平和の象徴として称えられさえした。

しかし一九六八年、全共闘の息子たちは「家族帝国主義解体」を叫び、母を拒否した。大学の正門前でキャラメルを配り、バリケードから出るよう訴える母親に対して「止めてくれるなおっかさん」と冷笑を浴びせた。母は彼らを競争に駆り立ててきた管理社会の代理人だった。

ある高校生はいう。「自分の部屋にはいっても、それはぼくだけの世界とはとても考えられないんですよ。小学校、中学校時代からガリ勉やらされた場所でしょ。ぼくひとりの部屋だといっても、所詮、教育ママのいい子ちゃんづくりの場所だっていうこと……」（ＮＨＫ「10代とともに――みちくさ」一九七一年九月放送）

一九七二年二月、雪深い浅間山荘前で一人の母親が叫んだ。

「クニオちゃん！　早く出ていらっしゃい！　昔のようにみんなと暖かいご飯を食べましょう！　クニオちゃん！」

しかし、山荘にたてこもった息子から返ってきたのは、銃声だけだった。

ある学生は、生々しい母殺しの夢を語っている。

「側腹が魚のように青白く光る母が柱にすがって逃げようとするのを、マサカリでメッタ打ちにして殺している夢。輪切りにした胴が、まだピクピク動くので、ものも言わずに連打している。マサカリの血の色だけが鮮明」（『東大闘争獄中書簡集』三一書房、一九七〇年）。

しかし、しょせん夢は夢である。メッタ打ちにしても切り刻んでも、ピクピク動く母の胴体は不死身である。嵐が去ったあと、戻ってきた傷心の息子たちを、母はなにごともなかったかのようにかき抱く。いっそうの力をこめてかき抱く。二度とふたたび息子たちが悪い夢を見ないように。弟たちが万が一にも兄たちの轍を踏まないように――。『ちょんまげ手まり歌』同様に、息子たちの〈母殺し〉は未遂に終わった。

しかし、娘たちはどうしただろう？ 『ちょんまげ手まり歌』の主人公おみよは、男たちが殺されたあと、切られた両足を引きずりながら山へ行く。そこで山姥に会い、「やさしい殿様」こそが人食い山姥であることを知る。彼女は山姥になり、「お山へこい、お山へのぼれ」と「やさしい殿様」の秩序からの逸脱を呼びかけるのだ。『ちょんまげ手まり歌』の予言性はここにある。

息子たちがほぼ母の懐に回収された七〇年代初め、娘たちによる反乱が起こった。リブ運動である。当時女による子殺しが問題になっていた。その背景には母と子をマイホームに封じ込め、高度成長に突っ走る企業社会があった。しかし世論は子殺しの女を人食い山姥のごとく糾弾し、母性喪失を嘆いた。娘たちは子殺しの女に断固として連帯することから、リブを生きはじめる。

「子殺しについて『子供の命は子供のもの、社会のもの。子供の生きる権利を親が奪ってしまうのは親権乱用です』と評論家が眉をひそめる。なに言ってんだ。女は子供を私有化したくてしてるんじゃない。育児を唯一、女の生きがいとさせられる構造の中で、女は子と共に切り裂かれていくんじゃないか。母性の神話、母の日のウソッパチを赤裸に知っているのは、実は、妻として、母として、強固に自らを秩序化しているその本人たちなのだ。（略）『家』が企業のための労働力再生産を奴隷（女）

と奴隷頭（男）が担う場所としてある以上、子供にすべてを賭けていく（賭けさせられていく）ことの果てが無でしかないことを「直感」したとき、女は自らを怨念の炎と化す。自らの〈生〉を生き切らせない最も手近な矛盾物を凝視する。（略）女は、子供の首に手をかける！」（田中美津『いのちの女たちへ』田畑書店、一九七二年）

リブたちは子殺しの女に「秩序化」された母性からの逸脱を見た。そしてその逸脱に連帯することで、支配と抑圧の道具となった〈母〉を殺そうとした。人を食い殺すのは、逸脱としての山姥ではなくて秩序である「やさしい殿様」なのだ。

本田和子は、民話の中の山姥が「血まみれの殺戮者」か「子に離反され、逃がすまいと追いかける山姥」か、いずれにしろ「否定的母性」として語られることを指摘し、それを「女たちに内部帰属を強いる文化装置」という。そして津島佑子の『山を駆ける女』の「未婚の母」に、現代の山姥を見る（『子別れのフォークロア』勁草書房、一九八八年）。その眼差しは子殺しの女を見るリブに重なる。

それは日本だけではなかった。息子たちの反乱が世界的なものであったように、娘たちのそれも同時多発的に世界各地で起こった。今ではそれは一九世紀から二〇世紀初めの第一波フェミニズムに対して第二波フェミニズムといわれる。そのなかで娘たちは懸命に「秩序化」された母性を問い、〈母殺し〉をはかった。その結果、何が見えてきただろうか。

近代国民国家形成と母性の発見

母性とは「女性が母として持っている性質。母たるもの」と『広辞苑』にはある。他の辞書を見ても大同小異、これが現在の日本における一般的定義となっているようだ。ここには女が持つ妊娠・出産という生物学的機能を越えた精神的なニュアンスがある。それを女の特性として〈自然〉に結びつける姿勢がある。そこから「母性愛」、「母性本能」が導き出される。

母性が〈自然〉であれば、超歴史的なものということになる。しかし二〇世紀初めまで、日本には「母性」なる言葉はない。当然「母性愛」も「母性本能」もない。言葉としてないということは、そういう〈事実〉も〈概念〉もなかったということだ。あるいは〈事実〉はあっても、それを「母性」や「母性愛」として認識することはなかったということだ。

沢山美果子によれば、「母性」の語は二〇世紀の最初の一〇年間に翻訳語として登場したという（『子育てにおける男と女』『日本女性生活史　近代』東京大学出版会、一九九二年）。わたしの知る「母性の初出は、『太陽』一九一六年二月号に与謝野晶子が書いた「母性偏重を排す」である。ここで与謝野は、母であることを女の「天賦の使命」とするスウェーデンの思想家エレン・ケイやトルストイを「絶対的母性中心説」として批判した。

これにエレン・ケイの紹介者である平塚らいてうが反論し（「母性の主張について与謝野晶子氏に与う」『文章世界』一九一六年五月号）、二人の対立は二年後の母性保護論争に引き継がれる。「母性」の普及はその結果といっていい。つまり「母性」は、まずはヨーロッパからの輸入品として日本社会に導入され、皮肉なことに、その批判者与謝野晶子によって普及のきっかけを与えられたわけだ。

最近相次いで紹介されている欧米第二波フェミニズムの成果は、輸入先のヨーロッパでの母性の歴史を明らかにしている。それらによれば、どうやら母性は一八世紀から一九世紀にかけて、国民国家の成立とともに「誕生」したらしい。

女が生命を体内にはらみ、出産し、授乳するという生物学的能力を持つことは改めて発見するまでもない〈事実〉である。人間の歴史において、性交と妊娠の関係が発見されるまで父は存在しなかったが、母は歴史の初源からいた。もちろん子どももいた。それなのに一八世紀ヨーロッパは、あらためて母と子どもを発見した。フィリップ・アリエスが『〈子供〉の誕生』（みすず書房、一九八〇年）で明らかにしたように、フランスでは一八世紀以前には保護し教育する対象としての子どもはいなかった。乳幼児期を過ぎると、子どもは「小さな大人」として家族を越えた共同体の中で生きた。それはフランスに限らない。産業化以前の社会では、大なり小なりそうだった。現在でもいわゆる発展途上国では、小学生ぐらいの子どもが大人にたちまじって働いている。

その「小さな大人」を「子ども」として発見したとき、「母性」も発見される。近代の産業化は、家庭から生産機能を剥奪し、共同体を解体した。子どもは産業化社会が必要とする人的資源として育成される存在となり、その育成者として〈母〉が発見される。〈近代家族〉が誕生する。

それを先導したのはどうやら一八世紀フランスの啓蒙思想家ジャン・ジャック・ルソーであるらしい。彼は子どもの心身の健全な発達にとって、母乳や母による乳幼児期教育の意義を評価し、母性を礼賛した。それは家父長制的大家族の中で、貶められていた女の価値を高める一方、近代家族の母役割に女を幽閉することになった（エリザベト・バダンテール『母性という神話』、イヴォンヌ・クニビレール／カトリーヌ・フーケ『母親の社会史』などによる。ともに筑摩書房）。

ジーン・ベスキー・エルンシュテインは、ルソーが発見した母性を国民国家形成期のナショナリズムとの関わりで見ている。自律的な市民による共和国を理想とするルソーは「市民的美徳」の要件として武装を重視し、その観点から五人の息子の戦死よりも祖国の勝利を喜んだスパルタの母を、

「彼女こそ女性市民というものだ」と評価した。彼のいう「市民」のなかに女は入っていなかったが、「軍国の母」としてなら、女を市民として認めてやってもよいというのだ。「市民による共和国」という彼の理想は、フランス革命の指導理念になったが、革命の政治学に翻訳されるなかで「ルソーの教えは軍事的義務と軍国の母の重視となって表現された」とエルンシュテインは言う（『戦争と女性』法政大学出版局、一九九四年）。

フランス革命は「自由・平等・博愛」を理念とし、それによって成立した国民国家は「市民」という抽象概念で人びとを均一化し、普遍的価値として「人権」を立てた。しかし「博愛」の原語Fraternitéは兄弟愛であり、人権は男権でしかなかった。近代国民国家は父権社会の最たるものだった。エルンシュテインが言うように、そこには野蛮と暴力が伴われていた。村々から働き手の男たちを引きずり出して兵役につかせ、子どもを学校に駆り集め、母語の使用を禁じて「国語」を強制する。それは母乳とともに自然に吸収される郷土愛を、「国民」としての「包括的ナショナリズム」へとつなぎかえることだった。

ならば、生まれながらに母乳とともに「包括的ナショナリズム」を注入してはどうだろうか。フランスに限らず形成期の国民国家は、女を〈母〉として発見し価値づけている。国民国家を支える人的資源の生産者としての母、愛国心の注入者としての母。そうした母であることによってはじめて女は、兵役義務を負う男と同様の市民になりうる――。

その結果、女の身体は〈母体〉として、あらためて発見される。子宮の発見といってもよい。一九世紀ヨーロッパでは産婦人科医が誕生し、妊娠出産が女から男の管理下へ移行し始める。人種による子宮の差別化もあらわになる。つまり帝国主義本国の女の子宮は、男たちによって手厚く保護され、被支配民族の女の子宮は手荒にその機能を封じられたり、繁殖用の牛馬のごとく酷使されることになった。

愛国心の注入者、教育者としての母の発見は、長期間にわたる子どもの養育責任を女に負わせることになった。バダンテールの『母性という神話』(前出)によれば、一八世紀のフランスでは、貧富をとわず都市の子どもが農村に里子に出される現象が流行した。一七八〇年、首都パリでは一年間に生まれた二万一〇〇〇人の子どものうち、母親に育てられたのは一〇〇〇人以下、一〇〇〇人は住込みの乳母に育てられ、残り一万九〇〇〇人は里子に出されたという。

つまり前近代においては、必ずしも産んだ母親だけが子育てをするわけではなく、授乳さえしない母もいたということだ。日本においても上流の女は跡とりを生む道具、育てるのは乳母に任せるのが普通だった(服藤早苗『平安時代の母と子』中公新書、一九九一年)。

この「教育する母」に愛と本能がからみつくと、アドリエンヌ・リッチのいう「母性の制度化」(『女から生まれる』晶文社、一九九一年)が完成する。子どもの教育は母にまさるものはない。なぜなら母は子どもを愛し、子のための犠牲をいとわないからだ。それは本能であり自然であり、女の特性である。女であるからには愛と献身の母性本能を持つ——。ここで女は「家庭の天使」となり、聖母マリアのごとく崇められるかわりに、無際限の愛と献身を搾取されることになる。

日本における母性の制度化

こうして形成期の国民国家は、「産む母」、「教育する母」、「愛する母」として女を国家の秩序に位置づけた。母は制度となった。その結果国家は、女子教育や一定の女の社会的地位向上をはかることになる。日本でも文部大臣森有礼が女子教育振興を言ったが、それは国民の愛国心教育は「天然の教員」である母親にまさるものはないと考えたからだった。欧米諸国による植民地化の危機感のなかで、富国強兵を急ぐ明治国家は「教育する母」を積極的に利用した。

それには日本の特殊性もある。ヨーロッパのように「父なる神」を持たない日本社会では、男＝文化、女＝自然といった二項対立的発想は弱い。慈悲の権化としての観音信仰は民衆のあいだに根づいていたが、それはヨーロッパのマリア信仰も同じこと。それをもって母性原理の優越した社会と日本を特色づけることはできない。あえて父性／母性原理を使うとすれば、父性原理が特化されず、ジェンダーの境界があいまいなところにヨーロッパとのちがいを見るべきだろう。

にもかかわらず明治国家は、ヨーロッパ同様に〈父〉によって国民統合をはかった。「家族国家」という血縁原理を統合原理として押し立て、その血縁を父系に純化して、統合力強化をはかった。父系による「万世一系の天皇」というフィクションである。そのために皇位継承を男系男子に限り、「其の小なる家が大なる国家の為の土台となる」よう民衆の多様な相続形態を無視して長男子相続を制度化した。家父長制的「大なる国家」との整合性のためだ（詳しくは、加納実紀代「女性解放と天皇制」『叢論日本天皇制Ⅲ』柘植書房、一九八八年参照）。

しかし、にわかづくりの家父長制の自立は危うい。そこで母が呼び出される。「大なる国家」の父天皇は、つねに皇祖アマテラスを光背のごとく背負い、「小なる家」の父は母に立てられることによって権威を保つ。その二つをつなぐにも母の協力が必要だった。

明治国家は「大なる国家」と「小なる家」を「忠孝一致」の論理でつないだが、本来は忠ならんと欲すれば孝ならず、両者は矛盾する。一家の柱と頼む息子が「忠」に走れば、親は路頭に迷いかねない。徴兵制の施行にあたっての民衆の抵抗はそのためである。

国家はその矛盾を隠蔽し、「孝」を「忠」につなげる役割を母に担わせた。山村賢明の調査によれば、家父長制をタテマエとしながら、戦前の国定修身、国語教科書における母への言及は父に比べてかなり多い（『日本人と母』東洋館出版社、一九七一年）。「楠正行の母」、「水兵の母」など、滅私奉公を子に教え諭す「教育する母」は修身教科書に繰り返し登場する。

日本初の国家主義的女性団体・愛国婦人会も「教育する母」づくりの側面を持っていた。一九〇一年二月の創立にあたって、創立者奥村五百子は次のようにいう。

皆さん子供の教師として母親より近いものはございますまい。学校の教師は朝九時から三時までしか子供に付くことは出来ない。その余の時間は母親の側にのみ居るのです。故に母親が格外なる君（天皇のこと—引用者注）ありということを教えなければならん。これは第二の母となる方に願っておくのみならず、いやしくも日本婦人たる人の耳に入れておきたいのです。

（小野賢一郎『奥村五百子』先進社、一九三〇年）

さきに触れたように、「母性」の普及は一九一〇年代後半の母性保護論争がきっかけだった。そこで国家による母性保護の是非をめぐって、与謝野晶子と平塚らいてうの対立があらわになるが、それはこうした国家の制度としての母の受容をめぐる対立であり、その意味で前近代（与謝野）と近代（平塚）の対立と見ることもできる。

与謝野は多産な作家である同時に、多産な母親だった。生涯に一三人産んで一一人を成人させている。しかしそのうち少なくとも三人を里子に出し、佐保子と名付けられた三女は、川崎市高津の池田家に里子に出されたままついに戻らなかった。いわゆる里子流れである。与謝野家と池田家のあいだに血縁関係はない。

戦前まで農村地帯であった高津では、貴重な肥料である糞尿を東京のお屋敷町に仰いでいた。その縁で農家の娘を行儀見習いの女中奉公に出す一方、お屋敷町の赤ん坊を里子として預かることが多かった。佐保子もそうした関係で、たまたま池田家に行ったらしい。糞尿という唯物的かつエコロジカルなサイクルを通じて、都市と近郊農村の間に子育ての分業システムが成り立っていたわけだ。そこには子育てを一貫して母親一人の責任とする発想はない。前近代においてはそれが普通だった。与謝野は堺の旧家の出身である。彼女の子育てにはこうした前近代が尾を引いている。

それに対して平塚は、ドイツ帰りのエリート官僚の家に育った。父は子どもにグリム童話を語って聞かせる一方、二人の子を持つ妻を女学校に通わせ、伴侶として教育している。彼はドイツから「近代家族」をも持ち帰ったのだ。そこには近代的母性が根づいている。平塚はそれを当然として育った。彼女が奥村博と共同生活を始めるにあたって書いた「独立するにあたって両親に」(『青鞜』4巻二号、一九一四年二月刊)にはこんな文言がある。

「私共は今の場合子供を造ろうとは思っていません。自己を重んじ、自己の仕事に生きているものはそう無闇に子供を産むものではないということをご承知頂きたいと思います」。

現在のリプロダクティブ・ライツ(性と生殖に関する権利)に通じる昂然たる自己決定権の主張だが、「自己の仕事」と「子供を産む」ことを対立的にとらえる背景には、子育てを母の責任とする姿勢がある。だからこそ仕事との矛盾に悩み、その解決策として国家による母性保護を提起したのだった。その論拠として彼女は次のようにいう。

子供の数や質は国家社会の進歩発展とその将来の運命に至大の関係あるものですから、子供を産みかつ育てるという母の仕事は、すでに個人的な仕事ではなく、社会的な、国家的な仕事なのです。

（「母性保護問題について再び与謝野晶子氏に寄す」『婦人公論』一九一八年七月号）

ここには近代国民国家の制度としての母性の受容がある。与謝野はそれに反発した。「私は子供を「物」だとも「道具」だとも思っていない。一個の自存独立する人格者だと思っています。（略）平塚さんは「子供の数や質は国家社会の進歩発展とその将来の運命に至大の関係がある」と言って、国家主義者か、軍国主義者のような高飛車な口気を漏らされますが、（略）彼らは国家の所有ではなく、彼らが国家を人格の中に一体として所有するのです」（「平塚、山川、山田三女史に寄す」『太陽』一九一八年一一月号）

彼女はすでに日露戦争にあたって「君死にたまふことなかれ」とうたい、「堺の町の商人《あきびと》」という前近代的家の論理（孝）によって、軍国主義的天皇制国家（忠）を批判していた。

しかししょせん前近代は、近代の前に破れさる運命にある。平塚の近代的母性は当時増大しつつあった都市中間層の主婦たちに浸透してゆく。

「母性愛」という言葉の普及は、それからさらに一〇年後、一九二〇年代後半になってからである。ここで母性は「本能」となり「自然」となり、現在の辞書にみる母性の定義が完成する。おそらくその背景には、日本人の自然観と急速な産業化によって解体される農村共同体、そのなかで故郷喪失する民衆のルサンチマンがあったろう。

当時アナキスト詩人だった高群逸枝の母性論はそれを示している。彼女は平塚の思想的妹を自認していたが、一九二六年、『恋愛創生』を著して、遅ればせに母性保護論争に加わった。ここで高群は母性愛を〈自然〉とし、母性本能を高く評価する。「母性愛、すなわち大地の愛は、ごうも打算的でなく、強圧的でない。伸びるだけ伸ばし、生きるだけ生かそうとする純真な愛からなり立っている」。

これは国家製の「教育する母」批判であり、ひいては人為的功利的都市文明や父権社会批判であった。高群にとって、自分を無にして子を生かすという母性愛の〈自然〉は、人為的功利的都市文明に席巻される農村や父権社会の制度にからめとられた子どもと母を、解放するものだった。

それはまた、自己と他者、自然と人間を対立的にとらえる西欧的知に対する批判でもある。彼女のいう〈自然〉は人間と対立する西欧的自然ではなく、人為を排してあるがまま、自ずからなるにまかせるという「自然《じねん》である」（山下悦子『高群逸枝——母のアルケオロジー』河出書房新社、一九八八年）。彼女にとってはエレン・ケイの母性主義すらその人為性のゆえに否定さるべきものだった。

このあと高群は母の〈自然〉が崇敬をもって息づいていた社会を求めて、日本古代史の研究に精魂を傾ける。その結果、母心とのアナロジーで大御心（天皇の心）を称え上げ（「神ごころ」『日本婦人』一九四四年八月号）、日本ファシズムの論客の一人となった。

ファシズムと母性

一九三〇年代、世界に戦争とファシズムがやってきた。日本はそれを先導した。母性の総動員が始まった。

母性はもともと近代国家形成期のナショナリズムとともに誕生しており、戦争という国家の危機にあたって動員されるのは、ドイツ、イタリア、日本というわゆるファシズム国家に限らない。「産む母」は戦争で消耗する人的資源再生産のために、「教育する母」は息子の生命を国家に差し出させるために、「愛する母」は兵士たちを慰め励まし、戦意を高揚させるために動員される。「イギリスの女性はいう――「行きなさい！」と」という第一次大戦下のイギリスの新兵募集のポスターに、クラシックな物腰の上品な母親の姿が描かれていたように、母は戦時下の国々でしばしば宣伝に使われた（『戦争と女性』前出）。

しかし急進的ナショナリズムを柱とするファシズムは、反資本主義的共同体や血の原理を標榜するだけに、その度合いは強まる。とりわけ「血と大地」の原理を押し立てたナチスドイツは、「産む母」を大動員した。ドイツの女たちはアーリア民族の純血を守るために「総統への贈物」として子を産むことを強制された。もちろん「愛する母」も不可欠だった。ナチスの男たちが日々虐殺に手を染めながら「正気」でいられたのは、家庭という「愛と優しさと献身に包まれた平和の島」があったからである（クローディア・クーンズ「父の国の母たち」時事通信社、一九九〇年）。

しかしその「愛する母」は、おおむね家庭という私的領域にとどまっている。それに対して日本では、それが街頭にあふれ、草の根のファシズムを掘り起こしていった感がある。国防婦人会の女たちである。彼女たちは白いかっぽう着にタスキ掛け、「兵隊さんのために」と寝食を忘れて働いた。ドイツのナチズムと日本の天皇制ファシズムのちがいとして、ドイツは下から、日本は上からといわれるが、このかっぽう着集団の活動をみる限り、日本にも「下からのファシズム」があった感を深くする。

この「愛する母」の活動は、男たちを兵士として十全に働かせるためであり、つまりは彼らを死に追いやるものだった。にもかかわらず元兵士たちへのアンケートには、彼女たちへの感謝が書かれている。「国防婦人会の人は、自分の母であり、姉であり、自分たちのためにしてくれているので、大変嬉しかった」、「献身的な活動に感謝した」、「かっぽう着姿にタスキ掛けの国防婦人会の皆さんは、とても心強く励ましになった。また、安らぎを感じさせられた」（『かっぽう着の銃後』第三文明社、一九八七年）

ここには個別の母子関係を越えた〈母と息子の物語〉がある。国防婦人会だけでなく、戦時下の日本では、あちこちで「兵隊ばあさん」「兵隊母さん」が誕生し、兵士たちとの間に〈母と息子の物語〉が生まれた。戦傷兵を目の当たりにした華道教師・萩萩月は「皇軍」慰問を思い立ち、「黒髪は砂塵によごれ、顔は硝煙に焦げ、手足は垢につつまれながら、ただかわらぬ一すじの母心ばかり、傷病勇士の枕元の母となって行って上げよう」と延々六万キロの戦線慰問の旅をした。彼女は行く先々で「兵隊母さん」と呼ばれ、感謝されたという（『火線の母』婦女界社、一九四一年）。一九四五年、知覧の特攻基地の若者たちは、「特攻おばさん」鳥浜トメの面影を、母のかわりに抱いて出撃し、還ってこなかった（『空のかなたに』葦書房、一九九〇年）。

なぜ日本では「愛する母」が公的領域にあふれだし、国家的母性として息子たちを死に追いやったのか。たぶんそれは家族国家という血縁原理で国家形成した日本の特殊性に関わる。日本の〈私〉と〈公〉は「小なる家」と「大なる国家」という相似形をなしており、その境界はあいまいだ。しかも両者を貫く家父長制は近代の産物、庶民にとっては五〇年の歴史もない。

それ以前の庶民家族においては女は生産者であり家計管理者であり、経営者でもあった。天皇制国家はその女たちを、家父長制家族の母役割に押しこめようとした。しかしとてもそれには収まりきらない。そのエネルギーは出口を求めてテンションを高める。そのテンションを解放したのが戦時下の「愛する母」だったのだろう。女たちは、男たちのルサンチマンを利用しつつ、無私と自己犠牲の「愛する母」に自己実現を求めた。

さらに、天皇制国家の〈自然〉性と〈母性〉性という問題がある。天皇制国家は、家父長制的近代国家として人為的に形成されながら、〈自然〉性と〈母性〉性によって国民にアピールした。とりわけ戦中は、「国体」論としてそれが大々的に流布され、日本ファシズムの理念的柱となった。

「個人の集団を以て国家とする外国に於ては、君主は智・徳・力を標準にして、徳あるはその位に即き、徳なきはその位を去り、（略）或は又主権者たる民衆の意のままに、その選挙によって決定せられる等、専ら人の仕業、人の力のみによってこれを定める結果となるのは蓋し止む得ないところであろう。（略）然るに我が国に於ては、皇位は万世一系の皇統に出でさせられる御方によって継承せられ、絶対に動くことがない。さればかかる皇位にまします天皇は、自然にゆかしき御徳をそなへさせられ、従つて御位は益々登く又神聖にましますのである。臣民が天皇に仕へ奉るのはいはゆる義務ではなく、又力に服することでもなく、止み難き自然の心の現れであり…」（文部省「国体の本義」一九三七年。傍点引用者）

つまり、日本の国家は天皇を祖として〈自然〉に生まれた家族国家であって、他の国々のように人為的に形成されたものではない。したがって天皇と国民の関係は切っても切れない親子の関係にある、というのだ。しかもその親子関係は、父と子というよりは母子関係である。父は〈自然〉を背負えない。父は「認知」という制度を経ないかぎり、わが子をわが子とし得ない。〈自然〉性を天皇制国家の権威の根拠とするかぎり、天皇は〈母〉たらざるをえないのだ。

戦前の天皇は、白馬にうちまたがった大元帥陛下として〈父〉をアピールしたが、一方では国民を「赤子」として「一視同仁」、わが子として平等に「愛撫」し「愛護」し「愛養」するとされた。日本ファシズムの聖典である『国体の本義』における「愛」の多用は、母性のコンセプトをかりての天皇制の価値づけといえる。『ちょんまげ手まり歌』の「やさしい殿様」同様、戦前の天皇制は母性が支配の原理として制度化されたときのおぞましさを見せつける。

母は殺されたか

戦後、日本の女は「産む母」をタテマエとしては自己管理できるようになった。お国のために、家のために「産む母」を強制されることはなくなったし、中絶の解禁やバースコントロールの普及は自然をコントロールすることをも可能にした。たちまち子どもの数は減った。「少なく産んで良く育てる」が基本になった。

しかしそのぶん、「教育する母」は強まった。母たちは産業社会の秩序に向かって息子たちを受験戦争に駆り立て、かつての国防婦人会の女たち同様、献身的に世話を焼く。国防婦人会とちがうのは、その対象があくまでわが子に限られることである。それどころかわが子以外は敵であり、排除抹殺の対象である。リブたちはそれを秩序化された母性として、〈母殺し〉をはかった。

以来二〇年たった。リブの〈母殺し〉は完遂しただろうか。

たしかにこの間、性や家族をめぐる状況は大きく変わった。一夫一婦の制度婚の枠内でしか認められなかった性が婚前や婚外に広がることへの目クジラの度合いはぐんと減り、結果としてバツイチやシングルマザーが生きやすくなったということはある。レズビアン・マザーや代理母など、二〇年前には思いもよらなかった母も登場している。リブに始まる第二波フェミニズムが、均質化を迫る日本社会にも、多様性をひらいたことはたしかだろう。

しかしそれに伴うシンドサもある。多様であることは、絶対的なモデルがないということでもある。日本のリブを先頭切って駆けた田中美津は、いま針灸師として過食症・拒食症の少女たちと関わっている。彼女はそうした少女たちを七〇年代が生み出した「時代の子」という。

「そういう子たちって七〇年代のお母さんたちから生み出されていて、そのお母さんというのは私たちのやったことの影響を受けたお母さんたちね。（略）とにかく女の人たちが、伝統的な生き方に疑問を持ったわけですよ。だけどじゃあどうしたらいいのかがわからないし…」。母たちは自分が不安なぶんだけ子どもをコントロールし、それが少女たちを摂食障害に追い込んでいるという（『かけがえのない、大したことのない私を生きる」『インパクション』七三号、一九九二年二月）

摂食障害の背景には、少女たちの成熟拒否があるといわれる。それは性的存在としての自己の拒否であり、生殖の拒否でもある。少子社会にプッツン・ママ、母による子どもの虐待も問題になっている。いま女たちは大挙して〈母〉であることからオリているように見える。

かと思えば、最近はヤンママ・ブームである。ヤンママとは元ヤンキーのヤングママ。となればどうしても紡木たくの傑作漫画『ホットロード』を思い出す。これはリブ母と娘の葛藤と和解の物語といってよい。

一九八六年一月、『別冊マーガレット』に連載が始まったとき、主人公の宮市和希は一四歳。彼女の母は「35才のくせに……いつまでもお嬢様で」と娘に批判される〈母になれない母〉である。その母との葛藤から夜の巷にさまよい出た和希は暴走族のリーダー春山と出会う。互いに傷つけあう彼との愛、母への愛憎。しかし春山の事故を契機に彼への愛を確認し、母と和解する。そして一七歳になった和希は春山のリハビリに付き添い、「いつか春山の赤ちゃんのお母さんになりたい…」とつぶやくのだ。

ヤンママたちは、この和希の現在と見ることもできる。彼女たちも七〇年代が生み出した「時代の子」である。しかし摂食障害の少女とちがって、彼女たちは早々と子を産み、あえて〈成熟〉にわが身をはめ込もうとしているようだ。彼女たちは母と和解したのだろうか。

『ホットロード』の和希が母と和解したのは、〈母殺し〉のリブ母を受容したゆえではない。「親が自分の子を嫌いなわけない」という母の絶叫に、殺され切らない〈母〉を発見したからだ。その〈母〉を自らの中で育てるために、彼女は「春山の奥さん」ではなく一挙に「春山の赤ちゃんのお母さん」になることを望むのだ。そのとき彼女は、大事故による後遺症を抱えた春山の母となることをも選んだといえる。子どもだけでなく夫をもわが子として両手に抱え、健気に生きる母——。かってリブが殺そうとした〈母〉である。

最近相次いで創刊されたヤンママ雑誌の投書欄もそれを裏づける。遊び好きという一部のマスコミの取り上げ方とはうらはらに、ヤンママたちは幼い子どもとガキのような夫をかかえて、なかなかに健気である。二一歳のヤンママが三二歳の「主人」に暴力をふるわれ、それでも「女ってのは三歩下がって男の人の言う事はなんでも聞いてあげないけないんですか?」(『ヤンママクラブ』四号、一九九四年一一月二五日発行)などという投書を見ると、この二〇年がまるでなかったかのような錯覚に陥る。元ヤンキーの彼女たちの「主人」の職業は圧倒的にトラック運転手が多い。不安定な職業、夫の飲酒・暴力・浮気……。となるとかつての子殺しの女の状況と重なる。

もちろん当時と今は違う。当時はヤンママが記号化され、商品として流通することはなかったし、ヤンママ雑誌だのヤンママ・サークルだのでストレスを発散させることもできなかった。彼女たちの赤ん坊にタレントへの道が開かれる可能性もなかった。

いまヤンママはメディアに登場してオトナを翻弄する一方、わが子をタレントにするためにプロダクションに押しかけている(「第2の安達祐実も夢じゃない⁉」前出『ヤンママクラブ』)。自分と子どもを商品として、さめた目でオトナ社会とのかけひきを楽しんでいるようにも見える。彼女たちのアナーキーなエネルギーが〈母〉を徹底破壊する可能性はある。

しかし『ホットロード』の和希のように、過剰に母を引き受けようとしているヤンママもいるのではないか。やるべき極道はもうやり尽くした、そろそろ落ち着いてというとき、さしあたり子どもほど手っ取り早いものはない。女性の経済的自立だの社会参加だのは学歴あっての話、とっくに見限っているらしい彼女たちは、専業主婦志向である。かつて路上に炸裂させたエネルギーをわが子に向けかえるということになれば、歴史は繰り返される恐れはある。子殺し物語、母と息子の物語……。

原理としての母性の光と闇

世界に目を転ずれば、母性を生み出した近代国民国家の枠組みは、いま大きく揺らいでいる。東ヨーロッパでは社会主義崩壊とともに国家が瓦解し、そのなかで新たな母性の動員が始まっているようにも思える。旧ユーゴでは宗教と民族の対立抗争のなかで集団レイプが発生したが、それをナチスとは逆の形の「産む母」の動員とみることもできる。ナチスはアーリア民族の「産む母」を動員したが、その裏にはユダヤ民族などの抹殺が伴われていた。旧ユーゴでの集団レイプはそういう負のかたちでの「血と大地」の確認ではないだろうか。

また、社会主義という歯止めの消失で、いま資本主義は世界をわが物顔で食い荒している。そのなかで新たな資本主義への対抗原理として、母性が浮上しつつあるように思える。一九九四年、日本で公開された旧西ドイツの女性映画監督ヘルマ・サンダース＝ブラームスの「林檎の木」は、それを示していると言えまいか。ブラームス監督は一貫して、時代の中の男と女、母と娘の問題をフェミニズムの視点から描き続けているが、第三作「林檎の木」では社会主義の崩壊・ドイツ統一という歴史の激動を東ドイツの女性の日常を通して描いた。

主人公レーナは「東」の林檎園で働く女性労働者。彼女は同じ農園で働く若者と恋をし結婚するが、単調な日常とクソ真面目な夫にあきたらず、「壁」のむこうへの憧れを、党幹部の中年男との「不倫」に重ね合わせる。夫の密告と男の裏切り、投獄、出産……。しかし「壁」は崩壊し、彼女が憧れていた「西」がやってきた。

その結果、生産性の低い林檎園はつぶされることになる。根こそぎにされる林檎の木、砂塵をけたてるブルドーザーを背に、レーナは夫と子どもとともにフェリーに乗って川を渡る。川の向こうには祖母の林檎園がある。フェリーの上で寄り添う夫と妻……。

この「祖母の林檎園」を、資本主義の家父長制的暴力に対抗する母性と読み替えることもできる。そこには破壊のかわりに育成が、選別差別のかわりに愛と無限抱擁の母性が息づいている。しかし、社会主義もダメ、資本主義はもっとひどい、したがって自然と共同体へ、というのは、かつて通った道ではなかったか？　ナチスは反共・反資本主義をかかげ、自然賛歌とともに登場したのではなかったか？

いま欧米のエコフェミニストの間には、父なる一神教ユダヤ・キリスト教を環境破壊の要因として批判し、宇宙的母性原理に立った自然教への評価が高まっているという。これに対して奥田暁子は、天皇制の思想的バックボーンである神道と自然教のつながりを指摘し、「ユダヤ・キリスト教文化の中で育った彼女たちの自然宗教にたいする見方をわたしたちがそのまま受けいれることはできない」としている（『世界を織りなおす』あとがき、学藝書林、一九九四年）。同感である。かつて高群逸枝は自然教としての神道評価から、天皇制崇拝に至り着いたのだ。

また、一九世紀後半、帝国主義段階に達した西欧では、まさにその故に民族学や文化人類学などの学問が誕生し、母系制社会が「発見」された。バッハオーフェンは神話学によって、西欧文明の古層に母権社会を見出した。それらは西欧文明と父権社会を相対化するものであり、エンゲルスなどのコミュニストに、資本主義社会を越える未来を展望させた。しかし一方では、母権的自然宗教の抹殺者としてユダヤ・キリスト教を批判することから、反ユダヤ主義―ナチズムにつながったものもいる。ユダヤ・キリスト教批判のエコフェミニストたちは、こうした歴史をどう見ているのだろうか。

いずれにしろ、「父の国」としてファシズムを体験した欧米のフェミニストには、「母の国」日本の天皇制ファシズムの恐ろしさがわかっていないのではないかという危惧をぬぐえない。

母は、じつは絶対的な強さをもっている。マクベスがどう言おうと、しょせん人間は女の股グラから生まれてくるのだ。母は子に対して生殺与奪の権をもっている。だからこそ男たちは、ヤッキになって家父長制の枠内に抑えこもうとしたのだともいえる。

それだけに母性にアイデンティティを求めるのは危険である。「産む母」「教育する母」「愛する母」という制度としての母性はもちろん、原理としての母性も、『ちょんまげ手まり歌』の「やさしい殿様」に見られるように闇をはらんでいる。

もしも原理としての母性に意味を求めるとしたら、それはアイデンティティの根拠としてではなく、逆にアイデンティティを内側から異化するものとしてでなければならない。近代が確立したという〈自我〉、〈個〉なるものの問い直しである。

一九九四年九月にカイロで開かれた国連人口会議で、リプロダクティブ・ライツ（性と生殖に関する権利）、中絶を含む女の「自己決定権」がキーワードとして掲げられた。この自己決定権という〈個〉に根差した概念は、いま〈人権〉や〈平等〉の新たな柱としてクローズアップされている。

しかしわたしは、生殖に関してこれを立てることに違和感がある。もちろん女の性と生殖が、国家や企業や先進諸国の都合に左右されるなどはとんでもないことだ。「産む産まないは女が決める」、ここまではぜったいに譲れない。しかし自己決定の結果、「産む」を選択した場合はどうだろうか。妊娠とは他者を体内にはらむことである。味覚は簒奪され行動の自由は失われ、思考すら奪われる。自己決定権の根拠である自己そのものが不協和音を上げるのだ。

それは出産までの一時的なこととしても、生まれた子どもは、わが体内から出たもっとも緊密な存在でありながら他者であり、他者として自己主張する。そしてやがて自己決定できない〈種〉というものを突きつけてくる。つまり彼または彼女がその自己決定権にもとづいて子産みをした場合、わたしは否応なく生物学的祖母となる。さらにその子（孫）が自己決定権の結果子産みをすれば……。結局わたしは自己決定できない血のつながり、〈種〉を生きることになる。母性は自己決定権否定をはらんでいるのだ。

しかし、だからこそ母性は意味を持つといえる。一つには選べない関係にどう向き合うかを考える上で。近代は血縁・地縁など選べない関係のしがらみから人間を解放した。それは女にも大きな意味をもった。しかしその結果、選択的な関係のはざまに落ち込んで、浮かび上がれない人びとも多いはずだ。

また自然との関係は選べないものの最たるものだ。「人間と自然の共生」などというものの、人間は共生どころか、与えられた自然の中で生きさせてもらっている生物にすぎない。その自然とどう向き合うか。

さらに、自分と子の二重性をはらむ母性は、アイデンティティ多元化への道をひらく上で意味を持つ。そのことで差別解消の可能性を持つ。人ははだかの個人としては生きられない。わたしは〈私〉という個人ではあるが、日本人であり女でありヘテロセクシャルであり……と、否応なしに多元的アイデンティティによって生きている。そうしたアイデンティティの多元性において自己をとらえることから、民族やジェンダー、セクシャリティなどによるボーダーを取り払い、差別の解消を展望できないだろうか。

ともあれ母性は、近代の末期症状があらわになった現在、そうしたひらかれた超近代の原理となるか、それとも母子の絶対性に閉塞して、ふたたびファシズムの論理になるかの間で揺れている。

（『ニュー・フェミニズム・レビュー6　母性ファシズム』学陽書房、一九九五年四月）

書評

穏やかな中に熾烈な緊張感

――執念と鋭い感性が時間のベールを一枚一枚ひきはがす

橋本憲三・堀場清子『わが高群逸枝』（上・下）朝日新聞社、一九八一年

高群逸枝は大きな存在である。いくつもの峯をつらね、複雑な山容をもつ大山塊の趣きである。いうまでもなく高群は、大著『母系制の研究』『招婿婚の研究』等によって、不滅の金字塔をうちたてた女性史家として知られる。しかしその生涯の時々を切り取れば、詩人、評論家、思想家としてもきわだった存在であり、また、男と女の愛の理想を、その生き方において示した人でもあった。やせ細った〈近代〉の尺度をもってしては、その全容をとらえるのは容易ではない。したがってわたしは、本書『わが高群逸枝』なるタイトルの高らかなひびきに、まず圧倒される。そして、本書に満ちている著者橋本憲三・堀場清子両氏の〈わが高群逸枝〉にかける熱い思いに圧倒される。

橋本憲三は先年世を去ったが、稀有の〈一体化〉をとげた夫婦として、また同志として四十余年を高群とともに過し、彼女を世に出すにあたって大きな役割を果たした。その橋本の〈わが高群逸枝〉は、高群の自伝、というよりは橋本との共著というべき『火の国の女の日記』や、彼が編んだ全一〇巻の『高群逸枝全集』、あるいは『高群逸枝雑誌』等に、すでに明らかにされている。堀場氏は、その高群像に傾倒しつつも、独自の〈わが高群逸枝〉を構築するべく、埋没した資料の発掘につとめるかたわら、橋本に対して七百余にのぼる質問を発した。

こうした堀場氏の努力は、すでに鹿野政直氏との共著『高群逸枝』（朝日新聞社、一九七八年）として結実しているが、その七百余の堀場氏の質問とそれに対する橋本の答えを、生のまま高群の生涯に沿って配列、再構成したのが本書である。

しかし堀場氏の質問は、疑問点を順不同に列挙したものであり、当然橋本の答えも、それに応じた断片的なものである。二人の「問答」を並べただけでは、〈わが高群逸枝〉の全容は見えない。したがって堀場氏は、本書を編むにあたっていくつか工夫をしている。その一つが、「註」の多用である。しかしこの「註」は、たんに「問答」の欠落部分を補うというよりは、本書の主要な意義をなしているといっても過言ではない。

その意義はまず、高群の『全集』未収録論文や未発表原稿、日記等々がふんだんに引用されていることである。その中には鹿野氏との共著『高群逸枝』刊行後に発表された貴重な資料も含まれており、これによって読者は、それぞれの〈わが高群逸枝〉をかたちづくるのに大きな利便を得たといえる。堀場氏が、煩雑をいとわずあえて「註」を多用した真意も、そこにあったにちがいない。

しかしそれ以上に、私にとって興味深いのは、この「註」の中に堀場氏の〈わが高群逸枝〉があきらかにされていることである。とくにその前半生については、堀場氏は、凄まじいばかりの執念と鋭い感性をもって時間のベールをひきはがし、〈わが高群逸枝〉を刻みつけている。それは、あくまで〈聖女〉としての高群像に固執する橋本に対する挑戦の感もあり、それが本書を、一見おだやかなことば使いながら、〈わが高群逸枝〉をめぐる橋本—堀場の熾烈な闘いの書ともいうべき緊張感あふれるものにしている。

しかし後半生、つまり「森の家」にこもって女性史研究に取り組んだのちの高群については、堀場氏の筆はややとどこおりがち、の感がある。これについては堀場氏自身も、橋本の死去等によって「問答」数が極端に少ないため構成に苦労したと述べているが、それだけに「註」が多用されており、堀場氏の〈わが高群逸枝〉がより大きな比重で問われているともいえる。「森の家」にこもってのち、とくに太平洋戦争後の高群をどうみるかは、高群像を大きく左右すると思われるだけに、ここで堀場氏の筆が、これまでの精彩をやや欠いたかに思われるのは非常に残念である。

高群が、戦時体制の深まりとともに翼賛的姿勢を強め、とくに太平洋戦争開始以後は、皇国史観にもとづいた数々の発言によって、侵略戦争合理化に一役かったことはつとに指摘されている。その理由について堀場氏は、結局は、明治に生い育った者の限界を指摘するにとどまっている。たしかに高群は、明治の天皇制国家確立期に生を受け、天皇主義者の父の薫陶を受けて育った。しかし人間の価値は、生まれ育った環境や時代の制約をうけつつも、少なくとも思想においては、それをどれだけ突破し、どんな独自の花を咲かせるかにかかっているといえる。高群がその天皇制認識において環境や時代の制約を突破できなかったとするなら、少なくとも、なぜそうでしかなかったのかについて、もう少し突っこんだ考察がほしかったと思う。

もう一つ、堀場氏は、敗戦後の価値感の転換のなかで、いかに高群が苦悩したかを語り、それを高く評価している。たしかに敗戦直後の日記にみられる高群の苦悩はすさまじいものであり、何らの思想的苦悩なしに「民主主義者」に変貌した日本人の多くに比べ、その誠実さは評価されてよい。しかし高群の戦中の過誤は、密室のなかで一人苦しめばそれで消えるというものではあるまい。戦中の高群は、与えられた情報に右往左往するしかない名もない一人の民衆ではなかった。日本古代史や女性史の碩学として社会的評価をうけ、マスメディアを通じて民衆、とくに女たちに対して戦争協力を呼びかけたのである。

大衆に対してなされた過誤の責任は、大衆に対して明らかにされねばならない。それがものを書く人間の責任であろう。苦悩すらなかったその余の知識人を引合いに出して免責することは、高群顕彰の道ではないと思われるのだが、どうであろうか。

高群の前半生についての堀場氏の筆の冴えに敬服するだけに、ついこんな欲張りも言いたくなるのである。本書が〈わが高群逸枝〉の決定版であると同時に、新たな地平をひらくものであることはまちがいない。

（『日本読書新聞』一九八一年一二月七日）

〈反差別〉の地平がひらくもの

――飯島愛子『〈侵略＝差別〉の彼方へ――あるフェミニストの半生』解説

消去する気にならないまま、一年近くもわが家の留守電に残っている声がある。

「朝早くからごめんね。飯島さんの容態が急変して……。意識がない状態なの。人工呼吸器を入れてもらったんだけど、心臓がいつまでもつか……」

飯島愛子さんの古くからの友人で、彼女の発病後は医者との対応なども中心的に担った宮地さんの声である。この日わたしは朝早く出かける予定があり、忘れるといけないと思って、前夜のうちに電話を留守設定にしていた。おかげで飯島さんの急変を告げる声は、わたしの寝ぼけ声とともに電話器に残されることになった。「ゴガツ、ヨッカ、ゴゼン、ヨジ、ヨンジューキューフン」と、合成音が時刻を告げてメッセージは終わる。

飯島さんの心臓が鼓動を止めたのは、この約八時間後、二〇〇五年五月四日午後一時七分である。七三歳と四カ月、波瀾万丈の人生だった。

飯島愛子さんといってもいまでは知る人も少ないが、一九七〇年代のリブ運動、日本における第二波フェミニズムをひらいたといえる「侵略＝差別と斗うアジア婦人会議」（以後「アジア婦人会議」）の発起人、以後ずっとその事務局を担いつつ理論的支柱でもあったひとである。本書『〈侵略＝差別〉

の彼方へ　あるフェミニストの半生』は、第一部「あるフェミニストの半生」が飯島さんの生立ちから「アジア婦人会議」立上げにいたる手記、第二部が「アジア婦人会議」当時に書いた主要論文集となっている。論文の選定は飯島さん本人による。

当初の意図では、第一部の手記は「アジア婦人会議」以後、奄美大島や石垣島での生活にも及ぶはずだった。しかしその死により、一九七〇年八月二三日、かんじんの「アジア婦人会議」の二日目で、いかにも唐突に終わってしまった。

やむをえず本書では、一九九六年に『銃後史ノート戦後篇8　全共闘からリブへ』に書いた「なぜ「侵略＝差別とたたかうアジア婦人会議」だったのか」と、二〇〇四年六月の講演原稿を補遺として収録し、「以後」を補うことにした。しかしもちろん、とてもそれでカバーできるものではない。

起稿は一九九七年はじめ、石垣島での生活が六年目に入ったころである。途中何度か中断しながらも、かつて有能な活動家でガリ切りが得意だった飯島さんは、几帳面な字で四〇〇字づめ原稿用紙の一マスに二字ずつ入れて書きついでいた。しかし二〇〇〇年に乳ガンを発病・手術。翌〇一年、さらに卵巣ガンが判明し、代替医療を求めて病と向き合う日々となった。そのころの友人への手紙には、こんなことばがある。

「子どもの時から弱くてたくさん病気をしてきたけれど、やっぱり癌ていう奴は一段とエライ奴（つまり、いろんなことを気づかせる）だと、思いました。まけおしみ、強がりでいっているのではないのよ」。

そのなかで、二〇〇四年六月には、東京ウィメンズプラザを会場に三日間にわたって開催された国際シンポジウム「ジェンダーと国民国家　日本についての歴史的考察」で基調講演。体調は思わしくなかったが、しっかりした声音で三〇分の講演をおこない、参加者に感銘を与えた。

その夏は石垣島の自宅で、命の火をかき立てるようにして原稿に取り組んだが、秋になって病状悪化、本書に収録した部分までで中断し、昭和大学病院に入院することになった。しかし執筆への意欲はつよく、石垣島から大量の資料を送ってもらい、治療の合間に手にとっていたが、ついに書きつがれることなく終わってしまった。

階級闘争からの自立

しかし、書かれた部分からは、飯島さんにとっての「アジア婦人会議」の必然性が痛いほどに伝わってくる。一九七〇年二月に出された開催よびかけのアピール「〝侵略＝差別と斗うアジア婦人会議〟に参加しよう」には、「社会体制の変革のあとにつづく婦人解放（論）ではなく」ということばがある。これはそれまでの女性解放論を真っ向から否定するものだった。

戦後、法的平等をいちおう確保した日本の女性解放論の主流は、真の女性解放は社会主義革命成立にあるとする階級一元論の枠内にあった。だから女も体制変革を第一義とし、男性活動家の「銃後のつとめ」に励むべし、というわけだった。

それにノンをつきつけたのが、飯島さん起草による「アジア婦人会議」開催アピールである。これは日本の女性解放運動の、階級闘争からの自立宣言といえる。七〇年代、日本のリブ運動はここから始まったといってよい。

ここで、わたし自身の飯島さんとの関係に触れておこう。どういう経緯だったかもう思い出せないが、わたしは七〇年八月の「アジア婦人会議」一日目、全体会には参加している。そこで台湾からの留学生・劉彩品さんの迫力ある話、モンペ姿の三里塚や忍草の「かあちゃん」たちに感動する一方、会場を埋めた白ヘルメット集団の「異義なーし」「ナンセンス!」に違和感を持った。そのせいかどうか、以後二、三年は「アジア婦人会議」とは無縁のまま、もちろん飯島さんの存在も知らなかった。

初めて飯島さんを認識したのは、銀座の事務所での会議に参加したときである。テーマは何だったか記憶にないが、どうやらわたしは、それまでの議論の流れも分からないまま「過激な」発言をしたらしい。飯島さんは苦笑しつつ、「おくれてきたトップランナー」とわたしを評した。その評に恥じ入ると同時に、はじめてわたしは、いかにも地味な、そのへんの「おばさん」といった風情の飯島さんの「すごさ」を認識した。当日かその前後に韓国問題で抗議デモした記憶があるので、七四年一〇月ごろのことではないだろうか。

当時わたしは、一五年戦争下の「銃後の女」について調べ始めており、高群逸枝や市川房枝など戦前の女性運動家たちの戦争協力について、『思想の科学』に書いていた。それを読んだ飯島さんから電話をもらい、一九七六年の三・八国際女性デーの「女性解放と天皇制」集会、秋の連続講座「天皇制を考えよう」で話をしている。

あまり熱心な会員ではなかったが、そのころには銀座から移った四谷の事務所に出入りするようになり、三里塚空港反対の集会やデモでは、たいてい飯島さんといっしょだった。八三年、飯島さんが土をもとめて奄美大島に移住するときは、送別会に出席してしたたかに飲んだ。

しかし彼女の個人生活やそれまでの人生については、まったく知らなかったといってよい。九〇年代に入って何度か石垣島を訪ね、仲間とともに刊行していた『銃後史ノート戦後篇』の8号『全共闘からリブへ』に、「なぜ「侵略＝差別と闘うアジア婦人会議」だったのか」を書いてもらったので、「アジア婦人会議」設立の大まかな経緯はわかったが、その背景にすさまじい「ハウスキーパー生活」があったとは思いもよらなかった。

何という青春だったのだろう。一三歳で敗戦を迎えた飯島さんにとって、戦後の民主化、とりわけ女性解放は心躍らせるものだった。しかし絶対君主たる父、その父の顔色をうかがう母という、家庭における男女の関係はいささかも変わらなかった。

思春期を迎えた飯島さんは、女である自分を卑下したまま、革命家志望の青年と恋に落ちる。そこで性の快楽を知った飯島さんは、のちに自嘲的に語るところによれば「サカリのついたネコ娘」。その結果は、医者である父親による麻酔なしの中絶手術である。厳寒のなか、激痛と屈辱に飯島さんが耐えているとき、彼はいったい何をしていたのか？

それ以上にすさまじいのは「純粋培養のマルクス・レーニン主義の箱入り娘」としての日々である。彼の立てた計画に従って学習に励んだが、それは飯島さんを解放するどころか、はげしい自己卑下に追い込んだ。しかし革命への献身ゆえに彼を否定しきれず、愛憎の自縄自縛にのたうっている。日記から見えるK・Tとの日常は、いまならリッパなDVである。DVとは何も物理的暴力だけをいうのではない。

この彼女の「悲劇」は、たまたまK・Tという「特異な」男を愛してしまったがゆえの特殊な例だろうか？「日本トロツキスト連盟」の創立者で、黒田寛一とたもとを分かったといえば、K・Tが誰だかわかる人にはわかるだろう。たしかに彼はある種怪物的な人物であるようだが、しかし飯島さんの「悲劇」はけっして特殊ではない。とりわけ六〇年代後半に盛り上がりを見せた反戦運動や全共闘運動に参加した女たちは、大なり小なり共通の問題に直面している。だからこそ「社会体制の変革のあとにつづく婦人解放ではなく」というアピールが、鮮烈なひびきをもって多くの女たちの胸を打ったのだろう。

リブをひらく

「アジア婦人会議」は、日本のフェミニズムに何をもたらしただろうか。冒頭に書いたように、わたしは七〇年二月の「アジア婦人会議」アピールがリブを起動させたとみている。もちろんこの場合の「リブ」は、田中美津さんを中心とする「ぐるーぷ・闘うおんな」や「リブ新宿センター」の活動だけでなく、七〇年代に起こった新しい女性運動の全体を指す。たしかに最初に「ウーマン・リブ」を名乗って街頭にでたのは田中さんたちであり、以後も「リブ」の名のもとに果敢な活動を展開したから、「リブ＝田中美津」が一般に定着している。しかし「ウーマン・リブ」とは、秋山洋子さんの『リブ私史ノート』（インパクト出版会）にあるように、七〇年一〇月四日、『朝日新聞』都内版で、Women's Liberationの和製英語として使われたことに端を発する。

Women's Liberationとは、現在では、二〇世紀初頭の第一波に対して第二波フェミニズムとよばれるが、六〇年代後半、アメリカにおいてまず誕生した新しい女性解放運動である。第一波が「女も人なり」として男と同じ社会的権利を要求したのに対し、第二波は性的存在としての女にこだわった。そして「個人的なことは政治的」として、近代社会の「生産＝公／再生産＝私」という分離が男女に配当される構造と、そこに働く権力関係を問うた。

こうしたものとしてのリブは、日本では「アジア婦人会議」アピールをもって嚆矢とする。もちろんリブにはさまざまな流れがある。『資料　日本ウーマン・リブ史』I巻には、リブ誕生前の「序章」として、「アジア婦人会議」とともに、神戸外国語大学女性問題研究会の『れ・ふぁむ』や、福岡で河野信子さんが出していた『無名通信』が収録されている。これらは六〇年代後半には発信を始めていた。

森崎和江さんの『無名通信』は五〇年代末から出されていた。しかし運動の広がりということでは、当時の進歩的女性知識人一六〇人余りを呼びかけ人として、「中央」で大集会をもつ意味はやはり大きい。しかも飯島さんたちは大会開催に向けて何度も討議を重ね、そこでの議論を討議資料集として出している。一回限りの大カンパニアよりも、「過程」をこそ大切にしたいという姿勢による。

そうした活動は、すでにさまざまな形で胎動をはじめていた女たちの動きを有形・無形に促したろう。八月大会を前にして、のちにウルフの会となる「女性解放運動準備会」、田中美津さんの「女性解放連絡会議準備会」などもいっせいにメッセージを発し始める。そして一〇月、田中さんたちの「ウーマン・リブ」登場、となる。

田中さんのリブ旗揚げには、じつは「アジア婦人会議」が「反面教師」として大きなはたらきをしている。八月大会へ向けての討議には、田中さんも何度か参加していた。延べ二〇〇〇人という大会参加者の中には田中さんもいた。直前に彼女が出した手書きビラ「女性解放への個人的視点」は「便所からの解放」の原型のような文章だが、最後に「8月22日23日に、侵略と差別とたたかうアジア婦人会議の集会があります」とあり、二三日の分科会に参加できる人を募集している。この部分は『資

料　日本ウーマン・リブ史』Ｉ巻収録のものにはないが、かなり大会に期待していたことがうかがえる。

しかし田中さんにとって、大会は期待はずれだった。直後に彼女が出した「〈侵略＝差別とたたかうアジア婦人会議〉に参加して」というビラによれば、「立つ人、発言する人、中核の息のかかった人ばかり、しかも、なんや、よくわからんけど入管闘争への決起をしきりに、もっとはっきり言えば、それだけをアピールしている。彼らの情勢分析のもとに」。

わたしは一日目の全体会しか出なかったので知らなかったが、二日目の分科会は前日以上に白ヘル集団に席巻されたらしい。分科会は「七〇年代における婦人運動はどうあるべきか」、「侵略＝差別と闘うために」をテーマに六つの会場でもたれたが、大会後の総括や分科会司会者の座談会によると、どの会場でも白ヘルの若い女たちがひたすら「入管粉砕」を叫んだという。「いのちをかけて闘う」といった空疎な決意表明にうんざりした参加者が、「命をかける」とは具体的にどういうことかと問うたのに対し、「〇〇派に結集せよ」と答えるナンセンスな一幕もあったようだ（『〝侵略＝差別と斗うアジア婦人会議〟大会報告と総括』一九七〇年一〇月）。

『資料　日本ウーマン・リブ史』Ｉ巻所収の「全学連第三〇回定期全国大会での性の差別＝排外主義と戦う決意表明」（一九七一年七月）は、性差別に無自覚な学生運動への絶縁状として評価されているが（『日本のフェミニズム１　リブとフェミニズム』岩波書店）、じつはこうした白ヘル集団の一員としての自己批判でもあった。

筆者はいう。「女よ、我々は非主体的に動員されていった、そのことに甘んじていった、去年の夏のアジア婦人会議を直視しなければならない。男の指揮のもと何の討論もせずに参加していった、我々の大衆への裏切りは今も続いている」。タイトルにある「性の差別＝排外主義と戦う」には、あきらかに「侵略＝差別と斗うアジア婦人会議」の影響がある。

とはいうものの、八月大会混乱の責任の一端は飯島さんにもある。二六年後に書いた文章には、「アジア婦人会議が始められた時点で、すでに反戦青年委員会も全共闘も新左翼セクトに分断され、初期のすがすがしさは失われていましたが、私も松岡さんも彼らに幻想をもっていて積極的に参加を呼びかけました」とある。

田中さんはそうした「アジア婦人会議」にさっさと見切りをつけた。さきにひいた大会批判のビラには、白ヘルに席巻された理由に触れて、次のように書かれている。

「準備段階であたしは、「性の差別について」という討議に参加したんだけど、そのときのカンジから言うならば、〈今、この時、なんで女が結集して個別闘争を提起していかなきゃならないのか、どのような目的意識をもって〉ということをはっきりさせなかったことこそ、ダメだった原因じゃないかと私には思えるのだ。

さらに云うならば、いままでの女性解放闘争をどう総括し、新しくその総括を踏まえてどのような視点にたつ運動を、起こしていくのか、ということの基本の追求をなしくずしにしたまま集会をもったことが、セクトの宣伝の場にしてしまった要因じゃなかろうかと思える」。

的確な指摘である。そしてこのことは、準備段階を通じて飯島さんが言っていたことでもあった。七〇年六月に書いた「婦人運動と〝差別〟について」では、戦後女性運動の柱であった婦人民主クラブを例にあげつつ、「女権運動を越えて人民解放をめざす社会運動」（『航路二十年』）と規定づけることによって、戦後「婦人」運動の活動家たちは女権運動の系譜をかんたんに流し去り、同時に〝女とは何か〃の追求をも忘れ去っていった」とし、七〇年代の新しい女性運動について次のように言う。

「「平和と民主主義」の枠組みにすっぽりはまっていった運動への批判と総括だけから生まれるのではなく、体制そのものを支えているところの根源にまでさかのぼらなければならない。それ故にこそ、そのもっとも奥深いところで支えているところの根源としての性、あるいは家族関係等への追求としての婦人運動こそ、重要な意味をもってくると思います」。

しかし「性、あるいは家族関係への追求」の具体的内容について明確に打ち出しているとはいえない。それに対して田中さんは、「女性解放連絡会議（準）」の名で「エロス解放宣言」、「便所からの解放」、「入管法と中絶禁止法とわれらがエロスの行方」等のビラを相次いで出し、「今まで故意的にかくされつづけてきた、女としての性と生殖」を正面から問題にしている。飯島さん自身も「その方向性はむしろ田中美津などのいわゆる「リブ」において展開されていったと思う」と書いている。

「リブは新左翼の鬼っ子」とは田中さんの言だが、彼女にとって「アジア婦人会議」八月大会は、新左翼への幻想を完全に払拭し、「鬼っ子」としてリブを生み出す跳躍台になった。その意味では「アジア婦人会議」は、田中さんに象徴される狭義のリブの産婆役でもあった。

女性差別の発見

もう一つ、七〇年二月の「アジア婦人会議」アピールは、日本のフェミニズム史にとって大きな意義がある。一〇年前、わたしはそれについて次のように書いた。

「もう一つは「女性差別」の発見である。一般に女性問題を「差別」という言葉で語るようになるのは、このアピールの「侵略＝差別」をめぐる議論がきっかけである。家父長制への「隷属」や資本家による「搾取」とは違う抑圧が、ここで初めて「差別」として認識されたのだ。近代家族における男女の役割の違い、今でいうジェンダーの発見といってよい。」（「「銃後史ノート」に見る女性の歩み　主体形成、「リブ」が画期」『朝日新聞』一九九六年一〇月七日夕刊）。

この最後のあたりについては、現在なら「近代家族における男女の役割の違いとそこに働く権力関係、今でいうジェンダーの発見」とするところだが、ともあれこうしたわたしの見方を、飯島さんは肯定し喜んでくれた。しかし一般には違和感の方が強かったようだ。七〇年代まで「女性差別」がなかったなんて、そんなバカな、というわけだ。

もちろん実体としての女性差別はあった。現在よりももっとあった。しかしそれを「女性差別」、あるいは「性差別」ということばで語ることは、まずなかったと言ってよい。六〇年代までは女性がこうむる抑圧、不当な扱いは、「従属」、「隷従」、あるいは「搾取」といわれていた。前近代的身分関係や階級用語でとらえられていたということだ。東京ウィメンズプラザの資料室で「差別」をタイトルにもつ本、論文を検索したところ、七〇年代以前のものは、一九六四年に労働省婦人少年局が出した報告書『婦人の開発参加を促進し、性差別を排除するための国内調査』しかない。

今回、『日本婦人問題資料集成』第8、9巻（ドメス出版）で、日本近代の女性解放思想における「女性差別」に関わる用語を検討してみた。植木枝盛の「男女の同権」では、「同権」の対立語は「不同権」、福田英子は「不同等」（「獄中述懐」）。同じ福田の「社論＝二重の戦ひ・他」では「階級的差別」という語がでてくるが、数行あとに「階級的差異」も使われている。この場合の「階級的」はマルクス主義用語におけるそれではなく、上下関係を意味しており、「差別」自体は価値中立的である。

平塚らいてうの「元始女性は太陽であった」では、「男性といい、女性という性的差別は（……）滅ぶべき仮現の我に属するもの」とあるが、この場合の「差別」も価値中立的な「差異」、「区別」にひとしい。

「差別」とはもともとは仏教用語で「しゃべつ」と発音したらしい。差別問題に詳しい三橋修さんは、現在のような意味で「差別」が使われたのは、吉野作造が一九一九年の『中央公論』で、朝鮮人に対する「差別的待遇」を問題にしたあたりからではないかと言う。たしかに『日本婦人問題資料集成』でも、一九二〇代以後のものには「差別的待遇」が二、三見られる。ここでの「差別」はもはやニュートラルではなく、非対称的な権力関係が含意されている。

そうした意味での「差別」問題が一気に浮上するのは、いまとなっては信じがたいことだが、一九六〇年代後半である。それまでは「女性差別」だけでなく、一般に「差別」問題自体がなかったといっていい。もちろん被差別部落問題への取り組みは水平社の時代からなされていたが、「特殊部落」、「未解放部落」と呼ばれていた。それが六〇年代後半になって「被差別部落」となり、「朝鮮人差別」「障害者差別」等、差別問題が一気に噴出した。

その背景には、高度経済成長によって「一億総中流化」し、〈階級〉概念が空洞化したこと、戦後民主主義の「虚妄」が言われつつも、新憲法下で育った世代が成人を迎え、ようやく憲法一四条の「法の下の平等」が価値として定着したということがあるだろう。

六九年五月に出た『現代の差別と偏見』（新泉社）は、そうした差別問題を総体的に捉えた最初の本ではないかと思う。そこでは被差別部落、在日朝鮮人、沖縄、アイヌ等とともに「性別」による差別もとりあげられていて、もろさわようこさんが書いている。もろさわさんはまずメディアの女性蔑視に触れ、たしかに女の知的水準は男にくらべて劣っているが、それは「先天的なものではなく、社会的な状況が、女たちに強制した後天的現象である」という。しかし女性蔑視がまかり通るのは、「女たちに、部落の人たちと同じようなかたい団結とたたかいの歴史がなかったばかりか、その差別にむかって苦しくたたかう女たちに対し、女たち自身が石を投げるにひとしい愚行をおこなってもいるからだ」と女自身に批判を向けている。

女にとって差別とはなにか

「侵略＝差別と斗うアジア婦人会議」アピールは、こうした状況のなかで出された。「侵略＝差別とたたかう」といい「アジア婦人会議」といい、それまでの女性運動にはない鮮烈な名称である。しかし「侵略＝差別」とは、いったいどういうことなのか？

もちろんそこには、被害者意識と母性主義にまみれた戦後女性運動への批判がある。それについては六九年一〇月に書いた「どのように闘うことが必要とされているか」、七三年四月に『社会学会誌』に書いた「〝戦後婦人解放〟とは何だったのか」にくわしい。

アピールでは、六九年一一月の佐藤・ニクソン会談で出された日米共同声明を「日本人民を含むアジア人民に対する侵略宣言」とし、「米軍がひきつづきアジアに駐屯することの重要性を再認識すると同時に、帝国主義的に復活した日本資本主義が、自前の侵略者として海外進出することを保証したもの」という。そうした加害性をはらんだ日本国の女が、被害国の立場に即自的に身を寄せるのではなく、みずからの問題として日本帝国主義と対決するためにはどうあるべきなのか。

そこからでてくるのが「そのことは何よりも国内侵略であり、繁栄と近代化の名のもとに人間の生きる条件そのものがおかされていくこと」、「日米帝国主義のアジア侵略を私たちへの侵略ととらえ」という文言であろう。しかしこれでは、対外的な侵略は国内における抑圧強化とセットになっている、したがって対外侵略と国内抑圧はイコールである、といった単純な重ねあわせになりかねない。白へル集団などセクトの介入は、おそらくそのレベルでの認識による。

しかしそれでは「女」はみえない。「婦人会議」である必然性はどこにあるのか？　そこにおそらく、「侵略＝差別」である理由がある。アピール最後の大会目的の第一には、「社会変革のあとにつづく婦人解放（論）でなく」に続けて、「自己変革として差別問題をとらえる」、「私たち女性のうけている差別を部落や沖縄県民や在日朝鮮人のそれと同質のものとして明らかにしたい」という文言がある。これは八月大会へ向けての討議のなかでずいぶんたたかれ批判されたようだ。とくに女性差別を、被差別部落、沖縄、在日朝鮮人への差別と「同質のものとして」明らかにするという点に非難が集中した。部落差別がそんな生やさしいものだと思っているのか、朝鮮人は朝鮮人であるというだけで虐殺された。女がそんな目にあったことがあるか、というのだ。

それに対して飯島さんは、七〇年一一月に出した「女にとって差別とはなにか」で次のように言う。「差別というものは、どっちがゆるやかでどっちがきびしいとか、ランクをつけられるべきものではないし、さまざまな差別があるから成り立つのである」。その上で「より根源的な差別構造は何かといえばそれは性による差別である」と言いきる。この文章は八月の日中美津さんの批判をも受けとめつつ差別について全面展開したもので、このあと「男への「同化」でない婦人解放運動の確立のために」、「女にとって搾取とはなにか」、「性の収奪」とつづく飯島差別論の基底をなす。

それはまず、近代社会が〈普遍〉の顔をしながら、じつはいかに男仕立てであるかを喝破することから始まる。

「世界そのもの、論理そのものが「男」のものである。国家権力をもつ体制側は勿論のこと、「革新陣営」といわれるもの、「労働者階級」、「労働組合」、すべて男の世界である」。

したがって、そこで「女も人間である」ということは、けっきょく男がつくった価値基準、近代においては貨幣価値への換算に帰結すると飯島さんはいう。そしてそれこそが女にとっての差別なのだとする。

「人権や人間性を意味するものとしての「人間」という言葉は、さまざまのマヤカシをもって使われる。（略）「女も人間である」という形での置き換えは、ブルジョワ的価値基準（交換価値・生産性）への置き換えであり、個のもつ特殊性、有用性を貨幣価値に還元するところの、きわめてブルジョワ的発想である」。

「現代的差別は等価関係（貨幣関係）の上に成り立つところの差別である。女も、部落民も、黒人も、朝鮮人も、……人間である。すなわち労働力商品として貨幣価値（量）におきかえられ、その相違（特殊性）が切り捨てられた上に成り立つところの差別であり、べっ視である」。

飯島さんにとって「根源的な差別構造」としての「性による差別」とは、「人間の基本的行為」としての「生むこと」（子孫をつくる）と「生きること」（生活手段をつくる）」の分離の上に、「一方（物質生産・労働）が、他方（生命の生産行為）を差別すること」である。そして階級闘争とのアナロジーで未来の女性解放を語る。

「長い歴史上、男は女の性を卑しめ、商品化してきた。男は、女の群総体を占有し、女に深い深い自己規制・自己嫌悪・劣等感を植え付け、女が男の群総体を所有することを禁じてきた。生産手段が資本家階級の所有から労働者階級の手に移るということは、あらゆる価値観、所有観念そのものの転換をともなわずには出来ないように、女が男の群総体を所有するということは、現在、男のやっていることを女もやるということではなく、人間関係における私的占有そのものの否定、あらゆる「強要」の否定になるだろう」。

　これはK・Tとの自己卑下に満ちた生活における、存在をかけた思想的営為の結果でもあろう。社会学者の千田有紀さんは、この部分の最後にある「人間関係における私的占有そのものの否定、あらゆる「強要」の否定になる」をとらえて、これが飯島さんにとつて性による差別が「根源的な差別」である理由としている（「帝国主義とジェンダー　『資料　日本ウーマン・リブ史』を読む」『文学史を読みかえる7　リブという〈革命〉』インパクト出版会、二〇〇三年）。

　千田さんのこの文章は、日本のリブを論じるにあたって「アジア婦人会議」に言及した貴重なものだが、このとらえ方には同意できない。さきに見たように、飯島さんにとって「根源的」なものとしての「性の差別」は、「生むこと」の「物質生産」への従属にある。これを踏まえなければ飯島差別論は成立しない。

　たしかに飯島さんは、田中美津さんが新左翼を母体としながらも早々とそれを食いやぶり〈性〉に全面依拠したのに対し、あくまで〈階級〉を手放さなかった。アピールにある「社会体制の変革のあとにつづく婦人解放ではなく」は、階級一元論の否定ではあるが、〈階級〉そのものの否定ではない。しかし〈性〉とのかかわりを必死に理論化しようとした点で、この時期の飯島さんは、一九八〇年代に上野千鶴子さんによって紹介されたマルクス主義フェミニストとしてのそれだったといえる。

「女にとって差別とはなにか」は、早すぎたマルクス主義フェミニストの最初の提起であり、当時のリブたちに受け入れられたとはいいがたい。さらにこれをわかりにくいものにしたのは「女の論理」の提起だろう。飯島さんは、性差別の根源である物質生産優位の思想を、所美津子に依拠しながら「生産性の論理・物質生産偏重の思想」として否定し、「女の論理」を提起する。

「合理主義・有用主義・生産性の論理を否定するものとして女の存在を位置づけたい。スズメは害鳥である、〇〇虫は害虫である、雑草は無用である、〇〇菌は病原菌である、ということで、故に絶滅しなければならない、という論理。何々は、害鳥だとか無用だとか病原だとかいうことは、自然の中の一部分である人間にとってそうであるにすぎない。人間以外の他の自然に対する思いあがりとあなどりが、自然のバランスを崩し、自然に仕返しされる結果になった。みみずから微生物に至るまで万物は相互補完的であり、人間の生存条件を構成しているのであれば、つねに果たしてスズメが絶対的な害鳥であるのか、〇〇菌が絶対的に病原菌であるのかは解らない。その解らないものとして残されている部分を全く切り捨てて、現代科学でもう解っているかのように錯覚する思いあがり。

我々婦人運動とは、そういう意味において、文明批判・合理主義批判として展開されるべきであり、婦人戦線も諸戦線ある中の一翼ではあるが、もっとも根源的に価値観の転換を鋭く突くものとして、先鋭的な斗いが展開される場であるはずだ」。

ここには八〇年代のエコロジカル・フェミニズムにつながるものがある。これに対しては「雲をつかむような一般論のなかで語られすぎていて実体が明らかでない」、「このように女を一般的に規定していいのだろうか」といった手厳しい批判が出されている（『資料　日本ウーマン・リブ史』Ⅰ　二七七ページ）。たしかにここには、現在「本質主義」として批判されるような「女」のとらえ方がある。

しかしそこにある「近代批判」の徹底追求は、第二波フェミニズムの原点であると同時に、暴力と新自由主義が世界を席巻する二一世紀の現在において、あらためて問われるべき視点ではなかろうか。三池CO患者家族会の女たちに触れた部分も胸にしみる。彼女たちが患者を介護しつつ生活を支え、三井資本と闘っているのは、「労働者階級として……という概念に組み込めない、何か切り捨てられたところの間尺に合わぬ部分が支えているのではないだろうか」としたうえで、「それは、女にしかできない「生む」事をないがしろにされ、切り捨ててきた社会において、なお産みつづけてこなければならなかった甲斐性のようなものがそうさせている。それは生産性の論理からはみ出した不条理の世界であろう」。

これは現在、フェミニズムにとっても大きな意味を持っている「ケアの思想」そのものといえる。飯島さんは「女の論理」について、二六年後の文章で次のようにいう。

「母・女＝共生・平和という即自的図式は成り立たない。つまり生産性、合理主義、近代の論理を否定するものとしての女の論理に辿りつく糸口は「反差別」にあったのではないか。反差別を女からとらえたとき、それは果てしない拡がりをもって私たちを遠い彼方へいざないます。（……）平等には基準となるべき数値、価値が必要だけれど、「反差別」には無限の多様性が要求され、それ故、共生の思想でもある」。

「女の論理」にある本質主義への批判をふまえ、近代合理主義、生産性の論理否定につなぐものとして「反差別」を位置づける。生産性の論理が貨幣価値に還元される一元的基準で人びとを選別序列化するのに対し、「反差別」はそうした構造自体を否定・解体する。「侵略＝差別」もそう考えてはじめて理解できる。つまり、侵略とは生産性の論理の極限的形態であり、それは根源的差別である性差別の上にある。したがって「侵略＝差別とたたかう」とは、そうした「反差別」に立つということであり、そこにひらかれるのは多様性と共生の世界だというのだ。

早すぎたマルクス主義フェミニストの孤独

このあと飯島さんは、「男への「同化」でない婦人解放運動の確立のために」、「女にとって搾取とはなにか」、「性の収奪」とつぎつぎに論文を発表し、「女にとって差別とはなにか」で提起した「生む」ことの「物質生産」への従属について、理論の精緻化につとめている。それは八〇年代になって日本でも議論されたマルクス主義フェミニズムの問題構制、女が担わされている再生産過程の無償性を焦点化するものだった。

これらは「アジア婦人会議」の資料だけでなく、『構造』、『女・エロス』など少部数とはいえ商業メディアにも掲載されているが、これをめぐって論壇やマルクス主義経済学者のあいだで議論が起こった気配はない。早すぎたマルクス主義フェミニスト飯島さんの孤独なたたかいに終わったようだ。しかしこれらの論文は、いま読んでも新鮮な感動に満ちている。というよりは〈現在〉という時代においてこそ、ますます意義をもっているというべきだろう。

そのひとつは、「男への「同化」でない婦人解放運動の確立のために」にみられる「男並み平等」の徹底否定である。それは「平等」概念そのものの根源的再定義の上に立つ。

「社会的平等とは社会的力量が対等ならあえて平等とはいわないのであり、ハンディのあるものも同様に扱えというのが我々の側の平等要求である。体制側に言わせれば保護という。労基法改悪キャンペーンに伴う「女、過保護論争」を想起せよ。臨時工や身体障害者を平等に扱えという場合、本工や健康人と同じ待遇を与えよということなのであり、臨時工や身体障害者に「相応した」待遇であるなら、それを我々は差別という」。

一九九〇年代はじめ、アメリカのフェミニストたちは「男に出来ることは女にもできる」として女性兵士の戦闘参加を要求した。それはアメリカ社会に受け入れられ、現在ではアフガンでもイラクでも、女性米軍兵士たちが殺戮に参加している。日本においても「男女共同参画」の方向性は、アメリカ的ジェンダー平等にあるようだ。飯島さんの「平等」概念は、それを真っ向から否定するものだ。

こうした飯島さんの「差異あり平等」論や「女の論理」は、ジエンダー・バッシングが強まっている現在、男女特性論にたつバッシング派につながってしまう危険もないではない。しかし飯島さんの「差異あり平等」論は、さきに引いた「反差別」とイコールである。そこでいう「多様性」、「共生」は、「カラスの勝手でしょ」とばかり自己責任をいい、格差を肯定する新自由主義体制の徹底変革なくしてはあり得ない。

「臨時工や身体障害者を平等に扱え」というのは「本工や健康人と同じ待遇を与えよ」ということ、つまり結果の平等の完全保障である。さらに飯島さんは、「反差別」発言につづけて言う。

「造船労働者のSさんが本工組合の自分は臨時工や社外工の問題を取り上げたとき、初めて階級的立場に立っていることを実感したと語ったように、階級性の内実は反差別のことではないか」。

ここでいう「階級的立場」、「階級性」は、たんに理論的概念ではなくすぐれて実践的なものである。臨時工や社外工を本工と同様に待遇する、機会の平等ではなく結果の平等を保障する。これは体制変革なくしてはあり得ない。

『インパクション』一五一号（二〇〇六年四月）の特集は「万国のプレカリアート！「共謀」せよ！」である。「プレカリアート」とは、最近の市場中心のグローバル化のなかで世界的に増大している「不安定（プレカリティ）状態におかれている人々」を指す。タイトルはその階級的自覚と変革への主体化を呼びかけるものだが、臨時工に着目した飯島さんの二五年前の提起はそれにつながる。

とはいっても、女性たちが飯島平等論に立つのは非常にむずかしい。それは女自身のなかに抜きがたい「男並み平等」志向があるからだと、飯島さんは言う。七〇年二月の「アジア婦人会議」アピールに、「自己変革として差別問題をとらえる」とあるのはそのためだ。「自分という女の中に巣くっている自己卑下」、「男性優位主義」、そういうものに骨がらみになっている女自身の自己変革がないかぎり、反差別の地平には立てない。これは飯島さん自身の、K・Tとの自己卑下にのたうつ日々から得た結論でもあったろう。しかし以来三五年、日本のフェミニズムは逆の方向に向かいつづけてきたようだ。

論文「女にとって搾取とはなにか」では、マルクス主義フェミニズムの中心課題である再生産労働の無償性の理論化に必死で取り組んでいる。そこで面白いのは搾取率という概念を出していることだ。飯島さんは言う。

そもそも賃金とは労働に対して支払われるのではなく、労働力の社会的再生産費である。それに男女で大きな違いがあるはずはない。にもかかわらず、男性賃金を一〇〇とした場合女は四八・二、しかもそれは絶対額における比較にすぎない。「賃労働者の働く労働が支払い労働部分（賃金部分）と不払い労働部分（剰余価値として資本家に取られる部分）の二つから構成されているのだから、今ひとつの側面として搾取率＝不払い労働／全労働として男と女のどちらがより搾取されているかの比較があるはずである」。そのとき、女の「男と異質である、子を産むという生命力は労賃としてどう計上されているのか」。女が無償で担っている再生産労働を視野に入れれば、女の搾取率は男の何倍にもなるだろう。

さらに飯島さんは、「資本制生産の進行は女をいかに収奪したか」という問いを立てる。マルクスの言う資本の原始的蓄積過程において、労働する人間と労働手段の分離が行われたが、「労働手段との分離過程は女にとってはさらに生産と消費の場の分離であり、生産と生殖の結合の解体でもあった」。それによって女を生産の場から疎外し、再生産を無償で担わせることによって利潤をあげる。つまり資本の原始的蓄積には再生産過程の分離が大きく関わっているという指摘である。

こうした飯島さんの理論的営為が、現在のマルクス主義フェミニズムの理論水準から見て、どうなのかはしらない。上野千鶴子さんの『家父長制と資本制』（岩波書店、一九九〇年）によれば、マルクス主義フェミニズムには、家父長制と資本制をそれぞれ独立した変数と見る二元論と、統一したものと見る一元論の流れがあるらしい。前者はハートマン、ソコロフらアメリカの学者たち、後者はダラ・コスタなどヨーロッパのマルクス主義フェミニストたち。それでいうと、おそらく飯島さんは再生産過程が資本制に包摂されていると見る一元論の系列にあるのだろう。しかし当時の飯島さんはダラ・コスタもソコロフも知らず、ただかつて純粋培養されたマルクス・レーニン主義と、それに対する違和感を手がかりに、必死の考察をつづけたのだろう。飯島さんはいわゆる論壇ともアカデミズムともまったく無縁、七三年一〇月以後は、小学校の給食調理士として働きながら書いている。

したがって飯島さんの場合、理論はあくまで運動者として実践的課題に立ち向かうための道具である。この論文のタイトルが「差別」ではなく「搾取」であるゆえんは、当時の優生保護法改悪、長時間保育問題、育児休業制度、労基法の保護規定撤廃、勤労婦人福祉法制定等を再生産過程における再編とみ、それによる女への抑圧強化に対決しうる階級的主体形成を願ってのことだろう。こうした再生産過程における搾取強化に対しては、既成の理論では太刀打ちできない。一九九六年に『銃後史ノート戦後篇8』に書いた「なぜ「侵略＝差別とたたかうアジア婦人会議」だったのか」で、「女にとって搾取とはなにか」についてこう書いている。

「生産過程からのみ見ていた搾取、収奪に新しい光を当てる作業でもありました。体制側の有形無形の、とくに労働力の再生産過程での再編を察知しての抵抗が七〇年代女の運動であったと思います。それはそれまでの労働運動がプロレタリアートとしてのそれであり、合理化反対、賃上げ、時短等であったのに対し、古典的階級概念からはみ出した女の運動の登場であり、またますます敵対的に分裂されてゆく生産と消費、生産と生殖、性と生殖の場の統一を希求する運動でもあったといえましょう」。

論文「性の収奪」は、体制による再生産過程再編の重要な柱である優生保護法改悪反対運動のなかで書かれたものだ。改悪のねらいを生殖をてこにした性の国家管理と優生思想強化と見て論を立てているが、アジア政策と関連させてみているのは飯島さんならではの視点である。現在の少子化対策を考える上でも、これはぜひとも必要な視点だろう。

アジア婦人会議の終焉とそれ以後、そして死

一九七三年、日本の男たちが集団で、韓国に買春旅行に繰り出していることが明らかになった。いわゆるキーセン観光である。これに対して初めて日韓女性の連帯による反対運動が組まれ、「アジア

婦人会議」も積極的に取り組む。論文「キーセン観光の経済的背景」はそのなかで書かれているが、七五年一一月の国際婦人年記念日本婦人問題会議に天皇皇后出席という事態もあり、飯島さんの問題意識にナショナリズムや天皇制が入ってくる。『新日本文学』七七年一月号に書いた「女・民族・天皇制」はそれに関わるものだ。

七五年の国際婦人年記念行事への天皇皇后出席に対して、「アジア婦人会議」では「婦人運動家たちよ、あなたは愛国婦人会への道を歩んでいませんか」の横断幕をもってデモ行進したのに引きつづき、七六年の「天皇在位五〇年」奉祝に抗議デモをする一方、天皇制連続講座を開設した。これは女性によるはじめての天皇制への取り組みとして画期的なものだった。雑誌『思想の科学』が「女性と天皇制」の連載をはじめたのは、七七年一月である。

「なぜ「侵略=差別とたたかうアジア婦人会議」だったのか」では、このあたりのことまでしか書かれていない。しかしこのころ、「組織」ではなく個に根ざした「運動体」をめざした「アジア婦人会議」は、そうであるが故の困難に直面していた。それについて飯島さんは、次のように書いている。

「しかし、いつ頃の時期からかそれまでの流動的波に変化が始まっていました。多くの人に訴える必要を認めながらも、結局、個別の運動は直ちに再びその個別の場に戻ってゆかねばならない、(略)一般的呼びかけでは前進も深化もできない。たとえば職業病共闘会議であり、育休連絡会であり、優生保護法改悪阻止実行委員会であり、キーセン観光に反対する女たちの会でありと、焦点をしぼった形態が主要なものになってゆきました。アジア婦人会議はいわゆる組織ではない、運動体である、あくまで個人の自発性に依拠する、多数決主義はとらないと言いつづけてきましたが、このように状況が変化するなかでアジア婦人会議のような形態のものの存在理由は何だろう——これが七五年大会の本音の課題だったと思います」。

これはいわゆるリブ運動全体についてもいえる。七三、四年になると、蓮見さん事件、K子さん事件、キーセン観光反対など個別闘争に分化していって、初期の女たちの大きなうねりは終息していく。当然の成り行きだろう。

しかし「アジア婦人会議」の場合、この文章では触れられていないが、じつはその「存在理由」を確認するための七五年大会で重大な危機を迎える。この大会のために飯島さん(たち)は、これまでの運動の総括と、体制による積極的ウーマンパワー利用という現状認識を踏まえ、今後の活動にあたっての基本姿勢を提起、確認した。

① 女に対する差別・抑圧が、きわめて日常的なものである今日、私たちの闘いも日常的にならざるをえない。「運動」と「生活」を一体のものにしてゆくことによって、はじめて支配構造の枠組みをこえた運動となりうるだろう。(下略)

② 自分に対する差別を許さないだけでなく、自分のなかにある差別性(女らしさ意識、男なみ志向、能力開発、生産性、近代合理主義、等)をも問い返し、克服してゆく。また、性差別以外の重層的差別構造に目を向けてゆく。

③ 私たちのめざす女性解放は、生産性の論理におかされた能力開発(パワー主義)や、改良主義的男女平等(男なみ志向)ではなく、労働と性の統一された復権をめざした女の解放である。そのことはまた、女を総体的にとらえることであり、主婦意識と労働者意識のハザマから自分をひきだすことである。

これは飯島さんの思想そのものであり、「アジア婦人会議」の初心をあらためて確認したものといえる。しかしこれに対して、発足当初からの「同志」松岡洋子さんから手厳しい批判が出た。松岡さんは戦後すぐ誕生した婦人民主クラブの委員長をつとめた女性運動のリーダーだが、この当時は文化大革命下の中国への傾斜を強めていた。

彼女は「ソ連帝国主義」批判を中心にした世界情勢分析の必要性を唱え、飯島さんたちの、運動と生活の一致、みずからの差別意識の問い直し、生産性の論理否定を内容とする方針に反対した。約一年も話し合いを重ねたあげく、けっきよく松岡さんたちとはたもとを分かつことになる。

そして「アジア婦人会議」自体も終幕に向かう。飯島さんがずっと手書きのガリ版刷で出していた会報は七八年一二月まで。そのあと三人の持ち回り編集体制、タイプ印刷でだされたが、八〇年一二月の六九号で終刊となる。

その過程で飯島さんは、「アジア婦人会議」が提起したものや運動のあり方等について、あらためて考えに考えただろう。七〇年代末からの「百姓志願」はそのひとつの帰結でもあったはずだ。七五年大会で提起した「運動と生活の一致」の実践ともいえる。そして彼女は八三年、奄美大島へ移住。さらに千葉の流山、石垣島と移動を重ねる。その度ごとにあらたなパートナーとの出会いと離（死）別がある。

まるで純粋培養マルクス・レーニン主義生活で失われた青春を取りもどすかのように、飯島さんはとりわけ年若い男を愛した。奄美にいっしょに入植し、そのガンによる死まで三年間をともに過ごした「中尾くん」は彼女より一六歳下、最後のパートナー、藤原仙人掌さん、通称「さぼ」はなんと四〇歳も年下である。さぼに出会ったとき、飯島さんは六四歳だった。

もういいではありませんか
たくさんの恋をしたではありませんか
蝶を見てください
鳥を見てください
花をみてください
時はもう過ぎたのです
コズミック・ダンスを踊りつづけてきました
まだ愛されたいのですか
まだ愛し足りないのですか
体はまだほてっています
心はまだ波立つことがあります
それは永久運動なのですから

原稿を待ちかねているわたしのもとへ、こんなラブソングが送られてきたこともある。いい加減にしてよ、と腹を立てながら、一方ではとてもうらやましかった。

飯島さんの死の当日、宮地さんの電話で病院に駆けつけたら、ベッドのそばにさぼがぴったり寄りそい、意識のない飯島さんにしきりに話しかけていた。そのせいだろうか、心停止ののち呼吸器を抜いた飯島さんの唇は、いつもさぼと過ごしたあとに言う「あー、たのしかった」という形をしていたという。

通夜の日、服喪のためかさぼは頭を丸坊主にし、飯島さんとの旅の思い出をえんえんと語った。そして、たまたま訪れた造り酒屋で新しく醸された酒にふたりで名前をつけ、さぼの字をロゴにしたという酒「ありがとうございま酒」を通夜の客にふるまってくれた。

そんな幸せな〈遍歴〉のなかで、飯島さんは何を得たのだろうか。石垣島という日本国家の〈辺境〉にあって、海と大地の恵みに生きながら何を考えていただろうか。

最後の講演や手紙の断片からは、エコロジー的世界、もっといえば〈霊的〉世界への接近が感じられる。しかしそれは、いまのわたしには理解を絶する。何度か飯島さんはそれ的世界へ誘ってくれたが、そのたびにわたしは言を左右にして逃げた。いずれ「あの世」で出逢ったら、今度こそまじめに弟子入りするからね。その時はどうかよろしく、飯島さん。

（飯島愛子『〈侵略＝差別〉の彼方へ——あるフェミニストの半生』インパクト出版会、二〇〇六年六月）

書評

密度高い生涯に共感

——伊藤野枝の思想形成過程を追う

井手文子『自由　それは私自身』筑摩書房、一九七九年

一七歳の伊藤野枝が、はじめて平塚らいてうのもとを訪れたとき、取りついだ女中は、「一五、六のお守さんのような方」と野枝を形容したという。小柄で色あさぐろく、野暮ったい身なりをした野枝を、平塚家の女中がそう見たのも無理はない。しかしこの田舎臭い小娘のなかには、なみなみならぬ血潮がたぎっていた。そのたぎる血潮は、一〇年後、この小娘に非業の死をもたらしたのであったが、同時にまた、その短い生涯を人間としても女としても、この上なく密度高く生き抜かせたのであった。

このの ち伊藤野枝は、弱冠二〇歳にして雑誌『青鞜』を主宰し、その終焉をみとるや、大杉栄とともにアナキズム運動の中心となり、そのかたわら二冊の全集になる著作を著した。そして三回の結婚、七人の子ども——。一九二三（大正一二）年、憲兵に虐殺されるまで、周囲に鋭い不協和音をひびかせつつ、彼女はひたすら生き急いだのであった。

著者は本書において、この伊藤野枝の密度高い生涯を、限りない共感を持ってあとづけている。著者の共感は、野枝の「自身の感情にあくまで忠実にしたがい、世のわけしりの知性をこば」む強烈な自我と、その「ガムシャラといってもいい自己変革の行動力」にあり、そしてなによりも「破綻をさえも正面から受けてたつ彼女の自由さ」にある。本書のタイトルに、スペインの劇詩人ガルシア・ロルカの作品から「自由 それは私自身」ということばをえらんだゆえんである。

しかし著者は、伊藤野枝を、たんに自らの感情にしたがって、自由に生きた女としてだけ描いているのではない。〈良家の子女〉中心の『青鞜』編集陣のなかで、ひとり〈生活〉や家族のしがらみを背負い、それらと必死に闘いつつ「社会」に目をひらき、思想的に成長していく野枝の姿をも、細やかな筆づかいで描き出している。それはおそらく、女である著者が、その野枝の姿に自らの自立への苦闘の歴史を、重ねあわせているからであろう。

この野枝の思想的成長に、生活をともにした辻潤、大杉栄といった〈大きな男〉たちが手をかしたことはまちがいない。しかし同時に、この二人の男の成長に、野枝の資質が無意識の影響を与えたことも、著者は見落としていない。それだけに、本書において、伊藤野枝の資質を、その思想的側面においても、もう少し突っこんで掘り起こしてほしかったという気がしきりにする。

たとえば——一九一五年から六年にかけて、『青鞜』誌上に展開された廃娼運動をめぐる伊藤野枝と青山（山川）菊栄の論争について、著者は、山川の一方的勝利とする大かたの見方とは反対に、野枝の発言の方により多くの現代的意味を見出している。

この著者の見解にわたしは同感する。しかしその原因を、野枝の現実認識のたしかさだけに帰するのはどうであろうか。

もちろんそれは大きい。しかしそれと同時にわたしには、山川に対する野枝のしどろもどろの反論のなかに、アナキスト伊藤野枝の思想の核が仄見えるように思われてならないのだ。

この伊藤—山川論争を、それと意識されないアナ・ボル論争の先がけととらえるとどうなるか——。

野枝自身にも充分とらえきれないまま終ったその思想の核——伊藤野枝のアナキズムを、明らかにしてほしかったという気がする。この小評伝にそれを望むのは欲張りすぎだろうか。

本書における著者の筆は、冴え冴えとしてしかも細やか、野枝をめぐる人びとにも行き届いた配慮を見せている。しかし「破綻をさえも正面から受けてたつ」女の生涯をあとづけるにしては、いささか破綻がなさすぎるという気がしないでもない。

（『図書新聞』一九七九年一二月二二日）

総参入論
——戦争《リスキービジネス》と女性解放

Hの〈物語〉

むかしむかし、ドイツの田舎にHという女の子がいました。まずはHの物語をきいてやってください。

Hは小さい頃から、空を飛びたいと思っていた。四歳のときベランダから両手を広げて飛び下りようとして、危うく母親に抱きとめられたこともある。一三、四歳のころ彼女は、飛行機に乗って患者を診療する巡回医師になることに決めた。

両親は飛行機に乗ることに大反対だった。しかし、コウノトリのように悠々と飛行をし、ハゲタカのように夏空を旋回して高く高く上昇したい——。こうしたHの願いは、日を追って強まるばかりだった。

一七歳のとき、ようやく願いがかなって、Hはグライダー練習場に行った。しかし男たちは、互いに目配せした。女はお鍋のそばにいるべきだとこの小娘に思い知らせてやろう——。Hを乗せて急上昇したグライダーは、たちまち地上に突込み、彼女は地面に投げ出された。しかし一瞬の間に味わった上昇と下降のなんとすばらしかったことか！　駆けつけた男たちは、喜びに輝く彼女の顔に敗北感を味わったのだった。

その後Hは、空に生きることになる。それを可能にしたのは戦争だった。彼女が二一歳になった一九三三年、オーストリア生れの小男に率いられたナチスが政権を掌握した。そして急ピッチで軍備増強を進めてゆく。その中心は空軍だった。ナチスの女性政策は子どもを産み育てさせることにあったから、女を軍隊に入れるなどは考えもしなかったが、Hは軍用機開発のためのテスト・パイロットとして活躍するようになる。

もちろん男たちの抵抗は強かった。しかし、戦争が始まり、つぎつぎに新しい軍用機が開発されるようになると、テスト・パイロットは不足する一方だった。彼女は進んで急降下爆撃機、戦闘機などのテスト飛行を引き受け、その開発・改善に貢献した。Hにとっては、これらの飛行機は「平和の門に立つ番人」だった。その安全性を確認するテスト飛行は、ドイツ空軍のパイロットを守ることであり、ひいては祖国を守ることなのだと彼女は考えていた。

ロンドン空襲をスムーズに行なうための装置のテスト飛行により、Hは祖国への貢献大と認められ、二級鉄十字章をヒトラーから授与される。いちやく彼女は有名人になった。さらに彼女は、初のロケット機Me163機のテスト飛行も行ない、女性初の一級鉄十字章にも輝く。Hは、ヒトラーやその側近たちと親しく言葉を交わすようになる。

そんなある日、ガス室の噂を聞いた。カンカンに怒ったHはヒトラーを訪ね、「悪質なデマ」の根絶を進言した。数日後、ドイツやスウェーデンの有力紙で「デマ」は公式に否定され、Hにとって問題は片づいた。

しかし祖国の敗色は深まるばかり、なんとか挽回しようと、彼女は有人飛行爆弾V1号による決死隊結成に奔走する。一九四五年四月、Hは、空軍の将軍とともに敵の包囲を突破して、ベルリンの総統官邸に飛ぶ。彼女が官邸を脱出した二日後にヒトラーは自殺し、ドイツは降伏した。

戦後Hはアメリカ軍に逮捕され、ナチの重要犯罪人として一五か月を獄中で過ごした。その後も彼女には、「ヒトラーの女ともだち」「ヒトラーを救出したナチの女パイロット」という「汚名」がつきまとっている。

フェミニズムと戦争

さて、みなさん、このHの物語、なんとも教訓的な話ではありませんか。なにが教訓的かって？もちろんリスキー・ビジネスと女の解放についてです。

ここには、いまフェミニズムの最先端の問題である「戦争と女の解放」の問題、そのアポリアが典型的なかたちであらわれているといえないでしょうか。

戦争は、身体的にはもちろん、殺人を合法化する点で道義的にも極めつきのリスキー・ビジネスです。道義的問題については、侵略に対する防衛といった「正義の戦争」の場合は問題にならないという意見もありますが、どこまでが道義的に認め得る「防衛」の範囲なのか、なかなか面倒です。さしあたりここでは、戦争の正義・不正義はカッコに括っておきます。

いま、そうした二重の意味でのリスキー・ビジネスである戦争を、女も、男と平等に担うべきか否かをめぐって、フェミニストたちのあいだで論争が起こっています。

きっかけは、アメリカ最大のフェミニスト団体ＮＯＷ（全米女性機構）による女性兵士の戦闘参加要求でした。さきごろの湾岸戦争で、アメリカのイラク派遣軍の中に約三万の女性兵士がいて話題になりました。アメリカでは、一九七三年に徴兵制が廃止され、志願兵制になった結果女性兵士が増え、九〇年現在約二二万人、総兵力の一割以上を占めていました。しかし彼女たちの任務は、通信・輸送などの後方支援活動に限られていました。これに対してＮＯＷは異議をとなえ、女性兵士の戦闘参加を要求したわけです。

その理由としてあげられたのは、まずは現実的な問題です。つまり、戦闘行為への参加禁止によって女性兵士は昇進を抑えられ、結果として経済的不利益をこうむっているということ。また、それによって戦争政策決定の場から、女性が排除される結果にもなっている。これは、「社会のあらゆる領域における男女の完全な平等参加」という理念からいっておかしい。

戦闘部門から女を排除する理由が、女は「弱き性」「産む性」、したがって「保護すべき性」だとする点も問題である。フェミニズムは「男にできることは女にもできる」ことを懸命に立証してきたのだから。

女の自己決定権の問題もある。戦争が二重の意味でリスキー・ビジネスであったとしても、それに参加するかどうかは女自身が決定することであって、性という選択不可能なものによってあらかじめ排除されるのは納得できない――。

このＮＯＷの要求をめぐって、アメリカでも日本でも賛否両論が起こっています。ヨーロッパでは、賛成論は少ないとのことですが、わたしが直接知るところでは、ドイツのハンブルグ大学元副学長アンゲリカ・ヴァーグナーさん、ツァイト紙記者エヴァー・マリー・フォン・ミュンヒさんはＮＯＷの要求に賛成の立場、[1]『母性という神話』などの著書で知られるフランスのエリザベト・バダンテールさんも賛成でした。[2]

日本では、ＮＯＷのメンバーである相内真子さんが賛成を表明、[3]というよりは相内さんの書かれたものによって、はじめてＮＯＷの主張が日本に伝えられたといえるでしょう。この相内さんの提起をうけて、北海道の近藤恵子さんも賛成を表明、[4]「優生保護法改悪阻止全国連絡会」のメンバーである友人も、自己決定権の視点から賛成をいいました。

作家の落合恵子さんも、「いいことも悪いことも男女平等に担うべきである」と肯定し、暴力の被害者である女は、暴力や力の誇示が醜いものであることを歴史的に学んでいるはずだとしました。[5]つまり、だから女の軍隊への平等参加は、その暴力性を減少させる可能性があるということでしょう。

これに共通するものは、相内さんやミュンヒさんの賛成論にもあります。相内さんは、問題の本質ではないとしながらも「どのような集団であれ、それまで排除してきた者の参入によって集団の指向や判断に変化が生じる可能性は、かなりの程度予測され得る」としています。ミュンヒさんは、九一年八月のソ連のクーデター—の折に、赤の広場に出動した戦車が市民を撃たなかったことを例にとり、軍隊を民主主義的なものにする上でフェミニズムは大きな貢献ができるとしました。[6]

それに対して、アメリカのマルクス主義フェミニストのリーン・ハンリーは、軍隊というのはタフな組織であり、「軍のフェミニズム化よりも、軍に参加する女性の軍隊化のほうがずっと成功している」とし、ＮＯＷの要求を「キャリア主義者の問題」と批判しています。[7]

このＮＯＷへの批判は、上野千鶴子さんにも共通しています。上野さんは、アメリカ・フェミニズムの「平等」の理念そのものを批判し、男にできることは女にもできるとしてキャリアを積み、「強者」になっていくことがフェミニズムのゴールなのか？　「私たちは弱者である。社会的少数者であるということを認めて、弱者のままで、社会的少数者が誰からも抑圧されずに生存できる」ことこそがフェミニズムの目指すものだとします[8]。

花崎皋平さんも、平時の軍隊が巨大な教育機関であり雇用機関でもある点から、軍隊内の男女平等、「制度の中での粘り強い行進」をいうカッツェンスタインの論[9]に理解を示しながらも、軍隊は「国家が敵と定める人間の「殺人権」、その国の財産、施設、環境の「破壊権」」を独占的に国家から与えられた制度であり、そこへの平等参加は、「男性権力とより緊密な共同（共犯）関係に入ることであり、形式的平等の背後で他の被差別者をさらに差別する方向へコミットすること」だといいます。そして、「軍隊を廃することへコミットすることが、真の男女平等を実現することではないか」と提起しています[10]。

わたしも、こうした上野さんや花崎さんの見解にまったく同感です。フェミニズムが目指すものは、戦争や軍隊そのものの解体であって、そのなかへの「平等参加」ではない。

しかし、そういっただけではすまないものも感じています。

一つは、女を戦闘行為から排除する側の論理の問題です。ＮＯＷが批判するように、そこには、女を「産む性」「弱き性」とする視点があります。ＮＯＷは「弱き性」ではないとしてこれを否定するわけですが、この視点には肉体的な強弱を越えた女に対する「神話」が張りついているように思えます。「女＝産む性＝平和」という神話です。花崎さんがいう「「女は反戦平和」というジェンダーの罠にはまるのではない論理[11]」で、女の軍隊内平等参加というＮＯＷの要求を否定するためには、その神話を、きちんと否定しなければならないでしょう。

第二に、軍隊や戦争における経済的自立や自己実現という問題があります。一人の女がある切実な欲求——食うためであれ、自己実現のためであれ——を持ち、それが軍隊のなかで実現できる可能性があるとする。しかし軍隊は道義的にリスキーであるゆえに、その可能性は拒否しなければならない——スジはこうです。しかし、軍隊は教育機関であり雇用機関でもあるという現状があります。現在のアメリカの軍隊にヒスパニックや黒人などのマイノリティが多いのはそのためですし、とりわけシングル・マザーにとっては、効率よく稼げる雇用機関として機能しています。

また、貨幣価値の高いパイロットのライセンスをとったりハイテク技術を習得するうえで、軍隊はもっとも安上がりで優秀な教育機関です。パイロットのライセンスをとるには、日本では最低三〇〇〇万円かかるといわれていますが、軍隊に入ればタダで、それどころか給料をもらいながら取得することができます。

さらに、「たたかいは創造の父、文化の母」[12]という言葉があるように、殺戮と破壊のリスキー・ビジネスである戦争は、一方では科学技術を発展させてきています。航空技術しかり通信技術しかり、核開発はいうまでもありません。科学者たちの真理追求や未知への挑戦が、戦争のなかではじめて国家的庇護を受け、技術に結実させることができたからです。彼らにとっては自己実現です。それは許されないことでしょうか。

第三に、自己決定権の問題があります。NOWの要求を支持する近藤恵子さんの「人権の基本は、自己決定権であり選択権である」という主張[13]は、差別問題を考える上で意味のあるものだと思います。人間は「身分」や「性」「民族」といった選択不可能なものによって差別されてはならない。これは近代が獲得した「平等」の基本理念でしょう。だとすれば、戦争への参加・不参加も、性によってではなく、自己決定の結果としてあるべきではないでしょうか。

さらに第四に、ＮＯＷの要求を否定することは、男は前線、女は後方支援という戦争における性別役割分担をさしあたり容認することになります。資本主義社会における性別役割分担は、その生産性追求と競争激化を支えていますが、戦争におけるそれも、その「効率化」を支えるものではないでしょうか。

わたしはＮＯＷの要求を否定するためには、以上の四点をクリアしなければならないと思います。そこで、冒頭の〈Ｈの物語〉なのです。この〈物語〉の主人公Ｈは、第二次大戦中、「鉄十字章に輝く女性パイロット」として名を馳せたハンナ・ライチュ。彼女のテスト・パイロットとしての活動は五〇年前のことですが、ＮＯＷの要求を先取りしています。

軍隊というリスキー・ビジネス専従集団のなかの、さらにリスキー・ビジネスである戦闘部門において、もっともリスキーであるゆえにもっとも高い評価を受けるのが、戦闘機や爆撃機のパイロットです。ＮＯＷの要求には、当然この戦闘機や爆撃機パイロットへの女性の登用が含まれているはずです。

これに対する男たちの抵抗は、根強いようです。アメリカでは、ＮＯＷの要求をうけて女性兵士の戦闘参加禁止の解除が検討されましたが、一九九二年一一月、大統領直属の委員会は、女性兵士の戦闘艦への配置は認めたものの、空中と地上戦での戦闘参加は認められないという見解を発表しました。

日本の自衛隊でも、男子隊員の募集難やアメリカの動きの影響を受けて、女性自衛官の戦闘配置が検討されていました。しかしとくに女性の戦闘機搭乗への反対が強く、九三年二月、結局「生命を産む女性が戦闘につくのは好ましくない」などの理由で見送られることになりました。[14]

その後の報道によると、アメリカでは、女性の戦闘機、爆撃機への搭乗を認めることにしたようです。[15]しかし現在でも、戦闘部署につくこと、なかでも女が「飛んで戦う」ことには、男たちの抵抗はきわめて強いようです。飛ぶこと、戦うことは、歴史的に、「男の領分」とされてきたからです。

にもかかわらずハンナ・ライチュは、五〇年前にこの男の領分に侵入し、「男にできることは女にもできる」ことを証明しました。もちろん彼女は、直接戦闘行為に参加したわけではありませんが、安全性の確認されていない試作機のテスト飛行は、戦闘以上に危険なものであり、もっとも練達のパイロットが当てられます。その意味では彼女は、「男にできることは女にもできる」だけでなく、「男以上にできる」ことを証明したといえます。

その結果ライチュは、ナチスの戦争犯罪に荷担したとして、道義的責任を問われました。しかし彼女は、それに反問しています。――わたしは飛ぶことと祖国を熱烈に愛しただけ、それが罪なのですか？

たしかにライチュの自伝[16]を読むかぎり、彼女はただ飛びたかっただけ、そして戦争中の誰もがそうであるように、祖国の勝利を願っただけ、というふうに見えます。

一人の少女がコウノトリのように、悠々と空を飛びたいと願った。そして「総統への贈物」として子どもを産み育てるかわりに、あくまで飛ぶことを求めつづけ、夢を実現した。結果的にそれは、最強を誇るドイツ空軍の最強の殺戮兵器開発に協力することだった。それが罪だろうか？

わたしは、ＮＯＷの要求を否定するためには、このハンナ・ライチュの反問に答える必要があると思います。もちろんライチュの場合は、戦時中の、しかもナチス・ドイツという〈特殊な〉体制のもとでの〈特殊な〉女の例であり、常備軍における「制度」の問題と一緒にできない点はあります。しかし物事は、特殊な、極端な例を考えることで見えてくることもあるものです。

そこでここでは、ハンナ・ライチュの反問を以下のように立てなおし、さきにあげたクリアすべき四点と絡ませて検討してみようと思います。

① 彼女が飛ぶことを目指し実現したことは、フェミニズム視点から評価できるだろうか？　これはクリアすべき第一の問題と関わります。

② 彼女の欲求実現は、ナチスの戦争という極めつきのリスキー・ビジネスに荷担することだった。それをどう考えるか。ここには、クリア・ポイント二の自己実現、三の自己決定権の問題が関わります。

③ リスキー・ビジネスを断念して「女の領分」に撤退すれば、道義的リスクは避けられるだろうか。クリア・ポイントの四です。

さて、これらの問題を考えるためには、飛ぶこと、戦うこと、飛んで戦うことが「男の領分」とされてきた歴史をふりかえっておく必要があります。

「飛んでる女」たちの軌跡

鳥のように空を飛びたい――。これは人間の長年の夢であり、そこに男女のちがいはなかったはずだ。しかし、二〇世紀に入って実現したその夢を、男は、女と分かち合おうとはしなかった。飛ぶことは「男の領分」だった。

アメリカを「発見」し、アフリカを「探検」して「未開」と「野蛮」を征服し尽くした二〇世紀の男たちにとって、最後に残されたフロンティアは空だった。このフロンティアの開拓には、重力という自然の摂理に逆らって、空気の階段を登るための道具がいる。そして、法則と原理と構造についての理解、作業と訓練と経験、判断力、そして死を恐れぬ勇気を必要とする。もちろんカネも要る。これらはすべて「男」のものだった。

そして、「プロペラの如くわがリンガム回転す」と詩人村山槐多がうたったように、飛行機そのものが男の欲情のメタファーだった。女は、その欲情を受け止める存在でなければならない——。そこには、男は文化／女は自然、男は天／女は大地といった近代ロマン主義の図式的な観念も働いていたはずだ。

それに、鳥ならぬ身の人間がついに大地から離陸すること、そのめくるめく栄光とその裏にある不安は、「大地」と「自然」を女に担保されないでは、とても耐えられるものではなかったろう。人間の大地からの離陸は身体の〈自然〉からの離陸であり、それ自体神への反逆である。しかも、神の居場所である天を侵犯するのだ。せめて女は大地にいて、男たちの安息所であってほしい——。

しかしもちろん、それは男の勝手というものだ。女だってその悪魔の美酒を味わいたい。はじめて飛行機が空を飛んだ七年後には、フランスのレイモンド・ド・ラロッシュ、翌年にはベルギーのエレーヌ・デュトリュー、アメリカのハリエット・クィンビと、つぎつぎに女たちはコルセットを脱ぎ捨てて飛行機の操縦を始めた。しかし彼女たちに対する反発は、すさまじいものだった。まずはお決まりの揶揄と嘲笑である。「医学的」見地から、もっともらしく女の飛行不適性を言うものもいた。女は生理的にパニックを起こしやすい、平衡感覚が劣っている——。果ては、女は骨盤が大きいから無理だという意見まで出た。

女性飛行士たちは、こうした意見に一つ一つ事実で反論した。彼女たちは、「男にできることは女にもできる」を合言葉に、つぎつぎに記録を打ち立てていった。しかしハンナ・ライチュの時代においても、空とぶ男が「英雄」であるのに対して、女性飛行士はある種の「逸脱」でしかなかったのだ。しかも飛行機は、戦争の道具だった。与謝野晶子は、一九一七年に来日したアメリカの女性飛行士キャサリン・スティンソンの飛行に、「個人の自由」と「国境を超越」する「国際平和」の象徴を見た。[17]しかし現実にはそれとは逆に、飛行機は国家の戦争の道具になってしまった。

第一次大戦で兵器としての有効性を国家に発見された飛行機は、それゆえに著しい進歩をとげ、第二次大戦ではもはやなくてはならない戦力の中心になっていた。一九四三年、ライト兄弟の弟オーヴィルは、自分たちが発明した飛行機が凶悪な殺人兵器になってしまったことに、痛切な嘆きをもらしていたという。

そして戦争は、戦争こそは「男の領分」だった。最近アメリカで刊行された『アマゾン百科――古代から現代までの女戦士たち[18]』には、一〇〇〇人以上の女戦士の名前がリストアップされているが、男の書いた歴史は彼女たちの存在を無視してきた。

また、男戦士たちを支えていた数多くの女たちも、無視してきた。戦争というリスキー・ビジネス専従集団である軍隊は、食料や武器の補給・性処理を含む慰安などを軍隊外に依存しなければ成り立たない。一七世紀半ばのヨーロッパのある軍隊は、四万の男戦士に対して一〇万に及ぶ妻や売春婦、料理や洗濯をするメイドなどの女を付き従わせていたという。[19]ブレヒトが描く「肝っ玉かあさん」の世界である。

にもかかわらず、こうした女の存在を男たちは隠蔽し、戦争を「男の領分」としてきた。ここには、近代資本制による女の再生産領域への封じ込め、それによる女の隠蔽と同じ構造がある。

しかし二〇世紀になっての戦争は、いやおうなしに女たちを戦力として浮上させた。戦争の規模がとてつもなく拡大し、また男戦士の肉体の力よりも兵器が勝敗を決するようになったからだ。戦争の中で消耗する兵器とそれを使う人間は、すみやかに再生産・補給されなければならない。それを担うのは女たちである。こうして第一次大戦以後、前線＝男、銃後＝女という戦争における「性別役割分担」が確立する。

第二次大戦では、その「性別役割分担」は二重構造になる。前線の軍隊にも女たちが導入されたからだ。アメリカ、イギリス、ソ連などでは、女も軍隊に入れて前線に出動させた。しかし彼女たちの任務は、看護や通信・補給などの後方支援活動が中心だった。アメリカの『陸軍婦人部隊の記録』には、「パイロットと爆撃手とエンジニア……明らかにこれらは男の仕事である」と記されている。[20] つまり、シンシア・エンローがいうように、「女なんぞアテにしていないといえるかたちで」だけ、女を軍隊で使ったということだ。[21]

しかし女性飛行士たちは、それでは満足しない。すでに彼女たちは、「飛ぶ」という男の領分を侵犯し、男にできることは女にもできることを証明してきた。次のステップは、「飛んで戦う」ことである。彼女たちは、パイロットとして戦争に参加することを望んだ。

これは男たちにはジレンマだった。パイコットの消耗激しい第二次大戦下において、女性飛行士はエリノア・ルーズベルトによれば「使われるのを待ち構えている兵器」[22] だった。「兵器」は喉から手が出るほど欲しい。しかし——と、多くの国々で男たちは逡巡する。「飛んで戦う」ことは、もっとも英雄的な戦争の中核であり、であるからには「男の領分」でなければならなかったからだ。

いちはやくその逡巡を振り切ったのはソ連だった。一九四一年、ドイツに致命的な損害をこうむったソ連空軍は、経験豊かな女性飛行士マリーナ・ラスコーワを呼び寄せ、女性戦闘飛行隊を組織させる。女性パイロットたちは果敢に戦い、一二機のドイツ軍機を撃墜した「女撃墜王《エース》」もあらわれた。

しかし他の国々では、結局女性飛行士を戦闘には参加させていない。アメリカではアーノルド航空司令官が、航空機移送への女性採用の提案を三度も却下したあげく、民間人の立場で国内に限って女性パイロットを採用した。彼女たちはWASP（女性操縦士隊）を結成し、つぎつぎに開発される軍用機を戦線に送り込むために操縦桿を握った。イギリスでも女性飛行士の締め出しに対する抗議を受けて、ようやくATA（空輸補助部隊）に女子部を設置することを認めた。

カナダ、イタリア、そして日本では、第二次大戦が始まると女性飛行士を地上に引きずり降ろしてしまった。日本でも一九二〇年代から女性飛行士がつぎつぎに誕生していたが、一九四一年、政府は女の飛行を全面的に禁止した。女なんぞに貴重なガソリンを使わせるのはもったいない、というわけだった。苦心惨憺してライセンスをとった女性飛行士は、サービス用のエアガールとしてだけ飛行機に乗ることを許されたのだ。

ちなみに、五〇余年後の一九九三年二月一一日、自衛隊の管轄する初の政府専用機ボーイング747－400型機が、渡辺美智雄外務大臣一行を乗せてワシントンに向けて飛び立った。フライト・アテンダントとしてサービスにあたったのは、なんと制服姿の八人の女性自衛官だった！

第二次世界大戦以後も、女を男の補助として使う構造は、基本的には変わっていない。その間、「南」の世界のあいつぐ民族解放戦争があり、そのなかでは前線で銃を取って戦う女兵士の姿がふつうに見られた。しかし「北」の大国では、大方が軍隊に女性を導入したものの、彼女たちの役割は後方支援活動に限られてきた。

その間の軍隊のハイテク化はいちじるしい。すでにハンナ・ライチュやソ連の女性戦闘機パイロットが証明したように、軍隊のハイテク化は男女の肉体的力の差を無意味なものにする。しかし「飛んで戦う」ことからの女の排除は、いまも根強い。

その理由は、女性兵士の安全保護というよりは、日本の航空自衛隊の幹部がいみじくも言ったように、「生命を産む女性が戦闘につくのは好ましくない」、つまり、男が求める女のイメージ、「母性神話」を守りたいということだ。女が飛ぶことに対する、男たちの反発にもそれがある。「生命を産む女性」は、「母なる大地」から離陸してはならないのだ。

そこには多分、男たちの男としての自己確認の欲求も働いているだろう。男が男であるためには、女との差異を際立たせなければならない。その最後の拠り所となるのが、「男には子どもは産めない、だから男と女はちがう」ということだ。「産む性」として女を戦闘行為、とりわけ「飛んで戦う」ことから排除することは、男たちの男としての自己確認のためでもあるのだ。

総撤退から総参入へ!?

さて、こうした歴史を踏まえ、ハンナ・ライチュについてのさきの三つの設問を考えると、どうなるでしょうか。

第一に、彼女が飛ぶことを願いそれを実現したことは、「女の解放」だろうか?

答は、ＹＥＳでもあり、ＮＯでもある。

空を飛ぶことは、人間の自由への憧れの象徴ですが、とりわけ女にとっては、もっとも「女らしくない」こととされてきたゆえに、象徴的意味をもっています。ハンナ・ライチュは身をもって、女を「産む性」として「母なる大地」に縛りつけようとする「男文化」を否定した。その点では評価できます。

しかも彼女が活躍したのは、「女の領分」と「男の領分」を画然と分かち、「愛と献身の母性」に女を閉じ込めたナチス・ドイツの時代でした。クローディア・クーンズによれば、ナチスの「母性」へのこだわりは異常なほどです[23]。

しかし、そのためにライチュは、男にできることは女にもできることを懸命に証明してきました。フェミニズムの目指すものは、さきの上野千鶴子さんの言葉をかりれば、「弱者が弱者のままで抑圧されない社会」です。したがってハンナ・ライチュは、「女の解放」の突破口ではあってもゴールではない。

第二の問題。彼女の活動がナチスの戦争のためのハイテク技術の開発というリスキー・ビジネスであったことをどう考えるか？　ここには、軍隊における自己実現とＮＯＷの要求にある女の「自己決定権」の問題が関わります。

科学技術の開発と戦争協力の問題は、すでに核兵器を開発した科学者に対してその責任が問われていました。真理探求・未知への挑戦が「人間的」な欲求だとしても、その結果はあまりにも「非人間的」ではないか。科学者は、それに対してどう責任をとるべきなのか、それとももとらないでいいのか――。

オッペンハイマーなど少数の「良心的」科学者は、この問いを前に苦悩しました。

しかし女は幸か不幸か、これまでほとんどそうした苦悩とは無縁でした。「真理」探求や「未知」への挑戦から排除されていたからです。社会的道義的責任を問われるような場にいなかったからです。「悪」をなす自由も女にはなかった――。

日本で、「戦争犯罪」を問われた唯一の女性は、米軍捕虜の生体解剖に関係した九州大学医学部の看護師でした。これに対して日本の女性運動のリーダーたちは、彼女は上司である医者の命令に従っただけだとして、減刑の署名嘆願をしました。たしかに当時の女性の社会的地位や看護師という立場を考えると、この看護師に責任を追及するのは酷でしょう。

ＮＯＷの要求にある「自己決定権」は、女にも生体解剖をする自由を認め、責任追及される場に立たせろということです。「悪」をなす自由がないところでは、「悪」をなさない選択もありえない。その選択のための自己決定権を女にも認めさせた上で、その結果責任も背負おうというのがＮＯＷの主張でしょう。

これは一般論としては、まっとうな要求です。しかし軍隊という組織において、「悪」をなさない選択がありえるでしょうか。軍隊は国家に対する忠誠をその存立基盤とし、命令・服従のシステムで成り立っています。女にも爆撃機パイロットになるかどうかの選択権を認めよ、というところまではいいとして、爆撃機に乗った上で爆弾を落とさないという選択ができるでしょうか。

それができるとすれば、国家権力が崩壊する場合でしょう。ソ連の八月クーデターで軍が市民を撃たなかったのは、ドイツのフェミニスト、ミュンヒさんがいうように「民主的」な兵士がいたからではなく、国家が解体状況にあったからです。

軍隊においては、性による自己決定否定をクリアしたところで、待っているのは、兵士としての自己決定否定だということです。

しかしハンナ・ライチュは、軍の組織のなかで命令によって飛んだのではありません。彼女はまさに自己決定の結果として、最先端の軍事技術の開発に協力し、イギリスの女や子どもに大きな被害を与えました。飛行機による空襲という戦術は、前線の兵士よりも銃後の非戦闘員の虐殺に威力を発揮します。イギリスで出されたノーマン・ロングメイト『銃後――戦時体験集』には、ロンドン空襲で逃げまどう女・子どものなまなましい体験が集められています。

自己決定の結果行なった「悪」に対しては、責任が問われます。ハンナ・ライチュも問われました。しかし彼女には責任の自覚はありません。「わたしは祖国に忠誠を尽くしただけ、なにがいけないの?」

国家への忠誠を基本とする軍隊や、戦争協力における自己実現は、彼女のようなおぞましくも無反省な人間を大量生産しています。そして少数の「良心的」なひとびとは、オッペンハイマーのような苦悩に引き裂かれる――。

いずれにしろ、「女の解放」にはほど遠いものでしょう。NOWの女性兵士の戦闘参加要求にある「自己決定権」と軍隊における自己実現を、フェミニズムは支持するわけにはいきません。

では、ハンナ・ライチュはどうすればよかったのでしょうか。そのリスキー・ビジネスから撤退して、「女の領分」にもどればよかったのでしょうか? そうすれば道義的リスクはなくてすんだでしょうか? これが三つ目の設問です。

答はNO! です。「女の領分」もまた、ナチスの戦争に不可欠のリスキー・ビジネスだったからです。クーンズが明らかにしているように、ナチスが「愛と献身の母性」に女を封じ込めたのは、戦争と虐殺体制維持のためでした。

産業化社会における性別役割分担と同様に、戦争におけるそれも、戦争の効率化に役立ちます。銃後の女に人的・物的再生産を任せることで、男たちはひたすら戦闘に専念できる。女たちを守るためという動機付けもできる。女たちのやさしい微笑みは、血に汚れた手を洗い流してくれる——。

とりわけ大量虐殺を組織的に行なったナチスのもとでは、家庭という「愛と優しさと献身に包まれた平和の島」が必要だった。それがあったからこそ虐殺者たちは、正気のままでガスのボタンを押し続けることができたのだとクーンズはいいます。(24) 彼女にいわせれば、虐殺を支えた「女の領分」を築き上げ、にこやかに微笑んでいたショルツ＝クリンクの犯罪性に比べたら、ハンナ・ライチュなどはかわいいものだということになります。

わたしも、日本の侵略戦争遂行の上で「銃後の女」が果たした犯罪性を問題にしてきました。(25) 日本には一人の「ハンナ・ライチュ」もいませんでしたが、「ショルツ＝クリンク」はたくさんいました。彼女たちは、直接銃をとって殺戮に加わらなかったゆえに責任を問われることもなく、それどころか戦後は、「生命を生む女は生命を守ります」のスローガンの下に、平和運動のリーダーになったものもいます。キッタナインジャナイ？

どうやら問題は、軍隊に入るか入らないか、戦闘に参加するかしないか、だけではないようです。一見戦争には無縁な、平和的な風景のなかにも戦争はひそんでいる。とくに、現在のような軍隊のハイテク化時代においては、軍隊外のぼうだいなハイテク産業が目に見えないかたちで軍隊を支えています。いざ戦争となればマスメディアも総動員されるということは、湾岸戦争で改めて確認させられました。今後ますます戦争は総体化し、そのぶん、逆にますます見えないものになっていくでしょう。日本でもそうです。鎌田慧さんの『日本の兵器工場』[26]の巻末につけられた自衛隊御用達工場リストには、わたしたちの暮らしに馴染みぶかい家電メーカーや自動車会社の名前が何ページにもわたってリストアップされています。

かつてわたしは、そうした工場の下請けの孫請けの零細工場でパートタイマーとして働いたことがありますが、その裾野の広がりに呆然としてしまいました。リストに名前のあがっているのはほんの氷山の一角、水面下には何層にも下請け工場があり、その最底辺には主婦内職者がいる——。彼女たちは、兵器に使われるかもしれない微細なスプリングやバネを、銭単位の対価でハンダ付けしたり溶接したりしていました。不可視のリスキー・ビジネスに浸潤された日本列島！

その中で貨幣を稼ぎ、経済的に自立するのが「女の解放」なのだろうか？　こんな苛立ちのなかで、かつてわたしは「社縁社会からの総撤退を」という文章を書きました。[27]女たちよ、みんなで会社を辞めようよ、というわけです。

当然ながら、数多くの批判をいただきました。[28]とくに江原由美子さんからは、わたしの論の背景には、生産の場である職場だけでなく、再生産の場である家庭も市場経済に組み込まれていることに対する無知があり、職場から撤退することで、あたかも企業社会の「汚染」から免れるかのような幻想があるとして、徹底的な批判を受けました。[29]上野千鶴子さんも、「家庭擁護論、主婦賛美論」としています。[30]

わたしは、会社を辞めようよと言っても、おウチに帰ろうよと言ったわけではありません。地縁・住縁によるオルタナティブな働き方をつくりだそうということでしたが、たしかに、どこにいようと、なにをしようと日本社会の一員であるかぎり、日本社会の汚染から免れることはできません。

軍隊という究極のリスキー・ビジネスにまで女が進出しようという状況のなかでは、またもや「総撤退」を言いたい誘惑にかられます。しかし、撤退すべき場所は、どこにもない。行くも地獄、帰るも地獄——。

だとすれば、今度は「行く」ほうに振ってみましょうか。つまり、女たちよ、みんなで軍隊に入りましょう。そして「戦闘」しましょう、というほうに。

しかしもちろん、「男にできることは女にもできる」であってはいけません。弱者のままで、弱者であることを認めさせながら戦闘に参加する。生理が始まればただちに銃をおいて休む。妊娠すればつわり休暇をとり、マタニティ軍服でおなかを突き出してどたどたと訓練に参加。産前産後はバッチリ休む。軍隊内に授乳室や保育室をつくらせ——。

ベティ・フリーダンの『セカンド・ステージ』[31]には、男性神話の砦であるウェストポイント士官学校に、女子学生が入っての変化が報告されています。男子学生たちは、光栄ある男の砦の侵犯者である女子学生に対し、懸垂が男のようにできないの、声が甲高くて士官としての威厳が保てないのと難癖をつけますが、首脳部では、ベビーシッターをおく話がたんなる冗談としてではなく語られているようです。

フリーダンは、女が「男として」ではなく軍隊に入ることを高く評価しています。「かつて男性の要塞であったこれらの活動の場で女性が平等な位置を占めることが女性の生存にとっても、社会の生存にとっても必要だと感じたのだ。そうすることで、こうした活動の場も女性も変化していく。だが女性を男性に変えたりはしない」。

女性は、これまでとはちがう価値を、軍隊に提供できると彼女はいいます。懸垂や威圧的な声にかわる新しい強さ、統率力、具体的には部下の家族に対する気配りや「予想しがたい現実に適応できる柔軟さ」などです。

このフリーダンの論の背後に、わたしはアメリカ人のオプティミズムを感じます。アメリカは「正義」を求める、アメリカ軍は「正義」を守る——。そして彼女のいう女性士官の新しい価値は、これまでの男の価値とはちがうけれど、「強さ」であることには変わりない。

わたしのいう女性の「軍隊総参入」説は、あくまで「弱者」としてですから、これは認められない。すぐに泣くはわめくは、走るのは遅いは妊娠はするはといった、これまで女にかぶせられたすべての「弱点」を、そのまんま軍隊に持ちこむということです。

「平等」はすべての人に保障されるべきですから、「障害者」も当然軍隊に入ります。それも、かつて日本の戦時中に、盲学校の生徒たちが聴力の優秀さのゆえに防空監視員にされようとしたり、航空隊員の疲労を回復させるためのマッサージ師として利用されたのとはちがって、たんに「障害」をもつ「弱者」として軍隊に入る——。

そして、在日朝鮮・韓国人などの外国籍の人も、自衛隊に参入する。となれば、暴力と国家への忠誠を存立基盤とする軍隊は解体する——?

またまた、非現実的な極端なことを、と失笑を買うでしょうか。現実はもちろん、総撤退と総参入のあいだのどこかに、五〇歩と一〇〇歩どころか、四九歩と五一歩のちがいを確かめつつ定められるよりないのですが、そのためにも両極は検討しておいたほうがいい——。

え?　この「弱者」のままの「総参入論」は、「女性の生産労働参加プラス母性保護」という伝統的「婦人解放論」とどこがどうちがうか、ですって？ ウーン。

注

（1）一九九一年九月三〇日、立命館大学で開かれたシンポジウム「女性・戦争・平和運動」での発言。立命館『言語文化研究』三巻三号。
（2）九二年三月、東京のクレヨンハウスで開かれた講演会での発言。
（3）相内真子「戦争と軍隊と女性」『遊通信』7号、一九九二年一月。10号、一九九二年七月。
（4）近藤恵子「「フェミニズムと軍隊」論争」『婦人通信』九二年八月。
（5）注（2）に同じ。
（6）注（1）に同じ。
（7）リーン・ハンリー「湾岸戦争の中の女たち」『インパクション』七四号、一九九二年四月。
（8）上野千鶴子・花崎皋平対談「マイノリティの思想としてのフェミニズム」『情況』一九九二年、一〇・一一月合併号。
（9）メアリー・F・カッツェンスタイン「アメリカの制度とフェミニズム」『レヴァイアサン』8号、一九九一年春。
（10）花崎皋平「フェミニズムと軍隊」『情況』九二年五月号。
（11）注（8）に同じ。
（12）『国防の本義と其強化の提唱』陸軍省新聞班、一九三四年一〇月。
（13）注（4）に同じ。
（14）『朝日新聞』一九九三年三月九日朝刊。
（15）『読売新聞』一九九三年四月二九日朝刊。
（16）ハンナ・ライチュ『私は大空に生きる』白金書房、一九七五年。
（17）与謝野晶子「スチンソン嬢に捧ぐ」『横浜貿易新報』一九一七年五月六日。
（18）J. A. Salmonson, *Encycropedia of Amazoness*. Dou bleday,1991

（19）Cynthia Enloe, *Dose Khaki Become You? The Militarization of Women's Lives*, South End Press.1983
（20）ベス・ミルステイン・カバほか『われらアメリカの女たち』宮城正枝・石田美栄訳、花伝社、一九九二年。
（21）注（19）に同じ。
（22）ヴァレリー・ムールマン『空のプリンセスの群像』タイムライフブックス、一九八二年。
（23）クローディア・クーンズ『父の国の母たち』姫岡とし子監訳、時事通信社、一九九〇年。
（24）注（23）に同じ
（25）加納実紀代『女たちの〈銃後〉』筑摩書房、一九八七年。
（26）鎌田慧『日本の兵器工場』潮出版社、一九七九年。
（27）加納実紀代「社縁社会からの総撤退を」『新地平』一九八五年一一月号。
（28）小倉利丸。大橋由香子編『働く／働かない／フェミニズム』青弓社、一九九一年。
（29）江原由美子「解放を無みするもの」『フェミニズムと権力作用』勁草書房、一九八八年。
（30）上野千鶴子『家父長制と資本制』岩波書店、一九九〇年。
（31）ベティ・フリーダン「ウェストポイントで起こっていること」『セカンド・ステージ』集英社、一九八五年。

（『ニュー・フェミニズム・レビュー5　リスキー・ビジネス』学陽書房、一九九四年四月）

男女共同参画小説を読む
——「岬美由紀」、「音道貴子」を中心に

「男女共同参画小説」とはなにか

「男女共同参画小説」なんぞと、もちろんこんなジャンルが日本の文学にあるわけではない。わたしの勝手な命名である。本稿では、女性警官および女性自衛官を主人公とする小説をもって「男女共同参画小説」とする。その理由は以下の通りである。

「男女共同参画」という耳慣れない言葉が日本社会に普及したのは、一九九九年六月、男女共同参画社会基本法の成立による。この法律は、フェミニズムたたきの右派オヤジにいわせれば「国家破壊の革命思想」、「マルクス主義者の陰謀」だそうだが[1]、筋金入りのフェミニストからみれば妥協の産物ということになる。そもそも名称自体、「男女平等」では保守派議員の賛成は得られないとの判断から、苦肉の策として考え出されたという。その証拠に、この名称の英訳は The Basic Law for a Gender-equal Society、つまり「男女共同参画」とは Gender-equal の婉曲表現なのだ。

　だとすれば問題はジェンダーである。これがまた、いま大議論になっている。二一世紀になって『正論』などを中心に「ジェンダーフリー」バッシング、さらにはジェンダーそのものへのバッシン

グも急速に高まっているからだ。バッシング派の論客・林道義によれば、九〇年代にジェンダーは権力の中枢を占め、二一世紀に入ってフェミニズムを甘くみていた男性らが「事態の深刻さに気づいて反撃開始、現在は双方とも総力戦の段階」だそうだ。[2]

今年二〇〇六年に入って、バッシングに対抗するために『ジェンダーフリー・トラブル』(白澤社)、『Q&A　男女共同参画/ジェンダーフリー・バッシング』(明石書店)、『バックラッシュ!』(双風舎)、『「ジェンダー」の危機を超える!』(青弓社) などが相次いで刊行され、改めてジェンダーの定義や用法の確認がなされている。

しかしこれが一筋縄ではいかない。「生物学的な性別 (セックス) と区別される、社会的文化的に構築された性、性別、性差」というおおまかな共通認識はあるものの、学問的にはさらに多様な解釈がある。社会学者の江原由美子は、人文社会系の学問の世界ではすでにジェンダーは不可欠の概念となっているとしたうえで、その使われかたを以下の七点にまとめている。1、性別とほとんど同義、2、社会的事実における性差、3、社会的/文化的性差、4、身体的性差に対する意味付け、5、性別/性差についての知識一般、6、性別カテゴリーに関する社会規範/制度、7、男女間の権力関係。[3]

こんなにいくつも用法があってややこしいものとはつきあいきれない、という向きもあるかもしれない。しかしそれはこの概念がまだ生成途上にあるためで、かえってその生産性・豊穣性を示すものともいえる。本稿では、江原整理の「4、身体的性差に対する意味付け」をジェンダーの定義とする。これは歴史学者のJ・スコットによる「身体的差異に意味を付与する知」[4]に重なるが、とりわけ本稿のテーマを考える上で大きな意味を持つ。

バッシング派は、ジェンダー論は男女の性差を無化するものと批判する。しかしそれは誤解、というよりは曲解である。男と女の間にはいうまでもなく身体的差異がある。ジェンダー論はそれを否定しない。身体的差異を理由に男はこうで女はこう……と性質や能力まで決めつけられ、役割や制度が構築されてきたことに異議を唱えているのだ。ヒトは♂と♀に二分できるほど単純な生き物ではない。「身体的違いはある。だから？ それがどうしたの？」というのがジェンダー論なのだ。

しかし、男女の身体的差異が意味を持つ局面がある。戦争である。一般的にいって、男の方が腕力は強い。持久力はともかく瞬発力は女より優れている。したがって古今東西、軍隊はまずは男中心に構成されてきた。戦争は男のものであり、女は背後で支え、戦士を産む存在だった。[5] ジェンダーは戦争によって構築されたともいえる。

ところが二〇世紀末になって異変が起きた。女性の軍事化である。すでに第二次大戦当時から国によっては女性兵士が存在したが、一九九〇年代はじめに起こった湾岸戦争はその量的拡大だけでなく、質的にもその存在を大きく変えた。戦闘部署への登用である。これまで男に占有されていた暴力の行使が女にも開かれたのだ。

その背景には、アメリカ最大の女性団体ＮＯＷ（全米女性機構）の要求があった。彼女たちはジェンダー平等の観点から女性兵士の戦闘参加を要求した。たしかに戦闘部署は最後の〈男の砦〉であり、そこへの女性の参加は「身体的差異に対する意味付け」としてのジェンダーの最終的解体といえる。

しかし日本のフェミニストの多くは批判的だった。わたしもいくつかの文章で批判した。[6] 哲学者の花崎皋平は軍隊とは「国家が敵と定める人間の「殺人権」、その国の財産、施設、環境の「破壊権」」を独占的に国家から与えられた制度であり、そこへの平等参加は「男性権力とより緊密な関係にはいることであり、形式的平等の背後で他の被差別者をさらに差別する方向へコミットする」ことだと批判した。(7) 女性の軍事化とジェンダー平等をめぐるこの論争は、いまだに決着がついているとはいえない。

本稿はその論争へのちがった角度からのコミットである。その意味では非常に政治的・イデオロギー的な立場に立っている。文学の「読み」としては邪道だという見方もあるかもしれない。しかしわたしは、もともと文学がイデオロギーや政治と無縁だとは思っていない。日本近代において、「純文学」が「国民」やジェンダーの構築にいかにおおきな役割を果たしたことか。

女性自衛官だけでなく女性刑事ものも対象とするのは、警察も国家によって「暴力の行使」を委託されている組織だからだ。現在日本では、一般市民の暴力は原則として禁止されている。DV法施行によって、家庭内における暴力も、いちおう取締りの対象になった。したがって合法的に暴力を行使できるのは自衛隊と警察だけ、といえる。

もちろんそれは暴力と直接対峙する可能性があるからである。戦前はこれらの組織は女性には閉ざされていた。「婦人警官」は一九四六年、「民主警察」とともに誕生し、女性自衛官は一九五二年、自衛隊の前身・保安隊に看護職として登用されたことに始まる。しかしいまだに逆クォータ制ともいうべき枠がはめられ、女性の数は制限されている。最近はそれを憲法違反として問題にする声もある。(8)

そうした組織において、男と肩を並べ、あるいは男以上に活躍する女性主人公が、いわゆる大衆小説の世界に登場するのは一九九〇年代の後半、世界的な女性の軍事化と機を一にする。わたしのいう「男女共同参画小説」の誕生である。

しかし少女漫画やアニメの世界では、戦後もっと早い時期から「戦うヒロイン」は存在した。本稿では、そうしたファンタジーを概観した上で、二〇世紀末に誕生した「男女共同参画小説」をジェンダーの視点から検討する。取り上げる作品は、自衛官ものとして松岡圭祐「千里眼」シリーズ、警官ものとしては柴田よしき「緑子」シリーズや横山秀夫の「平野瑞穂」ものにも触れるが、乃南アサの「音道貴子」シリーズを中心とする。「千里眼」の岬美由紀と音道貴子は「戦うヒロイン」の双璧として人気を誇っており、これからも書きつがれていくと思われるからだ。

一　ファンタジーの中の「戦うヒロイン」

「ハハーン、そのお世継ぎってのは女の子じゃないの?」

「女の子?　ブルッ　縁起でもねえ、男の子に決まってらァ」

(……)

「だいたいこの国の掟がおかしいんです。女は王位がとれないなどと。しかも博士さまのような学識のあるお方がそんな古くさい考えにこだわって(9)」


最近の、秋篠宮第三子誕生をめぐる会話ではない。一九五三年から五六年にかけて、手塚治虫が『少女クラブ』(講談社)に連載した『リボンの騎士』、その冒頭近くの会話である。五〇年以上も経って、二一世紀日本にそのまま通用するとはうんざりだが、それはともかく、この作品は少女たちに大人気、六三年から六六年には『なかよし』(同)にほぼ同じ内容で連載され、六七年四月から一年間テレビアニメとして放映された。続編として『双子の騎士』も書かれている。

これは「戦うヒロイン」を初めて登場させたというだけでなく、ジェンダー問題に正面から取り組んだ作品としても画期的だった。主人公はいうならば両性具有であり、いまでいうTG（トランスジェンダー）でもあるのだ。

シルバーランド国のサファイア姫は、天使チンクのいたずらで女の心と男の心の両方を持って生まれた。先に引いた会話にあるように、シルバーランドでは男しか王位につけないため、国民には「王子誕生」と伝えられる。昼間は男の服装をし男の言葉を使い、剣の腕を鍛える。しかし王位をねらう大臣は女ではないかと疑い、化けの皮を剥がそうと虎視眈々……。

一五歳になったサファイアは、復活祭の日、亜麻色のカツラをかぶって女の子の姿でダンスパーティに出席、隣国のフランツ王子と出会い、恋に落ちる。フランツは彼女がサファイア王子だとはつゆ知らず、「亜麻色の髪の乙女」として愛するのだ。やがてサファイアは女であることがばれて追放され、町娘に恋されたり記憶を失ったり、波瀾万丈のストーリーが展開される。最後はもちろん女としてフランツと結婚し、メデタシメデタシとなる。

彼女が戦うのは、あくまで〈男として〉である。その意味では「戦うヒロイン」とはいえない。女としての彼女はフリフリの服を着て花を摘み、ちょっと重労働させられると、「もう動けないわ……あたし……やっぱり……女なのね……」ということになる。既成の男らしさ／女らしさというジェンダーは厳然とある。その上でその双方を具有し、めまぐるしく越境をくり返すのだ。

ここで面白いのは、性をあくまで〈心〉の問題として描いていることだ。女の心を抜き取られ、男の心だけになったサファイアは、「私は女の子だというので追い出されたけれど、今では男の子なんだ!!　だから王位を取り戻しに帰ってきたと、そういえっ!!」と、馬上堂々城に帰還する。また、サファイアから男の心を奪って飲んだ大臣の息子は、これまでのバカ王ぶりとはうってかわって毅然たる王となり、サファイアを助けようとする。「王さまは男の心を飲んじゃったもの、だから男らしくなったんですよ」。

日本社会で、性同一性障害が問題化されるようになったのは一九九〇年代末のことだった。それによって、性には〈身体の性〉や〈文化的・社会的性〉だけでなく、〈心の性〉もあるのだと認識されるようになった。性自認の問題である。しかし手塚マンガでは、すでに五〇年前から問題にされていたわけだ。

手塚治虫はそれについて、少女歌劇で有名な宝塚で育ったので、「宝塚へのノスタルジアをこめてつくった」と書いている。(10)「男装の麗人」が活躍する宝塚は、たしかに性別越境の世界である。藤本由香里によれば、『リボンの騎士』は日本の少女マンガの方向性を決めたという。「その後、少女マンガは、少女の内なる世界、つまり基本的には性差のない世界で性別越境の実験をくり返していくことになる」。(11)

もう一つ、宝塚との関連で圧倒的人気を博したのが池田理代子作『ベルサイユのバラ』である。これは七二〜七三年、『週刊マーガレット』に連載されて少女たちの熱狂的支持を得た。さらに七九年、宝塚歌劇団によって舞台化されて人気沸騰、「ベルバラ現象」といわれる事態となった。主人公オスカルは、「リボンの騎士」同様、家督をつぐために〈男〉として育てられ、フランス革命を背景に波乱万丈の人生をおくる。しかしここでも戦うのは〈男として〉であり、既成のジェンダーの枠内にある。

〈男として〉ではない「戦うヒロイン」の本格的登場は、九〇年代に入ってからのようだ。斉藤美奈子『紅一点論』(ビレッジセンター出版局、一九九八年)によれば、七〇年代はじめの「キューティーハニー」は「戦うヒロイン」ものだが、じつはハニーはアンドロイド、しかも武器はお色気だという。ふつうの少女たちが「戦うヒロイン」として登場するのは『美少女戦士セーラームーン』が最初のようだ。原作は武内直子、一九九二年から九三年にかけて『なかよし』に連載されたが、ほぼ同時期にアニメにもなり、大人の女性や男性にも大人気となった。

ここでは月野うさぎら五人の少女が、チームを組んで〈悪〉と戦う。「月にかわってお仕置きよ」という決めぜりふが受けたというが、レンタルビデオで一部をみたところ、あわや、という状況になると「助けて下さい、ペガサスさま」と唱える。すると天から白馬の騎士よろしくペガサスが舞い降りて助けてくれるという案配。女戦士としての自立度は高くないように思えた。

それに対して、ベルバラをこえる社会現象となったという「新世紀エヴァンゲリオン」（一九九五年一〇月～九六年三月、テレビ東京放映）は、戦闘チーム六人のうち四人が女で、しかも作戦部長やパイロットなど主要な地位を占めている。「宇宙戦艦大和」の紅一点森雪が女子マネ的役割であるのとは大違いである。しかしいったい何のために戦うのか、敵はだれなのかはっきりせず、最後は一四歳の少年シンジの居場所さがしで終わる。

こうした戦争自体の不明確さは、「エヴァ以降」に生まれた「セカイ系」アニメの代表といわれる「最終兵器彼女」[12]についてもいえる。「セカイ系」とは、過剰な自意識を持った主人公が、自意識の範囲だけをセカイとしてドラマを展開するアニメの作品群をいう。

「最終兵器彼女」の登場人物は、北海道の高校生、シュウジとちせ。ちせは先輩のシュウジに恋心を抱き告白するが、ほんとうは引っ込み思案で「シュウちゃん、ごめんね」が口癖。しかし戦争が始まると、その彼女が軍によって兵器に改造される。出動するたびに戦闘能力を高め、軍の期待が高まるが、ちせ自身は「人を殺すのイヤ」とシュウジと一緒にだれも知らないところに逃げようとする。しかし……というふうにストーリーは展開する。

ここでも、敵はだれなのか、どこの国が攻めてきたのかさっぱりわからない。戦争はちせとシュウジの「キミ・ボク」世界を脅かす背景にすぎない。二一世紀に入っての世界的な暴力の応酬、その中で濃度をます不安の気流が、こうしたかたちでアニメの世界にも流れ込んでいるということか。

ここでは戦争は、日常と隣り合わせである。とつぜん爆音とサイレンが響きわたり、爆弾が降ってくる。ついさっきまでゲームセンターでばか話をしていたクラスメートが目の前で死ぬ。戦争は未来世界でもなければ宇宙でもなく、現在における日常の上に襲いかかってくるのだ。それでも日常はつづく。ちせとシュウジは、相変わらず坂道を上って学校に通い、昼は屋上でちせがつくったサンドイッチをいっしょに食べる。と、ちせのケータイが鳴る。「最終兵器彼女」への出動要請である――。

中間項としての〈社会〉[13]を欠落させたまま「キミ・ボク」の小状況と世界（大状況）をつないだのがセカイ系といわれるが、この作品で小状況と大状況を往還し、戦いに出でたつのがシュウジではなくちせであるのはおもしろい。女は小状況に固定されるのが当たり前、〈男として〉しか戦えなかった『リボンの騎士』とは隔世の感がある。

しかし小状況（日常）における二人の関係は既成のジェンダー枠組みそのままだ。ちせはチビでドジでいつも謝ってばかり、男優位にまったく脅威を与えない。大状況における戦いも、彼女がみずから選んだものではない。一三歳で北朝鮮に拉致された横田めぐみよろしく、「最終兵器」として酷使される哀れな被害者なのだ。これでは〈男女共同参画〉どころではない。

二一世紀の現在、『リボンの騎士』からの明らかな後退もみえる。〇六年八月、東京・新宿コマ劇場で「モーニング娘。」による「リボンの騎士　ザ・ミュージカル」をみた。驚いたことに観客の大半は男たち、それも三〇前後の若オヤジである。フィナーレともなれば彼らは舞台にあわせて手を振り足を打ちならし、会場は「ウォー」という地鳴りのような歓声に包まれる。どうやら「モー娘。」ファンらしい。

ミュージカル「リボンの騎士」の最後はこうである。フランツがサファイアに向かっていう。「いったいあなたは、女なのか男なのか？」。サファイアは答える。「わたしはこれからは一生女として生きてまいります」。「では、どうかわたしの妃になって下さい」。二人はしっかり抱き合い、幕——。

これはあきらかに原作からの後退である。手塚の原作では、抱き合った二人のセリフはこうだ。

フランツ「もうはなさないよ　長い旅だったねえ　サファイア　もう旅はおしまいだ。いっしょに帰ろう」

サファイア「ええ、そしてあなたと式をあげるわ！　ウェディングドレスを着て女のなりで宣誓をするわ」

このサファイアの言葉には、性は脱ぎ着のできる衣装のようなものというクィア的認識を読むことができる。(14) また『リボンの騎士』の続編『双子の騎士』では、デージーとビオレッタという男女の双子がめまぐるしく交代しながらストーリーが展開されるが、最後はこうである。

「お城ではやがてデージー王子の即位式がおごそかに行われました。ビオレッタ姫はそれから二度と男のなりをしなかったでしょうか？　そうね　彼女のことですからときどきこっそり男になっていたずらをしているかもしれませんわね」

二〇〇六年コマ劇場の「リボンの騎士」は、ここから何歩も後退している。会場を埋めた若オヤジへのサービスか、それともバックラッシュ風に吹かれたか……？

二　空飛ぶ「千里眼」岬美由紀

二〇世紀末からの女性の軍事化は、もちろん日本でも進行している。一九九〇年代はじめ、陸海空合わせて約八〇〇〇人だった女性自衛官は、二一世紀初めには一万人を越えた。質的向上もあった。九二年、防衛大学校、九三年航空学生が女性にも開放され、幹部への道が開かれた。戦闘部署の一部開放もおこなわれた。自衛隊における〈男女共同参画〉の推進である。

アメリカ主導による世界的暴力の応酬のなかで、日本の自衛隊も「国際貢献」の名のもとに海外派兵されるようになった。いまやそこには、あたり前のように女性自衛官の姿もある。それによって自衛隊はますます存在感を高めているようにみえる。

そのなかで自衛隊に題材をとった作品がつぎつぎ生まれている。福井晴敏『亡国のイージス』（講談社、一九九八年）、『戦国自衛隊一五四九』（角川書店、二〇〇五年）は映画化もされて大ヒットした。古処誠二『UNKNOWN』（講談社、二〇〇〇年）、「未完成』（講談社、二〇〇一年）、五條瑛『スノウ・グッピー』（光文社、二〇〇二年）も自衛隊ものである。古処は自衛隊出身、五條は防衛庁出身という。

しかし女性自衛官を主人公にしたものは、いまのところ松岡圭祐の『千里眼』シリーズが独走態勢にある。マンガでは雁須磨子『どいつもこいつも——花の自衛隊グラフィティ[15]』があるが、「戦うヒロイン」として描かれてはいない。主人公の陸上自衛官・朱野士長は憧れの先輩を追って入隊したというミーハー、自衛隊員としての日常はちょっとキビシイ学園もの、スポ魂ものと大差はない。まだ自衛隊の日常が、直接〈敵〉が存在しない訓練の域にあるからだろう。毎回付録として自衛隊取材レポートが掲載され、少女たちにその内実をアピールしていた。

それに対して『千里眼』シリーズでは、防衛大学校出身で初の女性航空学生という元航空自衛隊二等空尉・岬美由紀が大活躍する。自衛隊における〈男女共同参画〉がしっかり取り入れられているのだ。現在は彼女は自衛官をやめ、臨床心理士として働いているという設定。臨床心理士は心理学ばやりの現在、人気急上昇中の職業である。「千里眼」のいわれは、航空自衛官時代、F15イーグル戦闘機乗りとして鍛えた動体視力を生かして微細な表情の変化を読み、たちどころに相手の心理を見抜いてしまうためである。

その一方、退官したにもかかわらず、ことあるごとに自衛隊の戦闘機やヘリコプター、潜水艦まで操り、一〇〇〇メートルの上空からパラシュート降下したりする。読者はそのド派手なアクションと臨床心理士としての「千里眼」ぶり、その〈動〉と〈静〉のコントラストを堪能するというわけだ。シリーズ第一作の『千里眼』が小学館から刊行されたのは一九九九年、以後〇六年までの七年間に一二作品が刊行され、オビによると累計「四〇〇万部突破」という。人気の理由は岬美由紀の〈動〉と〈静〉にくわえ、東京湾観音へのミサイル発射だの人体発火だのと映画化を意識した派手な事件の連続……。それ以上に大きいのは、現実に起こる事件がほぼリアルタイムで取り入れられていることだ。第一作の『千里眼』ではオウム真理教を思わせるカルト集団・恒星天球教のテロ、第二作の『千里眼　ミドリの猿』（小学館、二〇〇二年二月　文庫　二〇〇一年四月）、第三作『千里眼　運命の暗示』（『ミドリの猿』の続編　同、二〇〇一年一月）は、中国の反日暴動と法輪功をモデルにした気功集団による民衆操作、第五作『千里眼の瞳』[16]（徳間書店、二〇〇一年一二月）は、新潟県の海岸で一三歳の少女消失という北朝鮮拉致と柏崎少女監禁事件を取り込んでいる。

極めつきは〇四年一一月に出た第九作『千里眼・トランス・オブ・ウォー』（小学館文庫 上・下、〇五年八月）である。イラクで日本人四人が人質となり、日本政府の要請で岬美由紀が出動する。人質解放後、彼女はイラクに残り、ゲリラ集団と渡り合いつつ戦争を終結させる。アメリカのジョーイ・E・ブッシュ大統領や日本の小泉俊一郎首相、山口順子外相も登場する。高遠菜穂子・今井紀明・郡山総一郎の三人がイラクで拘束されたのは〇四年四月だった。

こんなふうに現実世界の大事件を取り込み、それを岬美由紀が「千里眼」と機動力を駆使してつぎつぎに解決していくというパターンで、シリーズはつづく。しかし現実にベタ依存しているぶん、作品としての失速は早い。第一〇作『千里眼とニュアージュ』（小学館、二〇〇五年一一月、初の文庫書き下ろし）はニート問題と石器ねつ造事件だが、もう一つ派手さにかける。第一一作『千里眼 背徳のシンデレラ』（小学館文庫 上・下、二〇〇六年五月）は耐震強度偽装事件をとりあげているが、それだけではドラマ性に欠けると思ったのか、再び第一作のカルト集団・恒星天球教を登場させている。その歴史的背景を、日本近現代史にからめて展開していくが、結果として作者のお粗末な歴史認識を露呈するものとなっている。

ほぼ同時に出された最新作『ブラッドタイプ』（徳間書店、二〇〇六年六月）は血液型迷信がテーマ。「戦うヒロイン」の〈動〉路線ではなく〈静〉的な臨床心理士ものである。デビュー作『催眠』（小学館、一九九八年）の主人公・嵯峨敏也と岬美由紀との〈恋愛〉に比重が置かれているが、二人ともいい年をして（美由紀は二八歳、嵯峨は三二歳）、いまどき初恋ローティーンでもありえないようなオボコぶりだ。ばかばかしくてとても読めたものではない。

作品の最後はこうなっている。血液型迷信打破の功績により、岬美由紀ら三人が天皇から勲章を授与されることになった。うち一人の服装が宮中に相応しくないと宮内庁からクレーム。しかし「小泉首相の「いいではないか」のひとことで収拾された」。

松岡圭祐の小泉びいきは、さきの『トランス・オブ・ウォー』でも披瀝されていた。小泉の「国民的人気」にあやかったのかもしれない。だとすればポスト小泉の時代、今度は安倍びいきぶりを発揮するのだろうか。

それはともかく、問題は女性の軍事化とジェンダー平等である。「戦うヒロイン」岬美由紀は、ジェンダーの視点からはどうなのだろうか。主人公を航空自衛官に設定したのは「風の谷のナウシカ」の影響だという[17]。たしかにナウシカは空を飛ぶ。そして世界の危機を救う。しかしもちろん、「千里眼」シリーズには「風の谷のナウシカ」のエコロジー的世界観はない。

美由紀の防衛大学校や航空自衛隊志願の動機は『どいつもこいつも』同様、高校時代の恋人を追って、というミーハー的なものとされている。しかし戦闘機パイロットをめざしたのは、ジェンダー平等への志向による。「女だからという理由だけで、空自の花形であるパイロットから外されたのではたまったものではない。（……）女子学生でパイロットを志すものは決して少なくはなかった。ただし、彼女たちのほとんどがヘリ操縦（……）美由紀はいつしかジェット戦闘機を操らねば気がすまなくなった[18]」。

その一方、美由紀は人助けの使命感にあふれ、「マザー・テレサが理想」をしょっちゅう口にする。選ばれて幹部候補生学校で特別研修をうけ、最新のF15Jイーグル主力戦闘機パイロットとして配属されながら自衛隊を辞めたのは、その人助けの使命感が満たされなかったからだという。退官の直接のきっかけは日本海の島で火山が噴火、住民救助のため許可なく救難飛行したことにある。臨床心理士はその人助け志向の実現とされている。

　自衛官時代の美由紀は日焼けした真っ黒な顔に短髪、まるで少年のようで、言葉づかいも「おれ」「きさま」などと男言葉だった。それにひきかえ臨床心理士としての彼女は、「大きな瞳、すっきりと通った鼻スジ、（……）後ろ髪をポニーテールにまとめ、（……）色白で」と表現される。そしてもちろんやさしい女言葉である。しかし「戦うヒロイン」として、かつての自衛官時代のように機動力を発揮するときは男言葉になる。

「その男みたいな言葉、おまえわざとやってんのか？　それとも女言葉のほうが意識的なのか？」。かつてのコ・パイロットにこう問われ、美由紀は胸の中でつぶやく。「いまはこの男のような言いぐさこそが自分に正直な姿だと感じる。かといって臨床心理士の職務に就いていたときには自分を曲げていたかというと、そうでもない[19]」

「千里眼・岬美由紀」は両性具有なのだ。戦士として立つときは〈男〉、病める心に寄りそう臨床心理士としては〈女〉――。これは既成のジェンダー秩序そのままである。『リボンの騎士』同様に、戦うのは〈男として〉なのだ。

『千里眼』シリーズの読者は、コマ劇場のミュージカル「リボンの騎士」の観衆に重なるのではないか。三〇歳前後の若オヤジ世代でありながら、かれらは「リボンの騎士」につめかけ、「モー娘。」に熱狂する。『千里眼』シリーズの読者を彼らに重ねたら、まるでリカちゃん人形のようなステレオタイプな美由紀像も納得がいく。

　身長一六五センチ以上が自衛官の条件であるのを知ってか、第八作から美由紀の身長は伸びるが、シリーズ当初は小柄で一六〇センチあるなし、小顔で「人形のような」と表現されていた。年齢はずっと二八歳のままである。〈恋愛〉におけるオボコぶりも、大人になれない若オヤジ向けと考えれば納得がいく。

第一一作『背徳のシンデレラ』のオビには「戦後最強のヒロイン」とあるが、一方では臨床心理士として、母のごとく癒してくれる存在でもある。『最終兵器彼女』のちせは、男優位を揺るがさないぶん面倒みてやらなくてはならない。男にとって重たい存在でもある。しかし岬美由紀は頼もしい姉御であり、優しい母である。甘ったれ男にとってはこれ以上の存在はないだろう。これもまた男のつくったジェンダーの一つのパターンではある。

三　女性警官はゆく

▼柴田よしき「緑子」シリーズ

女性警官を主人公とする作品は、夏樹静子も書いていたような気がするが、いま確認できない。いずれにしろ、存在感のある女刑事ものは、柴田よしきの「緑子《りこ》」シリーズが最初だろう。シリーズ第一作『RIKO　女神《ヴィーナス》の永遠』（角川書店、一九九五年五月）は、第一五回横溝正史賞を受賞した。翌年、第二作『聖母《マドンナ》の深き淵』（角川書店、一九九六年五月）、一年おいて三作目、『月神《ダイアナ》の浅き夢』（角川書店、一九九八年一月）が刊行された。以後は出されていない。[20]

主人公の村上緑子は警視庁の警部補。男社会のなかで順調に出世階段を登ってきたが、上司と「不倫」関係になり、精神障害のある彼の妻に刺されて左遷、という設定である。この設定からもわかるように、登場人物の性関係がハンパでない。トランス・ジェンダーありホモ・セクシュアルあり、緑子自身も複数の男（警官）と性関係を持っている。そのうえに同僚の女性警官とも関係があり、バイ・セクシャルとしての至福の時間が濃密に描かれる。第二作『聖母《マドンナ》の深き淵』では、緑子は母親になっている。同じ日に、上司と部下の三人の男とセックスした結果の妊娠で、したがって父親は特定できない。

扱う事件がこれまたすさまじい。少年へのレイプを撮影したポルノビデオがらみの殺人事件や、手足と性器を切断された美男警官の連続殺人事件など、おぞましい性暴力がらみの事件がつぎつぎにおこる。

そのなかで主人公緑子は子どもをかかえ、並みいる男性警官をシリ目に事件を解決に導く。苛烈な仕事と育児の両立は、妹の援助と、性関係をもった三人の一人である上司の同居でクリアしている。しかし入籍はしていない。まさにフェミニズムの基本をふまえた、男女共同参画小説のカガミのような作品だ。またお固い警察を舞台に、既成の強制異性愛や一夫一婦制をひっくり返す大胆な性関係を展開したのもユニークである。

しかし、それだけにリアリティに欠ける。あまりにもドロドロしていてゲップが出る。文学的リアリティは〈日常〉と〈非日常〉の微妙な調合から生まれる。ふつう読者が警察小説に求めるのは〈非日常〉である。日常ではめったに出会わない事件や犯罪とその解決に、カタルシスを見いだすのだ。しかし一日に三人の同僚と寝るバイ・セクシャルな女刑事は、それ自体〈非日常〉である。〈非日常〉な女刑事による〈非日常〉な事件の解決に文学的リアリティを生みだすのはむずかしい。そもそも強制異性愛や一夫一婦制を批判するのに、警察を舞台にする必然性はない。おかげでせっかくのジェンダー平等や性の多様性の提起は泥と血にまみれ、スキャンダラスなファンタジーとして消費されているのではないか。

▼乃南アサ「音道貴子」シリーズ

それに対して、「緑子」シリーズの一年後に刊行が始まった乃南アサの「音道貴子」シリーズは、堅固な文学的リアリティにつらぬかれている。最初の『凍える牙』（新潮社、一九九六年四月）は直木賞を受賞した。そのあと短編集『花散るころの殺人』（一九九九年一月）、長編『鎖』（二〇〇〇年一〇月）、短編集『未練』（二〇〇一年八月）、中編集『嗤う闇』（二〇〇四年三月）と長・中・短編とり混ぜて書きつがれ、〇六年八月に長編『風の墓碑銘』が刊行された。これは『週刊新潮』に〇五年六月から一年間連載したものだ。

ブログなどでは、音道貴子は「かっこいい女」として岬美由紀とともに言及されているが、(21)岬が「リカちゃん人形」であるのに対して、こちらはくっきりとした人間像をもつ。短大卒業後、体を動かす仕事、メリハリのある仕事をしたいと警察に入った貴子は、二六歳で警察官と結婚。しかし四年半後、夫の浮気で離婚する。『凍える牙』当時は離婚後一年、警視庁立川分駐所のヒラ巡査である。離婚の傷はまだ癒えたとはいえず、たまの休みにはレザースーツに身を包み、ひたすらバイクを走らせる。

長編で彼女がとりくむ事件はけっこうおどろおどろしい。『凍える牙』ではレストランで食事中の客がいきなり燃えだし、オオカミのような獣によって噛み殺された死体がつぎつぎに発見される。『鎖』では占い師夫婦など四人が血みどろの死体でみつかり、『風の墓碑銘』では、建築現場から赤子を含む身元不明の白骨死体が三体……。しかし作者は、こうしたおどろおどろしい〈非日常〉で読者の興味を吊ろうとはしていない。〈非日常〉に向き合う貴子の〈日常〉がていねいに描かれていく。それはそのまま、警察という男社会における男女共同参画への闘いの軌跡となっている。

捜査は二人一組で行われる。『凍える牙』で貴子の相方になったのは滝沢という警部補である。貴子のみるところ、四五、六歳のずんぐりむっくり皇帝ペンギンのような体型で、たたき上げのデカ丸出しのタイプ。「あの手合いの男は、女を女としかみることが出来ないに違いないのだ」、「せいぜい、弱みを見せないようにするしかない」と貴子は自分に言いきかせる。

しかし滝沢の貴子への対応は、予想をはるかに超えていた。貴子など存在しないがごとく、口もきかずにひとりでさっさと行動する。おかげで貴子はついていくのにせいいっぱい、トイレも言い出せずずっとガマンするハメになる。「膀胱炎にかかったら滝沢の責任だ」と貴子は怒りを募らせる。

一方、滝沢にいわせると、女なんぞと組まされたのは不本意この上ない。彼は妻に裏切られたこともあって、そもそも女不信、まして「女のデカ」などというものは金輪際認めない。「これは男の仕事、男の世界だ。つねに危険と背中合わせだし、仕事もきつい。人間の暗部ばかり見せられる（……）時間的にも不規則だし、咄嗟の判断力、行動力も要求される。体力的にも劣り、本能的に闘争心の弱い女には、所詮無理が多すぎる」。

まさにジェンダーである。これは滝沢ひとりの見方ではない。警察という男社会全体の見方でもある。貴子は滝沢への怒りを捜査へのエネルギーにするが、「この怒りは、何も滝沢一人に向けられているわけではない。ここにいる全員、警察の機構そのもの、いや、男という生き物全体に向けられているのだ」。

ストーリーは貴子と滝沢の双方の視点から描かれていく。反発し合う二人がともかくもコンビを組んで靴をすり減らすうち、やがて少しずつ共感が芽生えてくる。とくに滝沢は、貴子の仕事に対する姿勢に徐々に認識をあらため、最後近くでは「まったく、女にしておくのは、もったいないかもしれないな」と思うようになる。貴子も滝沢に一定の敬意をもつが、「それでも二度と組みたいとは思わない」。

しかし長編『鎖』、『風の墓碑銘』では再び滝沢が登場する。『鎖』では貴子は身勝手な相方のおかげで犯人に拉致・監禁され、滝沢は特殊班員として貴子救出にあたるため、二人による〈男女共同参画〉問題は直接はでてこない。そのかわり監禁生活において、女なるがゆえに貴子が味合わされる屈辱と無力感が、ていねいに描かれている。これは暴力と対峙する職場における男女共同参画が、避けて通れない問題である。

『風の墓碑銘』では、ふたたび滝沢とコンビを組む。滝沢の方では貴子をそれなりに評価しているのだが、貴子にしてみれば最初のときの女性蔑視が強烈で、気を許すわけにはいかない。依然として滝沢が「女は早く嫁にいって、子どもでも産んで」と思っていることも知っている。ぎくしゃくした関係のまま二人の捜査はつづくが、あるときついに貴子は怒りを爆発させる。ずっと二八歳のままの岬美由紀とちがって、音道貴子はシリーズにつれて年をとる。『凍える牙』では三〇歳だったが、ここでは三六歳の巡査部長になっており、滝沢に対してただ黙って我慢してはいない。

「女に対して、女々しいなんていう表現はしませんよね。そういう表現をするのは、いつも男性に対してです」

「あ――おい、何が言いたいんだよ」

「いいえ。言いたいことは、それだけです」
「あのなあ――」

しかし後半三分の二ぐらいになると、二人の関係が変わってきている。

「長尾は一点を睨みつけていたが、ふいに、すぐ傍の椎の木の幹に自分の頭を打ちつけはじめた。
（……）滝沢はただ、その哀れな後ろ姿を見つめていた。音道も、痛ましげな表情になって唇を結んでいる。どうする。止めてやってくださいよ。俺がか。もちろん。」

「どうする」以下は声を出しての会話ではない。口に出さなくても目と目で通じる。アイ・コンタクトである。以後、双方の視点によるストーリーの展開において、たびたびこれがでてくる。いまや二人はまさに息のあったコンビなのだ。そしてこの〈男女共同参画〉が事件を解決に導く。

なにがそれを可能にしたのだろうか。貴子の仕事への熱意がまずあげられる。理屈をこねるよりも、与えられた仕事をこつこつこなす、職人的熱意である。それはときに天啓のように、貴子の身体に〈真実〉を語りかけてくる。

「その瞬間、貴子の両腕を、ぞくぞくっとする感覚が駆け上がった。頭でなにか考えるよりも先に、鳥肌が立っている。おもわず自分の腕をさすりながら、貴子は滝沢をみた。」

それは滝沢の、貴子への評価につながる。「この前は鳥肌が立ったとか言いやがった。まるで、ひたすら足でかせいでいた時代の職人刑事のような台詞ではないか。（……）頭で考えるよりも、鳥肌が立ったから本当だと思うなんて。」

仕事への熱意は、それがただ与えられた仕事だからではない。

「しばらくすると、今度は音道の方が口を開いた。「悔しいでしょうに」という呟きが、滝沢の耳の底に残った。この女刑事は、自分が掘り出した白骨の姿を、いまも胸に刻んでいる。骨以外のすべてを失った女の無念を、感じとっている。だからこそ、ここまで粘れるのに違いなかった。だとしたら、つき合うまでだ。」

理不尽に命を奪われた被害者の無念への想い、それが仕事への熱意を支えている。たたき上げのベテラン刑事滝沢は、そんな貴子に共感し信頼をよせる。

職人的熱意は、刑事ものの定番といえるだろう。読者の共感をよぶ刑事もののおおかたは、このパターンである。とりわけ日本の警察小説は、エリートによるハイテク捜査ではなく、たたき上げデカの地をはうような捜査に軍配を上げてきた。それがカタギの世間の価値観というものだった。音道貴子シリーズも同じだが、ちがうのはデカが女だということだ。

ジェンダーの視点から、これをどう考えたらいいだろう。世間の価値観とはしょせん男仕立てであり、職人の世界は女性嫌悪ともいうべき男社会である。少なくともつい最近まではそうだった。だとすればそこでの〈男女共同参画〉は、けっきょく女が男の価値観を身につけること、男並み平等にすぎないだろうか？　貴子が滝沢に象徴される男社会に受け入れられたのは、滝沢がかつていったように「女にしておくのはもったいない」、つまり「名誉男性」としてだったのか？「リボンの騎士」や岬美由紀の〈男女共同参画〉は〈男として〉だった。音道貴子もそうなのか？

音道貴子は女として生きている。仕事の場でも私生活でも、彼女は女、それも三〇過ぎたバツイチ女の日常を生きている。疲れて帰ってドアをあければ、寒々とした玄関に人工的な芳香剤の匂い。冷蔵庫の食物は泊まりつづきで腐っている。一人暮らしを知られたくないばかりに注文した大きなピザの残りは、翌日にはとても食べる気がしない。朝、急いでいるときに限ってストッキングは伝線する……。

　こうした一人暮らしの女の日常が、ていねいに描かれることによって、作品のすみずみにまで文学的リアリティがゆきわたる。同時に女としての〈男女共同参画〉がくっきりと浮かび上がる。『鎖』に描かれた監禁生活では、女ならではの性暴力も受けた。偏執的な若者に捨てたゴミを拾われると、たちまち「あんた、パンツを拾われたんだってな」という同僚のニヤニヤ笑いにさらされる。(22) 男ならあり得ないことだ。

　作者乃南アサは、警察という男社会であくまで女として苦闘する存在として、音道貴子を描いている。そこに職人気質を持ち込んだのは、まずは作者自身の職人好きによるだろう。乃南アサは幼いころから職人仕事が大好きで、左官屋や畳職人の仕事ぶりを飽きずに眺めていたという。(23)

　考えてみれば、職人の世界は男社会ではあるが、仕事自体はジェンダレスといえる。軍隊とちがって男の体力的優位がとくに意味を持つ世界ではない。左官屋でも植木屋でも、やろうと思えば女にもできる。殺戮と破壊をこととする軍隊とちがって、モノを作りだす平和的で創造的な仕事である。その創造性には日常生活における〈有用性〉という枠がはめられていて、芸術家のように想像力の自由な飛翔は許されない。しかしそのなかでも個人の想いや熱意をこめることはできる。

『鎖』ではじめて登場する音道貴子の恋人・羽場昂一は、まさにそうした職人である。彼は顧客の注文に応じて、一人一人の体型や生活スタイルにあわせた椅子をつくる。貴子のためにつくってくれた椅子は、「一見、なんの変哲もない木製の肘当てつきの椅子なのだが、座面の傾斜がいいのか、それとも背もたれの角度のお陰か、とにかくその椅子は、貴子の身体を知り尽くしているのではないかと思うぐらいに、ぴったりとよく馴染み、座り疲れるということがなかった」。

乃南アサの小説には、女主人公がナルシシズムのなかで自分を見失い、自己崩壊を遂げてゆくというパターンが多い。デビュー作の『幸福な食卓』（新潮社、一九八八年）や『五年目の魔女』（有楽出版社、一九九二年）がそうだし、短編集『家族趣味』（廣済堂出版、一九九三年）にもある。あるいは『六月十九日の花嫁』（新潮社、一九九一年）の記憶喪失、『来なけりゃいいのに』（祥伝社ノン・ノベル、一九九七年）の多重人格などアイデンティティを見失った女主人公も多い。『好きだけど嫌い』（幻冬社、二〇〇〇年）、『女のとなり』（祥伝社、二〇〇三年）などのエッセイでも、ナルシスティックな女性が取り上げられている。

音道貴子は彼女たちの対極にいる。作者は『ダメージ』（青春出版社、一九九九年）で身の上相談のかたちをとりながら、閉塞状況にある若い女性にメッセージを送っているが、そこに一貫しているのは「自分に向き合え」ということだ。悲しいときには「たっぷり悲しんで、それで、もうお腹いっぱいというくらい悲しむと、自然に気持ちよくなりますから。その時に、気がつかなかった振りをしたり、自分をごまかしたりとかすると、逆に引きずると思います」。「自分に向き合え」とはナルシシズムから脱却せよ、ということでもあるだろう。

音道貴子は、作者のそうした女性に対する願いを形象化したものといえる。たしかに刑事という仕事は、ナルシストには不向きだろう。それ以上にまわりが大迷惑する。その無残な例が、『鎖』で貴子を窮地に陥れた相方の星野警部補である。彼は貴子の上司ではあるが、未熟で身勝手、プライドだけは高い男として描かれている。

しかし苛烈な男社会のなかで、〈男女共同参画〉への奮闘は身も心もすり減らす。その上家庭の問題がある。シリーズには貴子のほかにも女性警官が何人か登場する。貴子の尊敬する先輩女性警官知世は二人の子どもをかかえてがんばっていたが、同じ警官である夫はまったく子育てに非協力。そのストレスから子ども虐待にはしり、自壊していった。[24]『風の墓碑銘』では鑑識課員の奈苗が、ヒモのような無責任男に入れこんだあげく、過失を犯す。

その点、椅子職人の羽場昂一は恋人として理想的だった。乃南アサの自伝的短篇集『二十四時間』（新潮社、二〇〇四年）に、幼いころ父のあぐらにすわってテレビを見た話がある。「私は、その席が気に入っていた。温かくて柔らかいし、ゆっくり寄りかかれる。肘当てつきのソファのようなものである」（「二十一時」）。恋人羽場昂一はそのつくる椅子だけでなく、存在そのものが貴子にとって「父のあぐら」だった。男社会でのストレスを一方的に吐き出してもやんわり受けとめてくれる。バイク・ツーリングの途中で出会っただけあって〈一人〉であることに慣れていて、世話を焼かれることを極端に嫌う。物足りないぐらい自立した男として描かれている。

しかしこれでは、これまでのジェンダーを逆転させただけだ。働きバチの男たちがバーのマダムや妻に支えられ、からくもバランスを保っているのと変わらない。そのことを作者は自覚している。音道貴子シリーズにはそうした構造自体への批判がある。男社会の権化のような滝沢は三人の子どもを残して妻に逃げられアップアップしているし、『風の墓碑銘』では羽場昂一に失明の危機が襲う。これまでのように、一方的に彼の存在にあぐらをかいていられない状況で、二人の関係はどうなるのか？

ひとの一生には、依存しなければ生きられない時期がある。乳幼児期や病んだとき、老後もそうだ。これまで男社会は、そうした存在へのケアを私的世界に押し込め、全面的に女にやらせてきた。〈男女共同参画〉とはたんに男並みに職場に進出することではなく、そうした構造自体を問い直すものでなければならないだろう。音道貴子シリーズがそうした意味での「男女共同参画小説」になるかどうかは、今後羽場昂一との関係をどう展開させるかにかかっているといえる。

▼横山秀夫「平野瑞穂」シリーズ

もうひとつ、音道貴子シリーズには大きな問題がある。警察をただ職人的世界としてみることができるだろうか。

冒頭に書いたように、日本において警察は自衛隊と並ぶ暴力の合法的行使機関である。〈権力〉でもある。警察手帳をかざして私生活に踏み込むことも出来れば、暴力を行使して市民を拘束することも可能である。職人の世界とは決定的にちがう。

音道貴子も警官であるからには、合気道などの心得があり、犯人逮捕にあたって〈強者〉ぶりを発揮する場面もある。しかし彼女がおそるべき暴力と対峙したのは被害者としてであった。『鎖』はそれを描いている。

しかし暴力の行使権をもつ警察官は、加害者になることもある。銃社会のアメリカではしょっちゅうおこることである。警察官が、犯人、場合によっては無関係の市民まで撃ち殺す例はざらにある。逆に警察官が犯人に撃ち殺されることももちろんある。ローリー・リン・ドラモンド『あなたに不利な証拠として』（ハヤカワ・ミステリ、二〇〇六年二月）は、そうした状況に立つ女性警官を描いている。登場する五人の女性警官のうち、キャサリンは犯人の少年を撃ち殺してしまい、のちに彼女自身も殺される。

その問題に日本で取り組んだ唯一の作品は、横山秀夫の『顔 FACE』（徳間書店、〇二年）である。

これは「似顔絵婦警・平野瑞穂」を主人公とした短編「黒い線」(『影の季節』所収、一九九八年)をひきつぎ、『問題小説』二〇〇〇〜〇二年に、断続的に連載したものだが、そのなかの「心の銃口」はその問題を直接テーマにしている。

主人公の平野瑞穂は鑑識で、犯人の似顔絵を書いたり広報を担当したり、まずは暴力とは無縁の警官生活だった。しかし凶悪犯罪急増を背景に、女性警官も拳銃を携帯することになった。先輩女性警官・七尾の〈男女共同参画〉への努力の結果である。七尾はいう。これまで婦警は警察のマスコットにされたり人数あわせに使われてきた。

「それがやっと変わってきたの。男女雇用機会均等法ができて、組織のなかで職域が広がって、夜勤だって認められるようになった。それでようやく銃に辿り着いたの。婦警も危険な場面に出くわすことが多くなった。だから私は、婦警の拳銃携帯をしつこく上に言ってきた。凄く反対されたわよ。危険だとか不必要だとか。でもね、本音は男たちが既得権を守りたいだけなの。女に肩を並べられたくないの。わかる?」

女性警官の銃携行で勇み立ったのは、拳銃射撃大会の女子部で優勝した同僚の南田安奈である。彼女の射撃は正確無比だった。その安奈が追跡の過程で犯人に襲われ、瀕死の状態で発見された。そのうえ銃を奪われている。だから言わんこっちゃない、女だから銃を奪われたのだ、市民に犠牲が出たらどうすると非難囂々、推進した七尾は針のむしろに坐らされる。

安奈が襲われた現場には、銃の暴発を防ぐための安全ゴムが落ちていた。ということは彼女は銃を構え、撃つ体制にあったということだ。なぜ撃たなかったのか? ここで作者はジェンダーの冒険をしている。安奈が撃たなかったのは犯人が女だったからだというのだ。「拳銃を構えた安奈は、その犯人が女だと知って油断した。男と対等になることを欲し、拳銃の常時携帯によってそれを手に入れたはずの安奈の心に、「女はたいしたことができない」という思いこみが潜んでいたのだ」。女のなかにある女への蔑視が、銃を奪われるという大不祥事を引き起こしたことになる。

瑞穂の描いた似顔絵から犯人の身元が割れた。身体的には〈女〉として生まれたが、父親に〈男〉として育てられ、身長一七六センチ、言葉も男言葉を話す。コンビを組んだ部長刑事・箕田にいわせれば、「少しばっか、男が入っているのかもしれん。アレじゃねえのか、最近流行りの性同一性障害とかってやつ」。

逮捕に向かった瑞穂は箕田とはぐれ、銃をもった犯人と一対一で対峙することになる。瑞穂は銃を構えて命令する。「銃を捨てなさい」。しかし安全ゴムをはめたままであることを犯人に指摘され、窮地に陥る。「間抜け。だから女はだめなんだよ」。犯人の高笑いが響く。

このとき犯人は〈男〉だが、〈女〉の部分もある。〈女〉の部分は撃つことにおびえ、ふるえている。犯人にとってジェンダーは自明の二項対立だった。〈男〉は強くて〈女〉は弱い。〈男〉は命令し〈女〉は服従する。瑞穂が女であるからには弱くて服従すべきなのに、「銃をよこせ」という命令に従わない。犯人は「女のくせに」とみずからの〈男〉を奮い立たせ、銃の安全ゴムを外した瑞穂を撃つ。

なぜ瑞穂は、命の危険を冒してまで、犯人の「銃をよこせ」という要求に従わなかったのか？「私は警察官だから──だから殺されても銃は渡せない」。そして撃たれたあと、薄れる意識のなかで自分にいいきかせる。「警察官だから」、「目の前の凶悪犯を倒す」。撃たなければまた誰かが撃たれる」。「私は人を殺す──」。瑞穂は引き金をしぼった。

しかし、犯人を撃ち殺したのは相方の箕田だった。彼はみずからの汚職を隠蔽するために、犯人を射殺したのだ。ここには作者の〈逃げ〉がある。女である瑞穂は、けっきょく人を殺さなかった。それだけでなく、箕田を悪徳警官とすることで、警察という組織のもつ〈非情さ〉をぼやけさせてしまっている。

しかしそれでも、この作品からは、警察官という仕事には人を殺すことも含まれること、そこには男も女もないこと、警察における〈男女共同参画〉は人殺しの〈男女共同参画〉でもあること――がつたわってくる。そこにある〈非情〉と〈不条理〉は、これまでの警察小説でも描かれてきたが、男女共同参画小説であることでいっそう痛切に読者の胸にひびいてくる。

さきにひいたドラモンドの『あなたに不利な証拠として』では、あまりにも無惨な殺されかたをした女性被害者のために、女性警官たちは深夜、禁を犯して現場に集まり、彼女のために祈りを捧げる。迷信的儀式としかみない男性警官たちに、「惨殺された女性の名誉のため、彼女がどんな人だったかを記憶に刻み、彼女が生きて必死で守ろうとした人生に少しでも重みを与え、「わたしたちはあなたを忘れない、あなたとあなたの事件を忘れない」と誓うことの必要性を、いったいどう説明すればいいのだろう？」

それは彼女たち自身のためでもあった。あまりにも無惨な同性の死に、胸えぐられ波立ち騒ぐ精神を安定させるためでもあった。作品の最後では主人公の一人は、仲間の誤認による犯人射殺をきっかけに、なにもかも捨ててニューメキシコに逃げる。そしてメキシコ人の老女の祈りに救いを見いだす。

これは明らかに〈男女共同参画〉からの脱落である。優秀な女性警官がそれまで苦労して築いた職場と地位を捨て、老女の祈りという〈前近代〉に救いを求めなければならないほど、アメリカ社会は暴力に満ち、女性や子どもなど〈社会的弱者〉が尊厳のかけらまで砕かれるようなかたちで殺されている。それを阻止するためとして〈強者〉警察権力はいっそう強化され、警察自体も暴力に浸されていっている。イラクでの捕虜虐待にみられるように、軍隊ではさらに事態は深刻化しているのだろう。日本も同様の傾向にある。

世界にも日本にも、ますます暴力がはびこるなかで、女性自衛官や女性刑事を主人公にした「男女共同参画小説」は今後ますます増えるだろう。そこでは『あなたに不利な証拠として』のような、〈男女共同参画〉からの脱落ではない救いが書かれることになるだろうか。

付記
朝日新聞デジタル版二〇一八年八月二三日によれば、航空自衛隊に、二四日、初の女性戦闘機パイロットが誕生。松島美沙二尉（二六歳）。背景には少子化問題があるとのこと。

注

（1）西尾幹二／八木秀次『新・国民の油断』ＰＨＰ研究所、二〇〇五年。
（2）林道義「男女共同に隠された革命――家族・道徳解体思想に蠢くもの」『正論』二〇〇二年八月。
（3）江原由美子「ジェンダー概念の有効性について」『「ジェンダー」の危機を超える！』青弓社、二〇〇六年。
（4）ジョーン・スコット『ジェンダーと歴史学』平凡社、一九九一年。
（5）義江明子「古代社会の戦争と女性」（『戦の中の女たち』西村汎子編、吉川弘文館、二〇〇四年）によれば、古代日本においては女も男と肩を並べ、戦いの場に立っていた。兵士＝男というジェンダー化は律令制度確立によるという。
（6）加納実紀代「女も戦死する権利がある？」『戦後史とジェンダー』インパクト出版会、二〇〇五年ほか。
（7）花崎皋平「フェミニズムと軍隊」『情況』一九九二年五月号。

（8）中山道子「論点としての「女性と軍隊」」ほか　江原由美子編『フェミニズムの主張4　性・暴力・ネーション』勁草書房　一九九八年。
（9）『手塚治虫漫画全集4　リボンの騎士①』講談社、一九七七年による。以後の引用も同全集版による。
（10）『手塚治虫漫画全集6　リボンの騎士③』のあとがき。
（11）藤本由香里『私の居場所はどこにあるの?』学陽書房、一九九八年。
（12）高橋しん原作『ビッグコミックスピリッツ』二〇〇〇年一月〜〇一年一〇月連載
（13）笠井潔「社会領域の喪失と「セカイ」の構造」『小説トリッパー』二〇〇五年春季号。
（14）こうした性についての発想は、『リボンの騎士』連載開始四年前の一九四九年に出した『メトロポリス』にもみられる。主人公ミッチイは『鉄腕アトム』の原型となった人造人間だが、のどのボタン操作で性を転換できる。
（15）『メロディ』一九九八年六月〜〇一年五月号に連載。一九九九年、「花とゆめCOMICS」シリーズとして白泉社から刊行。
（16）作者松岡圭祐は、『松岡圭祐の「千里眼」「催眠」研究』（小学館、二〇〇〇年）において、作品誕生のウラ話を披露している。
（17）文庫ではタイトルを変更、『千里眼・メフィストの逆襲』、『千里眼・岬美由紀』として〇二年七月、小学館より刊行。
（18）『ヘーメラーの千里眼』
（19）注（18）に同じ。
（20）二〇〇六年六月、「緑子」シリーズの脇役麻生龍太郎を主人公にした「外伝」がネット公開されたが未読である。
（21）ちなみに、〇六年九月現在、google検索のヒット数は、岬美由紀二万七五〇〇、音道貴子一万九五〇〇と岬が圧倒している。
（22）「あなたの匂い」『花散る頃の殺人』新潮社、一九九九年。
（23）「十時」『二十四時間』新潮社、二〇〇四年。
（24）「聖夜まで」『未練』新潮社、二〇〇一年。

（『文学史を読みかえる8　「この時代」の終り』インパクト出版会、二〇〇七年一月）

あとがき

一九七三年の秋も深まったころでした。歩道の落葉を踏んで、国会図書館を訪ねました。それが「銃後史」との出会いになりました。

そのころわたしは編集請負の仕事をしていましたが、おりからの石油ショックで物不足が騒がれるなか、節約生活のハウツー本をつくれという注文がきました。しかしわたしにはそんな知恵はない。そこで思いついたのが、耐乏を強いられた戦中の女性雑誌には、節約の知恵が詰まっているのではないか？

大当たりでした。国会図書館所蔵の『主婦之友』、『婦人倶楽部』など戦中の女性雑誌には、節約の知恵がいっぱい！　しかしページをめくるうち、わたしは当初の目的をすっかり忘れていました。そこには思いもよらない女性たちの姿がありました。戦争体験記等で知っていた戦時下の女性は、夫や息子を奪われ家を焼かれ、食料不足に苦しみ……。要するに被害者でした。しかし戦中の女性雑誌には、いきいきと戦争に協力する女性たちがいる！　それだけでなく、戦後、平和運動や女性解放運動のリーダーとして活躍している女性の「聖戦遂行！」を叫ぶ姿もある……。どういうことなのか？

以後わたしはせっせと国会図書館にかよい、戦中の女性雑誌を次々と借り出して読みふけりました。先達もなく、方法もわからないままの孤独な作業でした。しかし七六年、在野の研究グループ「女たちの現在《いま》を問う会」が誕生、共同研究で一九三一年から敗戦までの過程をたどり、機関誌『銃後史ノート』を発行することになります。

「銃後史」とは「銃後」の歴史ということ。わたしたちが名づけました。「銃後」とは「前線」に対することばで、戦場の後方支援基地を意味します。日本の女性は「前線の男」を支える「銃後の女」として戦争に協力しました。『銃後史ノート』刊行のことばには、「母たちは戦争の被害者だった。しかし同時に侵略戦争の〝銃後〟の女でもあった」と書いています。だとすれば、女性たちもただ被害者でいることはできません。

戦争の過程をたどると、一九四〇年代はじめまでは勝ち戦の連続。そのたびに領土は拡大し、国民は祝賀に湧いています。戦後語られているのは敗戦前二、三年のことで、戦争体験というよりは「敗戦体験」というべきでしょう。

それについては、2章の「勝ち戦と女の加害性」(六〇ページ)に書いています。じつは本書をまとめる気になったのは、すっかり忘れていたこの拙文を、たまたまネットでみつけたからでした。一九八一年に『朝日新聞』に書いたものですが、そっくりそのまま現在の思いでもある。ということは、この間わたしはなんの進歩もなく、壊れたレコードのように同じ歌をくりかえしていたのだろうか?

『銃後史ノート』は九六年に終刊しましたが、その後も「銃後史」でひらかれた道を細々とあるいてきました。そのなかでわたしは、いったい何を考えてきたのだろう? 人生の終わりにあたって、ふり返っておきたいと思いました。

1章「わたしのヒロシマ」は、「銃後史」以前ではありますが、国会図書館での〈偶然〉の出会いを〈必然〉とした背景には、やはりヒロシマがあったとあらためて思うので、冒頭におきました。

2、3章は「銃後史」関連です。3章「「大日本帝国」崩壊とジェンダー」は敗戦と被占領にともなう問題で、八〇年代には視野に入っていませんでした。「未亡人」や「混血児」問題など、そこには明らかにジェンダーがあります。また、満州開拓移民に「残留婦人」はいるが、なぜ「残留男性」はいないのか？「日本人夫」問題はないのに、なぜ「日本人妻」問題はあるのか？それを考えたとき、日本のみならず韓国や中国の家父長制もわずかながら見えてきました。

4章「リブをひらく」は、直接「銃後史」の研究成果ではありませんが、そもそも「銃後史」はリブあってのもの。「「帝国の慰安婦」と「帝国の母」と」（三二一ページ）の冒頭に引いたように、リブは「慰安婦」問題にいちはやく言及し、「帝国の母」の戦争加担責任に自覚的でした。また、「〈反差別〉の地平がひらくもの」（四一二ページ）に書いた飯島愛子さんの「侵略＝差別」は、被害と加害の重層性を示すもの。「銃後史」の基本姿勢に重なります。

資料としては、新聞・雑誌を基礎史料として重視しました。いずれも二次史料で、実証史学の本道からは外れるでしょう。当時は公文書館もなく、在野の研究者がタダで利用できる公立図書館で、『東京朝日新聞』縮刷版から女性関連記事をカードに書き抜きました。地方紙も見なければということで、途中から、満州開拓移民最多県であり、結果として最大の被害を出した長野県の『信濃毎日新聞』のマイクロフィルムも見ました。

それは「銃後の女」と同じ目線で、「戦争」を見たかったからでもあります。わたしたちはあとからきたものの特権で、戦争の帰趨や「大本営発表」のウソを知っています。しかし刻々の現在として戦時下を生きた女たちにはメディアが主要な情報源だったでしょう。

そして本質的には、現在のわたしたちも同じではないでしょうか。必ずしもメディアは「真実」を伝えているとはいえません。ふたたびわたしたちが「銃後の女」にならないためには、どうやって「真実」を見ぬけばいいのか？　それを考えるためでもありました。その意味では、「事実」の発掘よりは「表象」として史料を読んだといえるでしょう。

聞きとりも重視しました。とくに国防婦人会については、何度も発祥の地大阪で、元活動家を訪ね歩きました。「「兵隊バアサン」の戦後」（一八八ページ）はその成果ですが、拙著『女たちの〈銃後〉』は国防婦人会を中心的に取りあげており、あわせてお読みいただけるとさいわいです。

『銃後史ノート』終刊で気抜けしているわたしを、キリスト教関係の研究会に誘ってくださったのは亡くなった奥田暁子さん、荒井英子さんでした。「小泉郁子と「帝国のフェミニズム」」（六四ページ）、「混血児問題と単一民族神話の生成」（二二五ページ）は、研究会での議論あってのものです。

池田浩士さんを中心にした「文学史を読みかえる」研究会も、わたしに新しい世界をひらいてくれました。森崎和江論（三四六ページ）はともかく、『家の光』（一一〇ページ）、『写真週報』（一三二ページ）、「男女共同参画小説」（四六七ページ）は、文学史に取り上げられることはまずないでしょう。「読みかえる」ということでお許しいただきました。

インパクト出版会の深田卓さんには、これまでも『女たちの〈銃後〉』（増補新版）、『戦後史とジェンダー』、『ヒロシマとフクシマのあいだ』など、何冊も論文集を出していただいています。今回もこころよくひきうけて、書いた当人も忘れているような雑文のコピーまで提供してくださいました。

九月に体調を崩して入院したわたしのために、ボランティアで校正をやってくださったのは二人の優秀な編集者、満田康子さんと星野智恵子さんでした。お二人の力がなければ、本書の刊行はおぼつかなかったことでしょう。

お世話になったみなさまに、心からお礼を申し上げます。

二〇一八年一〇月下旬

日ごとに色づく箱根の紅葉をながめつつ

加納実紀代（かのう・みきよ）

1940年7月ソウルに生まれる。
1976年より「女たちの現在を問う会」会員として、
96年までに『銃後史ノート』10巻（JCA出版）、
『銃後史ノート戦後篇』8巻（インパクト出版会）を刊行。
2002年から11年まで、敬和学園大学特任教授。

著書

『女たちの〈銃後〉』筑摩書房、1987年
『越えられなかった海峡——女性飛行士朴敬元の生涯』時事通信社、1994年
『まだ「フェミニズム」がなかったころ』インパクト出版会、1994年
『女たちの〈銃後〉　増補新版』インパクト出版会、1995年
『天皇制とジェンダー』インパクト出版会、2002年
『ひろしま女性平和学試論——核とフェミニズム』家族社、2002年
『戦後史とジェンダー』インパクト出版会、2005年
『ヒロシマとフクシマのあいだ——ジェンダーの視点から』2013年

主要編著書

『女性と天皇制』思想の科学社、1979年
『自我の彼方へ——近代を超えるフェミニズム』（思想の海へ22）社会評論社、1990年
『反天皇制——「非国民」「大逆」「不逞」の思想』（思想の海へ16　天野恵一共編）社会評論社、1990年
『女たちの視線——生きる場のフェミニズム』（金井淑子共編）社会評論社、1990年
『母性ファシズム』（ニュー・フェミニズム・レビュー6）学陽書房、1995年
『性と家族』（コメンタール戦後50年第5巻）社会評論社、1995年
『写真・絵画集成　国境を越えて』（日本の女たち第3巻）日本図書センター、1996年
『女がヒロシマを語る』（江刺昭子、関千枝子、堀場清子共編）インパクト出版会、1996年
『岩波女性学事典』（井上輝子、上野千鶴子、江原由美子、大沢真理共編）岩波書店、2002年
『リブという〈革命〉——近代の闇をひらく』（文学史を読みかえる6）インパクト出版会、2006年
『新編　日本のフェミニズム10　女性史・ジェンダー史』（同編集委員会編）岩波書店、2009年

共著

『占領と性——政策・実態・表象』恵泉女学園平和文化研究所編、インパクト出版会、2007年
『軍事主義とジェンダー——第二次世界大戦期と現在』敬和学園大学戦争とジェンダー表象研究会編、インパクト出版会、2008年

海外での訳書

『超えられなかった海峡』韓国・뿌리와 날개（プリワ ナルゲ）1996年
『天皇制とジェンダー』韓国・소명출판（ソミョン出版）2013年
『戦争と性別——日本の視角』（秋山洋子と共編のアンソロジー。中国・社会科学文献出版社）2007年

〈銃後史〉をあるく

2018年11月17日　第1刷発行

著者　加納実紀代

発行人　深田 卓

装釘　宗利淳一

発行　インパクト出版会

113-0033　東京都文京区本郷2-5-11 服部ビル2F
Tel 03-3818-7576 Fax03-3818-8676
E-mail:impact@jca.apc.org
http://impact-shuppankai.com/
郵便振替 00110-9-83148

印刷　モリモト印刷株式会社